教育部人文社会科学基金项目（01JA790131）
国家社会科学基金重大招标项目（05&ZD045)阶段性研究成果
云南省哲学社会科学出版资助项目

ISSUES OF FDI
IN WESTERN CHINA

中国西部外资问题研究

杨先明 张建民 黄 宁 赵果庆等 著

人民出版社

前　言

　　本书研究的内容是中国西部的国际直接投资(FDI)问题。改革开放以来,FDI 在我国实现赶超的进程中起到了十分巨大的作用;随着中国成为世界上引进外资最多的国家,中国经济也较快地融入了国际生产体系,跨国公司在华投资规模和外资产业结构都充分表明 FDI 对中国经济结构产生的深刻影响。但是,FDI 在中国的分布极不平衡,东部地区吸收了 FDI 的绝大部分;而与之相比,西部地区引进的 FDI 比较少。加入 WTO以后,东部地区吸引的外资有上升趋势,中部地区保持稳定,西部地区引进 FDI 的比重则明显下降了。为什么 FDI 在中国政府实施西部大开发战略后没有西进? 哪些因素影响 FDI 进入西部地区? 这些成为本书研究的焦点。

　　从长期发展的角度,FDI 在西部地区赶超中的历史作用是我们研究的一个基点。实现赶超需要哪些特定条件,FDI 能否弥补西部发展的缺口,FDI 对西部地区赶超能力有何作用,本书通过 FDI 增长效应失缺对西部发展影响、西部地区引进 FDI 的现状与问题分析对这些问题题作了论证与回答。

　　由于 FDI 具有一揽子要素转移的性质,制约 FDI 向西部转移和聚集的因素必然是多方面的。西部的技术发展水平、人力资本状况、产业层面的因素为什么会影响 FDI 西进,以及如何制约 FDI 西进,本书以实证的方法对此作了深入的研究;西部在引进利用 FDI 的区位劣势需要我们理性认识,本书以空间经济学为框架描述了这方面的困境,由此也揭示了西部不可能复制东部沿海地区引进和利用 FDI 的模式,西部引进 FDI 战略应当具有自身的特点、重点与相应目标。

制度、环境与体制如何作用于 FDI 的西进？对此问题的研究的困难在于如何对制度、环境和体制因素进行量化研究。本书首先对这些因素通过分类进行识别，并以计量经济学的方法对这些因素的影响程度作了检验，发现制度供给和制度的有效性对西部引进利用 FDI 具有积极意义，但跨国公司战略、国家的区域发展战略和西部地区政府发展规划三者之间的匹配程度对引进 FDI 的作用更为直接和重要。

不发达地区引进、利用 FDI 来促进区域发展，有很多国际经验值得我们关注和借鉴。其中科学制定区域发展政策是改善投资环境的重要方面，本书研究了国外在这一领域的成功政策和相关的环境条件，并在以上基础上对西部如何改善投资环境进行比较分析，提出相关对策与建议。

本书的最后一章可视为本课题的一项文献研究。我们在这部分评述了我国学者近 8 年来关于 FDI 与中国经济发展关系的最新研究成果和重要观点，它涉及八方面的问题。作为一项系统研究，我们认为这一工作不仅必要，而且十分有价值，现作为最后一章的内容，供研究者和广大读者参考。

本书是集体研究的成果。在中国改革开放三十周年之际，我们把它献给所有关心和支持西部发展的人。

杨 先 明

2008 年 5 月 于云南大学

Preface

    This book is on the foreign direct investment (FDI) in western China. Since the policy of reform and openness to the outside world was implemented, FDI has played an important role in promoting China's economic development. As China becomes the largest country in FDI stock, China's economy has been integrated with international production systems in a relative great speed. It shows that FDI has a profound impact on China's economic structure in terms of multinational companies' (MNC) FDI stocks and the foreign industrial structure in China. However, FDI is unevenly distributed in China, with most in the east and relatively less in the west. Since China's access to the world trade organization (WTO) , the share of FDI stock has increased in eastern China, been relatively stable in the central region, and obviously decreased in western China. Why has not the FDI flowed to western China after the implementation of the "western China development program", and what are the constraints? These issues are what the book focuses.

    From the perspective of long-term development, the role of FDI in the economic catching – up in western China is the core of our study. Some particular requirements should be met to achieve economic catching – up . Whether can FDI bring what the western China is short of in economic development and what is its role in achieve economic catching – up . These issues are addressed by assessing the impact of FDI on the development of western China, analyzing the status quo and constraints of attracting FDI to western China.

Because FDI involves the transfer of a serial of factors, there are various constrains on FDI transfer to and cluster in western China. Why and how do the technological development level, human capital, and industrial factors affect the flow of FDI to western China? These issues are empirically studied in the book. To be recognized, the disadvantage in location of attracting FDI in western China is studied in the framework of spatial economics. The results reveal that the mode of utilizing FDI in eastern China cannot be copied to western China and that the strategy of introducing FDI to western China should embody the regional characteristics, priorities and objectives.

How do institution, environment and system affect the inflow of FDI to western China? The difficulty in addressing this issue lies in how to quantify the institutional, environmental and system factors. These factors are categorized and identified in the book and their effects are estimated and tested using econometric methods. It is found that institutional accommodation and effective social system have positive impacts on attracting FDI to western China. Furthermore, the inflow of FDI to western China is more directly by an important factor-the matching degree of MNC's strategy, national strategy on regional development and local government's development strategies.

It is worthy of our attention and reference to those so many experiences achieved in underdeveloped countries or regions on the introduction and the utilization of FDI, among which one of the important ways is to make scientific policy on regional development so as to better investment environment. The book studies the successful policies and related investment environments in other countries, based on which a comparative analysis is conducted to explore how to better the investment environment in western China, followed by some countermeasures and suggestion.

The last part of the book is a literature study, which reviews Chinese scholars' achievements and viewpoints made in recent 8 years on the relationship between FDI and China's economic development. As a systematic study, this part is necessary and valuable, serving as a reference for researchers and readers.

The book is an achievement of collective efforts. At China's 30-year anniversary of reform and openness to the outside world, it is dedicated to those who concern themselves with the development of western China.

Xianming Yang, Ph. D in Economics

Professor, Dean of School of Development Studies

Yunnan University ,China

目　录

第一章 导论:国际直接投资与
西部地区的经济赶超

发展的初始条件,国家工业化时期对西部地区产业结构的制度性安排,以及后来的市场化资源配置方式,客观上都对我国西部地区的经济发展历程和发展绩效产生了复杂的影响。而经济社会发展的相对滞后,成为西部地区的概括性特征。如何在开放环境中和日益一体化的市场条件下实现西部地区的经济赶超,关系到区域之间的协调平衡发展,地区之间的发展差距缩小,也关系到国家整体实力的提高,这是一个无论在理论层面还是对策研究方面都值得探讨的难题。长期以来,发展中国家或者不发达地区有效实现经济赶超的目标,一直是众多经济学家从不同的角度试图要解决的理论和政策问题,其中,国际直接投资(FDI)及其行为机制对经济赶超的作用,是一个十分重要的研究领域。

第一节 发展滞后与赶超可能性

经济赶超的核心是增长率问题。没有持续的经济增长,欠发达地区不可能实现达到全国平均水平、追赶先进地区的目标。持续的经济增长,意味着经济体内部形成经济发展机制。

卢卡斯(1990)认为,经济增长作为对整个社会所有活动的综合体现,在某种程度上,必然依赖于社会中每个经济参与者的行为以及每个经济活动的运行。而不同的社会在很多方面存在差异,不同国家的经济文化特性十分明显,这些特性常被认为是改变经济增长方式的关键。不过就普遍性而言,决定一个国家或一个地区持续增长的关键仍然取决于有形资本积累和技术进步,长期通过学校教育形成的人力资源积累,以及通过边干边学而形成的专项人力资源积累。但是,在西部是否存在经济赶超的空间,是否在经济发展进程中已经形成赶超的源泉?其实这是一个关于西部地区的后发优势以及实现条件的相关理论问题。

一、赶超——一个理论假设

经济上的相对落后具有积极意义,有助于一个国家或地区后来的爆发式的经济增长。这一假说,就其概念和内容而言,源远流长。20 世纪50 年代以来,这一理论逐渐与亚历山大·格申克龙的名字相联系。格申克龙在其论文《经济落后的历史透视》中指出:"正是由于落后国家的落后,他们发展过程的许多方面将会根本不同于先进国家。"① 格申克龙强调,这种发展差异主要表现为发展的速度与特点的差异,并且这种差异往往是由那些在先进社会中不曾拥有的制度和结构形成的。他在研究工业化的后来者能够赶上或超过工业化的先行者的原因和实现追赶目标的途径时提出后发优势理论观点。根据格氏理论,所谓后发优势,就是指在先进国家和地区与后进国家和地区并存的情况下,后进国家和地区所具有的内在的、客观的、相对的有利条件。主要包括三大内容:一是后进国家或地区可以通过引进先进国家和地区的技术和装备,替代有关技术与装备的研究与开发,从而大大加快工业化进程,避免有关风险;二是后进国家或地区可以学习和借鉴先进国家和地区的成功经验,吸取其失败的教训,有选择性、创造性地设计工业化模式,从而避免先行者所走的弯路,选择更快的发展道路和更加开放的发展政策;三是后进国家或地区落后程度越大,对经济社会落后和要求工业化发展的强烈社会赶超意识及其功效也就越显著。② 可见,格氏理论中的后发优势是伴随着后进国家或地区发展水平的落后所产生的一种特殊优势,是与其经济社会发展的相对

---

① [美]亚历山大·格申克龙:《经济落后的历史透视》,载《东莞理工学院学报》第 11 卷第 2 期。

② 胡鞍钢:《知识与发展:中国新的追赶策略——写于建国 50 周年》,载《管理世界》1999年第 6 期。

落后性共生的。它不是后进国家或地区通过自身努力创造出来的,换言之,落后的国家或地区正因其落后,才具有通过学习、借鉴先进的国家和地区成功的经验,通过模仿、创新先进国家的技术和制度,以较快的速度和较低的成本实现工业化,从而推动经济社会的增长和起飞的优势。显然,在当时的背景下格申克龙没有也不可能对后发优势做出清晰和完整的界定,格氏理论的重大意义也不在于此,而在于首次从理论高度展示了后发国家工业化存在着相对于先进国家而言取得更高时效的可能性,同时也强调了后发国家在工业化进程方面赶上乃至超过先发国家的可能性。

在格申克龙后发优势假设提出以后,库兹涅茨(1966)也明确指出,技术缺口或技术差距的积极意义在于,"越迟进入现代经济增长阶段的国家,其初期发展速度一定越高,因为时代越迟,技术资源越丰富,选择性就越大"①。发达与不发达之间差距的存在,对后者更多地表现为一种赶超的机会,尽管他也指出,发展是要付出代价的,但总的倾向强调其积极意义。另一位美国经济学家列维(1966)则从现代化的角度对后发优势假设进行了具体化,他认为后发国家的现代化有五个方面的后发优势:一是后发国家对现代化的认识要比先发国家在自己开始现代化时对现代化的认识丰富得多;二是后发者可以大量采用和借鉴先发者成熟的计划、技术、设备以及与其相适应的组织结构;三是后发国可以跳跃先发国家的一些必须经过的发展阶段,特别是在技术方面;四是由于先发国家的发展水平已达到较高程度,这可使后发国对自己现代化前景有一定的预测;五是先发国家可以在资本和技术上对后发国家提供帮助。

国内学者关于后发优势的内涵,也存在多种理解和看法。林毅夫教授认为,发展中国家由于同发达国家在技术上存在差距,在选择技术进步的实现方式上具有后发优势。他解释说,技术进步有两种方式:其一,向其他国家学习、模仿,或花钱购买先进技术以实现本国的技术进步;其二,通过研究和开发新的尖端高技术取得技术进步。发达国家由于处于技术

---

① 库兹涅茨:《现代经济增长》,北京经济学院出版社 1989 年版。

的最前沿,因此必须通过自己从事研究和开发新的尖端高新技术才能实现技术进步,因而这些国家实现技术进步的成本高,总体进步慢;而发展中国家可通过模仿和购买的方式取得技术进步,许多研究证明,就是用购买专利这种成本较高的方式,其成本也只是原来开发成本的三分之一左右,而且,购买的技术一定是已经证明成功的、具有商业价值的技术,无形中节省了许多"沉淀成本"①。

杨小凯教授强调制度对经济发展的影响,他是从后发优势与后发劣势转化的角度来阐述他的观点的。他认为模仿有两种形式,一种是模仿制度,另一种是模仿技术和工业化的模式。由于模仿制度比较困难,因为改革制度会触犯一些集团的既得利益,而模仿技术比较容易,因此落后国家倾向于首先模仿技术。这导致落后国家虽然可以在短期内取得非常好的发展,但是会给长期发展留下许多隐患,甚至长期发展可能失败。他把这种由于技术模仿而导致制度模仿的延迟称作"后发劣势"②,也就是美国经济学家沃森所说的"Curse To The Late Comer",就是"对后来者的诅咒"。因此,落后国家不仅具有技术模仿方面的后发优势,也具有制度模仿方面的后发优势,但是如果前者阻碍了后者,技术模仿的后发优势也会演变为后发劣势。

大多数关于后发优势的理论分析都从技术特性出发,无非反映这样的事实,即大多数先进的科学技术是由发达国家花费了巨大的投资和时间发明创造的,其公共产品或准公共产品的属性决定了客观存在的溢出效应,这对于科学技术比较落后的后来者来说是一个非常有利的条件。发展中国家不需要投入巨大的资源来重新研究和开发这些已经存在的科学技术,他们只要花费很小的成本和时间,就可以把这些科学技术学来并运用于生产中。由于拥有先进国家的已有技术存量,后进国家在技术演化过程中能够省略某些中间过程,以较低成本、较快速度实现技术进步,

---

① 林毅夫、蔡昉、李周:《中国的奇迹:发展战略与经济改革》,上海三联书店 1999 年版,第 11 页。

② 杨小凯:《后发优势与后发劣势》,www. people. com. cn/GB/jinji/36/20020829 /810949. html.

后发优势的实质实际上成为了跨越式技术演化的优势。

　　显然,把后发优势演化为跨越式技术优势,不利于客观地认识欠发达经济体实现经济赶超的复杂性,以及发现经济赶超所需要的一系列条件和挑战。正如经济学家 Abramovitz(1989)指出,赶超假设有一个反直觉的方面,它暗示着"领先国家和落后国家之间的技术和生产力缺口越大,落后国家生产力增长的潜力就越大;其他的事情也是一样的,二者之间的技术和生产力缺口越大,落后国家生产力增长的速度也就越快。如果他们最初是落后的,他们将趋向于赶超得更快"①。换句话说,国家或者地区之间的经济差距也能被看做是欠发达经济体能够被利用的大量技术机遇的测度②。其实,赶超理论关于领导者与追随者之间技术和生产率的缺口越大,追随者生产率增长的潜能就越强,追随者的生产增长率就越快;追随者最初的水平越低,其赶超速度越快的断言,更多的是从技术发展重要性角度对经济赶超和增长收敛的一种理论假设,但是,技术的落后并非是一个偶然的历史现象,有关国家或地区的社会特性不仅决定历史上的技术落后,也影响了落后的经济体赶超的可能性和实现的程度。这些社会特质,也就是所谓的社会能力问题。对各国增长率差异的研究表明,仅强调一个国家因为落后就具有很大的经济增长空间不尽合理,而应该严格地说,一个国家因其在技术上落后但在社会能力上领先,才会具有后来实现经济赶超的可能性。同理,在一国内部各地区之间发展也是如此。

　　因此,赶超的国际历史经验证明,从长期看,正是技术差距与社会能力的结合,共同决定着一国或地区潜在增长率水平。

二、赶超实现的条件

　　由技术差距与社会能力共同决定的潜在增长率在特定时期得以真正

　　①　Abramovitz,M. (1986):Catching up, Forging Ahead, and Falling Behind,*Journal of economic History*, June 1986,46(2),p.3.

　　②　Gomulka, (1990):The Theory of Technological Change and Economic Growth p. 159,Routledge, London and New York.

实现,要依赖于一些限制条件,如知识的扩散,结构转变的速率,资本的积累以及需求的扩大等。

　　知识本身也是一种资本,从这一角度分析,则单个厂商的产出可以视作是其自身知识水平和一般知识存量的函数。对于某个厂商而言,其生产知识了解得越多、水平越高,其产出也就越多;而对一个社会来说,若其积累的一般经济知识越多、技术发展的平均水平越高,则其内部的产出也就越高。知识区别于一般资本的特点在于它具有"外在性",即知识有与公共产品相类似的特性。单个厂商不需要去生产所有自己需要的一般性经济知识,它可以通过直接利用社会上已有的知识存量来满足自身的需求。知识外在性还意味着一次性的知识存量的增加,不仅能增加当期的产出,而且会对未来的经济增长产生长久的影响。知识的外在性使其能够获得边际生产力递增的效应,知识存量的增加不会如一般生产要素那样,仅仅使产出沿生产函数向前滑动,而是可以促使生产函数曲线向上移动。

　　结构转变速率对经济赶超同样重要。在经济发展进程中,部分业已处于成熟期的产业会受到市场饱和和技术进步潜力趋于枯竭的限制,导致其增长速度减慢,并逐渐被那些技术进步较快的产业和在新技术基础上建立的新产业所取代,而实现技术改造的产业与新兴产业的迅速发展,提高了实物要素的产出率,带动了整个经济增长。① 这种依靠技术进步推进产业结构转换,使经济在更高水平的产业结构基础上实现的新的增长被认为是结构增长效应。若将产业结构看做一个资源的转化系统,即一方面输入各种生产要素,另一方面又按照一定的要求将各种投入要素转化为所需的产出,则技术就是这一资源转换系统的转换方式。技术发展在影响产业升级的诸因素中占有主导地位,是推动产业升级的最有效的手段和途径,其他诸多因素都是通过技术因素对产业结构发生影响的。各产业对整个经济系统的贡献则取决于各部门的技术效率和产出需求。而各产业技术进步的速度及其对需求变化反应的灵敏程度上的差异,决

---

① 参见钱纳里等:《发展的格局》,华夏出版社1993年版,第65页。

定了其相互之间劳动力、资本等要素收益上的差别,因此,当一些部门的需求扩张与技术进步速度不一致时,若能够根据需求和生产的条件,对经济系统内部的产业结构进行适当的调整,如积极采用先进技术并对其实施有效的扩散和推广,或者根据需求的变化适时调整相应的要素投入和产出,重新进行资源的配置和收入的分配,就会使整个系统能够充分使用所拥有的资源而达到增长的目的。对于市场不完善、生产要素不能充分流动的发展中国家或欠发达地区而言,由于要素生产的非均衡现象和结构变化的空间等因素,资源转移和再配置这一增长因素比发达经济体更为重要,因此结构转换对其经济增长的作用更大。

在赶超进程中,技术发展始终是产业升级和经济增长的核心要素,其在影响产业升级的诸因素中占有主导地位,成为推动产业升级的最有效的手段和途径,其他诸多因素都是通过技术因素对产业结构发生影响的。处于变化中的现存技术结构,以及正在形成的新的技术结构,必然会改变产业间的关联结构和关联程度,使原产业结构中的某些产业由于缺乏供给或市场而逐渐被淘汰,而另一些产业却以此为契机获得发展,从而引领产业不断发生分化和聚合,形成新的产业结构,技术发展从而成为形成经济转换格局的基本动力。当新技术通过国民经济和国际经济扩散时,它不仅是破坏平衡的,同时也是有序化转变变革方向的一个源泉,是“动态调整的过程”。由此可见,技术要素具有其他资源要素所不可比拟的优越性。技术要素与其他要素最大的不同在于它具有规模报酬递增的特性,技术的相互融合能产生链式反应或聚合效应,促进更多新技术的产生,有学者形象地归纳为“最好的创造新知识的办法是使用现有的知识”。而技术本身具有的滞后特征以及技术使用过程中的“知识外溢”现象,又使得它能够反复使用,持续地为经济增长发挥作用。波特(1993)在分析各要素的作用时就认为,在生产诸要素中,以技术为代表的高级生产要素在经济中发挥的作用将越来越大,它们直接决定着一国的产业竞争力和产业升级的能力。

在赶超进程中,技术对经济增长和产业结构变动的作用很大程度上是通过影响需求结构而间接实现的。从需求角度分析,需求结构是对产业结构的影响最直接的因素,由于技术发展与需求结构之间存在极强的互动关系,因此需求结构成为联系技术发展与产业升级的重要中间环节。一方面,技术发展是需求结构得以改变的重要物质前提,需求结构的改变在很大程度上受到技术发展状况的制约,在需求结构发生实质性变化之前,必须先有某些技术突破或革命。否则,需求结构将主要由于人均国民收入的变化而在原有技术产品方面发生量的变化,而且这种需求结构的变化是相对缓慢和有限度的。工业革命以来的历史表明,需求很强烈的部门,如果在技术上没有取得突破,其需求结构也难以改变。新技术的出现创造了新需求,同时降低了旧需求的相对优先次序,或是创造了满足旧需求的新手段,改变了满足这些旧需求的旧手段的优先次序。技术发展使新需求由可能变成了现实,并通过影响需求结构来改变产业结构,引发产业部门生产结构的相应变动。另一方面,需求结构的变化也会反过来影响技术发展的方向和进程。"新的需求的扩大以种种方式和十分强有力地对新的技术革新施加压力,从而也就形成了高速的全面的增长"(库兹涅茨,1978)。

　　总之,在全球化和经济一体化日益加快的新的历史条件下,无论是发展中国家还是欠发达地区,其经济赶超的路径与基本方法已经发生了显著的变化,经济增长加速更多依赖非均衡条件下发生的结构转变和对外部先进技术的利用。这种革命性的变化,为国际直接投资进入国家或地区的经济赶超并在其中发挥历史性的作用创造了前提与环境。

第二节　FDI 在赶超中的历史作用

　　关于 FDI 在赶超中的作用,实际上是一个国际直接投资如何影响长期经济增长的问题,其作用机制一般认为从两条路径发生:一是 FDI 为不发达经济体提供了外来的增长要素,从而弥补了经济增长中的要素缺口,新古典增长理论提出的"两缺口"模型对这一问题进行了深入研究;二是 FDI 对技术、人力资本、制度等的外溢效果所形成的对东道国经济增长的"间接"作用,FDI 作为资本、技术、市场网络和管理的"综合要素",能起到"一揽子"要素转移的作用,并通过外溢效应促进东道国技术进步、人力资本积累、制度革新等,从而影响经济长期增长。基于内生增长理论框架,经济学家对 FDI"综合要素"的作用也做了大量研究。尽管新古典增长理论和内生增长理论对 FDI 影响长期经济增长分析各有侧重,但是由于赶超是一个更为漫长的增长过程,分析 FDI 在赶超中的历史作用,必须考虑更多的因素。

一、FDI 与内生增长理论

在传统的索洛新古典增长模型中,FDI 影响产出增长的程度是有限的。假定物资资本的边际收益递减,则 FDI 只会影响收入水平,长期增长率将不会发生变化,即传统的新古典增长模型认为,FDI 对增长的潜在影响只限于短期。如果 FDI 包括了以新资本品、新市场或新加工形式出现的新技术知识的转让,FDI 能否对长期的经济增长产生积极的作用? 其实,这涉及 FDI 在不发达地区发展过程中的历史作用问题。

FDI 与传统增长理论之间的联系是相当简单的。在由 Solow(1956)开创的传统的生产函数方法中,长期的增长只能是技术与知识提升的结果。没有技术进步,国内和外国投资递减的边际收益最终将制约经济增长。无论来自国内还是国外投资增长,只会增加人均资本和产出的数量;然而,由于收益递减规律最终将限制这种增长,因此,FDI 对长期经济增长的影响是短暂的。在内生增长理论中,Romer(1986)和 Lucas(1988)分别利用模型说明,由企业向外部的技术学习(知识扩散)引发的正反馈,会超过由企业内部的边际收益递减造成的负面反馈,因此增长率将保持递增。Romer 在其生产函数中引入了一个技术参数,这个参数显示了知识产生的递增收益以及知识累积带来的持续收益。这样,模型通过边学边干(learning-by-doing)和知识外溢说明了经济增长的源泉。在内生性增长新理论中,FDI 能以不同的方式影响增长。作为技术传媒,外国投资能够通过全球知识转让和国内知识外溢效应促进经济增长和增加收益,而且,通过创造新产品、新工序,采用新的管理方法和组织结构,以及提高劳动者技能等方法,外国投资将增加东道国的知识存量。

内生增长理论关于 FDI 能够推动长期经济增长的结论,反映了在当代经济中科学技术作为增长要素的关键性,也反映了技术垄断、技术扩散或技术溢出之间的关系。企业或跨国公司对知识或技术创新的主要兴趣是强化知识与技术的所有权优势以获取垄断利润。然而,由于"外在性"或"知识外溢"现象的存在,企业要长期控制这些所有权优势是不可能的。跨国公司作为最大的知识与技术的创新主体,会充分利用直接投资等方式,使技术的所有权优势发挥到最大限度,从而决定了 FDI 可以在国际范围内的知识外溢方面扮演重要角色。FDI 的这种作用,不仅取决于获得使用该技术知识的权利,而且还取决于把知识从母公司转让到子公司的能力。

在 Romer(1990)的模型中,跨国公司在促进经济增长方面的作用是通过人力资本的创造来实现的。该模型把人力资本的禀赋和研究与开发(R&D)的强度联系起来,认为研究包括了创造一般知识以及引入后续创新所需要的人力资本,从而增加了增长过程中投入品的多样性。由于增长率、研究与开发和人力资本禀赋紧密相关,人力资本成为能够增加劳动和资本生产率的新的中间产品,而产品的差异反映了各种经济活动中劳动专业化程度的增强,因此,在生产与研究之间做出的选择,就决定了增长的速度。通过产品创新,研究与开发的强度的增加就可以导致增长率的上升。除了 Romer 和 Lucas 等人研究 FDI 与经济增长的关系以外,Aghion 与 Howitt(1992)、Grossman 与 Helpman(1991)的模型也提出了与 Romer(1990)模型类似的促进经济增长的途径,只不过他们把技术进步看做是现有生产者的产品质量的提高。Grossman 和 Helpman(1990)认为,R&D 过程的特性决定了企业必然要经过引入新技术、淘汰旧技术的质量阶梯。企业通过引入能使质量低劣产品退出市场的新生产资料,可以获得垄断利润。生产资料质量的提高,意味着由于知识外溢和外在性出现,"外在性"与"知识外溢"能够抵消有形资本的边际收益递减,由此可能导致一个最佳、更高或最低增长率。Grossman 和 Helpman 进而认为,把外国投资和颁发技术专利权证囊括进该模型,意味着在平均价格的情况下能够扩大要素禀赋的范围。当技术能力和生产要素价格均高的企业发现,在一个技术能力不高和生产要素价格较低的国家或地区投资建厂或颁发高新技术专利权证有利可图时,更大范围内的知识外溢就会发生。

可见,在内生增长模型中,就 FDI 通过外部性和技术外溢使产出收益增加而言,则显示了 FDI 具有内生性地影响经济增长的作用,并且有可能在长期内强化增长。内生增长理论通过外部性解释了长期中促进经济增长所必需的收益非递减性。由于外部性的存在将会使社会收益与私人收益之间存在一定的差距,各种 FDI 产生的外部性的存在,使资本的边际产出具有下降刚性。因此,在内生增长理论中,流入的 FDI 作为一个举足轻重的变量,能够缩小技术差距,并且能够在这些模型中产生经济集聚;但作为一个滞后变量,FDI 完全有可能扩大技术差距,正如它能缩小技术差距一样。

根据内生增长理论,从长期看,FDI 增长效应主要体现在以下方面:(1)FDI 作为资本、专门知识和技术的一揽子转移,在增长过程中成为经济增长的内生决定因素。与新的资本输入相比较而言,直接投资所具有的知识和技术转移具有更强的外部效应,被认为是 FDI 促进引进外资地区或国家经济增长的最重要的手段。(2)FDI 企业产品的附加值和 FDI 生产力的溢出效应越大,由于它们会使国内生产的收益增加,则对经济增长的影响就越大。FDI 带来的资本及其技术改变了东道国的生产函数,强化了东道国的经济增长态势。就新增的资本流入量来讲,与 FDI 相联系的生产行为可能会采用较多的中间投入品,从而导致产出增长。(3)通过知识转移、劳动培训和技术扩散,FDI 扩增了现有的知识存量。另外,通过管理实践和组织安排,也起到了相同的效果。就新技术而言,FDI 是一种通过跨国企业产生溢出作用而使生产增益的潜在源泉。(4)如果 FDI 推动经济是内生性的增长,政府可通过制定吸引 FDI 的政策,来增加经济增长与产出增长持续性保持同步的确定性,从而加强政府政策行为对经济增长的影响。

二、FDI 与经济赶超

与周期性的经济增长相比,不发达的经济体的赶超将是一个更为漫长和复杂的过程。赶超历程的漫长,表明只有持久性的增长,才能实现赶超的目标,区域或者国家之间才会出现增长收敛的现象。因此,FDI 对赶超产生的积极作用,首先取决于 FDI 进入以后是否引致加速增长效应,这是决定 FDI 在赶超过程中历史作用的最基本的因素。

在分析 FDI 对经济增长的影响时,可引用包括了 FDI 项的扩增型生产函数如下:[①]

$$Y = A\Phi(K, L, F, \Omega) \tag{1}$$

其中,Y 为产出,K 是资本,L 是劳动力,F 表示 FDI 存量,Ω 是辅助变量。若具体采用柯布—道格拉斯生产函数形式,并将其对数化和动态化后,方程(1)变形为:

$$g_y = g_A + \zeta g_k + \varphi g_f + \gamma g_\omega \tag{2}$$

其中,g_A、g_k、g_f、g_ω 分别对应着生产效率 A、人均产出 y、人均物质资本 k、人均 FDI 存量和辅助变量 ω 的增长率。而 ζ、φ、γ 则是 k、人均 FDI 和辅助变量 ω 的产出弹性。

许多相关的文献表明,(2)式中人均资本项 k 的产出弹性存在高估的问题,我们用 FDI 与国内资本 k_d 之间的互补性来解释这一现象。先假定引进 FDI 的地区只使用包容了国内资本 k_d 和外国资本 k_ω(由 FDI 引起)的劳动力和物资资本两种生产要素进行生产,国内的知识总存量用 H 表示。此时,简化了的柯布—道格拉斯生产函数为:

$$y = A\Phi[k_d, H] = Ak_d^\beta H^{1-\beta} \tag{3}$$

其中 A 仍为生产效率,β 则是国内物资资本所占份额。再假定国内的知识总存量取决于国内物资存量和国外物资存量,并以柯布—道格拉斯函数表示为:

$$H = [k_d k_\omega^\alpha]^\eta \tag{4}$$

其中 α 和 η 分别为人均外国资本存量 k_ω 和人均国内资本存量 k_d 的边际替代弹性和跨时期替代弹性。

---

① 参见杨先明等:《国际直接投资、技术转移与中国技术发展》,科学出版社 2004 年版,第 20~22 页。

将(4)式代入(3)式有:

$$y = A k_d^{\beta+\eta(1-\beta)} k_\omega^{\alpha\eta(1-\beta)} \qquad (5)$$

改用增长性动态描述为:

$$g_y = g_A + [\beta + \eta(1-\beta)]g_d + \alpha\eta(1-\beta)g_\omega \qquad (6)$$

由(6)式可以看出,当 $\beta < 1$(国内资本边际收益递减)且 $\eta > 0$(FDI 与国内资本 k_d 之间是互补的)时,FDI 所诱发的外部效应使资本项的弹性系数值增加了 $\eta(1-\beta)$ 倍。

我们还可以用效用最大化函数来说明 FDI 对经济增长的加速作用。由方程(3)可得跨时期效用最大化问题为:

$$\max \int_{t=0}^{\infty} u(c) e^{-\rho t} dt$$

$$s.t.\ dk_d/dt = A k_d^{\beta+\eta(1-\beta)} k_\omega^{\alpha\eta(1-\beta)} - c$$

$$k_d(0) \geqslant 0$$

其中, ρ 是效用最大化者的时间偏好, c 是消费。

为了简便起见,令 $u(c) = \ln c$,则东道国的消费增长率为:

$$(dc/dt)/c = A[\beta + \eta(1-\beta)]k_d^{\beta+\eta(1-\beta)-1} k_\omega^{\alpha\eta(1-\beta)} - \rho \qquad (7)$$

当 FDI 和国内投资之间的跨时期互补性减弱了国内生产的收益递减性时,假设在存在 FDI 的情形下,国内生产具有规模收益不变特性(也就是 $\beta + \eta(1-\beta) = 1$,即 $\eta = 1$),此时,方程(7)变为:

$$(dc/dt)/c = A k_\omega^{\alpha(1-\beta)} - \rho \qquad (8)$$

根据方程(8),只要 $\lim_{k\omega \to \infty} A k_\omega^{\alpha(1-\beta)} - \rho > 0$,则当 FDI 存量增加时,资本的边际产品就会保持在 ρ 以上,从而长期增长率就正向取决于 FDI,也就是说,经济长期增长率将受 FDI 的影响,但却与国内资本存量无关。

FDI 引致经济加速增长的机制,可以用图 1.1 来予以说明。图 1.1 中,45°角的 OC 线表示引进 FDI 地区原来的稳态均衡增长路径,其上每一个点表示与一定的资本存量相对应的经济增长率。在没有引进 FDI 的情形下,经济增长仅由当地资本存量来推动,若以 AB 线表示此种情况下当地资本存量 k_d 与经济增长率的对应关系,则 AB 与 OC 的交点说明了在既定的资本存量 OA 下(等于国内资本存量 k_d),东道国经济均衡增长

率为 e。在考虑了 FDI 对经济增长的长期影响后,资本存量($k = k_\omega + k_d$)
与经济增长率之间的关系应由 A'B'' 来表示。E 点向 M 点的移动说明了
当地的经济均衡增长率由没有 FDI 时的 e 提高到了存在 FDI 时的较高的
f。事实上 AB 移向 A'B'' 可分解为两个步骤。

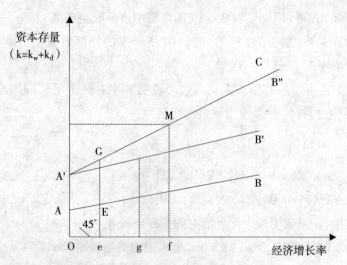

图 1.1　FDI 引致经济加速增长的机制

第一步,AB 线平行上移至 A'B'。在这里,假定引进的 FDI 资本与当
地原有资本是同质的,FDI 边际收益与国内资本的边际收益没有什么区
别,这表现为 AB 与 A'B' 的斜率相同。不难理解,在资本稀缺的地区,引
入 FDI 项目最直接的效果就是增大了国内资本的供应量,使原本一些受
资本限制而无法实施的项目成为可能,或者说由于 FDI 引进使一些潜在
的有利可图的投资机会被利用,其结果是增加了该地区产出,使经济均衡
增长率直接由 e 上升为 g。

第二步,A'B' 转向 A'B''。由图 1.1 中可见,此时均衡增长率将由 g
增至更高的 f,这意味着由于 FDI 的引入,资本的利用效率提高了,从而在
相同的资本增量前提下,有 FDI 比无 FDI 更能促进当地的经济增长,在这
种意义上,FDI 与国内资本是不同质的。这一效果是两种效应叠加的结
果。其一是伴随 FDI 而来的技术和知识转移,增加了当地的知识总存量,
扩增了人力资本存量,对当地企业产生正的外部效应,加速了经济增长速

度。其二是先引进的 FDI 如能推动经济增长,对于追求资金运作的安全性和盈利性的外国投资者来说,无疑有着较大的吸引力,这将进一步吸引更多的 FDI 项目,从而形成 FDI 不断流入与当地经济增长相互促进的良好循环。相应地,A′B″的斜率取决于资本积累对经济增长的贡献率、FDI 对经济增长的溢出效应的大小和 FDI 流量增量对东道国经济增长速度的反应弹性。

显然,FDI 能引致进入地区的增长加速。但是,随之而来的问题就是,FDI 这种积极的正向作用是否足以使地区之间或国家间绝对的或相对的经济差距缩小?

在理论上,FDI 强化增长的主要途径是借助于持久性的技术冲击来完成的。FDI 与增长的这种关系,根本上是由于赶超过程中技术发展的特点,即技术赶超具有的阶段性特征所决定。技术发展可区分为追赶前阶段、追赶阶段、前沿分享前阶段(pre-frontier-sharing)和前沿分享阶段(frontier-sharing)四个阶段(Paola Cirscuolo, Rajneesh Narula,1998)。在追赶前阶段,技术资源主要来自于欠发达国家或地区自身的知识积累,以此来建立最基本的技术能力。缺乏这基本的技术能力,欠发达国家或地区会因为过于落后而没有能力有效地转移和内化技术,这就是所谓的门槛效应。大量 FDI 对输入国经济增长作用的实证研究发现,FDI 只对那些具有一定最低吸收能力的发展中国家的人均收入增长有正的促进作用。在追赶阶段,技术发展主要受益于贸易和 FDI 输入带来的溢出效应,企业可通过多途径吸收获得国外的科学技术与管理方面的知识。在前沿分享前阶段(包括技术前沿阶段),技术存量的增加主要通过积极地参与到国外技术溢出效应的分享,其主要方式为 FDI 输出相关的 R&D,合资企业和战略联盟。就企业而言,处于追赶阶段时,可更多地依赖于国外企业的活动和中间产品的进口吸收其技术溢出;到前沿分享前阶段(有时甚至早于这一阶段),企业采取更加积极主动的学习战略以期涉足外部知识领域,否则这些知识将无法被开发利用。当技术赶超已经接近前沿时,由于这一阶段技术模仿的机会变得越来越少,追赶者将不得不越来越依赖于自身技术创新方面的努力,此时必须通过输出 R&D FDI 的手段,积极地介入开发国外知识来源。与此同时,吸收和开发跨国公司机构在本国进行的创新活动产生的溢出效应,也将使自身受益匪浅。

国际经验表明,赶超过程最本质的问题是后来者能以什么速率对领先的经济体进行技术模仿。技术变化并不是一个线性过程,而是具有不连续均衡特征。而一个国家或地区能否具有提高追赶速度和跳跃某些技术发展阶段的能力,关键取决于三方面:第一个方面与社会基本技术能力的积累有关,其中人力资本形成起到十分重要的作用。没有必备技术能力,任何国家或地区不可能在技术发展上有持续进步。第二个方面是一个国家或地区较早进入一个特殊技术系统的能力。第三个方面是一个国家或地区确立特殊的技术定位的潜力。这三方面都分别涉及发展中国家和地区的 FDI 吸收能力、引进 FDI 的领域选择和长期的 FDI 战略问题。达到一定规模的 FDI 会影响不同国家或地区的稳态路径,有利于加速具有不同资本禀赋的国家之间的条件性增长收敛速度。如果伴随 FDI 而来的技术转移是持久性的,随 FDI 转移技术高度对于当地技术具有较强优势,并且对本土企业产生的溢出效应在经济增长过程中的作用占据主导地位,那么达到一定规模 FDI 的国家或地区也将持久性地增长,其结果是东道国将从原来那种无 FDI 情形下的稳态增长转向新的由 FDI 引致的较高的稳态增长速率。如果 FDI 是较高的稳态增长的唯一源泉,那么一旦 FDI 得到了控制,条件性增长收敛就会出现。概言之,在技术发展的进程中,不同的国家或地区将根据离技术前沿的距离不同,可选择用不同的 FDI 模式来获得最大限度的技术溢出效应,这是保持 FDI 对经济产生持久的技术冲击力的关键所在。

如何从 FDI 中获取更多的外部正效应,还涉及"干中学"机制对经济持续增长的重要意义。对于大多数资源而言,由于其存量是有限的、稀缺的,因此大都具有成本递增、边际收益递减的特点,当资源开发到一定深度或投入到一定数量后,往往出现产出率递减的情况。技术要素与其他要素最大的不同在于它具有规模报酬递增的特性,技术的相互融合能产生链式反应或聚合效应,促进更多新技术的产生,而技术本身具有的滞后特征以及技术使用过程中的"知识外溢"现象,又使得它能够反复使用,持续地为经济增长发挥作用。事实上,在生产诸要素中,以技术为代表的高级生产要素在经济中发挥的作用将越来越大,技术不会如一般生产要素那样,仅仅使产出沿生产函数向前滑动,而是可以促使生产函数曲线向上移动。引进吸收和利用 FDI 过程,实质上是一个外来要素诸如较为先进的技术和专门知识、较先进的生产技术设备以及相应的国际经营理念、经营方式、营销手段与当地人力资源相结合的过程,是当地的人力资源边干边学的过程。"干中学"体现了"最好的创造新知识的办法是使用现有的知识"技术积累的基本特征,"干中学"与 FDI 的技术外溢性相结合,成为引进 FDI 地区人力资本积累的最有效方式。

除技术溢出效应,FDI 能够对发展中国家或地区的赶超产生长期积极的作用,还在于其对其他领域产生的外部性效应。强调不同类型的外部性的作用范围及它们对长期增长的影响,是内生增长模型的共同点(Romer,1990)。由于 FDI 的一揽子要素转移的性质,对贸易结构变化、人力资本积累、企业制度治理和市场网络扩大必然产生深刻的影响。正因为外部性的客观存在,即使当资本投入继续增加而导致企业边际收益倾向于递减,将会使 FDI 的社会收益大于企业收益。换言之,由于各种外部性的存在,使得总资本的边际产出具有下降刚性,长期经济增长所必需的收益非递减性得到保障。

第三节 FDI 与西部经济赶超

工业化以来的世界经济史表明,使发展成为可能,正是内外因素共同作用的结果。西部的赶超同样如此。从我国改革开放以来经济发展的历史来看,尽管各区域经济都普遍存在着增长的趋势,但东西部之间仍然呈现出明显的差异。在对外开放中实现赶超与持续发展,仍然是我国西部地区最终解决区域差距过大、发展滞后的根本途径之一。正如西部的 FDI 增长效应失缺加剧了东西部地区失衡一样,西部地区引进 FDI 必然推动西部加快发展。但是,西部地区参与国际经济体系的潜在的利益并不能自动实现,参与者还面临着许多挑战和风险,需要把自身发展与参与国际经济紧密结合。而 FDI 如何在二者的结合中形成特殊作用,FDI 如何与西部发展缺口契合,需要有一个科学审慎的思考。

一、开放条件下的区域失衡

毋庸置疑,FDI 在我国实现赶超的进程中起到了十分巨大的作用;与此同时,随着中国成为世界上引进外资最多的国家,中国经济也较快地融入了国际生产体系,跨国公司在华投资规模和外资产业结构都充分表明 FDI 对中国经济结构产生的深刻影响。但是,FDI 在中国的分布极不平衡,东部地区吸收了 FDI 的绝大部分;而与之相比,西部地区引进的 FDI 比较少。加入 WTO 以后,东部地区吸引的外资有上升趋势,中部地区保持稳定,西部地区则明显下降了。并且,这种持续的、极不均衡的 FDI 分布改变了中国东中西各区域的产业结构、技术来源和经济增长能力,而且不可避免地作用于地区的发展潜力,构成了决定中国的区域差距变化的重要变量。对于西部地区而言,在发展过程中担负双重赶超的任务,既要与国家同步赶超发达的经济体,又要在区域竞争发展的格局下实现较快的长期增长,以免产生新一轮的区域发展失衡状况。

应当看到,FDI 在东部沿海地区的高度聚集对国内外市场一体化失衡具有深刻的影响。产生这种循环累积效应在于外商直接投资与我国的对外贸易之间的内在联系:进入我国的 FDI 的 95% 为绿地投资,通过投资形成的生产基地主要进行加工贸易的比例高达 70% 以上,加工贸易占中国对外贸易的 50% 以上(2006)。因此,可以认为我国引进的 FDI 大多为出口导向型的外国直接投资,且加工贸易的增长直接带动整个进出口贸易的增长,这一格局无疑为东部沿海地区与国际市场加深要素与商品流动创造了条件,东部地区与国际市场一体化程度开始明显上升,对外贸易依存度也大大高出全国平均水平。但是,东部地区的外向型经济的发展态势与内外市场一体化失衡并没有必然性,关键问题在于,我国通过东部地区大量 FDI 融入国际产业链的同时,国内的产业一体化与市场一体化进程受到地方利益阻隔,其进展慢于产业格局并没有消除。一方面我国日益融入世界经济体系,与国际市场一体化程度不断加深,另一方面国内市场一体化进程却明显滞后。这种状况与 FDI 的聚集效应和其在我国的特殊性结合在一起,于是产生了地区之间市场内外一体化严重不平衡的情况,其重要的标志就是:各省(区)市尤其是东部省市的国际经济贸易联系强化的同时,国内各省(区)市之间的贸易联系弱化。① 国内外市场一体化失衡的后果是显而易见的:

首先,对中国市场与经济产生了分割效应。当东中西部商品贸易联系弱化、要素流动的方向发生变化,即东部地区日益与外部市场形成产品、资本与要素循环,无论是技术来源和市场网络的外部联系都大于对国内其他地区的联系时,局部的高度外部一体化必然对中国市场与经济产生分割效应。当地区之间从收入差距逐步扩大到能力结构差距的时候,固有的区域分工与合作模式都必须重构。显然,这不利于中国以整合的竞争力参与国际竞争。

其次,对中国经济增长产生了需求损失效应。从人口和经济规模看,中国拥有巨大的国内市场,但是,在国内市场一体化受阻和省际贸易相对萎缩的情况下,内部需求对中国经济增长的作用远没有充分发挥出来。因此,中国的内需主要靠财政政策来推动,非市场自发形成的需求,但是,财政政策在长期内是不可持续的。只有加快内部市场一体化进程,才能增加由市场自发形成的内部需求,内外市场的均衡发展才能减少中国经济发展面临的风险。

以上表明,中国在对外开放中发展外向经济取得巨大成就的同时,存在国内外市场一体化失衡问题。这一失衡是以我国东中西部之间的地区发展差距为基础的,并正在扩大地区之间的差距。内外失衡因此与地区失衡交织在一起,从而使问题超过了一般国际经济学与区域经济学的研究范畴。但是应当认识到,内外发展失衡是在外向型经济推进中发生的,因此解决问题的出发点也应该回到对现有外向型经济战略的调整上来;就西部而言,开放滞后产生的矛盾应该在进一步开放的进程中逐步加以解决。

---

① 杨先明、袁帆等:《中国开放进程中的统筹发展问题》,载《思想战线》2004 年第 4 期。

二、西部的能力结构与赶超

由于能力对持续增长的意义,能力的发展对西部地区的赶超至关重要。Abramovitz(1986,1995)指出,一个国家或地区的赶超只有在下列三个条件下实现:自然资源的存在;适度的国家社会能力和适宜的技术;并强调能力在不同发展阶段的作用与表现形式①。在新古典增长理论和内生增长理论对各国为什么增长率不同的原因的探讨中,能力在赶超中的重要性进一步凸显出来。2005 年联合国工业发展报告《为赶超构建能力》强调了能力在赶超中的发展价值和推动外向型经济的基础性作用。对于欠发达的西部地区而言,由于 FDI 一揽子要素转移效应和客观存在的外部性效应,FDI 的进入必然对其能力结构和能力发展产生积极意义。

所谓能力结构,是指一个地区或国家在增长要素累积的基础上所形成的配置能力、学习能力、技术能力、开放能力等结构性能力。一般地,一个地区经济发展阶段是由一系列各种结构性的能力指标所决定的,并具有强烈的质的规定性和增长要素积累的含义。我们利用主成分分析构建的区域能力结构综合评价模型测算结果显示,西部地区的资源配置能力、开放能力、学习能力、技术能力明显低于东部,西部地区能力结构均衡性明显弱于东部地区。其基本特征是②:

1. 西部地区的总能力指数整体上远低于东部地区

从 2005 年全国 31 个省(自治区、直辖市)的区域发展能力排名可以看出,东部地区除河北排于第 21 位、海南排于第 15 位外,其他省份都排于前 10 位,而西部大部分省份都排于 20 位以后,青海、西藏、贵州、甘肃排在最后(见表 1.1)。③ 从能力指数看,东部地区与西部地区的差距非

①　这一方面的成果主要来自于一些经济史学家,其中阿布拉莫维茨(Abraomovitz)是一个代表人物,他将社会能力因素引入赶超理论,提出一个国家只有在技术上落后但在社会能力上领先才具有赶超能力。

②　参见杨先明、梁双陆:《东西部能力结构差异与西部的能力建设》,载《云南大学学报(哲社版)》2006 年第 4 期。

③　数据处理方法见杨先明等:《能力结构与区域经济合作》,中国社会科学出版社 2007 年版。数据来源于《中国统计年鉴 2006》。

常大。能力最强的上海市与最弱的甘肃省之间的差距达6倍,其他东部省份的能力也是西部省份的倍数,西部地区能力相对较强的陕西省也仅只有上海市区域发展能力的三分之一,重庆市则只有上海市的四分之一的区域发展能力。东西部巨大的能力差异决定了东西部的经济发展差距,西部地区能力如果不能得到尽快提升,东西部差距只会越拉越大。

表1.1 2005年东西部各省份的总能力指数

东部地区			西部地区		
省份	总能力指数	排名	省份	总能力指数	排名
上海	1	1	陕西	0.3363	9
北京	0.8865	2	重庆	0.2586	11
天津	0.6748	3	内蒙古	0.2415	12
广东	0.5626	4	宁夏	0.2108	17
浙江	0.4836	5	广西	0.1830	23
江苏	0.4795	6	新疆	0.1822	24
福建	0.3725	7	四川	0.1821	25
辽宁	0.3498	8	云南	0.1663	26
山东	0.3064	10	青海	0.1565	28
海南	0.2196	15	西藏	0.1498	29
河北	0.0517	21	贵州	0.1481	30
			甘肃	0.1420	31

2. 西部地区资源配置能力指数远低于东部

东西部省份资源配置能力指数差距显著(见表1.2),西部的资源配置能力也低于全国平均水平。市场机制对资源配置起基础性作用,东部省份市场经济发达,资源配置机制灵活,技术、资本和人力资源集聚效应明显,加速了东部资源配置能力的形成和积累,促进了各种能力之间的有效替代,能够较快实现能力结构优化和升级,因此其资源配置能力胜过中西部。由于东西部地区之间资源配置能力差距,仅仅依靠市场机制将难以实现东部地区产业向西部地区转移。

表 1.2　2005 年东西部省份的资源配置能力指数及其结构

东部地区				西部地区				
省份	能力得分	能力排名	结构	结构偏差	省份	能力得分	能力排名	结构	结构偏差
上海	1.0000	1	25.41	-5.1	内蒙古	0.5437	7	57.22	113.7
北京	0.9397	2	26.94	0.6	西藏	0.4046	11	68.66	156.4
天津	0.6999	3	26.36	-1.6	陕西	0.4001	12	30.24	12.9
浙江	0.6502	4	34.17	27.6	重庆	0.3904	13	38.37	43.3
江苏	0.5721	5	30.32	13.2	宁夏	0.3253	19	39.20	46.4
广东	0.5505	6	24.87	-7.1	广西	0.3048	21	42.32	58.0
山东	0.5115	8	42.42	58.4	云南	0.3023	22	46.19	72.5
辽宁	0.4923	9	35.77	33.6	新疆	0.2979	23	41.56	55.2
福建	0.4475	10	30.53	14.0	四川	0.2832	25	39.53	47.6
河北	0.3867	15	46.92	75.2	青海	0.2517	27	40.88	52.6
海南	0.2514	29	29.09	8.6	贵州	0.2515	28	43.16	61.2
					甘肃	0.2037	31	36.46	36.1

3. 西部各省区市开放能力存在较大差异,但总体上低于东部

东部的能力水平较高在很大程度上是得益于其较高的对外开放能力,特别是东部省份获得的 FDI 占全国的 80% 以上,FDI 的意义在于其知识和技术的溢出效应。外来资金、技术、产品的引进,不但可以提高当地的经济水平,而且可以从中学习到先进的知识,增强当地的学习能力。通过对外出口也可以使当地企业直接面对国际市场,提高企业的国际竞争力。西部地区开放能力弱(见表 1.3),制约着西部地区吸收外来投资改善地区产业结构,延缓了西部地区从资源粗加工型向资源深加工型转变的过程。

表 1.3　2005 年东西部省份的开放能力指数及其结构

东部地区				西部地区				
省份	能力得分	能力排名	结构	结构偏差	省份	能力得分	能力排名	结构	结构偏差
上海	1.0000	1	25.41	0.2	重庆	0.1624	12	15.96	-37.1

东部地区				西部地区				
省份	能力得分	能力排名	结构	结构偏差	省份	能力得分	能力排名	结构	结构偏差
北京	0.7203	2	20.65	-18.6	云南	0.1527	14	23.34	-8.0
广东	0.6367	3	28.76	13.4	陕西	0.1498	15	11.32	-55.4
天津	0.6153	4	23.17	-8.6	宁夏	0.1309	18	15.78	-37.8
江苏	0.5439	5	28.83	13.7	内蒙古	0.1271	20	13.38	-47.3
福建	0.4087	6	27.88	9.9	广西	0.1263	21	17.54	-30.9
浙江	0.3900	7	20.49	-19.2	四川	0.0932	26	13.01	-48.7
辽宁	0.3105	8	22.56	-11.1	西藏	0.0910	27	15.45	-39.1
海南	0.2764	9	31.99	26.1	新疆	0.0666	28	9.29	-63.4
山东	0.2310	10	19.16	-24.5	青海	0.0524	29	8.51	-66.5
河北	0.1235	22	14.98	-40.9	甘肃	0.0521	30	9.32	-63.2
					贵州	0.0352	31	6.03	-76.2

4. 西部地区的学习能力总体上低于东部地区

西部地区的要素吸收能力与经济开放能力在很大程度上取决于区域对外来文化、技术和知识的学习能力。在开放条件下,一个区域是一个复杂的学习型组织,学习的比较优势决定区域竞争优势,区域要素吸收能力与经济开放能力在很大程度上取决于区域的学习能力,包括获取知识、传授知识与交流知识的能力。较强的学习能力是东部地区经济发展的最大优势,而学习能力弱(见表1.4)是西部地区经济发展的最大瓶颈。西部人均综合知识发展水平仅相当于东部的35%。西部获取知识的能力仅相当于东部的14%,在地区经济发展中,落后地区可能一定时期以引进知识为主,但必须对知识生产给予战略性重视,因为生产知识的能力不仅是其最终摆脱落后的根本途径,也是其有效消化和利用外来知识的重要前提。外来技术和资本的利用和扩散与当地人力资源吸收知识的程度密切相关,而西部吸收知识的能力仅为东部的81%;吸收水平越低,相适宜的外来技术水平越低,否则外来技术在当地不易扩散。因此,以吸收水平为基础的技术扩散能力低是西部地区外来技术和资本扩散能力低的重要原因。目前西部地区由于人口素质偏低,对外交流不足,信息量较少,制约了西部向外学习的能力。东部地区产业难以向西部地区转移的原因就是西部落后地区不具备必要的经济技术基础和相当素质的劳动力,使得这种转移和扩散难以实现。

表1.4 2005年东西部省份的学习能力指数及其结构

东部地区				西部地区				
省份	能力得分	能力排名	结构	结构偏差	省份	能力得分	能力排名	结构	结构偏差
北京	1.0000	1	28.66	21.5	陕西	0.3314	8	25.04	6.1
上海	0.9351	2	23.76	0.7	新疆	0.2893	13	40.35	71.0
天津	0.6009	3	22.63	-4.1	重庆	0.2747	15	26.99	14.4
浙江	0.5064	4	26.61	12.8	宁夏	0.2642	17	31.84	35.0
广东	0.4877	5	22.03	-6.6	内蒙古	0.2514	21	26.46	12.1
江苏	0.3938	6	20.87	-11.5	广西	0.2351	23	32.65	38.4
辽宁	0.3497	7	25.41	7.7	甘肃	0.2299	24	41.15	74.4
福建	0.3163	10	21.58	-8.5	四川	0.1853	27	25.86	9.6
海南	0.2914	12	33.72	42.9	青海	0.1851	28	30.05	27.4
山东	0.2689	16	22.31	-5.5	贵州	0.1669	29	28.63	21.4
河北	0.2445	22	29.66	25.7	云南	0.1536	30	23.48	-0.5
					西藏	0.0839	31	14.23	-39.7

5. 西部地区的技术能力远低于东部地区

技术发展能力指数反映了地区技术创新、技术转化和技术吸收能力。区域技术的发展不仅表现在技术创新方面,引进外部技术,更重要的是技术的使用、吸收和转化在其中起到十分重要的作用。因此,在市场化程度高、利用外资进行技术转移、对外来技术需求大的东部地区的技术能力发展较快。西部地区技术能力弱(见表1.5)使西部地区产业发展一直难以逾越资源粗加工型产业为主的发展阶段。

表1.5　2005 年东西部省份的技术能力指数及其结构

东部地区					西部地区				
省份	能力得分	能力排名	结构	结构偏差	省份	能力得分	能力排名	结构	结构偏差
上海	1.0000	1	25.41	4.7	陕西	0.4420	5	33.40	37.7
北京	0.8286	2	23.75	-2.1	重庆	0.1901	11	18.68	-23.0
天津	0.7393	3	27.84	14.7	四川	0.1547	13	21.59	-11.0
广东	0.5388	4	24.34	0.3	贵州	0.1292	14	22.18	-8.6
江苏	0.3770	6	19.98	-17.7	青海	0.1266	15	20.56	-15.3
浙江	0.3565	7	18.73	-22.8	宁夏	0.1093	19	13.17	-45.7
福建	0.2933	8	20.01	-17.5	甘肃	0.0731	23	13.07	-46.1
辽宁	0.2239	9	16.27	-33.0	新疆	0.0631	25	8.81	-63.7
山东	0.1942	10	16.11	-33.6	广西	0.0539	26	7.49	-69.1
河北	0.0695	24	8.44	-65.2	云南	0.0458	27	6.99	-71.2
海南	0.0449	28	5.20	-78.6	内蒙古	0.0279	30	2.94	-87.9
					西藏	0.0098	31	1.66	-93.2

低能力指数体现了西部地区处于弱能力状态,它既是不发达的后果,也是制约后来的发展的基础因素。应当看到,区域在本质上是一个多层次、多要素合成的能力系统,能力是区域获取并维持竞争优势的关键,能力积累的差异必然内生地转化为各地区经济发展的差距。能力的发展具有"只有拥有知识,才能以此获得更多的知识"(Carlos Magarinos,2002)的特性,因此西部在发展过程中不断改进自身能力结构,既是赶超的目的,也是西部地区实现持续增长的基础。

三、FDI 与西部能力积累

毫无疑问,中国东部对外开放已经取得了举世瞩目的成绩,它是一个什么样的模式呢?(1)发展大规模以劳动密集型为代表的初级要素导向的外向型经济贸易。(2)嵌入全球价值链,高度依赖加工贸易、引进外资、国外原材料工业和装备工业进口、国际商业网络。(3)依托全球价值链平台实现产业升级,外向型的本土企业工艺升级和产品升级的周期不断降低,在价值链的低端经历了快速的学习阶段。[1] 可以说,它是通过加工贸易的发展带动制造业的发展,充分利用海洋的低成本的通道,加上世界工厂这样的一种对外开放的模式。地域优势使得东部沿海在开放过程中收益很高,这些优势可以使东部沿海地区在世界的产业链当中成为重要的组成部分。换言之,在我国沿海地区的高速增长过程中,大量聚集的FDI 使这些地区能够分享跨国公司的能力,并同时在以外资为导向的外向型经济发展中积累与扩展自身的能力。

显然,巨大的地区性差异决定了东部开放的模式不可能完全复制到西部地区,但是 FDI 性质使其有可能成为缓解西部弱能力状态的外部能力源。西部地区依靠国家西部大开发战略缩小了与增长前沿的距离,但是仍然低下的能力水平和能力结构将制约西部的长期增长。根据西部的特点,引进 FDI 并利用其资源和外部性效应,增强持续增长的能力,对西部的赶超至关重要。FDI 进入西部的效应是双重的:一方面要素转移产生增长效应,另一方面要素聚集和外溢对西部的能力也产生积累和扩增效应。一旦西部地区跨过了能力的最低门槛,吸收和追赶过程可更好地展开,并借助于贸易发展、FDI 溢出效应和其产生外部性促进这一进程。[2] 这就是我们在西部发展中引进吸收利用 FDI 的战略出发点。

根据对西部经济发展阶段判断和能力结构的分析,通过 FDI 的有效引进弥补西部经济面临的结构性“缺口”,依托结构改善与优化提升区域发展能力应当是西部在较长一个时期的目标。各种经济结构之间具有内在的不可分性,结构既是连接需求与供给的结合点,在市场日益成为资源的主要配置方式的条件下,结构之间的关联性是由各种生产与交易活动的性质所决定的,也是由各种经济成分的相互替代性与竞争性决定的。西部结构性矛盾体现在资本结构、技术结构、产品与产业结构与一般结构模式比较均存在程度不等的“缺口”,导致能力结构差距凸显,制约经济

---

① 参见刘志彪:《中国经济报告》2007 年第 12 期。

② Paola Cirscuolo, Rajneesh Narula:应用于国家技术积累和吸收能力的新方法:总量 cohen、levinthal 方法。

持续性稳定增长。尽管在不同的发展阶段 FDI 对西部发展的意义有明显的差异,但西部发展的差距存在,表明利用 FDI 在资本形成、技术转移、产业升级、管理网络等方面的优势与外部性效应,对加快西部从弱能力状态向强能力状态转化,仍然具有紧迫性和战略意义。

发展经济学家劳尔(Lall,1992)曾经这样认为,从长远来看,经济的发展是由于动机和能力的相互作用而推动的。能力决定了一个国家工业发展所能达到的最高程度,而动机引导着能力的使用,并且刺激了能力的扩展、更新和消失。[1] 企业层面能力是由技术能力、投资能力、生产能力和关联能力等因素构成,在企业层面能力构成中,技术能力对企业成长尤为关键。企业能够寻找和选择替代技术与最适宜技术,能够引进消化并再输出技术,能够适应在特定生产环境下运用的技术,能够持续改进技术革新成果,能够拓展 R&D 设施并有效开展基础性研究,是企业技术能力强的重要标识(Fransman,1984)。对于西部地区企业而言,这些方面恰恰是比较薄弱的能力缺口。

显然,西部地区不可能具有我国东部沿海地区大规模引进 FDI 发展全球贸易的优势。与东部地区不同,西部地区可以把引进的 FDI 与加强本地企业能力紧密结合起来,形成以企业能力递增为目标的 FDI 引进吸收利用格局:

1. 在技术基础好的产业领域,扩大引进 FDI。对技术发展的研究表明,技术能力是作为逐步学习、并依靠局部改进而形成的一个结果,跨国公司依赖于已经了解的情况进行技术转移,而国内企业则通过边干边学、边用边学,才能建立新的生产方法和应用技术。因此,在技术能力强的产业领域,加快对跨国公司投资的引进,有利于技术的扩散;跨国公司的技术也只有在本土企业的技术能力支持下,其转移效果才会明显。

2. 在技术能力强的领域,利用 FDI 提升技术层次。跨国公司作为技术领先者在相关领域的创新,或者为了有效完成创新目标而需要开发支持性的技术系统,会带动或影响其他具有技术能力企业的创新。而且,跨

---

[1]　Lall:Technological Capabilities and Industrialization. 1992;20(2);165～186.

国企业在技术的领先领域发生的互补性发明,往往建立在相关企业累积性技术基础之上。在西部地区技术能力强的领域,引进具有技术领先优势的跨国公司,重视对其技术的利用吸收与扩散,必然会推动相关领域互补性技术环节的突破,并成为相关产业领域新技术开发的动力和能量。

3. 在技术能力相对弱的领域,加强模仿和学习能力的培养。技术能力对创新与技术转移的作用机制不同。技术史表明,技术创新企业与技术模仿或技术赶超企业的路径是有区别的。要把具有特性的外来技术转换为本土化的技术,企业不仅要大量投入,而且需要相适应的技术模仿和学习能力。由于进行模仿和赶超的技术的组成成分不尽相同,企业在技术转让与模仿的差异程度很大,模仿和学习过程也需要多样化。加强西部企业的技术模仿和学习能力的培养,既符合企业的实际,也对扩大 FDI 的技术溢出效应有利。

4. 在传统产业领域,注重对企业的技术改造和设备更新。一般而言,企业的技术进步是不可逆转的。路径依赖过程影响着企业的技术能力变化的过程。如果早期没有对具有强大的累积性收益的领域进行充分的投资,企业便很难进入新领域。企业技术的进步总是与自身的积累相联系;企业进行结构转变的能力,依赖于旧的活动和新的活动之间的技术连接的程度。西部地区的传统产业或者老企业在技术能力方面并非没有任何优势,关键在于能否在企业的技术改造和设备更新方面进行有效的投入。

5. 在大型企业集团中,加快互补性技术能力体系的建设。企业技术能力类型和技术发展的程度不仅取决于自身的积累,还要取决于相互关联的系统。互补性技术支持体系的发展,将降低已经采用的技术的费用,并会成为企业增加其收益的基本途径。互补性技术支持体系也决定了企业技术能力的发展限度。如果没有企业间的互补性技术能力的存在,社会将对技术方式改造支付很大的代价。西部地区许多大型企业集团,往往缺乏内部企业之间的内在联系,在技术体系同样如此,严重制约了企业集团的竞争力。在竞争日益市场化的环境下,企业集团必须把建设互补性技术支持体系作为竞争战略的最基本部分;或者利用 FDI 来弥补互补性技术支持体系的某些缺口,以加强自身的竞争力。

6. 在企业与非企业组织之间,构建与完善技术创新的互动支持体系。技术创新不可能会有重复或复制,甚至在有聚集效应或赶超效应的地方,也绝不会有精确的重复或复制。除企业自身的知识积累和创新动力外,企业技术创新取决于社会上人力资本强弱程度、企业间的联系密度、商业习惯的性质、机构系统和政府政策。总之,企业的技术创新需要社会资源的支持,其中,政府对企业技术创新的支持尤为重要。西部地区要提高对 FDI 技术来源依存度和吸收效率,必须加强薄弱的企业与非企业组织之间的技术创新互动体系。

在西部地区赶超进程中,FDI 只有把溢出效应与本土企业能力积累结合,才能成为影响西部持续增长的内生因素。此外,由于宏观社会协同效应和外部性的存在,当我们从企业层面能力加总的视角出发,发展战略、制度选择和产业政策等因素的重要性就凸显出来。这些因素尽管作为"非企业参与者"(Paola Cirscuolo, Rajneesh Narula,2003),但必然深刻地作用于 FDI 与西部能力积累的互动过程。

首先是西部地区利用 FDI 的战略选择问题。我国西部地区的工业化远远没有完成,区位等方面的因素决定了西部不可能像东部沿海地区一样形成 FDI 的规模效应,西部地区引进 FDI 的战略应当集中在提升产业竞争力目标上,通过部分产业的升级和技术溢出等外部效应,强化竞争机制带动西部产业发展。从这一发展目标出发,西部地区要不断调整外资政策与投资鼓励的结构和性质,引导 FDI 进入西部资本密集型和资本产出效率比较高的行业,提高工业部门整体的技术装备水平。工业部门劳动力的技术装备程度是反映工业化水平和结构优化程度的重要标志。长期以来,我国东部地区外商投资主要集中于劳动密集型产业,结构性因素对产业结构的提升作用反而产生了负向影响。因此,如果在西部地区能够引导外商更多向资本装备程度比较高的行业投资,外商投资的资本密集优势与这种结构性因素的乘数效果结合在一起,对西部地区整体技术装备水平的提升效果将会明显上升。另一方面,提高西部地区资本的产出效率应当是利用 FDI 目标之一。西部地区的黑色金属冶炼、非金属矿物制品、电子及通讯设备制造业、化学纤维制造业、有色金属、医药制造业、交通运输设备制造业、电气设备制造业等产业的人均资产水平、单位资产的产出效率明显高于工业部门平均水平,如果鼓励外商投资于这些行业领域,各相关产业以及工业部门整体的技术装备程度和资本产出效率将会显著提高。① 一个地区要从 FDI 获得长期的增长效应,外资战略的产业目标必须明确有效。FDI 聚集在主导产业,并推动主导型产业的发展,才可能在西部赶超过程中具有相应的带动其他部门的产业、推动整个工业化进程的作用。②

其次是西部地区协调环境、体制与政策形成有效的外资引进机制和获利机制问题。缺乏环境、体制与政策三者之间的一致性,西部地区难以有效引进 FDI。邓宁十分强调环境、体制与政策一致性(ESP 范式)对发展中国家有效利用外资的重要性,认为跨国公司或国际直接投资对东道国的增长效应在很大程度上取决于东道国的 ESP 范式。③ 在发展初期,环境变量最为重要;随着经济的发展,影响力强度从环境和体制变量转向 P 变量。而越是发展阶段高,政策变量作用就越大。在很多的案例中,可以清晰地发现环境、体制与政策的协调一致在外向型经济中所起到的重要作用。FDI 的引进、吸收到有效利用是一个系统现象,其中涉及政策与体制、环境系统相互依赖,因此政策制定与干预也需要系统的理解,如果政策干预没有一个系统的政策框架,其效果很难成功。应当看到,西部 FDI 的流入只能是短期、中期和长期多种因素共同作用的结果。在西部引进 FDI 过程中,西部地区环境与本土企业自身因素起很大的作用,在政策上引导对跨国公司进入战略决策同样也会起到决定性的作用。因此,西部在制定或调整外资的战略时,尽可能将环境、体制与政策综合效应考

---

① 参见赵晋平等:《国研报告:新时期吸收外资的产业政策思路与措施》2002 年 7 月 31 日。

② Sieh Lee Mei Ling(2006):*FDI Inflows and Economic Development:The Postcrisis Experience of Malaysia*,World Bank Institute.

③ Dunning, J. H. (1993). *Multinational Enterprises and the Global Economy*, Addison-Wesley: Wokingham.

虑在内,以便尽可能减小由于其不一致对引进外资产生负面影响。

再次是如何认识引进 FDI 实质上是一个工业化学习过程的问题。毋庸置疑,西部地区从 FDI 应当追求的最大利益在于获得技术发展的外部资源。如果 FDI 带来的是成熟技术,那么西部相关企业就处于该技术领域的后进入的状态;如果 FDI 带来的是高新技术,那么西部相关企业就处于该技术领域早进入的状态。在大多数情况下,FDI 倾向于输入成熟技术,即便如此,西部企业要从中获得技术溢出,或把引进的成熟技术来加强自己的技术能力,也需要在社会层面具备相应的实践技术和基本知识积累水平,FDI 技术外部性才可能充分体现。随着跨国公司技术创新速度提高,成熟技术在市场上停留的时间将越来越短,进入西部的 FDI 成熟技术水平也随之上升,这就需要西部地区"学中干"、"干中学"的机制进一步更新和提升,将生产和教育更密切地结合在一起。如果西部地区相关人力资本储备达到一定程度,客观上将为西部地区提供进入高技术系统的机会窗口奠定基础。例如,目前生物技术的发展还处于新技术经济范例出现的早期阶段,进入壁垒相对较低,信息也比较容易得到,如果在生物技术的相关学科已经具备人力资本和基本能力,就能够比较容易地进入这个领域;其实西部地区不乏这样的机会和人力储备。从战略的角度看,早进入高新技术领域,是西部实现技术赶超的最可行的选择,而与此同时,对西部人力资本积累也提出更高的要求。也就是说,无论是成熟技术领域还是高技术领域,从 FDI 中获得最大利益的能力都依赖于可用的人力资本。① 总之,西部引进和利用 FDI 的演进过程,就是一个工业化的学习过程,它需要西部地区根据 FDI 的不同特点和获取 FDI 效应的需求,调整变化人力资本积累方式。只有当适应技术机会要求的教育和组织同时进步,并且利用技术的经验不断丰富的情况下,西部地区的能力才能不断积累与逐步发展。

---

①　Abramovitz, M. (1986):Catching up, Forging Ahead, and Falling Behind, *Journal of economic History*, June 1986,46(2),pp. 385~406.

参考文献

[1]Abramovitz, M. (1986): Catching up, Forging Ahead, and Falling Behind, *Journal of economic History*, June 1986,46(2),pp. 385 ~ 406.

[2]Barro,R and X. Sala-I-Martin(1997): Technological diffusion,convergence and growth, *Journal of economic growth*,Vol. 2,issue 4,pp. 1 ~ 26.

[3]Borensztein,E,J. De Gregio and J. W. Lee(1998): How does FDI affect economic growth, *Journal of international economics*.

[4]Capability building for catching-up: Historical, empirical and policy dimensions UNITED NATIONS INDUSTRIAL DEVELOPMENT ORGANIZA-TION Vienna, 2005.

[5]Cohen, W. M. and D. A. Levinthal(1990), *Absorptive capacity: a new perspective on learning and innovation*, Administrative Science Quarterly, 35,pp. 128 ~ 152.

[6]Criscuolo,P; Narula,R. (2002), *A novel approach to national technological accumulation and absorptive capacity: Aggregating Cohen and Levinthal*, MERIT Research Memorandum 2002 ~ 16.

[7]Grossman G M, Helpman E. 1990. Comparative Advantage and Long Run Growth. *American Economic Review*, 80(4): 796 ~ 815.

[8]Dunning,J. H. and R. Narula(1995): *The R&D activities of foreign firms in the US*, international studies in management and organization, Vol. 25.

[9]Dunning, J. H. (1993). *Multinational Enterprises and the Global Economy*, Addison-Wesley: Wokingham.

[10]Keller,W. (1996), absorption capacity: on the creation and acquisition of technology in development, *Journal of development*,Vol. 49.

[11]Lall(1992): Technological Capabilities and Industrialization. *World Development*. 20(2).

[12]Maureen Lankhuizen: *catching up, absorption capability and the or-*

ganization of Human Capital, MERIT.

　　[13]Paola Criscuolo and Rajneesh Narula:*national absorptive capacity and the stage of development*, MERIT.

　　[14]Paola Criscuolo and Rajneesh Narula:*A novel approach to national technological accumulation and absorptive capacity: aggregating Cohen and Levinthal*,2002 ~ 16.

　　[15]Perkins,D. H. and B. H. Koo(eds), Social Capability and long-term growth,Basingstoke:Macmillan Press.

　　[16]郭熙保:《后发优势战略与比较优势战略》,载《江汉论坛》2002年第9期。

　　[17][美]罗默:《高级宏观经济学》,王根蓓译,上海财经大学出版社2003年版。

　　[18]林毅夫、孙希芳:《经济发展的比较优势战略——兼评〈对中国外贸战略的回顾与重构〉》,载《国际经济评论》2003年。

　　[19]西蒙·库兹涅茨:《现代经济增长》,商务印书馆1966年版。

　　[20]西蒙·库兹涅茨:《各国的经济增长:总产值和生产结构》,商务印书馆1985年版。

　　[21]杨先明等:《经济发展阶段与国际直接投资的效应》,载《世界经济与政治》2004年第4期。

　　[22]杨先明等:《国际直接投资、技术转移与中国技术发展》,科学出版社2004年版。

　　[23]杨先明、梁双陆:《东西部能力结构差异与西部的能力建设》,载《云南大学学报(哲社版)》2006年第4期。

第二章　中国西部引进 FDI 的现状、问题与研究方法

对于我国 FDI 区域分布问题,国内外学者研究的一个主流技术路线是通过对具有统计意义的变量建立计量模型,以地区 FDI 的决定因素解释 FDI 的区域分布,分析了许多 FDI 不聚集西部的原因,如 Leung(1990)、Gong(1995)、Coughlin et al. (1999)、Cheng et al. (2000)、鲁明泓(1997)、贺灿飞(1999)、冯毅等(1999)、Leoanrd K. Cheng(2000)、Qian Sun(2002)等。由于影响 FDI 流向问题的复杂性,国内外学者们一直没有寻找到对 FDI 区域分布的满意的研究结果,自然对 FDI 为什么不聚集西部这个问题也没有一个统一解答。本章在研究中国西部引进 FDI 历史与现状的基础上,提出问题和理论假说,说明研究方法,为下面的研究提供框架。

第一节　西部引进 FDI 的历史与现状

进入西部大开发以来,西部在交通、通信、能源等基础设施建设方面有了较大的突破,使投资硬环境有了较大的改善。同时,西部各省、市、自治区狠抓软环境的建设,投资软环境也有了较大的改善,利用外资水平又有恢复性提高,但 FDI 没有实质性进展,FDI 企业结构水平较低,FDI 分布呈现出极不均匀的分布。

一、西部 FDI 与 GDP 份额

我国实行非均衡发展的区域政策,对外开放是从东至西分阶段依次推进的,国家在财政、税收、信贷、对外开放等方面给予东部较多的优惠政

策,同时由于东部发展水平较高,产业配套能力强,FDI 聚集效应日益发挥作用,在利用外资上有十分明显的优势。

20 世纪 80 年代末,尤其是 20 世纪 90 年代以来,大量涌入我国的 FDI 中的 87% 左右都聚集在东部地区,西部仅占 4% 左右。"九五"以来,进入西部的 FDI 一直保持在 17 亿美元以上,但 FDI 占全国份额却由 5.60% 连续下降至 2004 年的 2.88%,同期西部 GDP 份额由 17.76% 下降至 2004 年的 16.88%。显然,尽管我国实施西部大开发战略,对西部 GDP 增长和 FDI 进入进行双重政策促进,但我们发现西部大开发还没有扭转西部 GDP 与 FDI 速度低于全国平均水平而导致份额双重下降的格局(见表 2.1)。这反映出两个问题,一是西部 GDP 对 FDI 吸收能力比较低,二是西部 FDI 进入稳定阶段,西部 FDI 对西部 GDP 增长弹性很小。

表 2.1 1997～2003 年西部 FDI 以及 FDI、GDP 份额

年份	1997	1998	1999	2000	2001	2002	2003	2004*
FDI(万美元)	254445	235050	183977	184486	192219	200527	172260	174370
FDI 份额(%)	5.60	5.09	4.57	4.57	4.15	3.82	3.20	2.88
GDP 份额(%)	17.76	17.75	17.51	17.17	17.25	17.02	16.93	16.88

资料来源:根据《中国统计年鉴》1998～2004 年的相关数据计算,* 年份的数据来自商务部《2005 年中国外商投资报告》。

二、西部外资引进的发展阶段

西部外商投资企业的发展呈现出四个明显的阶段性特征。第一阶段 (1980～1986 年)是西部 FDI 发展的起步阶段,这一阶段 FDI 规模较小,年平均实际利用 FDI 仅为 700 万美元,而且没有上升趋势;第二阶段 (1987～1993 年)是外商投资企业发展的增长阶段,但这一阶段年平均实际利用 FDI 也仅为 1.9 亿美元;第三阶段(1993～1998 年)是西部 FDI 发展的较理想阶段,年平均实际利用 FDI 为 21.6 亿美元;第四阶段(1998～2004 年)西部 FDI 规模明显回落,年平均实际利用 FDI 为 18.5 亿美元,在规模与速度上没有明显增长。西部利用外资呈现先缓慢发展,后快速增

长,而且呈现出波动的特征。在图2.1中,1992年和1997年是两个明显的拐点,表明这两个年份西部 FDI 引进的增长和下降趋势。历史地看,西部FDI 曾达25.4亿美元顶峰,然后在18.5亿美元轴线上波动,说明西部利用FDI 已达到与 FDI 竞争力相适应的水平。这意味着西部利用 FDI 存在较大的约束和障碍,要大规模利用 FDI,显然要解决西部 FDI 的发展瓶颈。

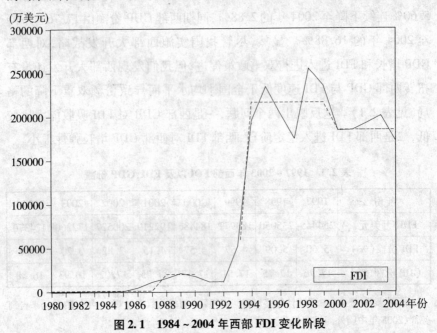

图 2.1 1984～2004 年西部 FDI 变化阶段

三、西部外资分布

由于地理状况、历史和发展水平等因素的制约,西部一直是吸引 FDI 最落后的地区。首先,复杂的地貌地形及气候条件,使得这里交通条件差,铁路覆盖率低,公路等级低,加上山高路远,造成运输困难、运价高。其次,西部地区的通讯设施和手段长期处于落后状态,信息流通不畅。落后的环境建设不仅不利于西部地区引进外资,反而还会使资金外流。再次,西部吸引外资的人文环境也不尽如人意,政策法规不完善,投资者的利益不能得到保障,对外商投资的审批环节过多,政府部门办事程序复杂,工作效率低,服务意识差等,导致西部交易成本高,投资风险大,使潜在投资者望而却步。

即使是西部地区,由于经济规模等因素,不同地区对 FDI 的引进能力也有较大差异。"九五"以来,广西吸引 FDI 居西部地区之冠,其次是四川、陕西和重庆、云南累计吸引 FDI 规模接近 9.2 亿美元,居西部地区第五位(见表 2.2)。然而,云南累计 FDI 还没有达到西部平均水平。广西、四川、陕西、重庆的 FDI 集中度高达 82%。

四、FDI 进入西部的方式

FDI 进入我国的方式有三种,即中外合资、中外合作和外商独资。在20 世纪 80 年代中期以前,FDI 进入我国以中外合作为主,以后中外合资方式逐步取代了中外合作成为最重要的投资方式。

表 2.2 1996～2003 年西部地区利用 FDI 规模与份额

地区	FDI	份额	地区	FDI	份额	地区	FDI	份额	地区	FDI	份额
广西	480888	30.10	重庆	201419	12.61	甘肃	43251	2.71	宁夏	15580	0.98
四川	338981	21.22	云南	91878	5.75	贵州	30412	1.90	青海	13559	0.85
陕西	282843	17.71	内蒙古	77875	4.87	新疆	20812	1.30			

资料来源:根据《中国统计年鉴》1998～2004 年的相关数据计算。

随着外商对我国技术转移战略发生了变化,外商独资企业快速发展,已成为 FDI 进入我国的主要方式。然而,尽管西部独资企业比重有上升趋势,但合资企业比重仍占 50% 以上(见表 2.3)。

表 2.3 西部 FDI 企业类型结构

	年份	1996	1997	1998	1999	2002	2004*	1982～2004*
FDI企业类型	合资企业	80.13	72.83	72.06	71.97	58.19	46.03	65.03
	合作企业	4.20	1.91	2.22	3.47	8.89	8.82	14.04
	独资企业	15.67	25.27	25.71	24.56	32.92	42.94	28.53

资料来源:根据《中国统计年鉴》1997～2004 年的相关数据计算,* 年份的数据来自商务部《2005 年中国外商投资报告》,第 150～151 页。

FDI 企业结构对区域地区技术发展差距产生重要影响。独资企业可以独自完成各种决策,对技术保密程度较高,因而交易成本和管理成本较低,在这种情况下,外商愿意转移较先进的技术,甚至是部分核心技术。对中方来说,中外合资是一种有较高技术溢出效应的方式,能够有较多的机会接触到跨国公司技术和管理经验,而外方则更关注市场规模、人力资本、经营风险等。由于西部的开放度低,不确定性较高,信息成本高,这决定了 FDI 较多地选择以中外合资方式进入,自然也只会转移一般化技术。

第二节　问题的提出

由于诸多因素的影响,我国西部利用 FDI 情况不太理想,实际利用外资规模偏小,再加之 FDI 企业结构等原因,使得西部 FDI 还不足以弥补其经济增长缺口。

一、西部 FDI 的经济增长效应

经过二十多年的努力,FDI 在总体上对西部国民经济的发展产生了积极影响,但因西部 FDI 质量较低,总量较小,FDI 在西部的经济增长效应较弱。首先,西部 GDP 对 FDI 依存度较低。2001～2003 年,全国 FDI 与 GDP 的比值为 4%,而西部仅为 0.5%,不足上海、广东的 1/10。其次,从 FDI 企业对工业贡献看,2003 年,FDI 工业增加值占我国工业增加值的比重平均为 27.62%,而西部 12 个省区市中没有超过全国水平的,西部 FDI 工业对西部工业贡献仅为 8.24%。由于 FDI 工业与西部工业结构相似性较低,西部有资源优势和比较优势的产业恰恰是 FDI 不愿进入(如磷矿业)或不能进入的产业(如烟草业),这不但制约了西部的外资引进,而且不能促进西部产业结构升级和增长方式转变(赵果庆,2004)。再次,从 FDI 企业就业人数看,2002 年,我国 FDI 企业就业人数占城镇就业比重为 5.43%,而西部仅为 1.11%,显然,经由 FDI 企业对当地员工培训,进而增进西部当地人力资本形成的作用就比较小。最后,目前我国进出口总额中的 60% 是由 FDI 企业创造的,而西部的这一指标在 10% 左右

波动,大致为全国平均水平的 1/6,这表明,西部 FDI 企业出口对经济增长拉动不大。总之,西部 FDI 浓度较低,对西部产业升级、经济增长方式转变以及出口竞争力提升等方面的作用仍不十分显著。

二、西部 FDI 的经济增长效应缺失

我国各区域的经济发展水平、经济实力差距与各区域吸收 FDI 差距是极不对称的。从总体上看,1982~2004 年,东部、中部和西部 GDP 份额分别为 56.49%、25.79% 和 17.72%,而同期,东部、中部和西部 FDI 份额分别为 86.25%、9.16% 和 4.59%(商务部,2005)。如果按同等份额 GDP 吸收相同份额 FDI 计算,那么东部多吸收了 52.67%,而中部缺口为 64.48%,西部缺口为 74.09%,西部 FDI 缺口更为突出。

严格地说,应当在内生增长的理论框架内才能更有效地实证 FDI 的增长效应,现在检验 FDI 的增长效应是比较困难的。这里以 1984~2004 年我国区域 GDP 与 FDI 数据建立自我增长(移动平均)下的双对数模型,对 FDI 的增长效应进行检验。首先是以东部为参照系,在自我增长一阶自相关 AR(1)误差修正模型中 FDI 对 GDP 增长起长期作用,在其他因素不变的情况下,FDI 每增长一个百分点,GDP 增长 0.75 个百分点。在同样的模型结构中,中部模型的 DW 值下降,中部 FDI 每增加长一个百分点,GDP 增长 0.0245 个百分点。而在同样的模型结构中,西部模型的 DW 下降至 1 的水平,西部 FDI 与 GDP 没有协整关系,西部 GDP 增长是一个自相关移动平均过程。显然,在西部 FDI 的 GDP 增长效应是缺失的(见表 2.4)。

表 2.4 我国区域 FDI 增长效应检验

变量	Ln(GDP_e)		Ln(GDP_m)		Ln(GDP_w)			
	参数估计	t 统计量	参数估计	t 统计量	参数估计	t 统计量	参数估计	t 统计量
Ln(FDI)	0.7158	56.44	0.0246	3.21	0.7924	56.25		
AR(1)	0.6007	2.57	1.0158	373.97	0.2769	11.72	1.0165	438.98
MA(1)	1.0874	7.04	1.4372	6.14	1.7055	3.37	0.7105	4.08

变量	Ln(GDP_e)		Ln(GDP_m)		Ln(GDP_w)			
	参数估计	t 统计量	参数估计	t 统计量	参数估计	t 统计量	参数估计	t 统计量
$MA(2)$	0.7003	3.45	0.4591	2.02	0.0406	0.08		
adj. R^2	0.9861		0.9982		0.9564		0.9963	
CRDW	2.1322		1.5883		1.0603		1.6534	

资料来源:根据《中国统计年鉴》历年数据计算。
注:GDP_e 指东部 GDP,GDP_m 指中部 GDP,GDP_w 指西部 GDP。

三、问题的提出

世界经验表明,国际直接投资能够填补增长缺口,成为欠发达国家和地区经济增长的发动机和催化剂。然而,在我国西部,FDI 规模较小,质量较低,FDI 对西部经济增长没有发动机功能。

FDI 是导致改革开放以来东部和西部地区之间经济增长差异和收入不平衡的重要因素(Sun,1998)。我国学者(赵晋平,2001;江小涓,2002)的研究表明,地区吸收 FDI 规模的差距扩大是我国地区经济发展差距不断拉大的最重要的因素。1985~1999 年东部与西部的 GDP 增长率之间的差异,大约有 90% 是由 FDI 引起的(魏后凯,2002)。外商对华直接投资的"北上"趋势有所加快,而"西进"的趋势则不明显;从长远看,外商对西部地区的转进不可能是"大跨越式"的(魏后凯,2003)。由于东部、中部和西部的 FDI 竞争机制以及西部极不利的环境因素制约了西部 FDI 吸收能力发挥,西部 FDI 还有进一步下降的趋势(赵果庆,2004)。我国西部 FDI 仍面临进一步边缘化的危险。

回顾"十五",我国加入 WTO、全球经济结构调整、次区域合作和西部大开发等有利因素也并没有扭转西部 GDP 与利用外资低增长格局,西部利用外资总量没有上一个新的台阶。表 2.1 表明,西部 FDI 规模无实质性增长而导致西部 GDP 份额与 FDI 份额持续下降,西部大开发也没有扭转这种格局。为什么 FDI 不集聚我国西部? 西部能否引进较大规模的 FDI? 更进一步的问题是,如何才能使 FDI 进入西部,以弥补西部增长缺口,缩小东西差距?

第三节　文献研究与理论假说

一、我国 FDI 区位研究概述

对于我国 FDI 区域分布问题,国内外学者研究的一个主流技术路线是通过对具有统计意义的变量建立计量模型,以地区 FDI 的决定因素解释 FDI 的区域分布,从而找出 FDI 不聚集西部的原因。这方面,魏后凯(2002)有一个较全面的总结。20 世纪 90 年代,Leung(1990)、Gong(1995)、Head 和 Ries(1996)、Chen(1996)、Qu Green(1997)、Broadman和 Sun(1997)、He 和 Chen(1997a)、Wei 等(1999)、Coughlin 等(1999)、Cheng 等(2000)、鲁明泓(1997)、贺灿飞(1999)、冯毅等(1999)等用对数线性模型和多元线性回归模型的方法,对我国 FDI 省际差异的决定因素进行了深入研究。进入新世纪,Leoanrd K. Cheng(2000)、Peter J. Buck-ley,Jermy Clegg,Chengqi Wang 和 Adam R. Cross(2002)、Qian Sun(2002)等仍继续沿计量经济技术路线对我国地区 FDI 分布决定因素进行研究。魏后凯(2001,2003)、武剑(2002)、江小涓等(2004)等也从不同研究角度对我国 FDI 区位问题继续给予关注。

此外,也有学者对中西部地区直接投资问题做专门研究。黄晓玲(2003)从理论上分析了受资方和投资方技术水平的差距对外商直接投资作用的影响,并结合我国中西部地区的区位条件,探讨了中西部地区引进外商直接投资的类型,并提出促进外商直接投资的具体措施。魏后凯(2003)分析了近年来尤其是加入 WTO 后外商在华投资的区位特征及其变化趋势。

与目前研究方法所不同的是,赵果庆(2004)从 FDI 中资本、技术和知识的集成性特点出发,把区域看成一个 FDI 的吸收能力系统,针对邓宁OLI 范式的不足,在 FDI 吸收能力概念基础上把区域(地区)FDI 吸收能力(RAC)拓展为直接反映区域(地区)对 FDI 的引进(Attracting)能力、利用(Utilizing)能力、扩散(Spilling)能力,建立 AUS 分析范式,通过对 2002年我国区域 FDI 吸收能力进行评价以及对分布规律和水平分类进行研究,作等级相关检验,从 FDI 吸收能力角度对为什么 FDI 不聚集西部提出一个新的解说,认为西部 FDI 吸收能力缺口以及吸收能力结构效应缺失是 FDI 不集聚西部的主要原因。赵果庆(2004)已用动态经济方法证明,FDI 不聚集西部是由东部、中部和西部的 FDI 竞争机制决定,尤其是西部极不利的环境因素制约了西部 FDI 吸收能力发挥。目前,我国区域对 FDI 竞争已进入与其吸收能力相匹配的发展阶段,对西部 FDI 的政策促进作用很不明显。即使如此,如果促进西部 FDI 增加 1 个单位,那么中部增加 2 个单位,东部则增加 18 个单位,西部 FDI 还有进一步下降的趋势。同时,西部 GDP 与 FDI 之间相互作用机制中存在竞争关系,不是一种良性互助共生关系,这种机制具有抵消政策效应的作用。表 2.1 统计数据显示,1997～2004 年西部吸收的 FDI 规模呈下降趋势,西部 FDI 份额逐年递减,这初步验证了研究结论。

　　FDI 在我国东部大量聚集,而在西部聚集又严重不足,这对我国东西发展差距扩大、东西产业链断裂、东西发展规模变化都产生深刻影响,对西部生态安全和民族团结构成潜在威胁,故而学术界对西部 FDI 及效应问题给予广泛关注。由于问题的复杂性,国内外学者一直没有寻找到对 FDI 区域分布满意的结果,自然对 FDI 为什么不聚集西部也没有一个统一解答,但是,对我国 FDI 省际区位决定因素变量的大量研究和定性分析为后续研究打下了坚实的基础,极大推进了中国 FDI 区位理论研究。

二、西部 FDI 研究的一种新假说:缺口学说

1. 经济发展中的缺口:一个文献线索

　　在发展经济学中,美国发展经济学家钱纳里和斯特劳于 1966 年提出著名的"双缺口模型"。钱纳里和斯特劳根据他们对五十多个国家近代发展的历史进行研究,认为发展中国家的经济发展常常受到两种约束:一种是储蓄约束(或称投资约束),国内储蓄不足以支持投资的扩大,从而影响经济发展;二是"外汇约束"(或称贸易约束),即出口收入小于支出,有限的外汇不足以支持经济发展需要的资本品进口,从而阻碍了国内生产和出口的发展。"双缺口模型"研究的重点仅限于从总量分析角度直观地解释了发展中国家应积极利用外资,以克服储蓄约束和外汇约束,促进经济增长,但"双缺口模型"强调的是短期均衡,它对发展中国家存在的"技术缺口约束"却无能为力。"技术缺口"的约束对发展中国来说是长期存在的,而且对发展中国家的技术发展来说是最重要的。这意味着,发展中国家与发达国家的差距表现为生产率低下,产品质量差,缺乏竞争力,收入水平低,外汇不足等,但归根到底是技术差距。如果发展中国家只注重利用外资填平总量缺口,而不注重填平"技术缺口",那么,发展中国家的"储蓄约束"和"外汇约束"不能根本得到解决,发展中国家经济发展难以赶超发达国家。

从 20 世纪 60 年代起一些发展经济学家把钱纳里和斯特劳的"双缺口模型"进行了修正,在"储蓄缺口"和"外汇缺口"的基础上增加了技术、管理和企业家方面的缺口(技术缺口)以及政府税收缺口(税收缺口),将"双缺口模型"发展成"三缺口模型"与"四缺口模型"。赫尔希曼认为,技术、管理、企业家资源等缺乏是发展中国家在经济发展中所面临的最重要的约束,技术落后是发展中国家经济发展面临的又一缺口,资本吸收也因此受到限制。

技术缺口(差距),是指科学技术水平在世界范围内所形成的差别,是科学技术在基础研究、应用研究和开发研究中的差别的总和。从当今世界各国在技术缺口方面的情况看,技术缺口既存在于发达国家之间,也存在于发达国家与发展中国家之间以及发展中国家之间,但技术缺口理论(Technology Gap Theory)主要研究的是,发达国家与发展中国家之间存在的技术缺口及其对贸易、技术转移和国际直接投资的影响。发达国家与发展中国家间的技术缺口,是二者在技术、资金、人力资源、研究与开发、信息和管理等方面差距的集中体现。

技术缺口的产生,主要是由于发达国家和地区对技术的创新。发达国家或地区凭借其在资金、科技和人力资源上的实力,在研究与开发活动中,或推动技术取得显著性的进步,或在现有技术的改进上取得突破性的进展。这种技术创新的成果或体现于专利技术中或体现于产品或方法的创新之中。实现技术创新的发达国家和地区,在一定的时期内,由于拥有创新技术而在该项技术转化为产品的生产、出口中处于垄断地位,从而形成了技术创新国家或地区与其他国家或地区间的技术缺口。

对于技术缺口,发展中国家和地区尚无能力填补,只能依赖 FDI。所以,FDI 在填补储蓄和外汇缺口的同时,又填补了技术缺口,甚至于填补税收缺口。缺口理论的现实意义在于,它认为发展中国家和地区的经济发展进程中存在一系列缺口,这些缺口依靠自身的力量是无法填补的,利用外资尤其是 FDI,是唯一的出路。缺口理论采用了结构主义的方法,建立了完整严密的理论体系,从需求和宏观的角度解释了流向发展中国家和地区的 FDI 快速增长这一国际经济现象。

2. FDI 与增长缺口

目前,国内对 FDI 区位研究或西部 FDI 的研究只限于对显性变量或因素之间的研究。这方面尽管寻找到一些我国 FDI 分布的决定因素,对 FDI 为什么不集聚西部给予了合理的解释。然而,这些远不能解释西部 GDP 份额和 FDI 份额持续下降这一客观事实。为什么西部 GDP 增长难以提速,FDI 仅稳定在 20 亿美元水平(甚至更低)而未能取得突破性进展?我们认为只有在西部经济增长的框架内才能有一个合理的解决方案。我们假设:相对东部而言,西部增长缺口主要是由 FDI 的不均衡聚集引起的,东部从 FDI 中获得较大经济增长之益。这是因为 FDI 具有弥补增长缺口的功能。

利用 FDI 可以一揽子弥补落后地区增长缺口的难题。发展经济学家将人力资源、自然资源、资本形成和技术(包括组织管理技术)视为经济发展的四大要素。而跨国公司是资本、技术、发明能力、组织管理技能的提供者。FDI 恰恰是这四者的集成体,且具有投入产出功能。与单纯的技术或资本引进不同,吸收 FDI 是引进一个高效率、先进的生产函数,以改造落后地区生产函数,实现经济发展的连续飞跃(赵果庆,2004)。

其一,从人力资源要素看,跨国公司具有丰富的高品质的人力资源,而落后地区由于人均收入水平低,低成本的劳动力比较丰富,两者具有极强的互补性。通过跨国公司对当地人员的培训,加速落后地区人力资源形成和累积,不仅可在人员流动中产生技术和知识溢出,而且还能提高当地劳动力的素质;同时,劳动力型 FDI 企业不仅创造了就业岗位,而且让部分当地人员在"干中学",不断积累知识。这作为吸收能力的微观基础,对落后地区的技术水平和技术吸收能力的提高是极为重要的。

其二,从资本形成看,落后地区在低水平上"贫困恶性循环",是因为收入水平低,储蓄率低,资本形成率低。尽管可以向外国借款,引进间接资本,但一方面受吸收能力制约,落后地区资本运营效率低,获利能力低;另一方面,增加了外债,经济发展负担沉重,可能发生债务危机,难以使经济进入良性的发展循环。相反,落后地区引进 FDI 这种没有"利息"的资本,不但可以弥补国内资本的不足,还可加速国内资本积累,这方面以独资企业和合作企业方式利用 FDI 较佳。

其三,从技术要素看,落后地区之所以不能自我发展,关键是技术发展水平低,技术缺口大。技术发展水平低,意味着落后地区经济增长主要靠资本和劳动力的投入,技术进步对经济增长的贡献较低,经济增长方式粗放,生产效率低。落后地区以 FDI 方式增进技术进步,充分利用 FDI 技术的溢出效应,增强对技术的消化吸引能力,加快技术结构的升级,这对落后地区来说是很重要的。只有利用 FDI 技术溢出,增强对先进技术的扩散,那么在有了雄厚技术基础和自我创新能力时,落后地区就会逐步进入自主创新的技术发展阶段,缩小技术差距。这可以说是落后地区利用 FDI 成败的显著性标志。

显然,落后地区不可能在某个环节(如购买技术、利用外国间接资本等)弥补"缺口恶性循环",只有 FDI 这种特殊的创造性资本在技术、资本等多个环节上整体突破,才有可能超越多种缺口制约,获得良性、健康的经济发展。

3. 区域增长缺口一般假说

日本学者小岛清指出:从经济学的角度看,所谓国际直接投资应该理解为向接受投资的国家传递资本、管理技巧、技术知识和经营资源等一揽子资源。FDI 这种一揽子资源性质,对弥补区域增长缺口方面具有明显的优势。从理论上讲,FDI 会使一国或一个地区 GDP 生产函数发生变化,解决资金缺口,获得人力资本和技术溢出效应,然而,引进 FDI 具有

"门槛"效应(赵果庆,2004)。也就是说,FDI 进入相对落后的区域,受技术、人力资源、资金配套和吸收能力缺口制约,因而,对一定区域来说有适宜的 FDI 存在。

就技术缺口看,虽然落后地区可以通过利用 FDI 促进技术进步,缩小与发展中国家的技术缺口,但是由于落后地区在技术转化和吸收方面的困难,可能并不能充分利用这一后发优势。根据技术理论者的观点,跨国公司与落后地区间存在的技术缺口,是一种"双重技术缺口",即存在着"技术转移缺口"和"技术积累缺口"。"技术转移缺口"主要表现为跨国公司 FDI 技术与落后地区(技术接受方)的技术缺口。这种缺口主要是由跨国公司愿意转移多少先进的技术决定,即主要由"供方"造成的技术缺口。"技术积累缺口"主要表现为落后地区在消化、吸收 FDI 技术方面存在的实际困难和差距。这种缺口主要是出于"受方"在技术和管理上与"供方"存在着缺口,以及在技术人员和各类专业人员的"质"与"量"等方面的严重不足,难以适应"供方"转移的技术,即主要由"受方"造成的技术缺口。这也就是通常所说的技术缺口二元论。发展中国家的研发(模仿)缩小了技术缺口,使得 FDI 能转移更先进的技术,而发达国家的研发(创新)扩大了技术缺口,从而使 FDI 转移比当前先进技术水平更低层次的技术。

同样地,按照人力资本门槛假说,某个地区只有在其人力资本存量已经达到某一具体的最低限度时,才会引来 FDI 入驻。国际产业转移理论也表明,跨国公司是向技术差距小的区位依次转移产业。实际上,FDI 能促进一个地区经济增长方式的转变,有效地弥补地区经济增长缺口,但是地区也必将跨越 FDI 作用的"门槛"。因此,我们进一步把技术缺口模型推广为五缺口模型:

$$Gap = f(gap_1, gap_2, gap_3, gap_4, gap_5) \tag{1}$$

其中:Gap——总缺口或增长缺口;

gap_1——技术缺口;

gap_2——人力资源缺口;

gap_3——产业缺口;

gap_4——区位缺口;

gap_5——制度缺口。

一般地,总缺口函数是非线性函数。特别地,缺口函数为线性齐次函数时,

$$Gap = gap_1^{a_1} gap_2^{a_2} gap_3^{a_3} gap_4^{a_4} gap_5^{a_5} \tag{2}$$

(2)式表明,欠发达区域的总缺口不仅与每一种缺口有关,而且还与它们的相互作用方式有关,不仅缺边(最大缺口)约束存在,而且还有各种缺口的非线性机制,具有缺口扩大机制。这是各种单一缺口改进的效果往往不明显的原因所在。

对于欠发达区域而言,缺口有三种弥补或缩小方式。第一种是内生式(内源式),主要依靠自身技术创新与进步,人力资源累积、资本积累与制度改进,实现自主增长,逐步缩小与发达地区的差距,赶超发达区域。第二种是外植式,这种方式主要依靠外部力量,即跨国公司技术转移和直接投资。这是一种输血方式,它因没有造血功能而会使欠发达区域对跨国公司形成过度依赖,进而带来竞争力边缘化。这种情况以拉丁美洲国家为典型,产生了所谓有增长而无发展的拉美化现象。这种似乎缩小的相对缺口,其实在本质上却扩大了绝对缺口。第三种是在一个适度的缺口下,通过 FDI 进入,通过吸收 FDI 资源溢出,进行有效模仿创新,缩小与跨国公司差距,赶上发达区域。这种模式下,FDI 各种资源对欠发达区域的多种缺口产生弥补作用。在图 2.2 中,如果 FDI 能加速区域人力资本形成,转移适宜产业而缩小产业级差,促进区域制度创新,改善区域区位设施,如交通、信息改善等,那么,FDI 与区域资源聚合质量较高,区域获得 FDI 的缺口弥补效应,经济增长较快,又进一步吸引 FDI 集聚形成良性循环,反之,如果 FDI 规模较小,而且与区域资源融合度较低,没有互利共生,则 FDI 难以产生区域缺口的弥补效应,换言之,区域缺口对 FDI 吸收产生制约作用。

三、缺口的经济学含义

缺口也称差距、短缺,这在经济学中是由资源要素的供给与需求产生的。缺口是一个包含很多现象的范畴,它不仅包含对 FDI 需求及其与 FDI 实现之间的差距,而且还包含多种形式的调节,如 FDI 对区域制度的

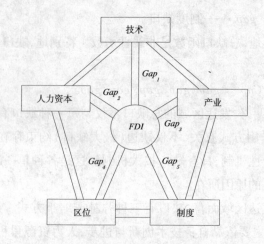

图 2.2   FDI 与区域缺口

需求与区域实际供给之间的差距。FDI 是技术等要素供给者,又是区域
人力资源、产业配套需求者,而区域是 FDI 高品质要素需求者,又是土地、
劳动力等供给者。可以说,FDI 主体与区域主体之间是相互需求、相互供
给的。但总体上,作为 FDI 主体,必定具有较强内部化优势和垄断优势,
相对于区域来说具有较高层次。按 FDI 理论,有 FDI 发生,就说明 FDI 主
体与区域主体之间必定有一定差距存在,从区域方面说,就是有缺口存
在。然而,FDI 的来源不同,或者是区域发展水平不同,缺口大小往往不
同。缺口是一个相对的概念,针对不同参照水平而不同。即使在同一区
域,以发达国家为参照时 FDI 缺口大,相对新兴工业化国家或地区时缺口
相对小一些,而相对发展中国家,FDI 的缺口就更小,甚至于没有缺口(见
图 2.3)。FDI 在进行技术转移时会考虑到区位的"技术积累缺口"和技术
适宜性。跨国公司通过对外直接投资转移技术,会充分考虑东道国地区的
市场特点、原有技术基础、技术的消化和吸收能力等因素。只有当跨国公
司转移的技术适合东道国需求时,跨国公司才能通过对子公司进行技术转
移,在全球内实现利润最大化。在理论上,小岛清认为,日本式的对外直接
投资是从投资国与东道国之间技术差距最小的产业依次进行,赤松要的
"雁行模式"也认为 FDI 是在不同发展水平的区位之间进行产业梯度转移。

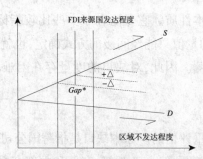

图 2.3　不同区域与不同发达程度国家 FDI 之间缺口

也就是说,客观上存在一个 FDI 与区域水平之间的最优的缺口。

区域缺口变化动态方程为:

$$\frac{\mathrm{d}Gap}{\mathrm{d}t} = k(gap - gap^{*})$$

在 gap^{*} 附近存在一个适宜的缺口区间 $(gap^{*} - \Delta, gap^{*} + \Delta)$,如果区域缺口大于 $gap^{*} + \Delta$,那么,缺口成为不能收敛的缺口,这一方面意味着适宜的 FDI 比较少,尤其是发达国家的 FDI 比较少,另一方面意味着区域存在严重的缺口约束。只有当缺口在适宜的缺口区间内,FDI 才能产生

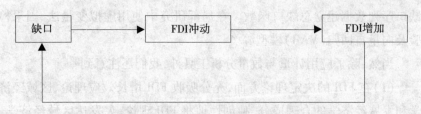

图 2.4　FDI 弥补不同发达区域缺口的负反馈机制

弥补缺口的良性机制(如图 2.4)。

第四节　研究方法与逻辑结构

一、研究方法

缺口是西部在吸收 FDI 困难时基本短缺事件的概括的表达。缺口作为一个相对指标,是西部区域系统的一个隐变量。隐变量以定量形式描

述了一个系统的基本性质。它是隐存于一些比较指标之中,因而它不能直接观测得到,它的量值只能经间接的方式确定,也就是通过对一些显指标的分析来加以推测。因此,对缺口的度量存在困难。这就要求使用多种方法。

1. 综合评价方法

缺口是可以定量评估的。原本缺口是指跨国公司 FDI 要素与西部地区对应要素之间的差距,但由于西部、东部和中部存在 FDI 竞争,根据传递性原理,就转化为东部与西部差距。也就是说,以东部为参照系,用西部相对东部在吸收 FDI 的缺口替代西部与跨国公司之间缺口。在这种情况下,可以根据研究需要,设计一些指标对各种缺口进行测量,进一步对西部地区各种缺口水平进行分类。

2. 数理经济方法

在研究各种缺口对 FDI 影响时,需要在一些假设下建立一些数理模型,如生产函数模型、总缺口函数模型,进一步研究它们的性质。

3. 计量经济方法

应用计量经济方法对各种缺口与 FDI 关系假说进行检验,同时运用缺口序列数据建立总缺口函数。在局部研究中使用虚拟变量法、因果检验及向量自回归(VAR)模型等。

当然,除了应用计量与数量分析工具外,我们还注意到:

(1)在 FDI 的决定理论方面,充分吸收 FDI 增长效应理论、区域经济学和发展经济学的合理成分,独创性地将 FDI 理论、欠发达区域经济学、发展经济学、经济增长理论熔为一炉,揭示隐藏于西部增长与 FDI 发展缓慢中的缺口约束,从缺口角度对 FDI 不聚集西部形成一个新的解说。

(2)在 FDI 与西部发展关系上,采用决定因素分析法分别考察技术、人力资本、产业级差、区位劣势、制度缺口对 FDI 进入,进而在增长理论框架内对西部增长的影响。从缺口视角,多方位、多层面理论分析和实证检验各种缺口以及总缺口对 FDI 不聚集西部的原因。诊断是西部缺口过大,难以收敛,还是西部政策不力;是属于西部产业聚集不足,还是缺乏基础设施不足等问题。

（3）综合运用发展经济学、新制度经济学、产业聚集理论、区域经济学等现代经济理论，系统地研究 FDI 进入的门槛，即缺口效应，并在不同地区之间进行比较，从研究结论、经验和教训三方面提出更加全面、科学和可操作性的西部引进 FDI 的对策措施和政策建议。

二、逻辑结构

在第一章导论引出 FDI 与西部经济赶超的关系基础上，第二章分析西部 FDI 历史与现状、进入形式，进一步揭示西部 FDI 增长效应缺失以及对东西部发展差距的影响。而目前已有的研究还局限于用显性变量探讨我国 FDI 区域分布的决定因素，这些研究还难以深刻揭示 FDI 不西进的根本原因。于是，我们猜测可能由于西部技术、人力资本、产业、制度等一些缺口制约 FDI 向西部聚集。对于该假设的理论和实证分析方法、分析思路和逻辑框架构成本章的重要内容。

从第三章开始分别从技术缺口、人力资本、产业级差、制度缺口和区位劣势等方面对西部吸收 FDI 的影响因素进行深入研究。第三章从技术缺口理论、海默的垄断优势理论、弗农的技术生命周期理论、邓宁的国际生产折中理论、小岛清的边际产业理论等线索出发，就技术缺口对 FDI 的流入、FDI 的技术水平、FDI 的技术转移和溢出的影响及本土企业对 FDI 技术吸收产生重要影响进行文献研究和理论分析。在此基础上，重点研究西部技术存量与增量缺口的表现，技术缺口对 FDI 引进数量和质量的影响，以及技术缺口对 FDI 技术吸收能力、FDI 技术转移和溢出效应的约束等相关问题。第四章从西部人力资本角度，研究人力资本差距对西部吸收 FDI 的影响，探讨西部人力资本存量（或增量）、西部人力资本与 FDI 吸收能力、西部人力资本流失与 FDI 配套能力不足等问题。第五章专门从产业级差、产业结构、产业配套三个方面探讨产业层面的因素对西部地区引进 FDI 的影响，侧重研究产业级差与 FDI 产业转移、西部优势产业结构和主导产业结构与 FDI 投资结构的匹配性，以及产业配套与西部地区 FDI 引进能力。第六章从邓宁的区位优势理论、韦伯的工业区位理论和以勒施为代表的利润最大化区位理论出发，运用吸引力模型、空间经济学等理论研究西部区位劣势对 FDI 引进的影响,从发展阶段的宏观角度分析周边国家发展水平与对外直接投资能力、FDI 强国对西部区位边缘化、西部与周边国家的 FDI 区位吸引力比较、西部地理区位劣势产生的要素成本、西部信息不确定性以及交易成本对 FDI 进入方式影响、西部低级资源丰度与高级资源稀缺对 FDI 集聚的影响等。第七章则是从西部制度变迁滞后角度探索西部制度供给不足对西部 FDI 引进的影响,把影响 FDI 在国内东、中、西部区域分布的制度因素划分为法律制度、经济制度、影响企业运行费用的制度等共 3 大类 12 个制度因素以及非正式制度因素,比较东、中、西部地区在这些制度因素变迁方面的差异,并对其中的 8 个制度因素指标 24 个因子与 FDI 引进的相关关系和因果关系进行计量检验。

第八章是对第三章至第七章的一个集成。根据“两缺口”模型及其扩展后的“三缺口”、“四缺口”模型,从实证研究 FDI 与经济增长的关系角度,研究西部 FDI 缺口,并根据西部增长函数的性质,从 FDI 增长效应的角度研究西部经济增长的机会损失,对西部经济增长缓慢进行解释。具体研究包括:首先根据西部单位地区生产总值与全国及东部在 FDI 吸收量上的差距,研究西部相应发展水平下的 FDI 缺口水平;然后根据前几章的分析,研究 FDI 对西部增长要素的效应情况;再在估计西部经济增长函数的基础上,研究由于 FDI 缺口导致的西部经济增长的机会数量损失和机会质量损失;最后根据西部未来的经济增长目标,分析西部 FDI 的需求目标。

第九章是前八章的落脚点。笔者认为对西部地区吸收 FDI 劣势的解析应该更加强调西部地区与国家的决策主体地位。本章以“匹配性”研究思路,对在华跨国公司产业发展战略的特征与趋势进行实证分析,并以西部各省(市、区)“十一五”规划(纲要)为基础,对西部地区工业产业发展现状与未来产业发展重点进行分析,构建并测算西部地区与在华跨国公司工业发展战略匹配度指数。本章还分析了国家外资产业政策与西部地区工业发展战略的匹配性,从产业发展战略匹配性角度对西部地区吸收 FDI 的前景做出判断。

本书的第十章和第十一章是前述研究的扩展。其中第十章重点研究部分具有典型代表意义的市场经济国家、新兴工业化国家和发展中国家的地区政策或区域外资政策,旨在为中国西部地区制定区域外资政策寻找理论依据和可借鉴的经验。第十一章则是从对来自不同经济体的 FDI 的特点进行深入分析入手,对我国西部 12 个省(区、市)的投资环境进行对比分析,将西部地区投资环境进行类型划分与分类评析,并全面分析西部地区投资环境与中、东部地区相比存在的差距,最后结合来自不同经济体的 FDI 的特点和西部投资环境的区内空间差异,提出改善西部地区外商投资环境的对策措施。

最后一章(第十二章)综述了国际直接投资与经济发展关系的研究。

参考文献

［1］Dunning, J. (1980). "Toward an Eclectic Theory of International Production ", *Journal of international Business Studies*, 11 (Spring/summer), pp. 9 ~ 13.

［2］Dunning, J. (1998). "Location and Multinational Enterprise: A Neglected Factor? Toward an Eclectic Theory of international Production ", *Journal of international Business Studies*, 29(1), pp. 45 ~ 66.

［3］Leoanrd K. Cheng(2000), "What are the Determinants of the Location of Goreign Direct Investment? the Chinese Experience", *Journal of International Economics*, 51 (2000) 379 ~ 400.

［4］Peter J. Buckley, Jermy Clegg, Chengqi Wang and Adam R. Cross (2002), "FDI, Regional Differences and Economic Growth: Panel Data Evidence from China", *Transnational Corporations*, Vol. 11, No. 1(Aprill, 2002).

［5］Qian Sun(2002), "the Determinants of Foreign Direct Investment Across China", *Journal of International Money and Finance*, 21 (2002) 275 ~ 295.

［6］Sun. H. (1998), *Foreign Investment and Economic Development in China, 1979 ~ 1996*, London: Ashgate Publishing Limited.

［7］鲁明泓:《外国直接投资区域分布与中国投资环境评估》,载《经

济研究》1997 年第 12 期。

[8]魏后凯、贺灿飞:《外商在华直接投资动机与区位因素》,载《经济研究》2001 年第 2 期。

[9]武剑:《外国直接投资的区域分布及增长效应》,载《经济研究》2002 年第 4 期。

[10]魏后凯:《加入 WTO 后中国外商区位变化及中国西部地区引进外资前景》,载《管理世界》2003 年第 7 期。

[11]江小涓等:《我国外商投资梯度转移问题研究》,载《中国工业经济》2004 年第 4 期。

[12]赵果庆:《为什么国际直接投资不聚集中国西部?》,载《管理世界》2004 年第 11 期。

[13]赖明勇等:《我国外商直接投资吸收能力研究》,载《南开经济研究》2002 年第 3 期。

[14]伍海华:《外资与经济发展》,经济科学出版社 2004 年版。

[15]杨建龙:《关于外商投资与外资政策的博弈分析》,经济科学出版社 2000 年版。

[16]杨先明:《发展阶段与国际直接投资》,商务印书馆 2000 年版。

[17]赵果庆:《中国西部国际直接投资吸收能力研究》,中国社会科学出版社 2004 年版。

第三章　西部技术缺口与
FDI 技术转移

技术缺口是发展中国家经济发展的重要约束,同时 FDI 的技术转移和溢出效应理论说明了 FDI 对弥补技术缺口的积极作用以及技术缺口对 FDI 技术溢出效应的影响。本章在阐明相关理论的基础之上,研究东西部地区技术缺口及表现形式,重点分析西部地区技术缺口对 FDI 引进和 FDI 技术溢出的影响。

第一节　问题的提出和相关理论与文献综述

一、问题的提出

现代经济的发展已经证明,技术不仅是一种特殊的、重要的生产要素,而且对促进整个国家或地区的国民经济发展,甚至对世界经济的发展都起着重要的、决定性的作用。正如内生增长理论强调技术进步在经济长期持续增长中起着关键的作用,经验表明国家间收入水平和增长率的差距大部分可由技术解释。一个国家或地区的技术可以来源于自主创新,也可以来源于对其他国家或地区创新技术的引进和吸收,即国际技术转移和扩散。正如 Sachs(2000)指出的:"全球差距的核心是技术创新和扩散巨大不平衡"①。发达地区在技术创新方面与欠发达地区相比处于优势,而转移、模仿现有的技术比起发明创造新技术的成本要低得多。因此,欠发达地区可以通过转移、模仿发达地区创新的技术,缩小与技术发达国家或地区间的技术差

---

① Sachs, Jeffrey, "Sachs on Globalization: A New Map of the World", *The Economist*, June24, 2000, p. 97.

距,进行技术赶超。这种观点就是 Gerschenkron(1962)所说的"后发优势"。

通过国际技术转移加快欠发达国家和地区技术发展,缩小与发达国家和地区的技术缺口,是加速其技术、经济发展的一条有效途径。一般而言,国际技术转移可通过不同的方式进行:一是硬件模式,主要通过购买工业设备而获得技术;二是软件模式,主要通过获得技术信息如专用技术的许可证而获得技术;三是资本模式,主要通过吸收和利用国际直接投资方式获得技术。众所周知,作为 FDI 的主要载体——跨国公司承担着世界大部分的私人研发工作,生产、拥有和控制着大部分的世界先进技术。当一个跨国公司在国外建立了一个子公司,子公司就会得到一定数量的专有技术,从而形成子公司特殊的优势,这就导致了技术的国际转移。很多种解释都认为,海外子公司的建立是为了把核心技术的使用内部化。然而,跨国公司的技术仍然可能通过外部效应或溢出效应扩散到周围的经济体系中,这就促进了本土企业的技术水平和生产率水平的提高,从而缩小了本土企业与发达国家的技术缺口。

自改革开放以来,特别是 20 世纪 90 年代以来,根据联合国贸发会议发布的《2004 年世界投资报告》表明,中国连续 8 年成为全球第二大的外商直接投资流入国,并于 2003 年超过美国成为全球引进 FDI 最多的国家。而商务部的统计数据表明,2004 年中国实际利用 FDI 606.30 亿美元,比 2003 年增长了 13.3%。截至 2004 年 12 月中国实际利用外商直接投资的累计金额已达 5621 亿美元。

由于 FDI 能够提供从生产技术、管理、销售技巧到市场网络一揽子资源的优势,因此 FDI 的流入,不但能够加速流入国的资本形成,增加就业机会,扩大贸易等,更为重要的是,FDI 还能带来技术转移效应,以促进流入国的技术进步,优化资源配置和本土企业的技术升级。关于 FDI 促进了中国经济发展这一观点,许多经济学者都给予了肯定,联合国跨国公司中心也给予了肯定的回答。如江小涓和李蕊①(2002)的研究表明,外商

---

① 江小涓、李蕊:《FDI 对中国工业增长和技术进步的贡献》,载《中国工业经济》2002 年第 7 期。

直接投资作为外部资金来源,对中国工业的增长做出了重要贡献。且绝
大多数跨国公司提供了母公司的先进和比较先进的技术,有相当比例的
跨国公司使用母公司的先进技术,并填补了我国的技术空白。

　　虽然中国引进了大量的 FDI,但是流入中国的外资在我国各区域的
分布极其不平衡,如图 3.1 所示,一直以来我国的外商直接投资主要集中
在东部沿海地区,自从 1998 年以来东部地区吸引的 FDI 就一直占 80%
以上,而西部地区仅为 10% 以下。到 2004 年,西部地区利用的 FDI 仅占
全国的 2.88%,而东部地区占了 86.10%。

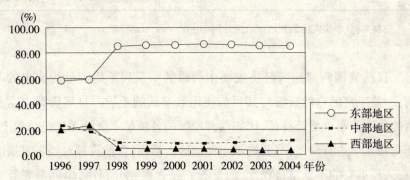

图 3.1　东、中、西部地区实际利用 FDI 占全国的百分比

资料来源:中华人民共和国国家统计局 http://www.stats.gov.cn/。

　　根据表 3.1 的显示,从 FDI/GDP 这一反映 FDI 利用规模的相对指标
来看,全国 FDI 的流入量占整个 GDP 的比值从 1998 年到 2004 年一直为
3% 以上,东部地区的这一比值一直高于全国水平,而西部地区的这一指
标远远低于全国和东部地区的水平。也就是说西部地区所吸引的 FDI 的
流入量远远低于它的经济发展水平和规模相应的量。

表 3.1　东、中、西部地区 FDI 占 GDP 的比值

单位:%

地区 年份	东部地区	中部地区	西部地区	全国
1998	6.92	1.65	1.33	4.54

年份 ＼ 地区	东部地区	中部地区	西部地区	全国
1999	5. 74	1. 35	0. 99	3. 77
2000	5. 19	1. 20	0. 92	3. 44
2001	5. 44	1. 25	0. 87	3. 60
2002	5. 51	1. 40	0. 83	3. 68
2003	4. 74	1. 45	0. 62	3. 24
2004	4. 53	1. 37	0. 52	3. 07

资料来源:中华人民共和国国家统计局 http://www.stats.gov.cn/。

　　目前我国西部地区经济发展中面临的一系列矛盾中最为突出的矛盾:一是丰富的自然资源与其目前使用效率低的矛盾。自然资源丰富是西部地区的一个显著特征,比如西部地区的各项矿产资源无论是总量上,还是在人均占有量上,都超过了东部地区。然而,自然资源对经济发展的意义,最重要的不是富裕程度,而是看它是否被充分利用,也就是要看它的使用效率,使用效率的高低又取决于技术发展水平和人力资本水平等。西部地区很多地方,技术水平落后,劳动者受教育的程度较低,自然资源的使用效率也较低,从而使得资源未能充分利用,西部地区也未能发挥其自然资源优势。二是资金需求量大与资金供给能力较低的矛盾。西部地区经济发展水平较低,各种建设和投入的资金缺口较大,诸如加快西部地区的技术创新和技术引进、吸收,提高人力资本水平,完善基础配套设施,都需要巨额的投资,而西部地区的自我供给能力和积累水平又较低,远远不能满足需求。作为资本、技术和知识的综合体的 FDI 能够提供从生产技术、管理、销售技巧到市场网络一揽子资源的优势,而且接受 FDI 的企业通常不用为获得的新技术支付经费。同时,FDI 内含多种生产要素,东道国只需在劳动力和基础设施方面予以配合就能很快形成生产力。因此,FDI 是一种低成本的能最直接弥补西部技术缺口和资金缺口的途径。

　　一方面,西部地区可以通过利用 FDI 促进技术进步,缩小与发达国家和东部地区的技术缺口。但是,这显然是以有 FDI 的流入为前提的。我国政府从 1999 年开始实施西部大开发战略,制定了一系列相关的优惠政策,试图积极引导 FDI 更多地流向西部地区。但是仍然不能改变这巨大的区位分布不平衡。许多国内外学者都曾对 FDI 区位分布因素进行研究,多数把 FDI 在中国的分布因素归结为:基础设施、劳动力成本、经济发展水平、经济政策、资源禀赋、开放程度、聚集经济和市场潜力等(Haishun Sun 和 Joseph Chai,1998;Leonark K. Cheng,2000;贺灿飞,1999)。笔者认为,除了以上这些因素外,技术水平,即区域间的技术差距,也是影响 FDI 分布不平衡的重要因素。

另一方面,西部地区与东部地区之间的技术差距一直存在着,而且总体来看,这种差距在随着时间的推移而扩大。根据技术理论者的观点,发达地区与欠发达地区间存在的技术缺口,是一种"双重技术缺口",即存在着"技术转移缺口"和"技术积累缺口",这也就是通常所说的技术缺口二元缺口论。我国西部地区与东部地区和发达地区是否存在这两种技术缺口,如果存在,那么,这两种缺口对西部 FDI 的引进和 FDI 的技术转移和溢出效应又有什么样的影响呢?

二、相关理论与文献综述

1. 技术缺口与 FDI 流入

FDI 的发生不是任意的,它是国际资本追求国际价值盈余的结果,赢利是其必然的目的。什么样的因素在影响 FDI 的流入呢? 这是许多学者长期以来颇为关注的课题,并在这方面做了大量理论性研究和实证性分析。

在 20 世纪 60 年代之前,有关国际资本流动的研究认为,资本国际流动的原因是由于资本的丰裕程度不同而产生的利润率差异而引起的,即资本从资本丰裕国流向资本稀缺国,直到两国间的利润率没有差异为止。

海默认为利润率的差异不能对国际资本的流向做出合理的解释。海默(1960,1968)提出了垄断优势理论,以此来说明企业的垄断优势是它们在国外进行直接投资的决定因素。他认为跨国公司对海外进行投资会面临如下劣势:因文化、法律、制度和语言等方面的差异,带来的在异国经营的额外成本,以及在运输、通讯成本和对当地的了解上处于劣势。所以,跨国公司必须具有特定的垄断优势来克服这些劣势,这些垄断优势包括:技术优势、专利优势、管理优势、市场营销技巧优势和资本优势等。约翰森(1970)进一步发展了海默的垄断优势理论,他认为垄断优势的核心是技术和知识资本,跨国公司向海外进行国际直接投资的本质是知识和技术资本的转移过程。跨国公司有能力开发技术产品,国际直接投资将跨国公司拥有的这种技术和知识资本由母国流向不拥有该技术和知识资本的国家或地区。

根据垄断优势理论,跨国公司具有垄断优势是它们向海外投资的重要因素,其中,技术或知识优势是垄断优势的核心部分。由此,我们可以推断,进行海外直接投资的企业和东道国的企业之间的技术差距是国际直接投资的重要决定因素。

弗农(1966)提出了产品生命周期理论,以此对国际直接投资流向做了解释。他将产品周期分为创新、成熟和标准化三个阶段。该理论以产品周期作为横坐标,将垄断优势和区位优势结合起来说明国际直接投资的流动。该理论认为,国际直接投资首先取决于投资国的某些特定优势,弗农将这些优势简化为技术领先优势;其次,国际直接投资取决于接受国的区位优势。国际直接投资就是将这两组要素结合起来的过程,通过跨国公司这种载体,将投资国和接受国的优势同时扩大。从投资国角度看,垄断优势是领先的技术,这些领先技术首先被美国所掌握,然后被其他发达国家所掌握,最后当它们不再"领先"时,被发展中国家所掌握。从接受国角度看,区位优势是劳动力成本和当地市场。接受国首先是其他发达国家,然后是发展中国家。为什么技术的传递和转移呈梯级态势呢?这是因为接受国必须具备一定的基础以掌握这种产品的生产技术。

邓宁(1977,1981,1993)提出国际生产折中理论,根据这一理论,企业是否对外直接投资和如何进行区位选择取决于以下三个因素:一是企业具有"所有权优势",即企业具有外国企业所没有的资产及其所有权,这些优势包括产权与无形资产优势、企业组织优势和跨国性经营优势,如自然资源、劳动力、技术、技术专利权、商标权和管理技巧等;二是企业具有将市场内部化的优势,即企业拥有将这些所有权优势内部化的能力,通过将市场内部化,公司可以降低交易成本和市场所带来的不确定性等;三是东道国必须具有区位优势,这些区位优势包括东道国的资源禀赋、基础设施、市场潜力、贸易壁垒、技术水平、集聚经济以及友好的外资政策等。以上三个优势相互结合,缺一不可,企业所具有的所有权优势、内部化优势与区位优势结合方式的不同,决定了企业对外直接投资的类型和地理分布。

小岛清(1978)提出了边际产业理论。小岛清认为,投资国的对外直接投资应从本国比较优势小或已处于比较劣势的边际产业开始依次进行,由于这些产业与东道国的技术差距较小,技术就容易为东道国所吸收和普及,进而就可以把东道国潜在的比较优势挖掘出来;这种投资会扩大投资国和接受国间的比较成本优势差距,优化国际贸易结构,有利于国际间的分工。通过产业转移,投资国可以集中力量创造和开发出新的技术和比较优势,使两国间的比较成本差距扩大,为更大规模的贸易创造条件。因此,国际直接投资会从具有资金、技术、管理等优势但处于比较成本劣势的产业所在的国家,流向不具有资金、技术、管理等优势的国家。

以上的理论分析方法各异,内容也各不相同,但无论如何跨国公司母公司必须具备技术优势,即跨国公司与本土企业之间存在一定的技术差距,才可以对外进行国际直接投资,即 FDI 的流入与东道国的技术水平有关。

2. 技术缺口与 FDI 技术溢出效应

在讨论 FDI 在国际技术转移的作用时,通常认为传递现代先进技术的最重要的渠道是 FDI 的溢出效应或外部效应。本土企业可从 FDI 的获益表现在:跨国公司在当地建立的子公司示范新的技术,给当地生产资料供给者和产品购买者提供技术援助;对其当地职员进行培训,而这些职员后来可能会流入本土企业;跨国公司的进入会加剧当地市场的竞争,竞争的压力会刺激当地的企业更有效率地运作以及更早地引进新技术。因为跨国公司不能很确切地度量这些影响的所有价值,从而跨国公司也不可能获取这些影响的全部收益,所以通常把这些影响叫做"溢出效应"(高科,1994)。所以,技术"溢出效应"是指通过技术的扩散,促进了当地技术水平的提高,是经济外在性的一种表现。

然而对"通过 FDI 的技术转移和溢出效应促进东道国的技术进步,以缩小其与发达国家和地区的技术差距"这一问题,许多学者有不同的看法。2004 年 2 月召开的中国社科院第四届以"FDI 与中国"为主题的国际问题论坛上,诸多专家和实践者就"FDI 的技术溢出效应是正是负"展开了热烈的讨论。江小涓认为,外商投资企业引进的技术产生了明显的溢出效应;而中国社会科学院政策研究室研究员王春法则认为,FDI 的技术溢出是正是负,迄今为止的研究结论是杂乱无章的。国外的学者对 FDI 的技术溢出是正是负也存在着很大的争议。如科伊朱米、科佩基、旺、布洛姆斯特罗姆和达斯等人的研究结果支持溢出效应论,而 Aitken、Harrison 和 Okamoto 等人的研究结果则不支持溢出论。

对 FDI 的技术转移和溢出效应存在很大争议的一个原因是 FDI 的技术转移和溢出效应受到许多因素的影响,如技术缺口、吸收能力、研发水平、人力资本水平和制度等。在溢出效应的影响因素中,东道国与 FDI 母国之间的技术缺口是大家讨论最多的因素之一。一方面,东道国与 FDI 母国之间的技术缺口越大,对前者进行技术转移的可能性就越大,技术溢出的潜力也就越大。也就是说,这种观点我们可以把它看做是"赶超假说"。这种观点通常与 Veblen(1915)和格申克龙(1952)这两个名字联系在一起,处于工业化起点的国家与已经实现工业化的国家的发展水平差距越大,落后国家就可以越快的增长。芬德莱(1978)以格申克龙的赶超假说为基础,构造了发达国家通过 FDI 向发展中国家转移技术的动态模型。根据芬德莱的模型,发展中国家与发达国家之间的技术缺口越大,则技术模仿的潜力就越大,从而就越有利于促进其经济增长。芬德莱模型的结论是:在一定量的 FDI 流入存量下,国内外企业间技术缺口越大,则潜在溢出效应也就越大;当技术缺口既定时,溢出效应随着 FDI 流入存量的增加而变大。

另一方面,东道国与 FDI 母国之间的技术缺口越小,东道国相应的技术吸收能力就越高,对东道国的技术转移和溢出效应也就越大。这种观点我们可以把它称为"技术积累假说"。Cantwell 通过对在 1955 ~ 1975 年美国跨国公司对欧洲本土企业的影响的分析表明,大多数积极的影响都出现在技术缺口较小的企业。高科(1994)对墨西哥 1970 年 156 家接受跨国公司投资的企业研究发现,在技术缺口最大、跨国公司市场份额最高的地方,生产力溢出效应是最小的。他认为在这种情况下,跨国公司可能把当地的竞争者从一些市场中挤出,从而减小了本土企业可能获得的积极效应。高科、Tansini 和 Zejan 对乌拉圭制造业企业的研究发现,只有当本土企业与外资企业的技术缺口适中时,积极的溢出效应才明显。他们的研究表明,在乌拉圭的企业中,小的技术缺口或适中的技术缺口能够识别什么情况下外国的技术对本土企业有用以及什么情况下本土企业拥有运用或学习外国技术的基本能力。相反,技术缺口太大意味着外国技术与本国技术的差别太大,以至于本土企业能力太弱无法学习。Glass 和 Saggi 认为技术缺口是人力资本资源和基础设施等差距的同义语,因此本土企业与跨国公司的技术缺口越大,本土企业的吸收能力就越低,从而使得技术转移和溢出效应也越小。

由此我们可以看出,在理论上存在着两种与技术缺口有关的截然相反的效应:一种是积极的效应,来自后发优势,技术缺口越大,技术转移和溢出的潜力也就越大;另一种是消极的效应,受吸收能力的影响,技术缺口越大,吸收能力就越低,从而使得技术转移和溢出效应也越小。

也有许多学者就影响 FDI 对中国的溢出效应的因素进行了分析。溢出效应对当地经济的正向促进作用必须建立在经济发展水平的提高、基础设施的完善、自身技术水平的提高和市场规模扩大的基础之上,其中,当地的技术水平对 FDI 的正向溢出效应存在负面作用,技术水平提高的速度越快,FDI 正向溢出效应的增加减慢,因此单纯提高一个地区的经济开放程度对提高 FDI 的外溢效应水平是没有意义的(何洁,2000)。张建华等(2003)以广东为例考察了 FDI 的技术溢出及对经济增长的影响,其结论与此类似。陈涛涛等(2003)对"技术差距"、"资本密集度"和"行业集中度"等受到普遍重视的行业因素进行了经验研究,表明"技术差距"

是影响 FDI 对我国行业内溢出效应最直接、也是最重要的因素之一，而"资本密集度"及"行业集中度"对 FDI 的溢出效应的影响只有在与"技术差距"共同考察时才会反映出来。吕世生、张诚（2004）利用天津市 103 家企业的时间序列数据对这一问题作了实证分析，分析模型是 Haddad 和 Aitken 模型的扩展，回归结果表明，当地企业研发投入越高，与 FDI 企业的技术差距就越小，技术溢出效应就越显著。吴晓波（2005）构建了关于技术差距、吸收能力与 FDI 方式技术追赶的分析框架模型；通过收集近几年的相关数据，在此框架模型下，比较分析了我国经济最活跃的地带之一——长三角的上海、江苏和浙江三个地区当地企业与外资企业的技术差距、当地企业的吸收能力和技术追赶情况，得到以下几点结论：上海当地企业与外资企业的技术差距小、技术追赶也最快。江苏由于当地企业也重视自身的研发，在研发上的资金和人员投入比较大并且不断增长，因此内外资企业的技术差距在缩小。即便如此，江苏的内外资企业差距仍比较大。浙江企业在技术吸收上的投入小、面临的外资竞争强度大，导致技术差距在一定程度上有所扩大，这严重警示浙江当地企业必须快速提升自己的吸收能力。

大量经验性文献表明，技术缺口也会对 FDI 引进产生影响。FDI 带来的技术显然比本土企业的技术要先进一些，但通常并不是其所拥有的前沿技术。是什么因素决定了伴随 FDI 的技术水平呢？有学者认为，跨国公司在决定技术转移时常会做战略上的考虑，转移老一点的技术以避免未来的竞争，同时，当地企业与其技术缺口也是导致跨国公司没有转移前沿技术给当地企业的主要原因。

Glass 和 Saggi（1996）建立了一般均衡模型来说明发展中国家的技术缺口对 FDI 带来技术层次的影响。模型中发达国家（创新国）和发展中国家（模仿国），两者间的技术缺口是由模仿与创新的比率决定的。由于模仿与创新都受利润的驱使，从技术先进的发达国家到落后的发展中国家的 FDI 转移的技术只比发展中国家的前沿技术稍微先进一点，且发达国家向发展中国家转移的技术落后于发达国家当前前沿技术的水平。所以，通过 FDI 转移的每种产品生产技术水平都受发达国家和发展中国家生产这种产品的技术缺口的影响。

Glass 和 Saggi（1995）的研究表明发达国家公司可以通过 FDI 在发展中国家生产产品。Glass（1997）假定消费者具有异质性，所以，在均衡状态下每种产品都可以根据生产技术水平的高低分为两种等级，即高技术水平产品和低技术水平产品。因此，FDI 可以参与高技术水平产品的生产或低技术水平产品的生产，重要的是通过 FDI 转移的技术水平是否落后于发达国家当前的前沿技术。Glass 和 Saggi（1998）的研究表明对于更落后的国家来说，每种产品可以分为三个等级，即高、中、低技术水平产品。即具有两个层次的技术缺口，即技术缺口Ⅰ（高中产品之间和中低产品之间的技术缺口）和技术缺口Ⅱ（高低产品之间的技术缺口）。只有在发展中国家本土企业具备了前一水平的技术，才能吸引比这一技术水平更高一级的 FDI，即不管是处于技术缺口Ⅰ，还是技术缺口Ⅱ，FDI 只会转移高一个技术缺口的技术，因为受到吸收能力的制约。

发展中国家的研发（模仿）缩小了技术缺口，使得 FDI 能转移更先进的技术，而发达国家的研发（创新）扩大了技术缺口，从而使 FDI 转移比当前先进技术水平更低层次的技术。根据 Glass 和 Saggi（1996）的研究，技术转移主要是通过以下渠道完成的：第一，发达国家创新使原来的前沿技术成为相对落后的技术，而发达国家若继续用原来相对落后的技术生产则不再能够产生较大利润。这样，以前的前沿技术变成现在的新的低一个层次的技术，将其转移到发展中国家用于生产则会有更大的利润。而发达国家对原来相对落后技术的抛弃，则为发展中国家吸收现在发达国家相对落后的技术提供了必需的技术基础。第二，模仿使发展中国家的技术基础升级，并扩张了发展中国家的吸收能力，从而使吸引更先进技术水平的 FDI 技术变得可能。这样，FDI 转移技术的水平即转移当前先进国家先进技术的程度取决于对创新与模仿的激励的对比。FDI 是否转移高水平的技术取决于以下一些参数：一是对模仿高技术水平的投入占总收入的比重（也就是对模仿的激励程度）；二是相对与发展中国家（本土）企业，跨国公司的成本劣势；三是创新与模仿的资源要求，以及发展中国家与发达国家的资源状况。具体表现在以下几个方面：

（1）当发达国家比发展中国家在资源上更有优势时,创新速度会加快,使高技术水平 FDI 减少;

（2）当对高技术水平产品的支出占总收入的比重上升时,创新速度会下降,高技术水平的 FDI 会减少;

（3）当创新比模仿需要更多的资源时,创新速度会下降,高技术水平的 FDI 会增多;

（4）当跨国公司与发展中国家企业相比,其成本劣势加剧时,创新速度加快,高技术水平的 FDI 增多;

（5）当对低技术水平 FDI 的产品加大税收时,创新速度会加快,高技术水平的 FDI 增多;

（6）当对发展中国家的模仿加大补贴时,创新速度会加快,高技术水平的 FDI 增多。

由此可见,FDI 有助于缩小技术缺口,而较小的技术缺口又反过来会吸引较高技术水平的 FDI,所以,调节相应的一些参数,可以缩小与技术先进地区之间存在的技术缺口,从而引进较高技术水平的 FDI,不断促进自身技术水平的提高。比如,对低技术水平 FDI 的产品加大税收会促使技术先进国转移相对较高水平的技术。因为加大税收使 FDI 输入方获取的利润减少,只有转移较高水平的技术,才能使 FDI 输入方达到预期利润目标。也可以通过对模仿补贴来吸引高技术水平的 FDI,因为补贴使模仿速度加快,使技术缺口缩小,从而使 FDI 技术水平上升。

第二节　东西部地区技术缺口及表现形式

通常,人们用研究与开发（R&D）的投入、专利和高新技术产品的出口数以及全要素生产率来衡量技术水平。

1. 从研发投入的东、中、西部比较看西部技术缺口存量与缺口增量

从科技投入,也就是从研究与开发经费投入的绝对数量上来看,我国东、中、西部地区的研发投入总量在不断增加。但是,东部地区的研发经费投入的增长速度远远超过了西部地区（参见图 3.2）,从而使西部地区

与东部地区研发投入的差距不断扩大,东部地区的研发投入从 1998 年是西部地区的 3.3 倍增长到了 2004 年的 5.6 倍(参见表 3.2)。由此可见,我国西部地区与东部地区在研发投入上存在着较大的差距,而且这一差距有着不断扩大的趋势。

表 3.2　东、中、西部地区 R&D 经费及 R&D 经费占其 GDP 的比重

地区 ＼ 年份	1998	1999	2000	2001	2002	2003	2004
东部地区 R&D 经费(亿元)	314.9	386.5	609.6	719.6	907.94	1094.7	1423.79
东部地区 R&D 经费占 GDP 的比重(%)	0.68	0.78	1.09	1.17	1.33	1.38	1.49
中部地区 R&D 经费(亿元)	86.3	98.1	145.2	165.4	204.94	244.81	289.71
中部地区 R&D 经费占 GDP 的比重(%)	0.40	0.43	0.58	0.61	0.69	0.74	0.72
西部地区 R&D 经费(亿元)	84.9	98.8	140.8	158.6	183.99	223.05	252.85
西部地区 R&D 经费占 GDP 的比重(%)	0.58	0.64	0.85	0.87	0.92	0.97	0.92
全国 R&D 经费(亿元)	486.1	583.4	895.6	1043.6	1296.87	1562.56	1966.35
全国 R&D 经费占 GDP 的比重(%)	0.59	0.67	0.92	0.98	1.10	1.15	1.20

资料来源:《中国科技统计年鉴》(1998 ~ 2005),http://www.stats.gov.cn/,http://www.chinainfo.gov.cn/,http://www.sts.org.cn/,《中国统计年鉴》(1999 ~2005)。

研究与开发活动是整个科技活动的核心,R&D 经费占国内生产总值的比例是衡量一个国家和地区科技发展水平和科技能力的十分重要的指标。从 R&D 经费占国内生产总值的比例来看,我国东、中、西部地区的 R&D 经费占国内生产总值的比例呈现出不断上升的趋势。一般而言,在一些发达国家,这一比例一般是 2% ~3% 左右,在中等发达国家这一比例为 1% ~2% 左右,发展中国家的这一比例一般低于 1%。1998 年我国东、中、西部地区分别是 0.68% 、0.40% 、0.58%,都处于比较低的水平。

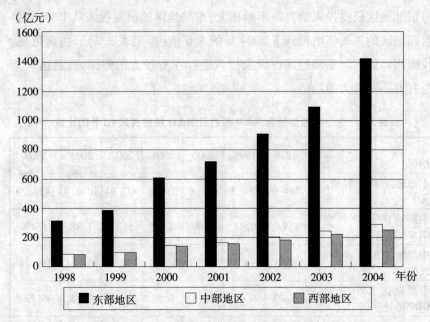

（亿元）

图 3.2　东、中、西部地区 R&D 经费

资料来源：同表 **3.2**。

这时各地区与发达国家的比例差距较大，而东、中、西部地区之间的差距并不是很大。然而从表 3.1 和图 3.2 可以看出，东西部地区 R&D 经费占国内生产总值的比例都有很大的提高，但是它们之间的差距在不断扩大，到 2004 年，东西部的这一比例分别为 1.49% 和 0.92%。

　　从我国东、中、西部地区的研发人员数量上来看，不仅东、中、西部地区从事研发人员的绝对总量存在较大的差距（参见图 3.3），而且东、中、西部地区的每万人中从事研发人员的数量也存在较大的差距（参见图 3.4）。从从事研发人员的绝对总量来看，东部地区有不断上升的趋势，而西部地区的则先增后减，然后处于相对平稳的水平，从而使得东西部地区从事研发人员的差距不断扩大。从每万人口中从事研发活动的人员来看，东部地区总的趋势是在不断增长（除 2000～2001 年稍有下降），而西部地区则处于先增后减，然后处于相对平稳的水平，没有较大的增长。因此，这一差距也在不断扩大。

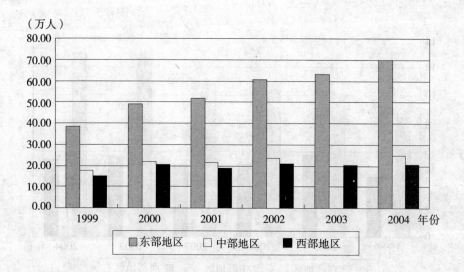

图 3.3 东、中、西部地区的研发人员

资料来源:同表 **3.2**。

由此可见,西部地区的研究与开发经费投入的绝对数量、R&D 经费占国内生产总值的比例、从事研发人员的绝对总量和每万人中从事研发人员的数量都有不断提高的趋势,但由于原来的基数都比东部地区小,而且增长的速度也没有东部地区快,因此西部地区与东部地区相比差距仍然比较大,而且这一差距还在扩大。

2. 从研发产出的东、中、西部比较看西部技术缺口存量与缺口增量

专利是国际上用来衡量科技产出的重要指标,从专利的申请量和授权量来看,最近十年来,我国东、中、西部地区的专利申请量和专利授权量都有较大幅度的增长,如表 3.3 所示。由此可见,我国东、中、西部地区的研发产出总体上是不断改进、提高的,但地区之间仍然存在着很大的差异。西部地区的专利申请量从 1995 年的 9741 项增长到了 2004 年的 25912 项,西部地区的专利授权量也从 1995 年的 5774 项增长到了 2004 年的 15834 项,都分别增长到原来的大约 2.7 倍。东部地区的专利申请量从 1995 年的 40257 项增长到了 2004 年的 194909 项,东部地区的专利授权量也从 1995 年的 23877 项增长到了 2004 年的 104158 项,分别增长

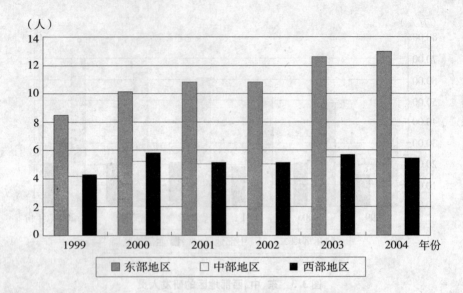

图 3.4 东、中、西部地区每万人中从事 R&D 的人员

资料来源:同表 3.2。

到原来的大约 4.8 倍和 4.4 倍,由此可见,西部地区的专利申请量和专利授权量的增长幅度要比东部地区的专利申请量和专利授权量的增长幅度小得多,再加上西部地区的专利申请量和专利授权量的基数比东部地区的专利申请量和专利授权量的基数小,所以,西部地区的专利申请量和专利授权量与东部地区的专利申请量和专利授权量之间存在着较大的差距,而且,这一差距在不断扩大。

3. 从高新技术产业的东、中、西部比较看西部技术缺口存量与缺口增量

高新技术产业日益成为推动国民经济发展和决定一个国家国际竞争力的关键因素,高新技术产业也成了衡量一国或地区技术发展水平的重要指标。从这一指标看,东、中、西部地区的情况各不相同,东部地区高新技术产业规模以上企业增加值取得了长足的增长,1998 年东部地区高新技术产业规模以上企业增加值就超过 1000 亿元,达到 1326.02 亿元,此后,一直处于上升状态,尤其在 2003 年和 2004 年取得了较大幅度的增

长,比上一年分别增长了 39.8% 和 28.6% 。中部地区高新技术产业规模
以上企业增加值取得了一定的增长,但是增长幅度有限,1998 年高新技术
产业规模以上企业增加值为 218.05 亿元,到 2004 年这一指标也未能超过
500 亿元。西部地区高新技术产业规模以上企业增加值有增长的趋势(除
1999 年略微减小),但幅度不大,1998 年高新技术产业规模以上企业增加值
为 241.24 亿元,到 2004 年为 481.8 亿元,西部地区的这一指标与东部地区
相比有较大的差距,而且,这一差距还在日趋扩大(参见图 3.5)。

表 3.3 东、中、西部地区专利申请与授权量(1995～2004 年)

单位:项

	年份	1995	1996	1997	1998	1999	2000	2001	2002	2003	2004
东部地区	申请量	40257	48729	53789	57997	68152	89851	107548	139299	171874	194909
	授权量	23877	23928	28259	38076	56273	59231	63738	75099	104868	104158
中部地区	申请量	13927	15893	16341	17485	19164	21942	24300	28044	34042	38124
	授权量	7556	6952	7309	9601	14903	14943	13824	14133	17514	18798
西部地区	申请量	9741	11439	11661	12109	13148	16381	17497	20527	25376	25912
	授权量	5774	5443	5426	7317	10968	11299	11360	11496	14297	15834

数据来源:《中国科技统计年鉴》(1998～2005),http://www. stats. gov. cn/,http://
www. chinainfo. gov. cn/,http://www. sts. org. cn/,《中国统计年鉴》(1999～2005)。

西部地区与东部地区高新技术产业方面的差距也表现在高技术产业
增加值规模以上企业占全国比例这一指标上(参见图 3.6),东部地区高
技术产业增加值规模以上企业占全国比例在 1998 年是 74.29%,此后,
一直处于上升状态,到 2004 年增长到了 85.16%。而西部地区的这一指
标从 1998 年到 2004 年总体处于下降的状态(除了 2002 年突然增长到
35.2%),已从 1998 年的 13.5% 下降到 2004 年的 7.6%,因此,与东部地
区的差距也进一步扩大。

    4. 从全要素生产率的东、中、西部比较看西部技术缺口存量与缺口

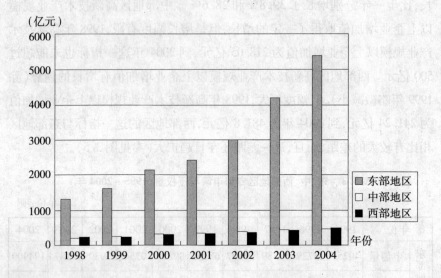

（亿元）

图3.5　东、中、西部地区高新技术产业规模以上企业增加值

资料来源：同表3.3。

增量

全要素生产率（TFP）的计算公式往往取决于生产函数的选取。换句话说，生产函数不同，全要素生产率的计算公式也不同。在下面的分析和计算中，将采用科布—道格拉斯生产函数，即

$$Y = AK^\alpha L^{1-\alpha} \tag{1}$$

Y 是产出，而 L 和 K 分别表示劳动及资本的投入，A 为技术进步系数，α 和 $(1-\alpha)$ 为资本和劳动要素的份额。由于我国的许多学者都在计算 TFP 时假定资本要素的份额为 0.35，劳动要素所占份额为 0.65，而且经许多学者验证证明这一数据比较接近中国的现实情况，故在此对我国东、中、西部地区的 TFP 的核算将采用这一数据。由于在《中国统计年鉴》中找不到资本存量这一经济指标，即没有资本存量的现成统计，资本存量的估计具有较大的难度和争议性。笔者采用了张军（2004）代表性年份中国省际物质资本存量估计中1995年的数据，运用戈德史密斯的永续盘存法计算各省市的资本存量，并采用以下公式：

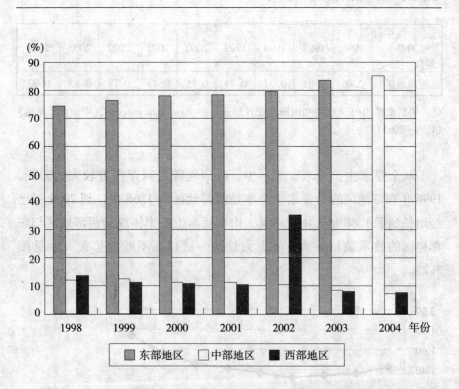

图 3.6　东、中、西部地区高技术产业增加值规模以上企业占全国比例

资料来源:同表 3.3。

$$K_{it} = K_{it-1}(1 - \delta_{it}) + I_{it} \tag{2}$$

其中 i 指第 i 省市, t 指第 t 年, I 为投资, δ 为经济折旧率,按照黄永峰(2002)和张军(2004)的研究经济折旧率采用了 4%。并根据公式(2)估算了中国东、中、西部地区从 1996 年到 2004 年的资本存量。再根据公式(1)算出了中国东、中、西部地区从 1996 年到 2004 年的全要素生产率。

表 3.4　东、中、西部地区全要素生产率(1996～2004 年)

地区	TFP 年份	1996	1997	1998	1999	2000	2001	2002	2003	2004
东部地区		1.42	1.36	1.34	1.32	1.37	1.41	1.46	1.57	1.73
中部地区		1.08	1.01	0.95	0.90	0.92	0.94	0.96	1.03	1.15

年份 TFP 地区	1996	1997	1998	1999	2000	2001	2002	2003	2004
西部地区	0.86	0.81	0.77	0.74	0.75	0.77	0.79	0.83	0.92

资料来源:中华人民共和国国家统计局,http://www.stats.gov.cn/,《中国统计年鉴》(1997~2005)。

从全要素生产率看,东、中、西部地区之间存在着较大的差距,1996 年东部地区的全要素生产率是西部地区的 1.66 倍,到 2004 年已经增长到了 1.88 倍。由此可见,由全要素生产率体现的西部地区与东部地区的技术缺口一直存在,而且这一缺口在不断地扩大(参见图 3.7)。

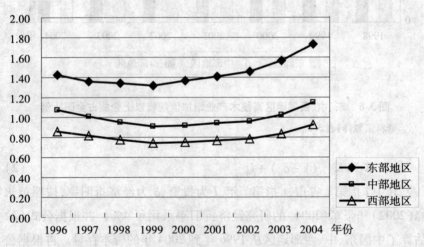

图 3.7　东、中、西部地区全要素生产率(1996~2004 年)

资料来源:同表 3.4。

综上所述,西部地区与东部地区相比,无论是研究与开发经费投入的绝对数量、研究与开发经费占国内生产总值的比例、从事研发人员的绝对总量和每万人中从事研发人员的数量,还是专利申请量和专利授权量的绝对量和增长幅度,或是高新技术产业规模以上企业增加值和高技术产业增加值规模以上企业占全国比例,以及全要素生产率方面,西部地区与东部地区都存在着较大的差距,而且这一差距还在不断扩大。因此,西部地区与东部地区相比,西部地区存在较大的技术缺口,而且这一缺口还在不断增大。

第三节　西部地区技术缺口对 FDI 引进的影响

一、西部地区 FDI 引进状况

20 世纪 90 年代以来,我国利用外资步伐加快,外资已成为推进我国经济快速发展的一个重要因素。然而正如前所述,东、中、西部地区引进外资的数量有很大的差距,一直以来 FDI 主要集中在东部地区,西部地区吸引的 FDI 份额很少,且这差距有扩大的趋势,如表 3.5 所示。

表 3.5　中国各地区 FDI 分布状况

地区	1996 年		1999 年		2001 年		2003 年	
	金额(万美元)	分布(%)	金额(万美元)	分布(%)	金额(万美元)	分布(%)	金额(万美元)	分布(%)
北京	155290	3.71	197525	4.95	176818	3.81	219126	4.14
天津	215273	5.14	176399	4.42	213348	4.60	153473	2.90
河北	83022	1.98	104202	2.61	66989	1.44	96405	1.82
山西	13808	0.33	39129	0.98	23393	0.50	21361	0.40
内蒙古	7186	0.17	6456	0.16	10703	0.23	8854	0.17
辽宁	173782	4.15	106173	2.66	251612	5.43	282410	5.33
吉林	45155	1.08	30120	0.75	33766	0.73	19059	0.36
黑龙江	56691	1.35	31828	0.80	34114	0.74	32180	0.61
上海	394094	9.41	283665	7.10	429159	9.26	546849	10.33
江苏	521009	12.44	607756	15.22	691482	14.91	1056365	19.95
浙江	152050	3.63	123262	3.09	221162	4.77	498055	9.41
安徽	50661	1.21	26131	0.65	33672	0.73	36720	0.69
福建	408455	9.75	402403	10.08	391804	8.45	259903	4.91

地区	1996 年		1999 年		2001 年		2003 年	
	金额（万美元）	分布（%）	金额（万美元）	分布（%）	金额（万美元）	分布（%）	金额（万美元）	分布（%）
江西	30126	0.72	32080	0.80	39575	0.85	161202	3.04
山东	263355	6.29	225878	5.66	352093	7.59	601617	11.36
河南	52356	1.25	52135	1.31	45729	0.99	53903	1.02
湖北	68079	1.63	91488	2.29	118860	2.56	156886	2.96
湖南	74530	1.78	65374	1.64	81011	1.75	101835	1.92
广东	1175407	28.07	1165750	29.19	1193203	25.73	782294	14.78
广西	66313	1.58	63512	1.59	38416	0.83	41856	0.79
海南	78908	1.88	48449	1.21	46691	1.01	42125	0.80
重庆	—	—	23893	0.60	25649	0.55	26083	0.49
四川	44090	1.05	34101	0.85	58188	1.25	41231	0.78
贵州	3138	0.07	4090	0.10	2829	0.06	4521	0.09
云南	6537	0.16	15385	0.39	6457	0.14	8384	0.16
西藏	—	—	—	—	—	—	—	—
陕西	32609	0.78	24197	0.61	35174	0.76	33190	0.63
甘肃	9002	0.21	4104	0.10	7439	0.16	2342	0.04
青海	100	0.00	459	0.01	3649	0.08	2522	0.05
宁夏	555	0.01	5134	0.13	1680	0.04	1743	0.03
新疆	6390	0.15	2404	0.06	2035	0.04	1534	0.03

注：东部地区：北京、天津、河北、辽宁、上海、江苏、浙江、福建、山东、广东、海南；中部地区：山西、吉林、黑龙江、安徽、江西、河南、湖北、湖南；西部地区：内蒙古、广西、四川、重庆、贵州、云南、陕西、甘肃、青海、宁夏、新疆、西藏；"—"表示数据不可获得。

资料来源：中华人民共和国国家统计局，http://www.stats.gov.cn/。

从各省、自治区、直辖市的 FDI 变化来看，FDI 比重较大的广东省的 FDI 份额有较大幅度的下降，但上海、江苏、浙江和山东等地的 FDI 份额都有一定程度的增加，四川、重庆、陕西和广西的 FDI 比重都在下降，而新疆、宁夏、甘肃、青海和贵州的 FDI 份额非常小。这说明 FDI 在我国分布极不平衡,东西部地区 FDI 分布的差异一直很大。

二、西部技术缺口对 FDI 数量的影响

在开放的经济中,不论是发达地区还是欠发达地区,经济发展都需要引进外界的资本与技术。外资在我国境内的流向呈现出东部与西部落差较大的不平衡状态的原因是多方面的,如历史的、经济的、政治的和体制的原因。虽然,西部地区的自然资源拥有量优于东部地区,但是它对外界投资的吸引力仍很弱,原因有很多,如它与东部地区比较,运输、通信条件差,技术能力缺乏,管理技巧缺乏。总而言之,地区经济发展的不平衡和各地区技术发展不平衡是外资在我国东西部地区落差较大的不平衡状态主要的原因。

1. 分析框架

根据相关的理论和文献,影响 FDI 在我国地区分布的因素主要有:

(1)技术水平和技术缺口

跨国公司的技术优势是跨国公司对外直接投资的必要条件,技术缺口是 FDI 流入的一个条件。但同时这个缺口又不能太大,因为 FDI 是知识、技术和资本的综合体,缺口太大则不能充分利用这个综合体,也就不能实现跨国公司的利润最大化之目的,从而会使 FDI 流入减少。所以,在存在技术缺口的同时,必须具备一定的技术基础,才能吸引更多 FDI 的流入。有研究表明(柳德荣,2005)人均研发经费支出是吸引外商直接投资的重要因素。科技含量高的产品和服务领域竞争往往非常激烈,这些领域研发费用高且风险大,研发资源相对集中的地区对这些领域的外商直接投资吸引力往往较大[1]。刘翼和冼国明(2003)的研究认为发展中国家的在吸引外国直接投资时,廉价非熟练劳动力和市场保护所起的作用正在下降,技术因素的地位正逐渐上升,只有技术含量高的地区才能够吸引

① 柳德荣:《区域经济因素对外商在华直接投资区位选择的影响》,载《中南大学学报》(社会科学版)2005 年第 4 期。

高新技术的外国直接投资①。目前全球大部分的 FDI 集中在技术含量较高的制造业,这也进一步说明了只有具备一定技术水平才能吸引较多的 FDI。

（2）市场规模

一个地区的市场规模越大,消费能力越强,对于 FDI 就越有吸引力,因为 FDI 在需求旺盛的地区更有潜力实现利润,提升投资的回报。有研究表明（Yingqi Wei,1999）FDI 的流入与东道国的市场需求是正相关的。学者们（如吴能全,1995；鲁明泓,1997；Broad 和 Sun,1997 等）通常用 GDP、GNP 或人均 GDP、社会商品零售总额来衡量市场规模。

（3）经济发展水平

经济发展水平是一个地区经济与社会发展的综合反映。较高的经济发展水平不仅表明良好的综合经济绩效和较高的消费能力,而且也暗含了与先进技术水平、较高劳动力素质相一致的较高的生产率和较好的基础设施。通常用 GDP 或人均 GDP 来衡量这一指标。

（4）基础设施

一个地区的基础设施包括能源、交通、运输、通信和商业服务机构（如会计事务所、广告公司、律师事务所、金融机构等）等多个方面,基础设施是 FDI 重要的决定因素已成为公认。如果基础设施某一个或几个方面达不到要求,会产生瓶颈效应,从而影响该地区吸引外资的能力。基础设施越完善,吸引外商直接投资的能力就越强,这一点已经得到许多研究的证明（Gong,1995；Chen,1996；Sun,1997）。衡量基础设施状况的指标通常包括:人均电量、邮电业务总量、交通密度、第三产业产值占 GDP 比重等。

（5）劳动力成本

劳动力成本也就是劳动力的工资水平。劳动力成本低的地区能吸引更多的 FDI。许多研究表明（Ymawawki,1999；鲁明泓,1997、2002）劳动力的工资水平与吸引外商直接投资呈负相关。但是,高工资水平的地区

---

① 刘翼、冼国明:《跨国公司区位决定因素的变化》,载《南开学报》（哲学社会科学版）2003 年第 3 期。

的劳动力质量相对较高,劳动力的边际产出较高,因而高工资的地区在一定条件下对外资也会有吸引力。此外,一些研究表明(Coughlin,1997)FDI 与劳动力成本正相关。而 Broadman(1997)和 Chen(1996)认为低廉的劳动力成本无助于吸引外资。

(6)开放程度

一个地区的开放程度反映了该地区与国外的关系。通常用国际贸易来度量对外开放程度。开放程度高的地区,经常的贸易活动能够使商业伙伴之间更多地了解对方的经济、政策和文化等情况,因而在吸引外商投资方面更具有优势。开放程度与吸引外商直接投资呈正相关的关系,这也反映了国际贸易与 FDI 之间的互补关系。

(7)优惠政策

我国对外商投资的优惠主要包括税收优惠、再投资退税、优先获得进出口权等方面。我国给予外资的优惠政策绝大多数都是以经济特区、国家级经济技术开发区、保税区、沿海开放城市等政策优惠区为载体的。对于发展中国家和地区来说,由于其经济基础相对薄弱,配套设施相对落后,往往在吸引外资方面,国家的优惠政策会起到重要的作用,一个地区给予外商直接投资的优惠政策越多,对外商直接投资的吸引力度就越大。

2. 变量确定、数据来源与模型建立

下面我们将在确定变量、说明数据来源的基础上,以 2000 年和 2004 年中国内地 31 个省、自治区、直辖市的数据为依据,使用模型回归得出结果,然后对结果进行分析。

被解释变量是 FDI 流入量的增量 lnFDI。解释变量包括:T 是高技术产业规模以上企业产值,代表技术水平;PGDP 是人均 GDP,代表经济发展水平;W 是职工平均工资水平,代表劳动力成本;TC 是社会消费品零售总额,代表市场规模;TRA 是外贸依存度,代表对外开放程度;BF 是第三产业产值占 GDP 的比值,代表基础设施水平;FP 是虚拟变量,代表政策优惠;北京、天津、上海、江苏、浙江、福建和广东赋值 1,其他省区市赋值 0。

采取以下模型进行计量回归:

$$\ln(FDI) = \alpha + \beta_1\ln(T) + \beta_2\ln(PGDP) + \beta_3\ln(W) + \beta_4\ln(TC)$$
$$+ \beta_5\ln(TRA) + \beta_6\ln(BF) + \beta_7 FP + \varepsilon$$

其中,α 和 $\beta_i(i=1\sim7)$ 为回归系数,ε 为残差。变量采取对数形式后,回归系数就是因变量相对于其他解释变量的弹性值。

3. 回归结果和分析

根据以上模型和相关数据进行 OLS 回归,结果如表 3.6 所示。

表 3.6　决定我国各省区市 FDI 流入的因素分析

变量	2000 年			2004 年		
	模型 1	模型 2	模型 3	模型 1	模型 2	模型 3
常数项 C	13.79 (-2.08)**	15.36 (2.59)***	17.25 (3.25)***	7.74 (1.67)*	8.73 (2.18)**	8.72 (2.22)**
$L_n T$	0.42 (2.54)***	0.39 (2.54)***	0.41 (2.80)***	0.46 (3.20)***	0.43 (3.42)***	0.44 (3.53)***
$L_n PGDP$	0.58 (1.26)*	0.56 (1.27)*	0.61 (1.36)*	0.47 (1.34)*	0.47 (1.39)*	0.47 (1.39)*
$L_n TC$	0.35 (1.31)*	0.378 (1.43)*	0.30 (1.25)*	0.25 (1.24)*	0.27 (1.41)*	0.27 (1.42)*
$L_n W$	-1.24 (-1.65)*	-1.44 (-2.24)**	-1.31 (-2.13)**	-1.12 (-1.72)**	-1.26 (-2.25)**	-1.18 (-2.68)***
$L_n TRA$	0.50 (2.13)**	0.45 (2.11)**	0.48 (2.33)**	0.46 (2.24)**	0.42 (2.30)**	0.42 (2.36)**
$L_n BF$	0.72 (0.59)	0.88 (0.74)		0.06 (0.07)	0.17 (0.20)	
FP	0.33 (0.56)			0.22 (0.44)		
Adj. R^2	0.88	0.88	0.89	0.93	0.93	0.93
DW	1.43	1.49	1.45	1.97	1.98	2.00
SE	0.53	0.52	0.52	0.41	0.40	0.40

注:表中数据是回归系数,括号内的数据是 t 统计量。*表示显著性水平为10%,**表示显著性水平为5%,***表示显著性水平为1%。

资料来源:根据《中国科技统计年鉴》,http://www.stats.gov.cn/,http://www.sts.org.cn/,http://www.chinainfo.gov.cn/和《中国统计年鉴》中的相关统计数据计算整理而得。

模型 1: $\ln(FDI) = \alpha + \beta_1\ln(T) + \beta_2\ln(PGDP) + \beta_3\ln(TC) + \beta_4\ln(W) + \beta_5\ln(TRA) + \beta_6\ln(BF) + \beta_7 FP$

模型 2: $\ln(FDI) = \alpha + \beta_1\ln(T) + \beta_2\ln(PGDP) + \beta_3\ln(TC) + \beta_4\ln(W) + \beta_5\ln(TRA) + \beta_6\ln(BF)$

模型 3: $\ln(FDI) = \alpha + \beta_1\ln(T) + \beta_2\ln(PGDP) + \beta_3\ln(TC) + \beta_4\ln(W) + \beta_5\ln(TRA)$

模型 1 是对所有变量的回归,回归结果表明,政策变量和基础设施变量不显著。模型 2 中去除了政策变量,结果基础设施变量不显著。经过反复回归,最终得到模型 3 的回归结果。此时,各变量都较显著。

从以上三个模型回归结果可以看出,技术水平与 FDI 的流入呈显著的正相关关系;经济发展水平与 FDI 的流入正相关;市场需求与 FDI 的流入正相关,市场需求越大,外商直接投资越多;基础设施水平与 FDI 的流入正相关;劳动力成本即工资与 FDI 的流入负相关;开放程度与 FDI 的流入正相关;政策优惠与 FDI 的流入正相关。这与前面的论述是一致的。同时,我们可以看出基础设施和优惠政策对 FDI 的流入没有那么显著,各省区市的优惠政策都有很大的差异,简单地用 1 和 0 赋值,不能全面反映政策优惠的差异,基础设施中包括公路、铁路、港口信息通信和商业便利等内容,仅用第三产业产值代表基础设施水平不能全面反映一个地区的基础设施。

从 2000 年和 2004 年的回归结果可以看出,技术水平对引进 FDI 有重要的作用,模型 3 中的系数分别为 0.41 和 0.44,也就是说,高新技术产业产值每增加一个单位,FDI 的流入量就会增加 0.41 和 0.44 单位。且从两个时间段的对比中可发现技术这一因素的重要性在增强。

产业是技术的载体,西部地区技术水平的低下使得产业层次较低。特别是西部地区高新技术产业所占的比重较小,西部地区高技术产业增加值占全国的比重在 1998 年是 13.5%,以后逐年下降,到 2004 年下降到了 7.6%,东部地区高技术产业增加值占全国的比重在 1998 年是74.29%,到 2004 年上升到了 85.16%,而西部地区高技术产业增加值占东部地区的比重从 1998 年的 18.17% 下降到了 2004 年的 8.92%。(参见表 3.7)

表3.7　高技术产业增加值规模以上企业占全国及东部地区的比例

单位:%

年份	1998年	1999年	2000年	2001年	2002年	2003年	2004年
东部地区占全国比例	74.29	76.40	77.82	78.15	79.72	83.40	85.16
东部地区占东部地区	100.00	100.00	100.00	100.00	100.00	100.00	100.00
中部地区占全国比例	12.23	12.30	11.36	11.36	10.26	8.51	7.25
中部地区占东部地区	16.46	16.10	14.60	14.54	12.87	10.20	8.51
西部地区占全国比例	13.50	11.26	10.80	10.49	35.20	8.08	7.60
西部地区占东部地区	18.17	14.74	13.88	13.42	44.15	9.69	8.92

资料来源:同表3.6。

　　与东部地区相比,西部地区高科技产业区位优势明显不足,再加上总技术水平也存在较大的差距,如研究开发投入较少、科技成果较少、高科技产业尚处于起步阶段、高素质人力资本量严重短缺、技术吸收能力较弱等劣势,严重制约了外商直接投资的西进,因为外商难以在西部发挥其垄断优势和寻求优势互补。国际直接投资主要集中在东部地区也证实了只有具备一定技术基础的地区才能够吸引较多的外国直接投资,这种特征已经保持了多年。

三、西部技术缺口对 FDI 质量的影响

　　许多国家和地区通常依赖于通过成功地吸收国外技术来获得本国技术的发展,从而缩小与技术先进国的技术缺口。在发展初期,日本的许多研发活动都是关于吸收能力方面的。后来,诸如中国、墨西哥、巴西和印度等国家都把来自技术先进国家的 FDI 看做技术转移的一种载体,跨国公司带来的技术显然比本土企业的技术要先进一些,但通常并不是其母国所拥有的前沿技术。

　　是什么因素决定了伴随 FDI 的技术水平呢? 当地企业与跨国公司的技术差距是决定 FDI 质量的一个重要原因。FDI 到底带来什么层次的技术取决于以下两个因素:一是母公司技术水平的制约,母公司一般会转移

技术水平低一点的技术,以保持其对先进技术的垄断。因为跨国公司国际直接投资是依赖雄厚的资本和先进的技术的垄断优势,通过对外直接投资在其他国家和地区设立分支机构或子公司,从事国际化生产、销售和其他经营活动。跨国公司的国际直接投资,最根本的目的是获取更高利润。二是东道国现有技术水平的制约,跨国公司为了获得竞争优势,一般要转移高于本土企业的技术水平。陈明森(2004)认为中国目前工业的整体水平只相当于发达国家20世纪70年代的水平,技术积累少,研究开发能力低,缺乏具有较强竞争力的企业,使得跨国公司进入中国市场无须转移非常先进的技术,就能获得竞争优势。所以跨国公司转移的是高于东道国的技术水平但不是母国最先进的技术。由此可见,技术缺口越小,引进的 FDI 技术水平越高。

1986 年 OECD 根据联合国制定的国际标准产业分类,选择 22 个制造业行业,依据 13 个比较典型的成员国 1979~1981 年的有关数据,通过加权方法(权重采用每个国家产值在总产值中所占份额的数值)计算了这些行业的 R&D 经费投入强度,并根据 R&D 经费投入强度的大小对产业进行了分类(参见表 3.8)。根据 OECD 产业分类法,FDI 的技术水平可分为高水平技术、中水平技术、中低水平技术和低水平技术。

表 3.8　OECD 产业 R&D 密集度分类

技术层次	20 世纪 60 年代~70 年代	20 世纪 80 年代~90 年代
高水平技术	1. 航空航天 2. 计算机、办公设备 3. 制药 4. 电子—通信 5. 科学仪器设备 6. 电子机械	1. 航空航天 2. 计算机、办公设备 3. 电子—通信 4. 制药
中水平技术	7. 汽车 8. 化学工业 9. 非电机设备 10. 橡胶、塑料设备 11. 其他制造业	5. 科学仪器设备 6. 电子机械 7. 汽车 8. 化学工业 9. 非机电设备
中低水平技术	无	10. 船舶制造 11. 橡胶、塑料设备 12. 其他运输设备 13. 石、土和玻璃制品 14. 有色金属 15. 其他制造业 16. 金属制品

技术层次	20 世纪 60 年代 ~70 年代	20 世纪 80 年代 ~90 年代
低水平技术	12. 其他运输设备 13. 石、土和玻璃制品 14. 石油提炼 15. 船舶制造 16. 有色金属 17. 黑色金属 18. 金属制品 19. 造纸、印刷 20. 食品、食品饮料 21. 木材和家具 22. 纺织和服装	17. 石油提炼 18. 黑色金属 19. 造纸、印刷 20. 纺织和服装 21. 木材和家具 22. 食品、食品饮料

资料来源:中国科技信息:http://www.chinainfo.gov.cn/。

　　外商在东部地区的投资主要集中在制造业、房地产业、居民服务和其他服务业,1997~2004 年,东部地区这三个行业实际吸收外商直接投资金额占东部地区实际使用外资金额的比重分别为 66.49%、10.93% 和4.48%,其比重和达到 82.35%(参见表 3.9)。

　　外商在西部地区的投资也主要集中在制造业、房地产业、居民服务和其他服务业,1997~2004 年,西部地区这三个行业实际吸收外商直接投资金额占中部地区实际使用外资金额的比重分别为 50.35%、14.76% 和8.79%,其比重和达到 73.9%。与东部地区外商直接投资高度集中在制造业不同的是,尽管西部地区外商直接投资也高度集中在制造业,但以实际吸收外资量来衡量,集中度远低于东部地区的 66.49%,比重仅为 50.35%。值得注意的是,西部地区农、林、牧、渔业吸收外商直接投资占西部地区利用外资总量的比重高于东部地区的 1.56%,实际吸收外资的比重达到3.01%。由此可以看出,西部地区的 FDI 技术水平远低于东部地区。

表 3.9　1997~2004 年东部地区外商投资的行业分布情况金额

行业	合同项目个数	合同项目比重(%)	合同金额(亿美元)	合同金额比重(%)	实际使用金额(亿美元)	实际使用金额比重(%)
东部地区总计	196281	100	5512.34	100	3388.5	100
农、林、牧、渔业	5720	2.91	106.2	1.93	52.9	1.56
采矿业	807	0.41	35.28	0.64	41.54	1.23
制造业	142204	72.45	3866.81	70.15	2253.07	66.49

行业	合同项目 个数	合同项目 比重(%)	合同金额 (亿美元)	合同金额 比重(%)	实际使用金额 (亿美元)	实际使用金额 比重(%)
电力、燃气及水的生产和供应业	1047	0.53	116.33	2.11	132.24	3.9
建筑业	1899	0.97	93.01	1.69	62.11	1.83
交通运输、仓储和邮政业	2636	1.34	156.53	2.84	88.28	2.61
信息传输、计算机服务和软件业	1521	0.77	18.98	0.34	8.43	0.25
批发和零售业	10024	5.11	129.15	2.34	77.2	2.28
住宿和餐饮业	899	0.46	16.86	0.31	6.16	0.18
金融业	89	0.05	14.97	0.27	7.78	0.23
房地产业	6297	3.21	479.99	8.71	370.47	10.93
租赁和商务服务业	5553	2.83	175.2	3.18	110.67	3.27
科学研究、技术服务和地质勘察业	1821	0.93	32.7	0.59	9.23	0.27
水利、环境和公共设施管理业	94	0.05	4.76	0.09	1.33	0.04
居民服务和其他服务业	14979	7.63	239.5	4.34	151.97	4.48
教育	217	0.11	6.83	0.12	3.01	0.09
卫生、社会保障和社会福利业	274	0.14	11.19	0.2	8.49	0.25
文化、体育和娱乐业	198	0.1	7.91	0.14	3.6	0.11

资料来源:商务部外资统计。

表 3.10　1997～2004 年西部地区外商投资的行业分布情况金额

行业	合同项目 个数	合同项目 比重(%)	合同金额 (亿美元)	合同金额 比重(%)	实际使用金额 (亿美元)	实际使用金额 比重(%)
西部地区总计	10552	100	297.49	100	134.31	100
农、林、牧、渔业	752	7.13	17.27	5.81	4.04	3.01

行业	合同项目个数	合同项目比重(%)	合同金额(亿美元)	合同金额比重(%)	实际使用金额(亿美元)	实际使用金额比重(%)
采矿业	292	2.77	9.13	3.07	3.02	2.25
制造业	5976	56.63	142.58	47.93	67.62	50.35
电力、燃气及水的生产和供应业	207	1.96	26.48	8.9	11.4	8.49
建筑业	292	2.77	17.09	5.74	5.11	3.8
交通运输、仓储和邮政业	117	1.11	5.74	1.93	2.89	2.15
信息传输、计算机服务和软件业	49	0.46	0.42	0.14	0.14	0.1
批发和零售业	369	3.5	3.31	1.11	2.77	2.06
住宿和餐饮业	105	1	1.87	0.63	0.8	0.6
金融业	4	0.04	0.27	0.09	0.04	0.03
房地产业	779	7.38	34.06	11.45	19.83	14.76
租赁和商务服务业	226	2.14	5.96	2	2.34	1.74
科学研究、技术服务和地质勘察业	105	1	2.52	0.85	0.78	0.58
水利、环境和公共设施管理业	24	0.23	1	0.34	0.25	0.19
居民服务和其他服务业	1175	11.14	27.38	9.2	11.8	8.79
教育	33	0.31	0.39	0.13	0.33	0.25
卫生、社会保障和社会福利业	25	0.24	0.91	0.31	0.97	0.72
文化、体育和娱乐业	22	0.21	1.11	0.37	0.18	0.13

资料来源:商务部外资统计。

第四节　西部技术缺口对FDI溢出的影响

技术缺口与FDI技术转移效应之间的关系是不确定的,在理论上存在着两种与技术缺口有关的截然相反的效应:一种是积极的效应,来自后发优势,技术缺口越大,技术转移和溢出的潜力也就越大;另一种是消极的效应,受吸收能力的影响,技术缺口越大,吸收能力就越低,从而使得技术转移和溢出效应也越小。我们将从西部吸收能力和研发水平的角度对西部技术缺口对西部 FDI 技术转移效应的影响作实证分析。

我们知道,FDI 可以通过模仿、竞争、关联和人力资本流动等途径在东道国产生技术转移效应,从而对东道国的经济增长率产生影响。因此,我们可以用以下的模型进行检验:

模型 1:$\ln GDP_{it} = C + \alpha \ln FDI_{it} + \beta \ln K_{it} + \gamma \ln L_{it} + \delta H_{it}$

模型 2:$\ln GDP_{it} = C + \alpha H_{it} \times \ln FDI_{it} + \beta \ln K_{it} + \gamma \ln L_{it} + \delta H_{it}$

模型 3:$\ln GDP_{it} = C + \alpha RG_{it} \times \ln FDI_{it} + \beta \ln K_{it} + \gamma \ln L_{it} + \delta H_{it}$

一、模型说明

模型中 GDP_{it} 表示 i 地区在 t 时期的国内生产总值,FDI_{it} 表示 i 地区在 t 时期的外商直接投资流入量,K_{it} 表示 i 地区在 t 时期的资本形成总额,L_{it} 表示 i 地区在 t 时期的就业人员,H_{it} 表示 i 地区在 t 时期的人力资本水平,RG_{it} 表示 i 地区在 t 时期的研发投入占国内生产总值的比重。我们具体采用了对数模型进行回归,之所以选择对数形式,原因在于方程两边同时取对数以后,解释变量前的系数所表示的就是弹性的概念,便于实证结果的比较。

我们的模型主要检验:西部技术缺口与 FDI 技术转移效应的相互作用,FDI 通过技术转移效应可促进技术缺口的缩小,主要表现在 FDI 对经济增长的影响,即对 GDP 的影响。同时,FDI 的技术转移效应,特别是 FDI 的技术溢出效应取决于技术吸收能力和技术缺口,技术吸收能力用人力资本水平来衡量,技术水平的差距则由研发投入占国内生产总值的比重来度量。

二、数据来源说明

计量分析过程中采用的所有数据均来自于 1997 ~2005 年的《中国统计年鉴》、中华人民共和国国家统计局网、中国科技信息网、中国科技统计网。我们利用 1996 ~2004 年 31 个省、自治区、直辖市的相关数据计算出东、中、西部地区的数据进行回归。人力资本 H_{it} 遵循普遍采用的人均受教育年限指标,为六岁及六岁以上人员的受教育年限总和与六岁及六岁以上人员总人口比值,小学毕业教育年限设为 6 年,初中毕业教育年限设为 9 年,高中毕业教育年限为 12 年,大学毕业设为 16 年。

为了分析我国不同经济区域(东、中、西部地区)的技术吸收能力、技术缺口与 FDI 技术转移效应之间的关系,我们选用同时包括截面数据和时序数据的面板数据进行实证。

三、实证结果及分析

根据模型 1 对东、中、西部地区的数据分别进行回归,结果如表 3.11 所示。

表 3.11　回归结果表

变量	东部地区 $\ln GDP_{it}$	中部地区 $\ln GDP_{it}$	西部地区 $\ln GDP_{it}$
常数项 C	-11.25	-37.19	-15.11
	(-2.23)**	(1.48)***	(-1.43)***
$\ln FDI_{it}$	0.42	0.24	0.13
	(2.48)**	(1.82)**	(1.88)**
$\ln K_{it}$	0.43	1.34	0.39
	(4.17)*	(1.78)***	(4.31)*
$\ln L_{it}$	2.09	4.85	2.62
	(3.26)*	(1.84)**	(2.04)**
H_{it}	0.21	0.18	0.15
	(4.64)*	(1.65)***	(2.72)**
$Adj. R^2$	0.96	0.97	0.95
DW	2.85	1.83	2.50
SE	0.02	0.04	0.001

注:括号内为 t 检验值,***、**、*分别表示达到了 10%、5%、1%的显著性水平。

从模型 1 回归结果可以看出,$\ln FDI_{it}$、$\ln K_{it}$、$\ln L_{it}$ 和 H_{it} 的系数均为正,这说明外商直接投资、资本形成总额、就业人员数量和人力资本水平是经济增长的主要影响因素。通过比较各解释变量的回归系数我们可以发现,资本形成总额与就业量的回归系数要高于 FDI。因此,本质上各地的资本形成总额与就业量仍然是经济增长最主要的影响因素,对于 FDI 溢出效应的作用也是不可忽略的。

　　通过东、中、西部地区三组回归结果的分析,我们可以看出外资对三个地区技术溢出效应的差异。其中,东部地区的 FDI 技术溢出效应最为显著,三组回归结果中 FDI 的系数分别为 0.42、0.24、0.13,表明 FDI 流入量每增加 1 个单位,经济增长率就会分别提高 0.42、0.24、0.13 单位。以外商直接投资为传递渠道的国际技术溢出对我国东、中、西部地区经济增长率的促进作用,显然,东部地区的 FDI 对其经济增长率的促进作用最大,其次是中部地区,最后是西部地区。

　　虽然发展中国家和地区可以通过吸引外商直接投资等渠道来引进和学习国外先进技术,然而发展中国家和地区的技术学习效果或者说是 FDI 的技术转移效应往往受到自身的技术吸收能力和原有的技术发展水平(技术缺口)的影响。模型 2 和模型 3 分别考察了以人力资本度量的技术吸收能力和以研发经费占国内生产总值的比值度量的技术发展水平对 FDI 的技术转移效应的影响。

　　根据模型 2 对东、中、西部地区的数据分别进行回归,结果如表 3.12所示。

表 3.12　回归结果表

变量	东部地区 $\ln GDP_{it}$	中部地区 $\ln GDP_{it}$	西部地区 $\ln GDP_{it}$
常数项 C	-10.42 (-2.19)**	-36.65 (-1.92)**	-14.98 (-1.53)***
$H_{it} \times \ln FDI_{it}$	0.06 (2.48)**	0.03 (1.63)***	0.02 (1.89)**
$\ln K_{it}$	0.44 (4.32)**	0.34 (1.77)***	0.39 (4.32)*
$\ln L_{it}$	2.04 (3.30)*	4.86 (1.47)***	2.63 (2.05)**
H_{it}	0.15 (3.10)*	0.09 (1.58)***	0.12 (1.77)**
$Adj. R^2$	0.96	0.97	0.96
DW	2.86	1.86	2.50
SE	0.001	0.007	0.001

注:括号内为 t 检验值,***、**、*分别表示达到了 10%、5%、1% 的显著性水平。

根据模型 3 对东、中、西部地区的数据分别进行回归,结果如表 3.13 所示。

表 3.13   回归结果表

变量	东部地区	中部地区	西部地区
	$\ln GDP_{it}$	$\ln GDP_{it}$	$\ln GDP_{it}$
常数项 C	4.17	-31.59	-8.11
	(2.25)**	(-1.90)**	(-0.62)
$RG_{it} \times \ln FDI_{it}$	0.06	0.03	0.02
	(6.21)*	(2.75)**	(-1.50)***
$\ln K_{it}$	0.60	0.50	0.43
	(15.47)*	(4.44)*	(4.56)*
$\ln L_{it}$	0.44	4.32	1.86
	(2.08)**	(2.42)**	(1.30)***
H_{it}	0.04	0.03	0.16
	(-0.99)	(-1.26)***	(0.96)
Adj. R^2	0.94	0.98	0.94
DW	2.61	2.83	2.66
SE	0.003	0.003	0.001

注:括号内为 t 检验值,***、**、* 分别表示达到了 10%、5%、1% 的显著性水平。

从模型 2、模型 3 的回归结果可以看出,$H_{it} \times \ln FDI_{it}$ 和 $RG_{it} \times \ln FDI_{it}$ 的回归系数都比模型 1 中的 $\ln FDI_{it}$ 的系数有所下降,模型 2 中的 $\ln FDI_{it}$ 的系数与模型 1 相比分别从 0.42、0.24、0.13 降到 0.06、0.03、0.02,模型 3 中的 $\ln FDI_{it}$ 的系数与模型 1 相比分别从 0.42、0.24、0.13 下降到 0.06、0.03、0.02。这也进一步验证了东道国自身的技术吸收能力和自身的技术发展水平对 FDI 的技术转移效应有非常重要的影响。西部地区 FDI 技术转移效应是最小的,因为西部地区的技术吸收能力和技术发展水平要比东部和中部地区低。

第五节   对西部 FDI 影响最大的技术缺口

西部的技术缺口对西部地区 FDI 的引进和 FDI 技术转移效应都有很大影响,其中一个重要的因素是西部地区的高新技术产业产值较低和高新技术产业所占的比重较低。一般国际直接投资对于第二产业特别是对高新产业的投资,2001 年末全部外商投资企业在三次产业中的比重分别为 0.9%、64.5% 和 34.6%,从业人员分别为 0.3%、88.9% 和 10.8%,年营业收入分别为 0.1%、84.43% 和 15.47%。而西部地区第二产业的比重远低于全国水平,2000 年西部地区的三次产业的比重分别为 22.3:41.5:36.2,而全国的三次产业的比重分别为 15.3:47.1:37.6。统计数据表明,"三资"企业已成为中国高技术产业发展的主导力量,1996 ~ 2001 年,外商对中国高技术产业增长的贡献率达到了 62%,1996 ~ 2001 年,我国高技术产业中"三资"企业数从 7 千家增加到 1 万余家,年均增长 6.9%,营业收入从 1787 亿元增加到 6462 亿元,年均增长 29.3%。而在 2001 年东西部地区高技术产业增加值规模以上企业占全国比例分别为 78.15% 和 10.49%,而目前的这一比例分别为 85.16% 和 7.60%。可见,西部地区由于高新技术产业所占的比重很小,致使西部地区承载 FDI 的范围和领域受到很大的限制,从而引进来的 FDI 量就很少,且在逐年下降。

另一个重要的因素是自主研发。在不同技术发展阶段,研发活动对一国技术发展都是很重要的。假如一国或一个地区的技术水平和吸收能力是决定 FDI 是否能引进并发生经济的技术转移效应的重要因素。那么,假如一国或一个地区技术水平过低或者吸收能力太低,它将无法很好地吸收伴随 FDI 而来的较为先进的技术和专门知识,从而使 FDI 无法实现良性运转,进而难以达到赢利目标。西部地区的技术缺口,不仅影响着可能发生的 FDI 的数量,而且还是可能发生的 FDI 的质量或技术层次水平的重要决定因素。技术缺口太大,将妨碍 FDI 引进的数量,且 FDI 的积极效应也较小。但如果技术缺口不是很大,就可能吸引来大量的 FDI,并且 FDI 输出方倾向于将那些次最先进的技术转移到东道国,而随着这些转移来的亚尖端技术的应用和溢出,本土企业也将逐渐地熟悉并模仿这些先进的技术,使技术缺口缩小,激化竞争,技术转移方为了确保自身在东道国市场的技术和产品质量优势,就必须不断地将更为先进一些的技术转移过来,当然其前提是技术输出方必须具有强大的创新动力和创新能力。最终,FDI 主体双方之间的技术缺口大小就与技术滞后方的模仿速度相对于技术领先方的创新速度的大小相关。总的说来,技术滞后方的模仿,缩小了技术缺口,并迫使 FDI 不断将那些原来是尖端技术现在则相对落后的技术转移过来。所以,这一切发生的前提是 FDI 输入方有一定的研发创新基础,因为,这不仅决定着 FDI 输入方的技术基础,还决定着其吸收能力。

Cohen 和 Levithal (1989)指出研发有两种不同功能:一是进行技术创新,另一个是提高企业的吸收能力。即研发是产生和发展吸收能力的主要决定因素。根据他们的研究,我们可以说研发与外来先进技术是互补的关系(参见图 3.8)。

从图 3.8 可知企业的技术水平的提高可以通过自己的研发产生新的技术和知识,也可以通过获得外部的技术知识来提高自身的技术水平。图 3.8 中的模型表现了企业的吸收能力对其利用外来技术的决定性作用和吸收能力本身对企业自身研发的依赖。吸收能力的发展具有路径依赖性,因为吸收能力是积累性的,前一时期吸收能力的积累将会使下一期的积累更有效,因为前一期有关技术知识的积累使得吸收新技术知识更加容易,而且也更有能力鉴别外部技术和吸收的机会。

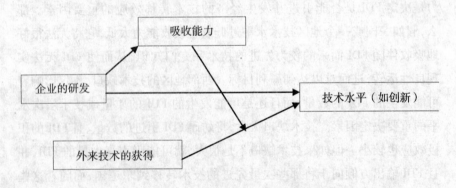

图 3.8　研发与吸收能力的模型

资料来源:Cohen, M. W. and Levinthal, D. A. (1990), "Absorptive Capacity: a New Perspective on Learning and Innovation", *Administrative Science Quarterly*, 35:128 ~ 152.

企业自身的研发使吸收能力提高,拥有较高水平吸收能力的企业,能够较好地吸收和利用外部技术,获得较高的外部技术转移和溢出效应。同时,企业的吸收能力、企业间的技术缺口以及潜在的技术转移和溢出效应也会对研发产生影响。当技术缺口较大时,企业很难吸收外部的技术,从而也很难获得积极的技术效应,比如说 FDI 的示范效应只有在本土的企业有足够的技术水平去复制外国的技术时才会发生。如果缺乏足够的技术水平,本土企业就不能成功地复制外国技术,积极的溢出效应也就不明显。因此,必然要加大研发强度提高吸收能力,从而获得潜在的技术转移和溢出效应。因此,为利用外部技术获得潜在的技术转移和溢出效应,企业应该积极进行研发活动提高吸收能力。

Kinoshita 用企业的 R&D 密度来衡量吸收能力,并论证了 FDI 对 R&D 密度高的企业有积极的溢出效应。Barrios 和 Strobl 也把 R&D 积极的本土企业当作具有吸收能力的企业。Barrios 等人的研究表明 FDI 的技术溢出取决于本土企业的吸收能力的强弱(由他们的研发支出和一个表示它们是否是出口商的虚拟变量来表示),他们的研究肯定了吸收能力对技术溢出的促进作用。Koning 则用本国的研发支出来衡量其吸收能力,并发现在波兰和保加利亚的企业只有具备了以研发为基础的吸收能力才会获得积极的溢出效应。

图 3.9 是用 G—7 国家(美国、加拿大、日本、英国、德国、法国、意大利)历年 R&D 强度的均值与中国东、中、西部地区的 R&D 强度所表示的技术缺口,从图中可看出东、中、西部地区与发达国家的技术缺口在不断减小,但是各区域之间是有差异的,其中,东部地区缺口最小,中西部地区次之,西部地区最大。西部地区较低的 R&D 强度导致的较大的技术缺口,不仅影响了西部地区引进 FDI 的规模,也通过对吸收能力的影响抑制了 FDI 的技术溢出效应。

另外,纳尔逊和费尔普斯在《人力资本投资、技术扩散和经济增长》中强调:人力资本是"吸收能力"的一个主要决定因素,一个较高的人力资本水平使得一个国家具有较高的吸收外国技术的能力,从而缩小了这个国家与技术先进国家的技术差距。

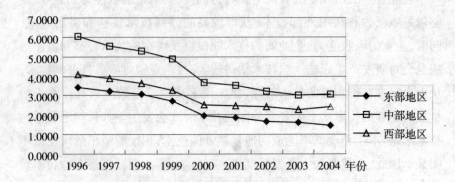

图 3. 9　东、中、西部地区与发达国家的技术缺口

　　人力资本门槛假说认为,东道国只有在国内人力资本存量达到某一最低限度时,或者说只有在其国内的劳动力已具备 FDI 所必需的最低的专业技术水平(人力资本门槛)时,才能吸收 FDI 潜在的溢出效应。Borenztein 等对 FDI 和人力资本的相互作用做了实证检验,结论与上述观点是一致的。Keller 也指出,如果只是单纯的引进技术而本国的吸收能力没有变化的话,这样的技术引进就不会提高东道国的经济增长率。实际上,Keller 强调了一国有限的人力资本质量严重束缚了它利用国外技术的能力。赖明勇、包群等(2005)用我国各省、自治区、直辖市的面板数据实证了技术吸收能力对技术外溢效果的决定作用,进一步证实了西部地区人力资本投资的相对滞后制约了技术吸收能力,而西部地区提高技术吸收能力的关键是增强经济开放度。因此,对于西部地区来说,通过自主研发,提高自身的技术基础和吸收能力,加大高新技术产业的发展,从而引进一定规模的 FDI,并争取积极的溢出效应是首先要解决的问题。

第六节　结论与建议

　　经过二十多年的政策演变和发展实践,我国逐步形成了以外国直接投资为主、各种途径并用的技术引进模式,较有代表性地显示了发展中国家发挥技术后发优势、进行技术缺口的弥补和赶超,从而进行经济追赶的发展历程。二十多年来我国引进了一大批外国的先进技术,促进了经济持续稳定的高速增长。特别是以市场换技术战略实施十多年来,对我国产业发展、生产能力和生产技术水平的提高起到了很大的推动作用。

一个国家或地区的技术缺口对其 FDI 的引进和 FDI 技术溢出起着重要的作用。同时,通过西部地区与东部地区的比较研究表明,由于西部地区与东部地区存在着较大的技术差距,西部地区引进与利用 FDI 的情况与东部地区存在着较大的差距。因此,对于西部地区而言,要通过引进较多的 FDI,并通过 FDI 的技术溢出效应缩小西部地区的技术缺口,主要应从以下几方面入手:

第一,加快高新技术产业的发展。引进 FDI 是西部地区融入跨国公司的国际一体化生产体系的途径,而当今跨国公司国际直接投资主要分布在高新技术产业。西部地区只有加快发展高新技术产业,具备一定的技术基础,西部地区才有能力承接世界高新技术产业转移,才能吸引更多的 FDI 进入西部地区。

第二,提高自主研发能力。西部地区的研发强度与东部地区和发达国家存在着较大的差距。首先西部地区研发投入的不足,一方面造成了西部地区研发基础薄弱,使得西部地区的技术基础较低,未能完全达到东道国技术能力门槛,以引进较大规模技术载体的 FDI;其次,由于西部地区研发投入的不足,造成了西部地区消化吸收能力不足,从而使得西部地区 FDI 的技术转移效应没有东部地区大;再者,西部地区研发投入的不足,导致西部企业技术水平低下,未能形成较强的竞争力,从而也不能促进跨国公司转移更先进的技术。因此,研发投入的不足,是阻碍西部地区技术进步的主要障碍所在,西部地区首先要加大研发的投入,提高自主创新能力,提高西部企业的竞争力,从而激励跨国公司转移先进技术。研发能力的提高可以提高吸收能力,增强对引进技术的消化和吸收,形成更高层次的技术能力。同时要注意在引进、消化吸收基础上进行自主开发和自主创新,我国目前引进技术和消化吸收费用的比例为 1:(0.07 ~ 0.08),西部地区低于全国水平,而韩国、日本的比例为 1:(5 ~ 8)。显然,我们消化吸收的投入是薄弱的。因此应该加强技术引进、消化吸收、自主开发及市场运作的完整链条的形成。

第三,引进高技术水平的FDI。通过技术缺口与FDI的相互作用机制可知,FDI有助于缩小技术缺口,而较小的技术缺口又反过来会吸引较高技术水平的FDI。所以,一方面可以通过对低技术水平FDI的产品加大税收促使FDI转移高水平的技术,也可以通过模仿来吸引高技术水平的FDI,从而缩小西部地区的技术缺口,不断推动西部地区的技术进步。另一方面要培育有效竞争主体,从现实状况来看,西部企业普遍规模较小,资本不足,研究与开发乏力,与国外的跨国公司相比,显然达不到“实力相当”的水平。迅速增强西部企业的竞争实力,培育有效的竞争主体,可以促进较高技术水平的FDI进来。增强西部企业的竞争实力,首先应为企业兼并和聚集实力创造外部条件。其次应加快企业制度改革,使企业尤其是国有企业注重增强长期的发展能力。最后应促使西部竞争乏力的产业内企业强强联手,或结成战略联盟,在生产、R&D等方面进行合作。

第四,促进外国子公司与本土企业的联系。“从外国子公司传播技能、知识和技术的最强大的渠道是它们所缔造的与本地公司和机构的联系,这种联系能够促进发展一个生气勃勃的国内企业部门,这是经济发展的基石”(王春法,2004)。因此,对于西部本土企业来说,建立与外国子公司的逆向联系特别重要,而建立联系的过程明显受到西部总的政策环境、经济框架和体制框架、人力资源、基础设施以及政治和宏观经济的稳定程度的影响。事实上,西部本土企业的技术能力和管理能力是建立有效联系的一个关键决定因素,也在很大程度上决定于东道国吸收的能力。

参考文献

[1]Amy Jocelyn Glass, Kamal Saggi(1998),"International Technology Transfer and Technology Gap", *Journal of Development Economics*, vol, 55 (1998)369~398.

[2] Beata K. Smarzynska (2002),"Spillovers from Foreign Direct Investment through Backward Linkages:Does Technology Gap Matter?", Prelim-

inary Comments Welcome,July 1, 2002.

［3］ Bin Xu, Jianmao Wang(2000), "Trade, FDI, and International Technology Diffusion",*Journal of Economic Integration*, December 2000.

［4］ Blomstrom, M. and H. Person(1983), "Foreign Investment and Spillover Efficiency in an Underdeveloped Economy: Evidence from the Mexican Manufacturing Industry", *World Development*, 11, pp.493~501.

［5］ Blomström, M. and F. Sjöholm, (1999). "Technology Transfer and Spillovers: does Local Participation with Multinationals Matter?",*European Economic Review*, 43, pp. 915~923.

［6］ Blomtröm, M. and Kokko, A. (2002), "FDI and Human Capital: a Research Agenda", *OECD Technical papers*,No. 195, OECD Development Centre.

［7］ Blomström, M. , Kokko, A. and Globerman, S. (2001), "the Determinandts of Host Country Spillovers from Foreign Direct Investment: a Review and Synthesis of the Literature",In Nigel Plain Editor.

［8］ Borenztein, Gregorio and Lee(1998), "How does Foreign Investment Affect Economic Growth?" *Journal of InternationalEconomics*, 45:115 ~135.

［9］ Castellacci, F. (2001) "A 'Technology-gap approach to Cumulative Growth': toward an Integrated Model. Empirical Evidence from Spain, 1960~1997," *DRUID Working Papers*, forthcoming.

［10］ Chenery,H. B. and A. M. Stout(1996), "Foreign Assistance and Economic Development,"*The American Economics Review* 56(4),Part 1,679 ~733.

［11］ Cimoli, M. (1988),"Technological Gaps and Institutional Asymmetries in a North-South Model with a Continuum of Goods", *Metroeconomica* 39, 245~274.

［12］ Cimoli, M. and Soete, L. (1992), "A Generalized Technological Gap Trade Model", *Economie Appliqué*, 45 (3), 33~54.

[13] Cohen, M. W. and Levinthal, D. A. (1990), "Absorptive Capacity: a Nnew Perspective on Learning and Innovation", *Administrative Science Quarterly*, 35: 128～152.

[14] Fagerberg, J. (1987). "a Technology Gap approach to Why Growth Rates Differ", *Research Policy*, 16, 87～99.

[15] Chen, Chunlai(1997), "Provincial Characteristics and Foreign Direct Investment Location Decision within China", *Working Paper* No. 97, p. 15, Chinese Economy Research Unit, University of Adelaide.

[16] Cheng, Leonard K. and Kwan, Yum K. (2000), "What are the Determinants of the Location of Foreign Direct Investment ? the Chinese Experience, *Journal of International Economics*, 51, 379～400.

[17] Coughlin, Cletus C. and Segev, Eran(2000b), Foreign Direct Investment in China : a Spatial Econometric Study, *The World Economy*, 23, 12 ～23.

[18] Dunning, J. H. (1995), "Reappraising the Eclectic Paradigm in the Age of Alliance Captitalism", *Journal of International Business Studies*, 26, 461～491.

[19] Wei, Yingqi, Liu, Xiaming, Parker, David and Vaidya, Kirit (1999), "The Regional Distribution of Foreign Direct Investment in China", *Regional Studies*, 33, 857～867.

[20] UNCTAD (2002), " Transnational Corporations and Export Competitiveness", *World Investment Report*.

[21]G. 多西等:《技术进步与经济理论》,科学出版社 1992 年版。

[22]杨先明:《发展阶段与国际直接投资》,商务印书馆 2000 年版。

[23]刘秀玲:《国际直接投资与技术转移》,经济科学出版社 2003 年版。

[24]吴林海等:《跨国公司对华技术转移论》,经济管理出版社 2002 年版。

[25]张晓峒:《计量经济分析》,经济科学出版社 2000 年版。

［26］李平:《技术扩散理论集实证研究》,山西经济出版社 1999年版。

［27］克鲁格曼:《克鲁格曼国际贸易新理论》,中国社会科学出版社2001 年版。

［28］贺灿飞、梁进社:《中国外商直接投资的区域分异及其变化》,载《地理学报》1999 年第 12 期。

［29］鲁明泓:《外国直接投资区域分布与中国投资环境评估》,载《经济研究》1997 年第 12 期。

［30］魏后凯、贺灿飞、王新:《外商在华直接投资动机与区位因素分析》,载《经济研究》2001 年第 6 期。

第四章　西部人力资本缺口与
FDI 吸收

自国际直接投资开始进入我国起,跨国公司对我国的投资就一直集中在东部沿海地区,西部地区一直是吸引国际直接投资的边缘地带。无疑,多种因素影响着 FDI 的区位选择,那么,一个地区的人力水平究竟在其中起着怎样的作用? 国内外有关专家、学者的研究或发现人力资本在 FDI 吸收中作用甚大,或指出两者之间并无必然的、明显的联系,可谓众说纷纭。西部的人力资本水平落后于东部吗? 其人力资本状况是阻碍 FDI 进入的重要原因吗? 本章将就此展开研究。

第一节　关于人力资本与 FDI 关系的研究综述

一、国外学者关于人力资本与 FDI 关系研究的回顾

对人力资本和 FDI 之间关系的研究最初是源于 FDI 的区位选择研究。

关于贸易和增长的新古典理论预言,所有新投资的投入应使得要素回报差异和工资差异消失。卢卡斯对此提出了质疑,他提出考虑两个相同的国家,它们的资本和劳动投入同质,且面临相同的规模收益不变的生产函数。如果两国工人的平均生产率不同,则必然是因为两国工人的平均资本占有量不同。收益递减规律表明生产率更低(即更穷)的国家资本的边际产出更高。卢卡斯还以美国和印度为例,假设两国的生产率都服从相同的柯布—道格拉斯式的不变收益函数,进而计算(根据 1988 年的有关数据)得到印度的资本边际产出大约是美国的 58 倍。如果世界资本市场足够自

由和完全,那么面对如此大的回报差距,资本品显然会很快从美国和其他富裕国家流向印度和其他贫穷国家。可事实并非如此(参见表4.1)。

表4.1 流向发达国家和发展中国家的 FDI 对比

单位:百万美元

年份		1980	1990	2000	2001	2002	2003	2004
发达国家	流入	46,629	172,067	1,134,293	596,305	547,778	442,157	380,022
	存量	398,200	1,404,411	3,976,356	4,265,471	4,810,641	5,816,292	6,469,832
发展中国家	流入	8,455	35,736	253,179	217,845	155,528	166,337	233,227
	存量	132,044	364,057	1,739,726	1,831,112	1,764,474	2,007,962	2,232,868

资料来源:UNCTAD/FDI 数据库。

"为什么资本不从富国流向穷国?",这就是著名的"卢卡斯谜题"。其实,围绕 FDI 产生的动因,不少学者早已展开了研究。迄今为止,这些研究可归纳为两大类。一是优势理论,其中包括海默(1976)的"垄断优势理论"巴克利、卡森和拉格曼等人(Buckley 和 Casson,1976;Buckley,1988;Casson,1985,1987;Rugman,1980,1981,1987)的"内部化理论",邓宁(1977,1979,1980,1988)的国际生产折中理论,小岛清(1973,1978)的"比较优势理论"①等。另一类是周期理论,这其中有弗农(1966)的"产品生命周期理论",邓宁(1981)的"投资发展周期理论"②等。

各种理论从不同角度探讨了 FDI 的动因。比较而言,邓宁的国际生产折中理论与投资发展周期理论实现了动态与静态的结合,比较全面地解说了对外直接投资能力、东道国对直接投资吸收能力与发展阶段的关

---

① 该理论提出对外直接投资不同于一般的资本转移,它是资本、技术和经营方式的综合转移,因而是产业转移。小岛清认为,合适的对外直接投资是按照国际分工原则,投资国把具有优势的技术和管理经验转移到东道国,与那里的生产要素结合起来进行生产,这也是以扩大贸易为准绳。

② 该理论认为一国净对外直接投资是该国发展阶段的函数,伴随人均 GNP 的提高,一国净对外直接投资具有周期性,并由此按人均 GNP 水平把一国净对外直接投资发展分成了四个阶段。1998 年邓宁本人又把投资发展阶段扩展成五个阶段。

系。按邓宁的观点,区位优势往往与跨国公司对外投资的动因密切相关,它的大小决定 FDI 是否流向该地区。从跨国公司的战略选择及其所需的区位优势角度来看,FDI 有自然资源寻找型、市场寻找型、生产效率寻找型、战略资产寻找型等。而 FDI 的流向则取决于一个地区所拥有的、为跨国公司所需要的战略资源、规模经济、产品、市场、知识技术、信息和服务等。应该说,邓宁的理论在解释 20 世纪 80 年代以来的国际 FDI 流向时还是有相当的说服力的。有些国家或地区吸引的 FDI 有限,且基本上是自然资源寻找型的,处于产品价值链的上游;而有些国家或地区的 FDI 流量较大,并有浓重的效率寻找型和战略资产型特征,处于价值链的下游,生产活动中的价值增值大。造成这种差异的一个重要原因是不同国家或地区的人力资本水平存在着很大不同。在行业特征所施加的约束内,跨国公司将根据当地条件调整生产和使用技术的要素密集度,例如在劳动者素质较低的市场上使用更为劳动密集型的生产技术或降低产品质量并简化生产程序(邓宁,1988)。东道国人力资本的缺乏不利于外国资本的流入,甚至会导致物质资本和人力资本逆向流到比较发达的国家。在吸引外资的诸多因素当中,人力资本具有决定性作用,人力资本水平较高的国家获得的外资也较多,跨国公司一般把复杂的技能密集型的子公司放在具有良好教育素质的劳动力的国家(卢卡斯,1988,1990)。

伴随着新增长理论在 FDI 研究中的应用,越来越多的研究将受资国的人力资本状况作为影响跨国公司投资的一个重要因素。迄今为止,国外学者对人力资本和 FDI 关系的研究重点聚焦在三个方面,即人力资本在吸引 FDI 中的作用、人力资本对 FDI 技术外溢效应的吸收和 FDI 对受资国人力资本积累的促进。国外多数研究认为,人力资本是 FDI 在进行区位选择时所要考察的诸多因素中的一个重要因素(或决定性因素),人力资本存量的增加有助于东道国吸引 FDI;人力资本也是受资国充分吸纳 FDI 技术外溢效应的重要条件,FDI 对当地人力资本的积累具有重要影响。

众多研究支持卢卡斯和邓宁的观点。Balasubramanyam(1998)研究发现,人力资本贫乏的国家所获得的 FDI 比较少,而人力资本水平高的国家获得的 FDI 比较多。Borensztein 等人①（1998）的研究表明，先进技术的引入和东道国的吸收能力是经济增长中的一对孪生要素。他们还发现，只有当东道国达到某种最低人力资本存量（Minimum Threshold Stock of Human Capital）的限制之后，FDI 才能比国内投资有更高的生产率。Alcacer（2000）在对转型国家进行研究后发现：东欧国家"高级经理人员的缺乏"是阻碍外资进入的主要因素，并认为未来外资增加的前提是该地区应当培育出自己的经理人才。Driffield（2001），Liu 等（2000）和 Pain（2001）发现一些技术含量高的跨国直接投资多发生在人力资本水平比较高的东道国。Noorbakhsh（2001）、Spatz（2002）和 UNCTAD（2002）通过利用 20 世纪 80～90 年代中期的数据研究发现，所有人力资本指标对 FDI 流入均有显著的正效应。Kapstein（2002）认为在所有吸引外资的要素中，人力资本是最重要的，像新加坡、中国台湾地区和韩国等的经验即是如此。

总之，国外有关研究表明东道国的人力资本水平是跨国公司考虑投资方向，尤其是考虑投资生产知识和技术含量高、附加值高的产品的重要决策因素。不过，国外也有研究发现人力资本和 FDI 之间没有显著关系。Root 和 Ahmed（1979）、Schneider 和 Frey（1985）的实证研究结论是人力资本并不一定是 FDI 流入的决定因素。不过他们在研究中使用的是发展中国家 20 世纪 60～70 年代的数据，而这个时期流向发展中国家的 FDI 大多在产品价值链的上游，是资源寻找型的。Blomström（1986）的研究发现，FDI 在简单劳动技术的行业与受资国的人力资本无明显的相互关系。Mariam Khawar（2005）利用截面数据对 59 个发展中国家的经济增长以及 FDI 与国内投资、人力资本、初始 GDP、人口以及政府政策的关系的研究发现，没有明显的证据表明 FDI 与受资国的人力资本状况存在着显著的相互关系。

人力资本和 FDI 技术外溢效应的吸纳问题也是近些年来国外有关学者关注的焦点。其实，对 FDI 溢出效应的研究始于 20 世纪 60 年代，Mac Dougall（1960）首次系统探讨了 FDI 进入可能带来的溢出效应。其后，

---

① Borensztein, E., J. D. Gregorio and J. W. Lee (1998), "How Does Foreign Direct Investment Affect Growth", *NBER Working Paper*, No. 5057.

Gorden(1967)、Caves(1971)等人以案例研究的方式分析了 FDI 流入给一国社会福利、政府税收、国际贸易及收支平衡带来的影响。虽然这些研究初步讨论了各种溢出效应,但是没有从总体上说明溢出效应的重要性及其存在的广泛性。

一般认为 FDI 的技术外溢效应主要是通过联系效应、示范和模仿以及人员流动来实现的。技术溢出的大小不仅仅取决于"溢出源"的强弱,而且还取决于技术溢出渠道的通畅程度以及东道国包括人力资本水平在内的吸收能力。Benhabib 和 Spiegel(1994)认为,跨国公司的先进技术要在发展中国家得到应用,其前提是东道国必须具备充足的人力资本。Saad(1995)在对印度尼西亚研究后认为,虽然跨国公司通过各种途径带来了先进技术,但是当地企业的吸收能力很低,原因是当地教育水平低下和研发活动缺乏。Kokko (1994,1996)以乌拉圭为个案研究发现,人力资本缺乏将成为该国吸收 FDI 技术外溢的重要阻碍。Keller (1996)以 Dixit-Stiglitz(1977)模型为基础,考察了什么原因导致两个同样实施了外向型政策的国家(南美洲国家和东亚国家)经济增长率相差甚远的事实,其研究结果显示,人力资本积累的差异是导致两国技术吸收效果以及最终经济增长率不一的主要原因。Borensztein 等人(1998)设计了同时包含人力资本和 FDI 的内生增长模型,他们的研究发现 FDI 对一国经济增长的作用受东道国人力资本临界值的影响,即只有当东道国人力资本存量足够丰裕时,东道国经济才能吸收 FDI 的技术溢出。Caselli 和 Coleman (2001)的研究表明,只有东道国的人力资本积累达到一定程度时,才能比较好地吸收 FDI 外溢出来的技术。Kathuria(1998,2000,2001)的研究认为,FDI 的技术外溢不是自动发生的,而是需要当地企业积极进行基于人力资本的投资和研究投入才能获得外溢出来的技术。Magnus 和 Ari Kokko (2003)的研究认为,FDI 仅仅为东道国提供了一个技术外溢的可能,而东道国能够吸收多少则取决于该国的人力资本水平,并且他们认为提高人力资本水平是吸收和适应 FDI 技术外溢的必要条件。概括而言,国外有关研究表明,拥有经过良好训练的人力资本是东道国获得 FDI 技术溢出效应的一个必要条件,东道国人力资本水平越高,学习能力越强,吸收跨国公司的技术溢出就会越容易。

现实中,技术利用型 FDI 不仅给受资地带来了资金流量,而且也带来了先进的技术手段、管理经验等诸多无形资产,此外,FDI 还会发出促进教育的信号,从而会对受资国的人力资本积累产生重要影响。因此,FDI 对受资国人力资本积累的影响成为有关学者研究的一个热点问题。根据 chen(1996)的研究,FDI 对当地人力资本的提升和成长主要是通过外溢效应来实现。Barro,Mankiw 和 Sala-I-Martin(1995)等的研究表明,人力资本积累将导致更快的经济增长,从而引起教育投入的增加。Ying Zhu (2000)认为,作为全球化的主要因素,FDI 已成为中国经济增长和就业创造的主要力量。此后,其他学者又研究了人力资本在推动技术进步和全要素生产率,以促进经济增长中的重要作用。Bils 和 Kenow(1988)对 Barro 等人的研究作进一步分析表明,经济增长,尤其是技术进步所推动的增长将导致更高的人力资本积累,FDI 是人力资本积累的催化剂。Dees Stèphane(1998)研究指出,FDI 在促进中国实现技术进步的同时,能带来更高的劳动生产率,进而使中国保持竞争力。

二、国内学者关于人力资本与 FDI 关系研究的最新进展

国内相关的研究开展得较晚。国内学者对人力资本与 FDI 之间关系的最新研究主要集中在以下三个方面:一是人力资本在吸引 FDI 中的作用,二是 FDI 对当地人力资本形成的影响,三是人力资本与 FDI 溢出效应(包括经济增长和技术进步)的吸纳。

1. 人力资本在 FDI 区位选择中的作用

传统的区位理论(新古典理论)不能圆满解释 FDI 的区域分布。这主要因为:在边际报酬递减规律的作用下,当一地区吸引的资本增加时,其资本的边际报酬递减。因此,根据新古典理论,FDI 应当流向我国的中西部地区。但实际情况是,FDI 高度集中在东部地区。其主要原因之一是人力资本产生了报酬递增。国内外的许多研究表明,人力资本不论是存量还是流量对 FDI 的流入都表现出显著的正效应。

沈坤荣、耿强(2001)通过实证分析发现人力资本变量与 FDI 之间相

关性不显著,而 FDI 占各地区国民生产总值的比重与人力资本变量的乘积在统计上与 FDI 成显著的正向关系。2002 年他们又从实证的角度证实了人力资本存量是影响 FDI 区域性选择的重要因素,丰富的人力资本将有助于吸引更多的 FDI;规模大的 FDI 投资项目倾向于选择人力资本存量水平较高的地区。赖明勇、包群、阳小晓(2002)通过实证研究表明在影响我国外商直接投资的诸多因素中人力资本存量起到至关重要的作用。该研究进一步指出,加强教育投资、注重人力资本积累是增强我国对外商直接投资吸收能力的关键;由于目前我国人力资本存量仍然处于相对较低的水平,现阶段较低人力资本水平能够较好地吸收劳动密集型FDI,但今后 FDI 产业结构的提升必然要求较高的人力资本水平支撑。赵江林(2004)通过对 1990～2000 年我国整体教育水平和西部地区的教育水平进行实证检验,发现我国教育水平的提高极大地促进了我国引资规模和引资结构的升级。他认为,中国目前 FDI 流入的规模、质量结构和效果在很大程度上取决于我国人力资源开发政策的调整,如果要提高外资的附加价值含量,必须提高人口的受教育水平并积极与跨国公司合作共同致力于我国人力资源开发。马衍军、柳成洋、马艳萍(2004)对人力资本在我国吸引 FDI 作用中的计量分析表明,人力资本的影响十分显著,其中高素质人才的培养以及基础教育的普及推动了劳动力素质的普遍提高,进而在很大程度上促进了我国 FDI 的流入,他们认为提高人力资本水平是构建我国持续吸引 FDI 的比较优势和提高 FDI 利用效率的必要条件。郭英、陈飞翔(2005)认为,东道国的人力资本水平是吸收 FDI 规模和质量的决定因素。因此,发展中应当适当推行人力资本开发政策,调整教育投资分配方向和结构,把教育计划和 FDI 的需要相结合。

2. FDI 对引资地人力资本形成的作用

FDI 能通过多种渠道对引资地人力资本的发展产生重要影响。跨国公司对引资国教育的直接资助、给企业员工提供的培训等都会影响到人力资本水平的提升。此外,人力资本理论认为,人们在做出教育决策时,通常是把受教育后获得的未来收入的现值和进行人力资本投资的现值在进行比较的基础上做出选择的,而 FDI 的流入会提高人们接受教育以后收入增加预期,从而促进人力资本的形成。

关于这方面的研究,结论各异。有学者认为 FDI 确实提升了我国的人力资本水平。郭英、陈飞翔(2005)指出,FDI 不仅能弥补引资国的资金缺口,而且提升了当地的人力资本水平,而 FDI 对当地人力资本的发展起到重要作用,主要通过影响当地的正规教育和在职培训提升当地的人力资本水平。马衍军(2005)指出 FDI 对当地人力资本形成的主要通过三条途径:一是是工资信号机制,当 FDI 进入后,引起劳动力市场上对高/低劳动力的需求变化以及相对工资的变化。通常,FDI 不仅仅自身需要高技能的劳动者,而且也会促使当地企业改变其生产方式的技术密集程度。这将会引起对高技能劳动力需求的增加,而短期内高技能劳动力的供给是刚性的,从而导致高技能劳动力相对于低技能劳动力的短缺。因此,高技能劳动力的相对工资会上升,而低技能劳动力相对工资会下降,高、低技能劳动力的工资差距进一步拉大。这样将会提高人们接受教育以后收入增加预期而进行人力资本投资,从而有利于人力资本的形成。三是投资引致的经济增长,FDI 的进入意味着经济中投资水平的提高,也就标志着未来更快的经济增长和人力资本偏向型的技术进步。因此,对人力资本的形成作用更强。若这种作用可以改变许多个人成本—收益的比较基础,那么将在很大程度上提高整个国民的受教育水平而促进当地人力资本的形成。三是跨国公司对当地员工进行培训所产生的溢出效应,当跨国公司对其雇员进行培训,以及向其配套的当地企业提供技术咨询和培训时,就会提升当地的人力资本水平。这种培训溢出效应是跨国公司进行技术转移的重要渠道,对当地的技术创新和管理创新具有重要作用。崔到陵、任志成(2006)以"长三角"地区为案例,集中探讨了 FDI 对我国人力资本成长的影响。该研究从人力资本存量水平和人力资本效率水平两个角度,分析研究了 FDI 对我国人力资本成长的影响。研究显示,长三角地区近年来有 FDI 支撑的制造业的劳动生产率,同其他较少 FDI 或者无 FDI 支撑的行业相比,其人力资本效率水平一直保持在相对较高的水平上。他们还认为,长三角地区的 FDI 从市场需求的角度对以实际工资水平为代表的人力资本存量水平有显著影响,由 FDI 所导致的长三角地区的高端人力资本的集聚效应和示范效应,对该地区的就业数量、质量和结构产生了广泛影响。

也有人认为 FDI 对我国人力资本积累的作用有限。曹伟(2005)利用我国 1981～2004 年的数据通过实证分析表明:FDI 对提升我国人力资本的作用有限,进而影响了经济增长。他认为主要原因是外商进入中国的主要动机是利用我国廉价的劳动力获得高额利润,因而本身缺乏提升人力资本水平的动力,同时,从人力资本水平来看,目前我国的人力资本供给与 FDI 对人力资本的需求存在结构性矛盾。周春应、王波(2005)研究认为 FDI 对人力资本、产业结构升级的促进作用较小,FDI 是以利润最大化为目的,与我国的宏观经济政策目标不一定一致,从而外溢效应较弱。倪海青、张岩贵(2006)构建了一个人力资本模型,并利用该模型计算了我国 1978～2004 年的人力资本指数,在此基础上又对我国 1978～2004 年的人力资本和 FDI 的关系进行了实证分析。结果表明,我国人力资本与 FDI 存在稳定的关系,人力资本的积累对我国吸收 FDI 具有重要的作用,但 FDI 并没有有效地促进我国的人力资本积累。

3. 人力资本与 FDI 的溢出效应吸纳

FDI 流入会给引资国带来溢出效应是发展中国家吸引外资的主要动力。但其进入并不一定产生溢出效应,生产率提高和技术溢出并不是 FDI 流入的自发结果。国内学者多认为,FDI 和人力资本的相互作用非常重要,FDI 流入为知识、技术向我国溢出创造了潜在的机会,而我国的人力资本水平则决定了对扩散的技术和知识的吸收程度。

沈坤荣、耿强(2001)对 1987～1998 年 FDI 对我国 29 个省、区、市经济增长的实践进行了经验检验。虽然没有发现人力资本门槛存在的证据,但也指出了导致这一结论的原因是我国仍处在人力资本水平较低的初级发展阶段,进入我国的大部分跨国公司属于资源寻求型和市场寻求型,人力资本并没有成为促进 FDI 溢出效应的主要因素。赖明勇、包群、阳小晓(2002)通过实证研究发现,在影响 FDI 的诸多因素中,人力资本存量起到了至关重要的作用。因此,我国人力资本的丰裕度决定了我国对 FDI 技术扩散的吸收程度,从而最终影响到经济增长。赖明勇、包群、彭水军、张新(2005)利用我国 30 个省、自治区、直辖市 1996～2002 年的面板数据进行分析表明：东部地区人力资本投资相对滞后制约了对 FDI 的技术吸收能力。由王志鹏和李子奈（2004）进行的研究则以考虑 FDI 溢出效应的准内生经济增长模型为基础，利用我国 1982～2001 年 29 个省、市、自治区的数据重新审视中国的经济增长实践，结果发现，FDI 对中国各区域经济增长的技术溢出效应具有鲜明的人力资本特征，各地区必须跨越一定的人力资本门槛才能从 FDI 中获益。张斌盛、唐海燕（2006）选取留学回国率、外资就业率两项人力资本流量指标和平均受教育年限、政府教育投入两项人力资本存量指标，并把其纳入模型进行回归和比较分析，结果表明，FDI 和人力资本相结合与经济增长呈显著正相关，尤其是留学回国率与 FDI 的结合，其正效应更为显著。两人进而指出，FDI 的技术溢出效应的发挥，关键在于鼓励人力资本在国际间以及内外资企业间进行有效的流动。代谦、别朝霞（2006）从人力资本的角度在一个内生经济增长模型中研究了 FDI 与发展中国家经济增长的关系以及发达国家 FDI 产业选择问题。他们认为，如果发展中国家要想通过吸引 FDI 来促进本国的技术进步和经济增长，发展中国家必须有相应的人力资本水平和技术吸收能力；只有辅之以较快速度的人力资本积累，FDI 才能给发展中国家带来技术进步和经济增长。王艳丽、刘传哲（2006）以 Borensztein 等人（1998）的理论模型为基础构建回归方程式，对流入我国的 FDI 的资本积累效应以及 FDI 与我国人力资本相结合的技术外溢效应做了实证研究。该研究的结论是：FDI 对我国产出增长的作用非常明显；FDI 能够与人力资本结合起来更好地作用于我国的经济增长；FDI 与人力资本相结合更多的是意味着与高中教育水平（而不是具有大学学历）的劳动者结合在一起；人力资本的丰裕程度决定了 FDI 技术溢出的大小。赵伟、汪全立（2006）认为进口贸易作为技术溢出的主要渠道，对促进我国全要素生产率的提高具有重要作用。而人力资本是影响技术溢出效果的决定性因素。

三、结语：对今后研究方向的思考

我国是世界上最大的发展中国家，也是最具潜力的 FDI 流入国。故此，在今后一段时期内深入探讨 FDI 与人力资本的相互作用机制、溢出效应发生的条件和渠道等问题具有重要意义。所以，笔者认为今后针对人力资本与FDI之间关系的研究可以延着以下方向深入：

首先，在继续分析人力资本存量与FDI间关系的基础上，探讨人力资本与经济活动的结合程度，从而进一步考察人力资本对吸引FDI效应的影响和人力资本在FDI区域分布中的作用等问题。目前，国内学者的研究基本上以全国作为研究对象，很少就某个省份或地区做专门研究，这不利于全面深入研究人力资本与FDI的地区分布，也不利于全面认识FDI的溢出效应与人力资本的关系，因此应将研究对象缩小到某个省份或某个经济区。

其次，就国内而言，关于人力资本与FDI的外溢效应的研究还处在初级阶段，特别是代理指标选择和计量模型存在缺陷。检验方程中变量的选择和准确定义对研究外溢效应与人力资本之间的关系非常重要，因此，以后的研究应该在计量模型和检验方法上创新，细化外溢效应和人力资本变量，更准确地衡量人力资本与外溢效应之间的关系，对我国的人力资本与外溢效应进行专门的研究。

再次，国外有关研究表明，FDI流入会影响到人力资本的形成和积聚，而国内关于这方面的研究才刚刚起步。今后可就FDI与我国人力资本成长、FDI对我国劳动力市场和教育制度的影响等问题进行深入的实证研究。把FDI、人力资本、内生技术进步与收入分配纳入到一个统一框架内来进行分析，并把它们相互作用的结果最终落到收入分配上，再以此为基础，进一步分析整个社会的福利。

第二节　西部人力资本存量、增量及其与东、中部的比较

一、人力资本的含义及其特性

一般认为，关于人力资本的明确概念是由舒尔茨（1961）首先提出的。他把资本区分为物质资本和人力资本，并把增长余值（Growth Residual）归功于人力资本投资（通过对人力资本投资，人口质量能够得到不断

提高,劳动生产率也由此得到不断提高)。

　　舒尔茨认为人力资本是指个人具备的才干、知识、技能和资历。应当说,舒尔茨对人力资本的界定是深刻的,抓住了人力资本这个概念的本质属性,但是在外延上欠缺全面。加里·S.贝克尔对此进行了扩展,他认为人力资本不仅意味着才干、知识和技能,而且还意味着时间、健康和寿命。相对于物质资本或非人力资本而言的。如此一来,人类所必然面临的稀缺,就不仅与人的无限需求和物质资本的有限存在相联系,而且与人的无限能力和人的有限生命相联系。个人的人力资本和物质资本一样是稀缺性资源,尽管它们多少有先天的成分,但根本的问题是怎样生产和再生产这两种资本,并且把这两种资本的存量有效地分配到个人需求的各个方面以求得效益最大化。对人力资本的这一理解,极大地突破了基于物质资本的传统经济学的局限,使经济学主题化了。[1]

　　人力资本是储存于劳动者体内的脑力和体力的总和。与物质资本相比,有许多不同:一是投资回收期较长。物质资本是在一个较短的时间内被生产出来的生产要素,而人力资本则不同,它往往要劳动者经过较长时间的学习和培训方能获得;另外,随着科学技术的发展和社会生产力的进步,要求劳动者有更长的学习时间。二是所有权和使用权分离。物质资本的产权是可交换的,在流通过程中,不仅要让渡其使用权,而且要让渡其所有权;但是人力资本的所有权是不可交换的,人们只能让渡其使用权而不能让渡其所有权。三是使用价值可重复使用。物质资本虽然也可重复使用,但是随着使用次数的增加,其功能和效用随之逐渐减少或消失;可人力资本不仅能重复使用,而且其功能和效用不仅不随使用次数的增加而减少或下降,相反还会随着不断的使用而补充和增加新的功能和效能。四是能创造新产品,带来更多价值。物质资本的功能或效能发挥是均匀进行的,而人力资本却能够在非均匀的状况下进行,具有创造新产品、带来更多价值的特点。

---

[1]　参见李忠民:《人力资本——一个理论框架及其对中国一些问题的解释》,经济科学出版社 1999 年版,第 4 页。

人力资本理论自产生以来,不断得到丰富和发展。国内外学者在人力资本的内涵、对经济增长的作用机制、人力资本投资、价值计量与投资、产权特性与收益分配、利用现状与配置等方面取得了不少研究成果。

二、人力资本的度量

迄今为止,理论界对人力资本概念的认识似乎已经没有太多的争议。就其内涵而言,人力资本是相对于物质资本的,依附在人身上的,可以被用来提供未来收入的一种资本;其外延则包括个人的才干、知识、技能、资历,还有时间、健康和寿命。而对它的度量却是一个长期以来困扰经济学家的问题。综合有关研究文献来看,目前中外学者常用的方法有三大类。①

1. 受教育年限法(或教育存量法)

受教育年限法是一种非货币化的人力资本计量方式。该法是以国民的受教育程度(学历)来间接地反映人力资本的存量水平。其基本假设是:教育是形成人力资本的重要途径,通过教育而赋予劳动者的知识和才干是人力资本的核心内容,人们的受教育程度越高,人力资本的存量也就越大。在具体分析中,不同的学者又采用不同的计量指标,如有采用劳动力队伍平均受教育年限标准的,有采用各类学校的入学率标准的,有采用"人年"标准的,也有采用预期受教育年限和实际受教育年限标准的,还有采用基于学习年限和工作经验之上的指数值的,等等。就人力资本非货币化计量方式而言,采用受教育年限法应该是较合理的方式之一,其主要缺陷是排斥了"边干边学"、在职培训等对人力资本形成的重要作用,也忽视了医疗、卫生保健投资等所形成的人力资本。

2. 投入法(累计成本法)

投入法是一种货币化的计量方式,理论界有相当多的人认同该法。他们认为,是人们从出生到丧失劳动能力期间接受教育、培训、迁徙、医疗、卫

---

① 钱雪亚、周颖:《人力资本存量水平的计量方法及实证评价》,载《商业经济与管理》2005 年第 2 期。

生保健等花费的结果,形成了依附于人身上的、能够物化于商品或服务、增加商品或服务的效用,并以此享有收益分享权的知识、技能和健康,这符合资本的内在规定性。正因为如此,国内外不少学者在实证研究中选择使用此法。但使用此法需要有完备的历史统计资料为基础,而实际中由于投资主体的多元性(个人、家庭、政府、企业等),花费支出的功能重叠性,以及人力资本形成的长期累积性等因素的影响,使得人力资本形成费用的范围难以清晰界定,且相当麻烦。因此,在有关研究中往往是把人力资本的形成支出限定在教育投资方面,而且侧重于国家财政性教育经费。

3. 产出法(未来收益法)

产出法也是一种货币化的计量方式。人力资本作为生产要素,与物质资本一样对企业的收入产生贡献。从理论上讲,个人对企业贡献越大,其收益理应越大,个体的人力资本价值也就越大。正是基于这样的思想,有学者提出了以未来收益的价值形态来反映人力资本存量水平的产出法。从理论上说,用产出法来度量人力资本存量水平有内在的合理性。但是在实际中用其反映人力资本的价值仍然存在问题,如人力资本的收益包括工资、奖金、福利费、保险费以及人力资本以股权方式获得的股息收益,而工资收入一般看做是劳动力的价值补偿,将其作为人力资本的收益有失妥当,因为劳动力与人力资本是两个不同的要素;再则,人力资本的收益受很多因素的影响,两个人力资本相同但是在不同的行业或单位工作的个体,收益可能会存在很大差别,这就带来人力资本水平与收益水平不一的问题。

上述三种方法各有优点和不足。考虑到本研究的目标、研究结果的可信性以及资料获取的方便,笔者在本章的研究中重点采用投入法和受教育年限法来度量人力资本存量;其中采用投入法时,选用人力资本教育和培训投资额指标(主要考虑包括教育在内的有关政府投资),因为教育和培训投资直接增加劳动者(或潜在劳动者)的知识和技能,从而提升人力资本存量;而且这种增量与经济水平及其增长变动之间有内在的联系。此外,笔者在计量各年的人力资本投资额时,不考虑剔除价格变动因素,因为只要对进行比较的对象同时采用当期价格,便不会对研究结果产生大碍。

在调查单位的选取上，考虑到调查的必要性和资料的可获得性，笔者在研究中选取了抽样调查方式。经过综合分析东、中、西部①各省、自治区、直辖市的经济发展水平、实际利用外商直接投资情况和人力资本总量和资料的可得性等因素，本着充分提高样本代表性的原则，按照好、中、差的标准，分别从各个地区抽取了 5 个样本。具体是，东部地区：广东省、北京市、江苏省、河北省和海南省；中部地区：湖北省、吉林省、湖南省、河南省和山西省；西部地区：四川省、广西壮族自治区、云南省、新疆维吾尔自治区和宁夏回族自治区。

三、西部人力资本存量、增量及其与东中部的比较

1. 人口（或劳动者）受教育年限及受教育程度构成

表 4.2　2005 年东、中、西部人口受教育情况

地区		人口平均受教育年限(年)	人口的受教育程度构成(%)				
			未上过学	小学	初中	高中	大专及以上
全国统计		7.83	10.37	33.28	39.35	12.44	5.56
东部	北京	10.66	3.93	14.30	32.15	25.13	24.49
	上海	10.03	5.50	15.86	35.87	24.92	17.84
	天津	9.51	4.50	21.87	37.94	21.10	14.08
	河北	8.17	6.90	30.06	46.27	12.6	12.04
	山东	7.72	12.22	28.90	41.85	12.59	4.44
	浙江	7.61	11.72	35.84	34.87	12.14	5.42
	江苏	8.13	10.23	28.78	39.45	14.74	6.80
	福建	7.54	11.98	36.42	34.45	12.17	4.98
	广东	8.01	6.67	38.32	36.48	13.46	5.07
	海南	8.11	8.63	30.90	40.66	14.36	5.45
	辽宁	8.75	4.79	27.28	45.87	13.72	8.34

---

① 东部：上海、北京、天津、浙江、广东、江苏、福建、辽宁、山东、河北、海南；中部：安徽、江西、黑龙江、湖北、吉林、湖南、河南、山西；西部：青海、重庆、宁夏、四川、陕西、云南、广西、甘肃、贵州、内蒙古、西藏和新疆为西部大开发的 12 个地区。

地区		人口平均受教育年限(年)	人口的受教育程度构成(%)				
			未上过学	小学	初中	高中	大专及以上
中部	黑龙江	8.46	6.24	28.86	43.88	14.60	6.42
	吉林	8.47	5.94	30.47	41.93	14.98	6.68
	山西	8.42	5.19	46.30	13.05	13.05	5.57
	河南	7.99	8.86	28.50	47.01	11.41	4.22
	湖北	7.82	10.94	31.79	38.68	13.52	5.07
	湖南	7.99	8.10	33.77	39.68	13.96	4.49
	安徽	7.04	16.63	33.68	36.63	9.22	3.85
	江西	7.53	9.43	40.46	35.43	10.82	3.85
西部	陕西	8.06	9.52	31.21	38.98	14.12	6.17
	宁夏	7.37	16.17	33.46	31.67	11.89	6.82
	甘肃	6.86	18.48	37.05	28.10	11.21	4.26
	青海	6.76	22.64	34.29	25.09	10.88	7.11
	新疆	8.20	8.08	34.94	36.03	12.20	8.75
	四川	6.84	14.88	43.32	30.56	7.75	3.48
	重庆	7.39	10.77	42.30	32.08	10.21	4.63
	云南	6.38	17.98	47.63	24.71	6.30	3.37
	贵州	6.42	18.60	44.68	26.72	6.67	3.32
	西藏	3.74	45.54	42.96	8.49	2.12	0.89
	广西	7.66	8.06	39.80	38.19	9.95	3.40
	内蒙古	8.22	10.58	27.97	38.22	15.31	7.93

资料来源:根据《中国统计年鉴》2006 年的相关数据计算。

由于人口(或劳动者)受教育年限及其受教育程度构成可以反映人口(或劳动者)所拥有的知识、生产能力和技能,以及一个地区的人力资本存量结构,所以在衡量和分析一个国家和地区的人力资本水平或存量时,不少学者经常选用该指标(参见表4.2)。由表4.2可见,东部省市人口(或劳动者)平均受教育年限均在7年以上,其中最高的北京市和上海市均达到了10年以上。相对于东部而言,中部省区人口(或劳动者)的平均受教育年限略低,但也均在7年以上。西部的12个省、自治区、直辖市人口(或劳动者)受教育程度最低,其中,甘肃、贵州、云南、四川、青海和西藏的劳动者受教育程度都在7年以下。

再就受教育程度的构成来看,各地区人口(或劳动者)的学历构成也存在明显差异。东部的北京、上海、天津和河北的人口(或劳动者)中拥有大专及其以上学历的都在10%以上,上海甚至在20%以上;而西部的省、自治区、直辖市中有的还不到1%,此外,西部的人口(或劳动者)中,文盲率很高,甚至有的地方高达45.54%。

2. 专业技术人员情况

笔者认为,专业技术人员数和劳动者受教育年限一样,也是反映一个地区人力资本存量的重要指标。

此处所指的专业技术人员包括工程技术人员、农业技术人员、科研人员(自然科学研究、社会科学研究及实验技术人员)、卫生技术人员、教学人员、经济人员,以及会计、统计等各类从事专业技术工作的人员和从事专业技术管理工作的人员。一个地区的专业技术人员数及其占人口的比重不但反映了一个地区的社会经济发展状况,同时它也是各地区吸收FDI的一个重要的人力资本存量条件。

表4.3　东、中、西部各年专业技术人员数及其占总人口比重的比较

年份	西部		中部		东部	
	总数(万人)	占总人口的比重(%)	总数(万人)	占总人口的比重(%)	总数(万人)	占总人口的比重(%)
1995	316.37	1.44	393.13	1.46	375.63	1.68
1996	275.84	1.24	336.73	1.24	316.19	1.4
1997	253.11	1.3	354.8	1.3	329.85	1.45
1998	260.77	1.33	368.37	1.34	339.66	1.48
1999	272.48	1.38	395.08	1.43	350.93	1.52
2000	277.7	1.42	404.87	1.46	357.91	1.43
2001	280.83	1.39	416.66	1.48	357.9	1.49
2002	283.6	1.4	416.73	1.48	368.25	1.54
2003	279.99	1.37	416.23	1.47	366.51	1.5

年份	西部		中部		东部	
	总数 （万人）	占总人口的 比重（%）	总数 （万人）	占总人口的 比重（%）	总数 （万人）	占总人口的 比重（%）
2004	423.4	2.06	659.1	2.31	697.9	2.81

资料来源:根据《中国统计年鉴》1996～2005 年的相关数据整理、计算。

注:①1999～2002 年的数据为分地区分行业专业技术人员数;

②1995 年、1996 年、1998 年、2003 年的数据为国有企事业单位专业技术人员数(年末数);

③2004 年数据为按行业分城镇单位专业技术人员数。

　　表 4.3 反映出,由西到东无论是专业技术人员的总量还是占人口总数的比重均依次递升。以 2004 年为例,西、中、东部的专业技术人员总数(及其在总人口中的比重)分别是 423.4 万人(2.06%)、659.1 万人(2.31%)和 697.9 万人(2.81%)。

　　3. 国家财政性教育经费投入情况

　　教育是人力资本投资的两个重要途径之一。教育对未来(其至未来数代人)的生产力具有绵延不断的影响,因而,为了提高劳动者素质和促进人力资本的形成,发展中国家对教育已越来越重视。广义的教育包括正规的学校教育、非学校正规教育和一些非正规教育;而狭义的教育就是在学校针对青少年而进行的正规教育。① 从我国的情况看,国家财政的教育投入在正规教育的形成中处于绝对主要地位,所以不同地区的财政性教育经费投入情况可以在相当程度上反映一个地区的人力资本投资及存量水平(参见表 4.4)。

　　从 1996～2002 年各地区政府财政教育投入的比较可见,东高西低现象非常明显。近几年,中西部的年均财政性教育经费不到 310 亿元,中部将近 403 亿元,而东部却高达 637 亿元。当然,西部财政教育投入的增长率在近几年来一直保持在较高的水平,有些年份甚至在 20% 以上,平均达到 14.23%,超过了中部的 11.06%,也超过了全国的 13.06%(1996 年

---

　　①　张培刚主编:《发展经济学教程》,经济科学出版社 2001 年版,第 358 页。

和 2002 年全国的财政性教育经费分别为 1671.7 亿元和 3491.4 亿元），接近东部的 14.99%。但是由于前些年西部各省、区、市政府财政教育投入欠账较多，绝对额偏低，使得西部财政教育投入增长 1% 的绝对值仍远远落后于中部和东部（参见图 4.1）。

表 4.4　东、中、西部政府财政教育投入比较

年份	西部	增长率 (%)	增长 1% 绝对值	中部	增长率 (%)	增长 1% 绝对值	东部	增长率 (%)	增长 1% 绝对值
1996	2008600.3	—	—	3000998.2	—	—	4043208.3	—	—
1997	2419845.8	20.47%	20086.003	3174729.1	5.79%	30009.982	4828219.5	19.42%	40432.1
1998	2640144	9.10%	24198.458	3467926	9.24%	31747.291	5337810	10.55%	48282.2
1999	2915178.7	10.42%	26401.44	3822093.7	10.21%	34679.26	6038747.7	13.13%	53378.1
2000	3228481	10.75%	29151.787	4172548	9.17%	38220.937	6893260	14.15%	60387.5
2001	4019104.9	24.49%	32284.81	4921690.4	17.95%	41725.48	8101330.5	17.53%	68932.6
2002	4461721	11.01%	40191.049	5630691	14.41%	49216.904	9347706	15.38%	81013.3
2003	4730755	6.03%	44617.21	5896790	4.73%	56306.91	10620222	13.61%	93477.06
平均	3302979	13.02%	30990.11	4260938	10.13%	40272.39	6901313	14.71%	63700.41

资料来源：根据《中国统计年鉴》1997～2005 年的相关数据整理、计算。

4. 科学事业费

科学事业费的数量大小不仅能反映一个地区的科技活动规模，也能反映出一个地区的经济和科技发展程度。同时它与各省、区、市的人力资本存量及其结构也有着相当程度的联系。

从 1995 年到 2004 年，全国科学事业费的年均增长率为 11.99%（1995 年和 2004 年全国科学事业费的总数分别为 446055 万元和 1236936 万元），分地区来看，西部为 8.59%，中部为 8.84%，而东部高达 13.56%。比较而言，西部科学事业费的增长率和中部相当，并不很低。但是西部的增长波动颇大，高的年份超过 30%，低的时候甚至出现了负数。此外，西部科学事业费增长 1% 绝对值是最低的，仅约为 740 万元，低于中部的 835 万元，和东部的 2236 万元相比更是差距甚远。由此可见，西部的经济发展程度低，科学技术活动尚不发达。这种结果的存在和西部人力资本总量偏少、结构低度化的现实有着内在的必然联系（参见

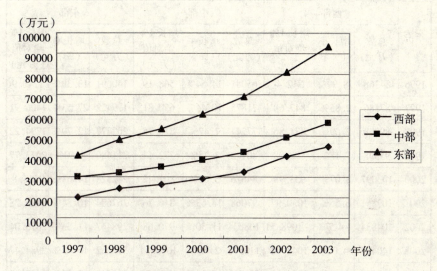

图 4.1 东、中、西部财政教育投入增长 1% 绝对值对比图

表 4.5)。

5. 卫生经费

人们越来越认识到健康与经济发展之间存在着相辅相成的关系,经济发展可以改善健康状况,而更好的健康条件则有利于经济的发展。各地区卫生经费支出的多寡可以在一定程度上反映人们的健康状况。卫生保健支出之所以和人力资本的积累有关,是因为通过提高劳动者健康水平可以减少由于疾病导致劳动时间减少所形成的人力资本浪费,此外,通过延长劳动者的寿命从而增加劳动者的劳动年限能间接地生产出人力资本。和教育投入额指标一样,卫生经费支出指标着重从人力资本投资角度反映人力资本存量。

表 4.5 东、中、西部各年科学事业费投入

年份	西部			中部			东部		
	总数（万元）	增长率（%）	增长1%绝对值（万元）	总数（万元）	增长率（%）	增长1%绝对值（万元）	总数（万元）	增长率（%）	增长1%绝对值（万元）
1995	71240	—	—	56819	—	—	124090	—	—

年份	西部			中部			东部		
	总数（万元）	增长率（%）	增长1%绝对值（万元）	总数（万元）	增长率（%）	增长1%绝对值（万元）	总数（万元）	增长率（%）	增长1%绝对值（万元）
1996	84768	18.99%	712.4	65081	14.54%	568.19	140691	13.38%	1240.9
1997	87186	2.85%	847.68	71875	10.44%	650.81	179422	27.53%	1406.91
1998	89008	2.09%	871.86	77244	7.47%	718.75	202377	12.79%	1794.22
1999	95398	7.18%	890.08	80142	3.75%	772.44	211480	4.50%	2023.77
2000	103097	8.07%	953.98	84676	5.66%	801.42	242528	14.68%	2114.8
2001	109851	6.55%	1030.97	97068	14.63%	846.76	267604	10.34%	2425.28
2002	104834	−4.57%	−1098.51	108034	11.30%	970.68	298447	11.53%	2676.04
2003	140497	34.02%	1048.34	110576	2.35%	1080.34	346262	16.02%	2984.47
2004	149538	6.44%	1404.97	121788	10.14%	1105.76	389640	12.53%	3462.62
平均	103541.7	8.59%	740.20	87330.3	8.84%	835.02	240254.1	13.56%	2236.56

资料来源:根据《中国统计年鉴》1996～2005年的相关数据整理、计算。

观察表4.6和图4.2可知,总体上而言,1998年以来西部有关政府财政的卫生经费投入数和中部基本相当。但是和东部相比还有很大的差距,2003年,东部的投入额接近230亿,而西部则不到120亿,不及东部的一半;再就平均增长额来看,1998～2004年,东部的年均增长额超过20亿,而西部不到10亿,尚不及东部的一半。另外,西部财政的卫生经费投入很不稳定,如2002年和2001年相比出现了13亿多元的负增长。

表4.6　东、中、西部财政卫生经费投入对比

单位:万元

年份	西部		中部		东部	
	投入额	增长额	投入额	增长额	投入额	增长额
1998	574468	—	587234	—	1063491	—
1999	626850	52382	639850	52616	1141876	78385
2000	689146	62296	680956	41106	1290935	149059
2001	833391	144245	789189	108233	1490794	199859

年份	西部		中部		东部	
	投入额	增长额	投入额	增长额	投入额	增长额
2002	698092	−135299	868105	78916	1722679	231885
2003	1078873	380781	1077324	209219	2182229	459550
2004	1163115	84242	1192625	115301	2299374	117145
平均	809133.57	98107.83	833611.86	100898.5	1598768.3	205980.5

资料来源:《中国统计年鉴》1999～2005 年的相关数据。

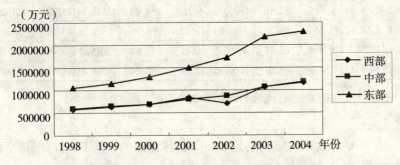

图 4.2　东、中、西部卫生经费投入对比图

6. 人均国内生产总值

　　人均国内生产总值反映着人力资本的生产率和效率。前文所分析的劳动者受教育情况和专业技术人员情况体现了一个地区的人力资本存量水平,而政府财政的教育、卫生和科学事业费投入则从人力资本形成的角度表示着各个地区的人力资本规模。除此之外,我们还可以从经济增长要素的角度,通过运用人力资本生产率指标来反映各地区的人力资本水平。

表 4.7　东、中、西部人均 GDP 比较

年份	西部			中部			东部		
	总数 (元)	增长率 (%)	增长1% 绝对值 (元)	总数 (元)	增长率 (%)	增长1% 绝对值 (元)	总数 (元)	增长率 (%)	增长1% 绝对值 (元)
1995	3336.58	—	—	3642.94	—	—	6777.75	—	—
1996	3346.13	0.29%	33.37	4400.03	20.78%	36.43	7974.8	17.66%	67.78
1997	4246.64	26.91%	33.46	4917.56	11.76%	44.00	8882.54	11.38%	79.75

年份	西部			中部			东部		
	总数（元）	增长率（%）	增长1%绝对值（元）	总数（元）	增长率（%）	增长1%绝对值（元）	总数（元）	增长率（%）	增长1%绝对值（元）
1998	4399.31	3.60%	42.47	5198.28	5.71%	49.18	9533.62	7.33%	88.83
1999	4516.82	2.67%	43.99	5385.67	3.60%	51.98	10112.91	6.08%	95.34
2000	4922.89	8.99%	45.17	5971.7	10.88%	53.86	10535.41	4.18%	101.13
2001	5215.6	5.95%	49.23	6443.03	7.89%	59.72	12129	15.13%	105.35
2002	5658.88	8.50%	52.16	6875.35	6.71%	64.43	13548.14	11.70%	121.29
2003	6318.62	11.66%	56.59	7784.21	13.22%	68.75	15379.28	13.52%	135.48
2004	7529.7	19.17%	63.18	9389.7	20.62%	77.84	18209.8	18.40%	153.79
平均	4949.12	9.46%	46.62	6000.85	11.09%	56.24	11308.33	11.61%	105.42

资料来源：根据《中国统计年鉴》1996～2005 年的相关数据整理、计算。

由表 4.7 和图 4.3 可见，近 10 年来，各地区的人均 GDP 都保持了较高的增长，其中西部为 9.46%，中部为 11.09%，东部为 11.61%；西部人均 GDP 的增长波动巨大，1996 年仅为 0.29%，到 1997 年却提升到 26.91%；单从平均增长率来看，东、中、西部间的差距似乎并不特别明显，可如果把人均 GDP 及其增长 1% 绝对值拿来做比较的话，西部在各年份的人均 GDP 均不到东部的一半，可谓差距巨大。

各地区人均国内生产总值之间的巨大差距反映出各地区人力资本的生产率和效率差异巨大。这事实上也是各个地方人力资本投资高低有别，从而导致人力资本存量多少不一的最终结果。

第三节　西部人力资本状况对 FDI 吸收
能力影响的实证分析

目前已有人力资本与 FDI 关系的实证研究多认为，我国人力资本与 FDI 存在稳定的关系，人力资本的积累对于中国吸收 FDI 具有重要的作用。在此我们将重点考察我国人力资本是否与 FDI 存在稳定的关系，以

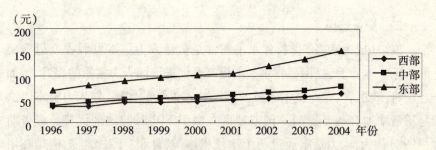

图 4.3　东、中、西部人均 GDP 增长 1% 绝对值对比图

及东西部地区的 FDI 差异与其人力资本差异的关系。

一、人力资本与 FDI 模型的建立

以往对人力资本与 FDI 的实证研究中，从新古典经济增长理论或内生经济增长理论中获得回归方程，以此分析人力资本与 FDI 及经济增长之间的关系，借鉴 Lai Mingyong，Peng Shuijian（2006）及 Farhad Noorbakhash 和 Alberto Paloni（2001）采用的实证方法，我们采用的回归方程为：

$$FDI_{it} = \alpha HK_{it} + \beta^{t} CV_{it} + \lambda + \varepsilon_{it} \tag{1}$$

这里 *FDI* 是被解释变量，是净 FDI 流量在 GDP 中的比重；*HK* 是人力资本；*CV* 是控制变量向量，即除了人力资本外 FDI 的影响因素；λ 是共同固定效应项，ε 是误差项，为白噪声。这里的 FDI，采用的是流量而不是存量，因为考虑地区及时间的因素时，存量对 FDI 流入的解释力不强，而且存量一般表现的是账面价值，没有经过通货膨胀和汇率变动的调整。正如 Root 和 Ahmed（1979）所认为的，FDI 流量数据很少受到偏离账面价值的攻击。控制变量的选择是根据先前 FDI 经验研究来决定的。

但是，利用时间序列产生的问题是，由于 FDI 流量每年都在变动，FDI 的大部分波动会使人力资本和其他因素对 FDI 流量的作用显得模糊。因此，我们利用 17 个年份的面板数据来分析，力图减少数据随机波动的影响，并减少利用时间序列在数据上产生波动。因此，上述方程中下标 *i* 指地区；下标 *t* 代表时间。在已有模型的基础，考虑模型中解释变量的具体选择问题。

二、变量选择

人口(或劳动者)受教育水平通常是衡量人力资本发展程度最重要的指标。本质上,一国教育水平的提高会促进该国人力素质的提升,增加经理、行政主管、专业技术人员及辅助技术人员的比重,使人力资本供给与质量增加有利于提高一国或地区在吸引 FDI 时的地理优势。卢卡斯(1998)认为,人力资本通过两个途径积累:教育和"干中学"。但是在用什么代理指标代表上述两方面存在较大的分歧和困难,对于教育的度量可以找一些统计数据加以利用,但对"干中学"效应,几乎无法找到统计数据。综观众多人力资本的实证研究,主要的计算方法有学历权重及受教育年限法、投入法(累计成本法)、产出法(未来收益法)。这几种方法都从一个侧面反映了人力资本的特性,但是都存在着各种各样的缺陷,尽管现在有的研究提出将"干中学"的人力资本通过转换与人力资本积累两者给合起来反映人力资本水平,但鉴于本章主要研究各地区人力资本在吸引 FDI 方面是否存在差异,因此,在选择反映人力资本水平的数据指标上,我们采用传统的平均受教育年限法来衡量,这一指标对于反映人力资本的积累仍是有效的。此外,我们还采用其他两个变量来衡量人力资本水平,即初中、高中受教育人口比重,以及大学以上受教育人口比重。

随着我国改革开放的逐步深入,经济实现了快速增长,这有利于吸引跨国公司进入。从实际来看,FDI 的进入往往发生在我国经济最活跃、且高增长的地区,因为在经济高增长地区进行投资可以带来规模收益。而经济高增长则是出现在投资之前,所以很多经验研究中采用 GDP 的增长率作为市场化程度的替代。

此外,回归中要将时间趋势包括进来以替代一些不能观察到的变量,比如招商引资环境的改变,或是跨国公司所在国家的供给因素,如要素禀赋、经济条件等。这些因素具有时间趋势,能使 FDI 的部门组成及区位分布随时间变化。

回归估计包括解释变量的滞后变化,这一变量的存在可以通过各种方式正规化。首先,过去的 FDI 流量折射了流入地区的投资条件,这一信息也会作为引导潜在投资者选择特定投资区位的参考。其次,正如 Johanson 和 Wiedersheim Paul（1993）所指出的,投资者往往喜欢到熟悉的国家投资,到不熟悉的国家投资是危险的。

由此,我们的解释变量中主要有平均受教育水平、经济增长率、就业增长率、时间趋势及被解释变量的滞后项。此外,有必要说明的是由于衡量 29 个省、区、市 17 个年份的开放度的资料不齐,模型中未能引入开放度这一变量。

三、模型估计

1. 数据及变量说明

根据模型建立及变量选取可以看出,进行估计所需要的数据包括:各年国内生产总值、人力资本水平、FDI 流量、就业人数。有关的基础数据来源于《新中国五十年统计资料汇编》（1999 年）和《中国统计年鉴》（主要年份）。基于各变量数据的可得性,我们选取的数据包括 1987～2004 年全国 28 个省、自治区、直辖市（除西藏、青海,重庆并入四川计）,其中1987～1998 年间的平均受教育年限借用了陈钊、陆铭（2004）计算的平均受教育年限;在考察人力资本的结构问题时,即采用中学及大学受教育人口比重作为回归变量时,数据可得受限,回归分析时我们采用 1998～2004 年全国 28 个省、自治区、直辖市的数据。下文中各符号分别代表:

FDI——外商直接投资额占 GDP 的比重,这里利用各年汇率对外商直接投资额进行了换算;

Edu——平均受教育年限（考虑到资料的可得性及可比性,采用平均受教育年限来表示人力资本,平均受教育年限的计算公式为:$h = 6d_1 + 9d_2 + 12d_3 + 16d_4$,其中 $d_i(1,2,3,4)$ 表示在 6 岁及 6 岁以上人口中文化程度是小学、初中、高中、及大专以上人口所占的比重）;

GDPGR——GDP 增长率;

Time——时间趋势;

Secondary——初、高中受教育人口占 6 岁及以上人口比重;

College——大学受教育人口占 6 岁及以上人口的比重;

West, *East*——分别代表西部、东部地区的个体虚拟变量;

*D*1993 ~ 1997, *D*1998 ~ 2004——分别代表 1993 ~ 1997 年、1998 ~ 2004 年的时间虚拟变量。

2. 数据基本描述

我们主要考察人力资本与 FDI 流入的关系,尤其关注我国东西部地区之间是否存在差异。首先我们将平均受教育年限所代表的人力资本水平与 FDI 流量的关系利用图形表述出来,如图4.4、图4.5 和图4.6 所示。

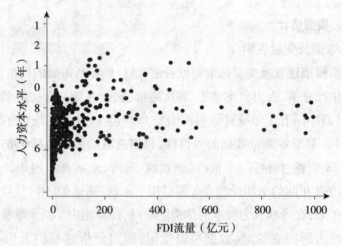

图4.4　人力资本水平与 FDI 流量散点图

根据 19 个年份 28 个地区 FDI 流量与人力资本水平(平均受教育年限)的散点图(图 4.4、图 4.5 和图 4.6)我们可以做出如下一些基本判断:

(1)东部地区大多省市吸引的 FDI 整体水平高于西部地区,但东部地区 FDI 的分散程度高于西部地区,西部地区 FDI 水平的集中程度大于东部地区;

(2)东部地区人力资本水平与 FDI 关系的离散程度高于中西部地区;

(3)人力资本水平与 FDI 的关系似乎并没有显示出有关经验研究中

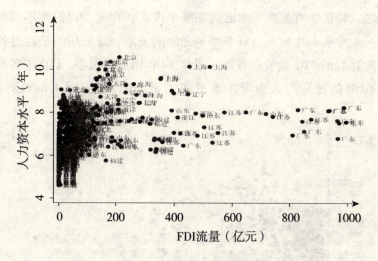

图 4.5　人力资本水平与 FDI 流量散点图(标示地区)

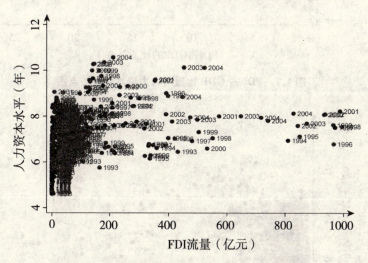

图 4.6　人力资本与 FDI 流量散点图(标示年份)

的正相关关系；

(4)各地区 FDI 水平存在一定的时间趋势,但这一时间趋势随地区不同大小不一,主要集中在 1993 ~ 1997 年间。

FDI 流量反映的是绝对量, 尽管模型的拟合优度不会依赖于变量的测量单位, 但是绝对量中包括了各个地区及各个年份的价格水平,换言之，利用绝对量要考虑通货膨胀率因素。在此，我们换用相对量来进一步考察 FDI 与人力资本水平之间的关系，这里用的是通过各年汇率换算后的 FDI 流量占各地区当年 GDP 比重的大小。FDI 占各地区当年 GDP 的比重与人力资本水平的关系如图 4.7、图 4.8 和图 4.9 所示。

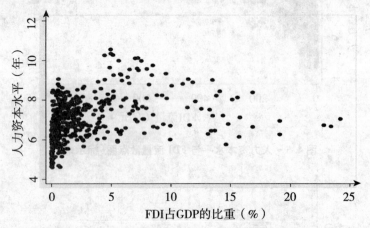

图 4.7　FDI 占 GDP 比重与人力资本水平散点图

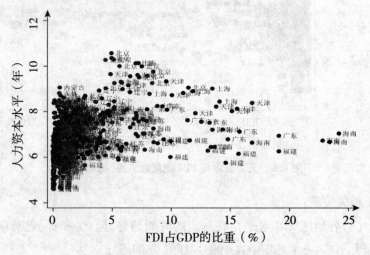

图 4.8　FDI 占 GDP 比重与人力资本水平散点图（标示地区）

当我们用各地区历年 FDI 占 GDP 的比重与人力资本水平再次做散

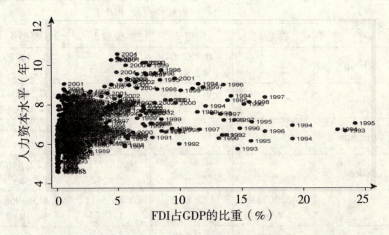

图 4.9　FDI 占 GDP 比重与人力资本水平散点图（标示年份）

点图的时候，却发生了一些有趣的变化：

（1）全国各地区人力资本水平与 FDI 的散点图分布情况没有大的变化；

（2）FDI 比重高的地区并不是那些 FDI 绝对量高的地区，而且 FDI 比重高的年份也主要集中在 1993 ~ 1997 年间；

（3）人力资本水平与 FDI 的关系仍是没有明显的正相关，但呈现出一些共同的特征，图 4.4、图 4.5 和图 4.6 中一些分散的特征变得相对集中起来。

由于前几个图形中反映出的人力资本水平与 FDI 关系不是特别明显，且这些图形带有各个地区的异质性特征，考虑到各地区及其时间变迁时，不能用传统的 OLS 寻找二者的关系，因此，我们下面采用面板数据的方法讨论。

表 4.8　三种人力资本变量与 FDI 的 OLS 估计结果

解释变量	被解释变量:FDI			
	模型 1	模型 2	模型 3	模型 4
Edu	1. 138345 (7.68) *	1. 324457 (6.77) *		

解释变量	被解释变量：FDI			
	模型 1	模型 2	模型 3	模型 4
GDPGR		-0.1370641 (-2.87)*		0.144839 (0.73)*
Time		-0.0597688 (-1.43)*		-0.5693115 (-4.19)*
Secondary			0.036078 (1.29)*	0.0824304 (2.92)*
College			0.185721 (2.82)*	0.2228467 (3.54)*
C	-5.209853 (-4.96)*	112.8045 (1.37)*	0.2053412 (0.17)*	1136.968 (4.19)*
R^2	0.1050	0.1228	0.0959	0.2049
F	58.92	23.32	8.75	10.5
Prob > F	0.0000	0.0000	0.0002	0.0000

注：括号中数值为 t 值；方程 3、方程 4 中的数据年份为 1998～2004 年；∗表明 10%的水平上显著。

3. 估计结果

先对方程(1)进行 OLS 估计,表 4.8 给出了 OLS 的回归结果,三种衡量人力资本的变量(平均受教育年限、中等受教育程度、大学受教育程度)回归系数统计上显著,意味着对于我国而言,人力资本是 FDI 流入的重要因素,但是不可忽视的一点是,模型 1～4 的 R^2 低于 0.5,仅在 0.1～0.2 之间,拟合优度不能满足需要。

平均受教育年限及中学以上受教育程度对 FDI 的影响,在 10%的水平上显著,尽管在 OLS 估计中表明人力资本对 FDI 流入的影响是显著的,但很可能由于估计模型的约束不当,使得拟合优度比较低,同时估计结果存在异方差,OLS 的估计结果不是有效的。我们将方程(1)一般化如下：

$$FDI_{it} = HK_{it} + \beta' CV_{it} + \lambda_{it} + \varepsilon_{it} \tag{2}$$

方程(2)与方程(1)的不同点在于,方程(2)中加入了个体异质项 λ,

尽管这一项不随时间改变,现在对单个地区 i 而言在模型中是具体的,而在方程(1)中,各个地区是相同的。方程(2)也就是我们常说的固定效应模型,在模型中我们假定地区差异可被看做随回归函数的参数变动而发生变化。

与固定效应相对的是随机效应模型,随机效应具有共同常数项和误差项,即当中第 i 个地区与总体截距不同的部分,也就是说,地区差异是随机的。但由于我们的数据是给定的,在这种情况下随机效应就很难判断存在与否。我们试图找出地区之间的随机效应,Hausman 检验的结果在我们不断引入新变量的情况下,显著拒绝了原假设,支持存在固定效应假设(参见表4.9)。

表 4.9　人力资本水平与 FDI 关系的面板数据结果

解释变量	被解释变量:FDI			
	模型 1		模型 2	
	FE	RE	FE	RE
Edu	0.7504147 (4.90)	0.7890662 (5.30)*	−1.861771 (−2.97)	−0.2614649 (−0.57)*
GDPGR			−0.1288555 (−3.95)	−0.1320377 (−4.01)*
Time			0.3885597 (4.28)	0.1633941 (2.40)*
C	−2.49624 (−2.32)	−2.766611 (−2.37)	−759.55 (−4.29)	−321.4251 (−2.42)*
R^2	0.1050	0.1050	0.5224	0.0155
F	20.32		22.26	
Prob > F	0.0000		0.0000	
LM		1079.79		1106.66
Hausman	1.19		13.93	
$H_o:RE\,vs\,FE$	RE		FE	

注:( )中的值为 t 值,( )*的值为 Z 值。

关于表4.9,在只考虑平均受教育年限的情况下,可以说明两点:第一,人力资本水平对 FDI 的流入存在正的影响;第二,仅考虑人力资本对 FDI 的简单关系时,存在随机效应,即各个地区之间的差异是随机的。在此情况下,是否忽略了一些变量呢? 在文献研究的基础上,我们加入 GDP 增长率、时间趋势两个变量,结果却出现了与仅考虑人力资本水平变量时相反的结果:首先,人力资本对 FDI 的影响发生了改变,系数由正变为负,而且经济增长率对 FDI 的作用也呈现出负相关的情况,但时间趋势的系数表现为正,表明其他因素对 FDI 的流入影响比较明显;其次,利用 Hausman 检验该面板数据是否存在固定或随机效应时,却显著地存在着固定效应。

上述结果可能使人产生疑问,人力资本在 FDI 的流入中是否真起作用了? 我们知道,固定效应通常是将地区虚拟变量纳入到方程中,其目的在于描述不可观察到的地区具体情况,但是这一方法的代价就是需要较多的自由度。为详细地考察东西部地区的具体影响,我们引入地区虚拟变量,同时引入时间虚拟变量(如表4.10所示)。

表4.10　引入虚拟变量后的 FDI 与人力资本关系

解释变量	被解释变量:*FDI*			
Edu	0.7162609 (4.86)	−0.643527 (−1.55)	0.3275286 (1.11)	−0.1455092 (−0.34)
GDPGR		−0.131385 (−4.01)		−0.0669692 (−2.14)
Time		0.2171496 (3.48)		0.1449699 (1.78)
west	0.1168824 (0.12)	−0.7943154 (−0.78)		
east	4.194653 (4.58)	4.697619 (4.96)		
*D*1993～1997			3.200039 (9.17)	2.615008 (6.14)
*D*1998～2004			0.9438611 (1.83)	0.0357586 (0.05)

解释变量	被解释变量:FDI			
C	−3.9428 (−3.15)	−427.6122 (−3.51)	−0.6162877 (−0.32)	−286.0884 (−1.79)
R^2	0.3602	0.3652	0.1503	0.0986
Chi2	90.12	90.12	162.41	171.38
Prob > Chi2	0.0000	0.0000	0.0000	0.0000

注:( )中的数值为 Z 值。

比较表 4.9 和表 4.10 可见:加入其他影响变量如代表市场化程度的 GDP 增长率、代表其他影响因素的时间趋势之后,人力资本对 FDI 的流入作用由正变负;除此之外,我们还可以做出以下基本判断:

(1)加入地区虚拟变量的情况下,东部地区和西部地区的系数均为正,但东部地区对 FDI 的影响比较明显;在加入了反映市场化程度的 GDP 增长率和时间趋势之后,人力资本水平变量的系数变为负数,此外,东部地区的系数趋大,而西部地区则由正变负。这或许说明,在东部地区,随着市场化程度、制度门槛和基础设施等投资环境的改善,人力资本水平逐渐成为外商投资决策考虑的重要因素,而西部地区目前在市场化发展、制度改革和基础设施建设等方面与东部差距甚大,人力资本在吸引 FDI 中的作用尚未凸显出来。

(2)在没有加入其他因素时,和其他同样回归模型相比,人力资本水平的系数偏小;而加入其他因素后,人力资本的系数变为负数。时间虚拟变量的系数无论是否引入其他影响因素均为正。我们认为,这是由于 1992 年邓小平南方谈话后,我国加大了改革开放的力度,于是在 1993 ～ 1997 年间,国内尤其是东部地区招商引资出现了高峰。模型中变量 D1993～1997 年的系数也反映了这点。其后,随着国家招商引资相关制度和政策的不断完善,招商引资规模在已有的基础上稳步增长。这反映出,在我国改革开放不断深化的过程中,制度因素是 20 世纪 90 年代 FDI 流入的主要因素,从 20 世纪 90 年代末期至今,开放政策和制度变革在外商投资决策所考虑的因素中趋于淡化。在这一背景下,人力资本水平在我国招商引资过程中的作用远没显现。笔者认为,这样的结论和我国目前的 FDI 主要是加工贸易型,而加工贸易型的 FDI 并不需要很高的人力资本水平的现实是吻合的。

　　前面的分析,我们主要采用平均受教育年限来衡量人力资本水平,这一指标给出了一个地区的总体人力资本水平,尽管上述结论表明它的作用不稳定,我们仍然想知道一个地区的人力资本水平结构是否会影响到外商投资决策? 因此,我们用初、高中受教育人口和大专及以上受教育人口比重这两个指标来代表人力资本水平做进一步分析。由于获取受教育人口比重数据的限制,我们的估计时间为 1998～2004 年,因此,在这里没有考虑时间虚拟变量,模型的其他设定与前面的基本一致。同样的,我们先根据散点图以来观察数据的一些基本特征(参见图 4.10、图 4.11 和表 4.11)。

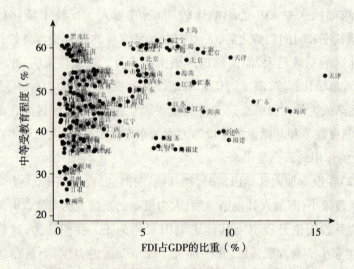

图 4.10　接受中等教育人口比重与 FDI 关系散点图

　　如图 4.10 与图 4.11 所示,当我们用中等受教育程度与高等受教育程度替代平均受教育年限来衡量人力资本水平时,西部地区 FDI 的集中程度仍高于东部地区;同样地,整个图形并未表现出 FDI 随人力资本水平增长的趋势。进一步,我们由实证结果来看二者的具体关系(参见表 4.11)。

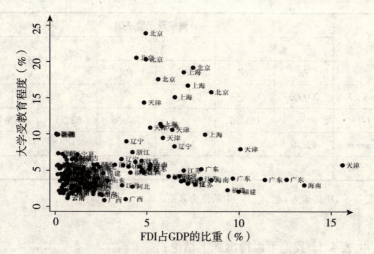

图 4.11　接受高等教育人口比重与 FDI 关系散点图

表 4.11　受教育人口比重与 FDI 关系的面板数据结果

解释变量	被解释变量:*FDI*					
	模型 1		模型 2		模型 3	
	FE	*RE*	*FE*	*RE*		
Secondary	0.0227784 (1.01)	0.0110565 (0.5) *	0.0581221 (2.34)	0.0642813 (2.72) *	-0.0005719 (-0.03) *	0.0476099 (2.06) *
College	-0.3357477 (-3.62)	-0.1484256 (-1.82) *	-0.0407001 (-0.30)	0.1115999 (1.16) *	-0.130089 (-1.88) *	0.0121616 (0.16) *
GDPGR			0.1405136 (1.22)	0.1467328 (1.29) *		0.1173833 (1.04) *
Time			-0.3682926 (-3.13)	-0.4713201 (-4.78) *		-0.3709252 (-4.04) *
west					-0.6704528 (-0.85) *	-0.2630164 (-0.33) *
east					4.613222 (6.07) *	4.104117 (5.37) *
C	3.588355 (4.02)	3.148827 (3.08) *	737.2669 (3.14)	942.3276 (4.79) *	2.001729 (1.83) *	741.2304 (4.05) *
R^2	0.0767	0.0755	0.0829	0.1946	0.5273	0.5822
F	17.54		16.02			

解释变量	被解释变量:FDI				
	模型1		模型2		模型3
	FE	RE	FE	RE	
Prob > F	0.0000		0.0000		
LM		165.26		207.36	62.35	78.38
Hausman	12.76		2.65		
H_o:REvsFE	FE		RE		

注:( )中的值为 t 值,( )* 中的值为 Z 值。

由表 4.11 我们可以得出如下结论:

(1)初、高中受教育程度相比大学受教育程度对 FDI 流入的作用要强,但总体而言,系数较小,对 FDI 流入的作用不大;

(2)考虑市场化程度、投资环境等其他因素时,大学受教育程度对于 FDI 流入的吸引作用明显增强,另外可以说明的是,随经济发展程度的提高,人力资本存量水平越高对 FDI 的吸引作用越明显;

(3)引入地区差异后,人力资本吸引 FDI 的作用变弱,正如我们前面分析地区差异的结果表明,市场化程度、投资环境等因素仍是制约西部地区吸引外资的主要因素。

综合表 4.9、表 4.10、表 4.11 的结果及其分析,我们有以下判断:

(1)不考虑其他因素的条件下,人力资本水平与 FDI 之间有明显的正相关关系;在引入其他影响因素之后,人力资本水平在 FDI 流入中的作用由正变负。这意味着,人力资本水平在 FDI 流入中的作用不具有决定性,甚至有明显的脆弱性、易变性特征;换言之,我们可以这样理解,外商在做投资决策时,人力资本水平是其考虑的一个因素,但是往往不是决定性因素。

(2)区域差异是 FDI 流入的重要影响因素。改革开放以来,东部地区一直是外商投资的主要区位选择,对于西部地区而言,其人力资本水平与东部相比确有差距,但是其市场化程度、投资环境等条件是阻碍外资进入西部地区的主要因素。

（3）当前，制度和政策因素在东部 FDI 流入中的作用逐渐弱化，而这仍然是制约西部地区吸引 FDI 的主要因素。

（4）人力资本水平的提高在吸引 FDI 中的地位，将会随着我国经济的发展、改革的深化而提升。

第四节　政策建议

有关研究表明，FDI 是导致改革开放以来东部和西部地区之间经济增长差异和收入不平衡的重要因素（Sun, 1998）。我国学者赵晋平（2001）、江小涓（2002）和邓小艳（2004）①等的研究也表明，FDI 对我国经济增长有很大的促进作用，各地区吸收 FDI 规模的差距扩大是我国地区经济发展差距不断拉大最重要的因素。

事实上，影响 FDI 的因素甚多。那么，人力资本在这些因素中处于什么样的位置？ 2003 年，国务院发展研究中心课题组曾对 2800 家日韩在华投资企业进行了关于中国投资环境的问卷调查②，调查结果显示，日韩企业认为影响其投资决策的前十位的因素分别是：吸引投资的税收优惠政策、经济稳定性、政府办事效率和公正性、潜在的市场规模、政策的透明度、劳动力充足、良好的基础设施、土地价格和租金便宜、人力资源素质高和工资水平低等。综合该调查结果和本章前面的有关研究，我们可以认为，人力资本水平是影响 FDI 区位选择的一个重要变量，不过在多数情况下尚不是决定因素。但是，人力资本和 FDI 不是相互独立，而是互为补充的。较高水平的人力资本能使西部的投资环境更具吸引力，从而扩大外资流入的规模；同时，FDI 的流入及外溢效应又可促进当地的人力资本发

---

①　邓小艳：《FDI 对我国经济增长的影响》，载《重庆邮电学院学报》2004 年第 3 期。
②　张琦：《经济发展的助推器——中日韩三国投资问卷调查结果分析》，载《国际贸易》2003 年第 1 期。

展,使得西部的引资环境更有吸引力。① 故此,如何加强人力资源开发、提升人力资本水平和优化人力资本结构,如何通过加强包括人力资源开发在内的投资环境建设来大规模吸引 FDI,进而促进西部经济发展,是我们今后必须面对的一个重要问题。

一、西部人力资本存量低、人才流失的现实

与东部相比,西部人口的受教育年限低,专业技术人员总量少、比重小,财政教育投入总额少,科学事业、卫生经费总量低,人力资本生产效率低,等等。总之,西部人力资本存量不足是不争的事实。

而另外值得注意的是,西部在人力资本存量不足的情况下还存在严重的人才流失。据统计,1999 年我国西部地区中专以上学历的人才与人口比例是 1∶92,只有东部地区的 1/10,西部地区高级专业技术人才仅占全国高级专业技术人员总数的 9.79%。② 由此可见,西部地区的人力资本存量很低。更为严重的是,西部人才流失现象非常严重。如实施西部大开发以来,云南省共计流失人才 597 名(其中副高以上人才 72 名);青海 2000～2003 年外流各类人才 2646 人(而同期引进的人才只有 671 人,流出与流入比为 3.94∶1);宁夏改革开放以来通过各种形式流失的人才大约 3 万名(而同期引进的人才不到 3000 人,流出与流入比约为 10∶1);又据甘肃省近 10 年来的不完全统计,全省每年外流的高中级职称和高学历专业技术人员超过 1000 名。③ 而且,实施西部大开发战略后,从东南沿海地区引进的人才也有不少回流原地。

西部人才流失从形式上看主要有两种表现:一是在职人才的流失。如新疆 1979～1983 年流失的各类专业人才 20.13 万人,平均每年流失1.34 万人。重庆一家大型企业 1982 年以前分配到该厂的大中专毕业生

---

① 郭英、陈飞翔:《外商直接投资与发展中国家的人力资本发展》,载《国际经贸探索》2005 年第 7 期。

② 杨玉萍、孙玉瑷、杨华:《西部人才流失的现状、原因和对策》,载《西北农林科技大学学报》2002 年第 7 期。

③ 黄欢:《人才流失——西部不可承受之"痛"》,载《中国人才》2005 年第 8 期。

流失 4000 余人,占职工总数的近 20%。二是学生人才的流失。这首先是考入内地学校的学生毕业后回西部的比例小。青海每年考入内地大中专院校的学生约 5000 人,毕业后返回的人数不足 20%。其次是西部高等院校毕业的学生外流严重。陕西省 2002 年毕业的 4600 多名硕士学位以上的研究生,有 80% 被东部地区预定。有关统计显示,整个西部人才流出量是流入量的 2 倍。① 由此可见,西部人才流失现象极其严重。

从结构上看,西部流失的人才主要是中青年骨干人才。有关统计表明,自 1995 年以来,贵州全省流失的专业人才达 3412 人,其中 70% 以上是获得中高级职称的中青年知识分子。②

西部人才流失有着深层次的历史原因,而就现实原因看主要有:经济落后,待遇相对偏低;基础设施落后,影响人才能力施展;在和东部地区的人才竞争中无优势;人才管理机制不完善。

二、政策建议

1. 继续大力发展正规的学校教育

随着国家西部大开发战略的稳步推进,西部在吸引 FDI 中的制度门槛、基础设施门槛、市场潜力门槛等将逐步消除,人力资本将日益成为外商投资决策的重要考虑因素,而正规学校教育是人力资本积累的基本途径。劳动者基本素质的培养应当通过大力推进基础教育的普及来实现。目前,我国西部"普九"教育已经取得了很大成绩,为国民素质的提高奠定了坚实的基础,但是和东部相比仍然有很大差距。所以,今后应建立一个相对集中的基础教育投资体制,保证对西部地区基础教育的投资力度,保证基础教育的进一步普及。在此基础上,大力发展中等和高等教育。

2. 强化大专以上人才培养,切实提高西部人力资源结构

在我国西部目前的人力资本水平主要表现为中等受教育程度人口占绝大多数的情况下,提升人力资本水平并优化其结构有利于 FDI 的吸收

---

① 余世仁、简玉兰:《西部人才流失探源》,载《经济论坛》2004 年第 6 期。
② 余世仁、简玉兰:《西部人才流失探源》,载《经济论坛》2004 年第 6 期。

及其技术溢出效应的利用。此外,随着西部社会主义市场经济体制改革的进一步深化、经济的发展和投资环境的改善,其人力资本水平高低在未来 FDI 引进中的作用将日趋重要,因此必须强化大专以上人才培养,切实提高西部人力资源结构。正在西部高等院校学习的本科生和研究生是未来产业创新的中坚力量,对西部的情况又有一定了解,因而采取政策把他们中的一大部分留在西部创业,对西部 FDI 的引进及其外溢效应的吸收,乃至整个经济社会的发展具有不可估量的意义。

3. 吸收一大批包括留学人员在内的优秀人才,特别是研究开发人才和制造业技术人才

没有一定规模的人才,形不成聚集效应,提高 FDI 吸收能力也是不现实的。因而,除充分调动当地现有人才资源外,还要适时地搞一个系统的"人才引进"或"智力引进"工程,首先要吸引一批急需的优秀专业人才来到西部工作或创业。

4. 营造良好的投资环境,鼓励个人创业

人才跟着企业走,企业跟着环境走。国家首先应该改善西部投资环境,通过制度建设、政策倾斜、税收优惠等手段吸引优秀的企业,在政策和资金上加大对西部高新区、创业园和中小型科技企业的支持,加快建立中小企业信用担保体系和中小企业服务机构。为了适合各个省、市、自治区的实际情况,中央政府甚至可以给西部地方政府以更多的放权,让其灵活掌握。比如开放民用科技计划,实行向个人倾斜的知识产权政策;科技人员可以与所在单位、应聘单位或兼职单位就利用单位的物质技术条件产生的科技成果订立知识产权分享合同等。

5. 鼓励跨国公司对西部的当地雇员进行培训

跨国公司对当地员工的教育、培训、管理及制度革新等活动有助于西部人力资本积累,同时也是"干中学"的具体表现。FDI 技术水平高,技术复杂,要求较高层的人力资源与之配合。当 FDI 企业的雇员流向当地企业或自创企业时,其在跨国公司中所学的才智和知识积累也将随之扩散,这既是技术溢出,又是为西部积累人力资本。从东部经验看,有许多当地优秀企业家,企业中坚力量都曾受雇于跨国公司,他们在跨国公司的所

学、锻炼和经验为其后来的创业或事业打下了坚实基础。因此,西部应采取有效措施,使跨国公司成为西部人力资源的一所学校、一个摇篮,使它为西部积累人力资本,为当地经济发展提供源源不断的人才。

西部能否形成人力资本积累和 FDI 吸收相互作用、彼此发展的良性互动机制,关键在于西部地区政府能否遵循市场规律,建立吸引、稳定相结合的人才管理机制,并辅之以更为开放、灵活的人才吸引政策,从而改善人才待遇,创造有利于人才事业发展的社会环境和组织环境。此外,加大教育投入也是西部地区各级政府应该认真考虑的一个事情,因为教育是提升人力资本水平的基本方法。当然在加大教育投入时,还要调整教育投资分配方向和结构,使教育计划适当地和跨国公司的需要相结合。

参考文献

[1] Alcacer, J. (2000), "the Human Capital in Foreign Investment", *Transition*, May ~ August.

[2] Amirahmadi, Hooshang and Weiping Wu (1994), "Foreign Direct Investment in Developing Countries", *The Jounal of Developing Areas* 28:167 ~ 190.

[3] Bende Nabende A. and J. R. Slater (2000), *Long-Run Determinants of Private capital Formation in Development Countries*, University of Birmingham Business Enterprise Institute.

[4] Borenztein, E., J. DeGregorio and J-W Lee (1998), "How does Foreign Investment Affect Economic Growth?" *Journal of international Economics*, 45:115 ~ 135.

[5] Charles Jones, (1995), "R&D-Based Models of Economic Growth", *Journal of political Economy* 103, 759 ~ 784.

[6] Chen, C. H. (1996), "Regional Determinants of Foreign Direct Investment in Mainland China," *Journal of Economic Studies* 23(2):18 ~ 30.

[7] Cheng, Leonard K. and Yum K. Kwan (2000), "What are the Determinants of the Location of Foreign Direct Investment? the Chinese Expe-

rience" , *Journal of International Economics* 51:379 ~ 400.

[8] Dunning,J. H. (1998) , "the Changing Geography of Foreign Direct Investment: Explanations and Implications". In N. Kumar(Ed) , *Globalization,Foreign Direct Investment and Technology Transfer:Impacts on and Prospects for Developing Countries*. London:Routledge.

[9] Farhad Noorbaksh, Alberto Paloni(2001) , "Huanm Capital and FDI Inflows to Developing Countries:New Empirical Evidence" , *World Development*,Vol. 29,Nl. 9,pp. 1593 ~ 1610.

[10] Lucas, R. B. (1993) , "On the Determinants of Direct Foreign Investment:Evidence from East and Southest Asia" , *World Development*, 21, 391 ~ 406.

[11] Lucas,Robert E. , Jr. (1990) , "Why doesn't Capital Flow from Rich to Poor Countries" ,*American Economic Review* 80(May) ;92 ~ 96.

[12] Romer,P. M. (1990) , "Endogenous Technology Change" ,*Journal of political Economy*, Vol. 98,No. 5.

[13] Ying Zhu (2000) , "Globalisation,Foreign Direct Investment and their Impact on Labour Relations and Regulation: the Case of China" ,*The International Journal of Comparative Labour Law and Industrial Relations*, Vol. 16/1,5 ~ 24.

[14] Dees,Stèphane (1998) , "Foreign Direct Investment in China: Determinants and Effects" ,*Economics of Planning*, 31: 175 ~ 194.

[15]菲利普·阿吉欧、彼得·霍伊特:《内生经济增长理论》,北京大学出版社 2004 年版。

[16]李忠民:《人力资本:一个理论框架及其对中国一些问题的解释》,经济科学出版社 1999 年版。

[17]沈利生、朱运发:《人力资本与经济增长分析》,社会科学文献出版社 1999 年版。

[18]杨先明:《发展阶段与国际直接投资》,商务印书馆 2000 年版。

[19]赵果庆:《中国西部国际直接投资吸收能力研究》,中国社会科

学出版社 2004 年版。

　　[20]赵江林:《外资与人力资源开发:对中国经验的总结》,载《经济研究》2004 年第 2 期。

　　[21]赖明勇等:《我国外商直接投资吸收能力研究》,载《南开经济研究》2002 年第 3 期。

　　[22]代谦、别朝霞:《FDI、人力资本积累与经济增长》,载《经济研究》2006 年第 4 期。

　　[23]赖明勇、包群、阳小晓:《我国外商直接投资吸收能力研究》,载《南开经济研究》2002 年第 3 期。

　　[24]周春应、王波:《外商直接投资与中国经济增长的长期均衡与动态分析》,载《世界经济与政治论坛》2006 年第 3 期。

　　[25]赖明勇、包群、彭水军、张新:《外商直接投资与技术外溢:基于吸收能力的研究》,载《经济研究》2005 年第 8 期。

　　[26]王志鹏、李子奈:《外商直接投资、外溢效应与内生经济增长》,载《世界经济文汇》2004 年第 3 期。

　　[27]崔到陵、任志成:《外国直接投资与中国人力资本成长的实证分析》,载《国际贸易问题》2006 年第 3 期。

　　[28]赵伟:《人力资本与技术溢出:基于进口传导机制的实证研究》,载《中国软科学》2006 年第 4 期。

　　[29]倪海青、张岩贵:《我国人力资本水平与 FDI 相互关系的实证研究》,载《中央财经大学学报》2006 年第 12 期。

　　[30]王艳丽、刘传哲:《人力资本与 FDI 技术溢出——来自中国的证据》,载《统计与决策》2006 年第 17 期。

　　[31]陈钊、陆铭、金煜:《中国人力资本和教育发展的区域差异:对于面板数据的估算》,载《世界经济》2004 年第 4 期。

第五章 产业级差、产业结构与 产业配套对西部引进 FDI 的影响分析

在我国引进 FDI 的初期,造成 FDI 在我国东部地区和西部地区分布不均衡的因素主要是因为地理区位、政策优惠、基础设施等方面的差异。随着我国对外开放的深入,对外资的优惠政策已不是东部沿海独享;随着西部大开发的推进,西部地区的基础设施面貌已经有了很大的改善。按理说西部地区的区位优势和改革开放之初相比已经有了很大的提升,但是现实的情况是 FDI 仍然集中在东部沿海地区,西部地区仍然是吸引国际直接投资的边缘地带。这表明随着跨国公司对华投资的不断积累和深入,传统的因素对吸引 FDI 的作用正在下降,一些新的因素对跨国公司选择投资区位的影响越来越大,其中,产业层面的因素作用越来越大。由于我国地区经济发展的不平衡,如今西部地区和东部地区的产业发展水平有很大差距,主要表现在三个方面:产业级差;产业结构差异;产业配套能力差异。这种差距已经成为 FDI 在东部地区和西部地区分布不均衡持续扩大的重要原因之一。因此,从产业层面来分析西部地区引进外资困境问题具有十分重要的理论和现实意义。本章通过分析产业级差、产业结构和产业配套三个方面对西部地区引进外资的影响,从产业层面揭示造成西部地区引进外资困境的原因。

第一节 产业级差对西部引进 FDI 的影响

产业级差是指国家或地区之间在产业发展阶段上的差异。国家间产

业级差的存在及其变动是产业跨国转移的原因之一,产业级差不仅决定了产业跨国转移的结构,而且对产业跨国转移的流向也有重要影响。产业级差不仅存在于国家之间,而且存在于地区之间。由于经济发展的不平衡,我国地区之间也形成了明显的产业级差,特别是在东部地区和西部地区之间,产业级差已经非常明显。东部地区和西部地区的产业级差使得两个地区与外国的产业级差不同,并进一步影响到产业跨国转移在我国的分布。由于 FDI 是产业跨国转移的载体,因此产业级差对西部地区引进 FDI 有重要影响。本节针对这一问题进行研究。

一、产业级差与产业跨国转移

产业级差与产业跨国转移之间的关系可以通过日本学者小岛清提出的边际产业转移论来说明。边际产业转移论的主要思想是:"对外直接投资应该从本国(投资国)已经处于或即将陷于比较劣势的产业(即边际产业,这也是对方国家具有显性或潜在比较优势的产业)依次进行。"边际产业的概念可以扩大,更一般地称之为边际性生产,包括边际性产业、边际性企业和边际性部门。按照这一思想,发达国家对发展中国家工业的投资是按照比较成本及其变动依次进行,并从技术差距小、容易转移的技术开始,按次序地进行转移。

1. 产业级差与产业跨国转移之间的关系

从边际产业转移论中可以看出产业级差与产业跨国转移之间的关系:

(1)产业级差的存在是边际产业转移的必要条件。边际产业转移论中隐含的一个假设是投资国和接受国之间存在产业级差,正是因为产业级差的存在才使得不同国家的产业结构落入不同的区间;而比较优势的相对变动导致了边际产业的出现并由产业发展水平处于高级阶段的国家向低级阶段的国家转移。

(2)产业级差的大小决定了产业跨国转移的流向。由于边际产业转移总是从技术差距小、容易转移的产业依次进行,如果投资国和接受国之间的产业级差过大,那么边际产业转移就会存在困难。只有投资国与接受国的产业级差在一定范围内,边际产业转移才容易进行。因此,边际产业转移总是流向承接能力强的国家或地区。

2. 产业级差与亚洲的雁行模式

产业级差与产业跨国转移之间的关系最好的例证就是亚洲的雁行模式。20 世纪 80 年代以来,一些日本学者引用赤松要的"雁行产业发展形态论",将战后东亚地区国际分工体系和经济发展过程比喻为一种"雁行形态"或"雁行模式"。东亚传统"雁行模式"的基本内涵是:第二次世界大战后,率先实现工业化的日本依次把成熟了的或者具有潜在比较劣势的产业转移到"亚洲四小龙",后者又将其成熟的产业依次转移到东盟诸国(泰国、马来西亚、菲律宾、印度尼西亚等),20 世纪 80 年代初,中国东部沿海地区也开始参与东亚国际分工体系,这样就形成了一幅以日本为"领头雁"的东亚经济发展的雁行图景,在他们之间形成了技术密集与高附加值产业——资本技术密集产业——劳动密集型产业的阶梯式产业分工体系。

图 5.1(a)反映了一国比较优势的变化情况,资本和技术的积累导致一国的比较优势发生了变化,具有比较优势的产业由最初的劳动密集型产业向资本密集型再到技术密集的高附加值产业转变,丧失比较优势的产业沦为边际产业。如图 5.1(b)所示,领先的国家将边际产业对外转移,转移的方向是根据产业级差依次进行。在亚洲产业转移的方向是日本——亚洲新兴工业化国家(NIES)——原东盟六国——中国——越南和印度。

3. 产业级差与产业跨国转移的实现

从边际产业转移的特征和亚洲雁行模式来看,产业跨国转移的实现需要具备两个前提条件:

首先,移出国的生产函数先进于移入国的生产函数,否则产业转移就变得毫无意义。假设 A 国为移出国,B 国为移入国,且只有 X、Y 两种产业(商品)进行投资或贸易,其产业状况如下:在 A 国,X_a 产业(商品)具有比较优势,Y_a 产业(商品)具有比较劣势;在 B 国,Y_b 产业(商品)具有比较优势,X_b 产业(商品)具有比较劣势。由于要素积累或经济增长,改变了 A 国的比较优势的形态,进而形成比较优势的动态变化,即以前具有比较优势的 X_a 变为具有比较劣势,成为了"边际产业"。反之,Y_a 从具有比较劣势变为具有比较优势,使得生产 X_a 产业的利润率低于 Y_a 产业。同时,随着技术提升和资本积累,B 国生产 X_a 产品的能力不断上升,逐渐具备了生产 X_a 的比较优势,这样,A 国 X 产业的各个企业有的转向 Y 产业,有的则转向 B 国进行生产,从而使 A 国的产业得到结构性调整。

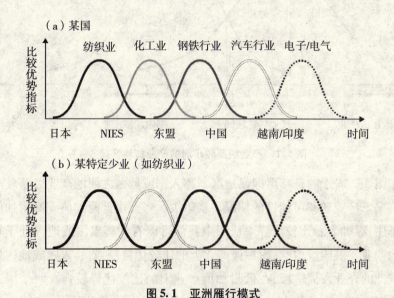

图 5.1 亚洲雁行模式

资料来源:Chi Hung Kwan, "Flying-Geese Pattern of Economic Development:an Empirical Analysis Based on US Import Statistics". *NRI Papers*, No. 52, August 1, 2002.

其次,移入国与移出国在边际产业上的生产函数差距不能过大,否则由于缺乏承接能力产业转移难以发生。如果 A 国的生产函数先进于 B 国,而且 X_a 与 X_b 之间的技术差距较小,那么 B 国比较容易承接 A 国的边际产业。接受 A 国的边际产业能使 B 国 X_b 产业的劳动生产率有较大提高。这样,X_a 在 B 国就具有比较优势,从而由 A 国向 B 国转移。同理,如果存在 A、B、C……N 国,且有 X、Y 两种产业(商品),且生产函数依次递减,然后依次从各国的"边际产业"(商品)进行转移,就将形成以 A 国为起点的产业递次转移链,从而实现比较优势的动态变化和产业之间的动态转移。

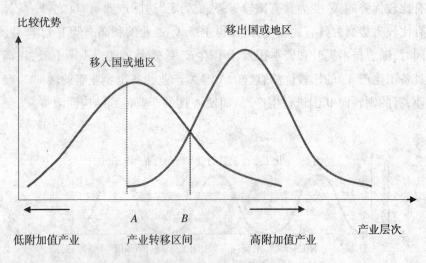

图 5.2　产业级差较小时的产业转移区间

　　图 5.2 表示的是移出国或地区与移入国或地区之间的产业级差较小的情况下产业转移可能性的情况。横轴表示产业由低附加值到高附加值的排序,纵轴表示比较优势。从图中我们可以看到移出国或地区处于较高的产业发展阶段,在高附加值产业上的比较优势较强,移入国或地区处于较低的产业发展阶段,在低附加值产业上的比较优势较强。两个国家或地区之间的产业级差较小,因此两条曲线重合的部分较大,即图中的 AB 区间。在 AB 区间范围内的产业就是移出国或地区丧失或即将丧失比较优势的产业,同时是移入国或地区拥有或即将拥有比较优势的产业。因此 AB 区间就是产业转移区间,其长度表示产业在两个国家或地区转移的可能性的大小。

　　图 5.3 表示的是移出国或地区与移入国或地区之间的产业级差较大的情况下产业转移可能性的情况。图形的结构和图 5.2 相同,对比图 5.2 和图 5.3 从中可以看到在产业级差较大的情况下,AB 区间的长度小于产业级差较小的情况,表明产业在两个国家和地区之间转移的可能性较小。

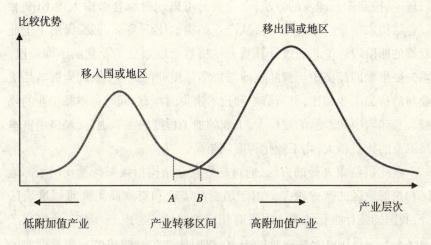

图 5.3　产业级差较大时的产业转移区间

综上所述,边际产业的转移对移入国或地区来说必须是具有潜在优势的产业(或称幼稚产业),对移出国或地区来说是已经丧失或者即将丧失比较优势的产业。因此,只有在移入国或地区具有潜在比较优势的产业与移出国或地区丧失或者即将丧失比较优势的产业重合度比较高的时候,两个国家或地区之间进行产业转移的可能性才较大,否则,产业转移的可能性将会受到限制。换句话说,当移出国或地区与移入国或地区之间的产业级差较小时,产业转移的可能性较大。

二、西部地区与东部地区产业级差评估

既然产业级差对产业跨国转移有重要的影响,那么我国西部地区和东部地区存在的产业级差是否也对 FDI 在西部地区和东部地区的分布有同样的影响?

1. 产业级差的衡量

产业级差的衡量可以通过多种方式进行,钱纳里根据人均收入不同水平与产业结构的关系提出了与人均收入水平相对应的六阶段工业化模式,按照钱纳里的方法,产业级差可以通过人均 GDP 来衡量。库茨涅茨则同时考察人均收入和劳动力在不同产业的就业结构,提出工业化五阶段理论,按照库兹涅茨的方法,产业级差可以通过综合考虑人均GDP和就业结构来衡量。霍夫曼直接从产业结构的比例关系出发,提出了工业发展的四阶段理论。通过计算霍夫曼指数可以划分工业化的不同阶段。霍夫曼指数即经济中消费品工业与资本品工业的比重,他认为资本品工业与消费品工业相比,具有资本和技术密集的特点,同时资本品工业的规模大意味着中间产品的规模大,工业的加工程度较深。因此,经济中资本品工业的比重越大,则工业化程度就越高。

在此借鉴霍夫曼的方法,通过构造产业结构指数来衡量我国东部地区和西部地区的产业级差。由于消费品工业和资本品工业难以准确区分,我国的统计指标体系中也没有相应的统计。考虑到本节主要研究产业级差与引进国际直接投资的关系,我们从产业链的角度来衡量产业级差,使用制造品产业和初级产品产业之比来衡量我国地区间的产业级差。初级产品产业包括第一产业中的农、林、牧、副、渔产业和第二产业中的采掘业,制造品产业即第二产业中的制造业。一个地区的初级产品产业比重大说明该地区的产业处于较低的发展阶段,相反一个地区的制造品产业比重大说明该地区的产业处于较高的发展阶段。

2. 西部与东部的产业级差

通过计算西部各省、自治区、直辖市与东部各省市制造品产业对初级产品产业之比,可以对两个地区之间的产业级差进行分析。计算结果如表5.1所示。

表5.1是东西部产业结构指数比较,从中可以看到,我国东西部地区存在明显的产业级差,从平均水平看东部地区达到了11.27,而西部地区仅为1.68,表明东部地区在产业链分工中普遍处于中上游,而西部地区在产业链分工中普遍处于下游。从东部地区内部看,结构指数较高的是上海、浙江、北京、江苏、广东和天津,分别为50.53、13.61、12.54、11.64、11.46和8.38,这几个省市主要从事制造业产品的生产,而初级产品产业所占的份额很低;其次是福建和山东两省,分别达到5.01和4.08,制造业产品的比重也明显大于初级产品;除了海南仅为0.83外,辽宁和河北分别为3.58和2.36,大于大部分的西部地区。从西部地区内部看,除重

庆的结构指数达到 3.46、制造业相对发达外,其他的地区都比较低;四川、甘肃、宁夏、云南、贵州、广西和陕西的结构指数在 1.5 以上,制造业产品的比重和初级产品比重相比没有明显的优势,初级产业仍然占有较大的份额;而青海、新疆、西藏和内蒙古的结构指数小于 1.5,基本上是依靠初级产品产业。

表 5.1　东、西部产业结构指数比较

东部地区		西部地区	
北京	12.54	内蒙古	1.31
天津	8.38	广西	1.62
河北	2.36	重庆	3.46
辽宁	3.58	四川	1.87
上海	50.53	贵州	1.63
江苏	11.64	云南	1.94
浙江	13.61	西藏	0.26
福建	5.01	陕西	1.55
广东	11.46	甘肃	2.32
海南	0.83	青海	1.01
山东	4.08	宁夏	2.51
		新疆	0.73
东部平均	11.27	西部平均	1.68

资料来源:根据 2004 年经济普查数据计算。

三、产业级差对西部引进 FDI 的影响

产业跨国转移的动因主要是发达国家或新型工业化国家由于比较优势的相对变化产生了产业结构调整的需要,产业结构调整的方向是向更高层次的产业结构演进,而把丧失或即将丧失比较优势的边际产业对外转移。在边际产业的对外转移中,那些优势产业结构与边际产业相似的国家具有比较强的承接能力,因此成为接受产业跨国转移比较集中的

地区。

　　跨国公司对我国的产业转移主要集中在制造业部门,主要是利用我国的劳动力成本优势把本国丧失比较优势的劳动密集型制造业或部门劳动密集型的制造业加工环节转移到我国。随着我国技术水平和资本存量的不断增长,承接国外制造业转移的能力不断上升,跨国公司对我国转移的产业的层次也在不断提高,从最初简单的使用非熟练劳动力的劳动密集型制造业逐步转变为需要熟练劳动力的部分中度资本和技术密集型制造业。这一变化使得跨国公司对我国承接制造业转移能力的要求不断提高,因而对我国的投资主要集中在承接能力较好的东部沿海地区。

　　我国东西部地区产业级差的存在,致使东西部地区之间承接产业跨国转移的能力差别很大。东部地区的产业结构指数达到了 11.27,表明东部地区的制造业非常发达,正好与发达国家和新兴工业化国家对我国的产业转移相匹配(或者重合度较高),产业承接能力和承接的范围广;而西部地区的产业结构指数仅为 1.68,表明西部地区制造业还处于比较低的水平,生产初级产品的产业占有比较大的比重,从结构上看与发达国家和新兴工业化国家对我国的产业转移的匹配度低(或者重合度低),承接产业跨国转移的能力低。因此,产业级差是导致西部地区吸引 FDI 困境的主要原因之一。

　　从图 5.4 中可以清楚地看到西部地区与东部地区之间的产业级差对西部引进 FDI 的影响。曲线的高度差异和覆盖范围差异表示比较优势大小的差异和产业覆盖范围的差异。AB 段表示西部地区与东部地区的产业级差,其存在使得西部地区与对华投资国的产业级差大于东部地区与对华投资国的产业级差。西部地区与对华投资国的产业级差为 AC 段,而东部地区与对华投资国的产业级差为 BC 段,AC 段的长度大于 BC 段。从图中可以看到东部地区的比较优势曲线与对华投资国的比较优势曲线重合的面积比较大,相比之下,西部地区的比较优势曲线与对华投资国的比较优势曲线重合的面积比较小,东部地区接受产业跨国转移的区间大于西部地区,因此跨国公司更愿意到东部地区投资而不愿意到西部地区投资。

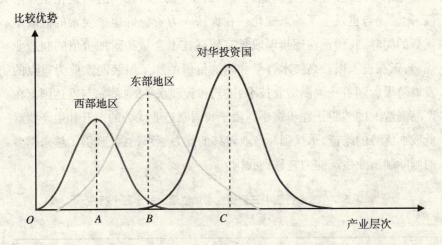

图 5.4　产业级差对西部引进 FDI 的影响

第二节　产业结构对西部引进 FDI 的影响

上一节的分析表明产业级差是造成西部地区引进 FDI 困境的重要原因。产业级差的存在表现为国家和地区之间的产业结构不同，因此东西部地区之间的产业级差使得两个地区的产业结构存在明显的差异。对西部地区产业结构与引进 FDI 的关系进行研究有助于更深入地从产业层面分析西部地区引进 FDI 困境。本节首先分析外商对华投资的产业结构，然后从主导工业结构、优势产业结构和产业在产业链上的分布三个方面来研究西部产业结构与引进 FDI 的关系。

一、外商对我国投资的产业结构

和"亚洲四小龙"等东亚新兴工业化国家和地区相比，我国接受国际直接投资较晚，但是很快就成为发展中国家中吸引国际直接投资最多的国家。我国是一个人口大国，劳动力资源丰富，在劳动密集型产业上具有很强的比较优势。因此，在引进国际直接投资的初期，我国首先承接的产业转移是劳动密集型产业，代表性产业是纺织业和服装制造业，投资来源主要是港澳台地区的资金。随着经济的快速发展,我国进入重化工业阶段,比较优势也发生了动态变化。在保持人力资源等生产要素的低成本优势的同时,我国正在逐步形成具有较高技术含量和附加价值的制造业优势,正在进入以较高技术含量和附加价值的加工组装制造业为重点的发展阶段。随着我国制造业技术、工艺和管理水平的提高,与发达国家在产品制造上的差距正逐步缩小。由于我国制造业优势的上升和生产要素低成本优势的维持,承接国际产业转移的能力越来越强,吸引了越来越多的国际制造业生产能力转移到我国。

表5.2　工业行业中三资企业增加值最大的十五个行业

单位:亿元

1995 年		2003 年	
行业	增加值	行业	增加值
通信设备、计算机及其他电子设备制造业	373.51	通信设备、计算机及其他电子设备制造业	2424.52
交通运输设备制造业	189.3	交通运输设备制造业	1291.03
纺织业	182.25	电气机械及器材制造业	713.12
纺织服装、鞋、帽制造业	173.73	电力、热力的生产和供应业	685.41
电力、热力的生产和供应业	149.54	化学原料及化学制品制造业	617.81
电气机械及器材制造业	139.31	纺织业	460.74
化学原料及化学制品制造业	128.55	通用设备制造业	436.32
非金属矿物制品业	104.81	纺织服装、鞋、帽制造业	431.78
皮革、毛皮、羽毛(绒)及其制品业	103.21	农副食品加工业	386.04
农副食品加工业	102.37	塑料制品业	336.7
通用设备制造业	96.42	金属制品业	326.35
金属制品业	90.56	皮革、毛皮、羽毛(绒)及其制品业	299.91

1995 年		2003 年	
饮料制造业	74.99	非金属矿物制品业	295.99
塑料制品业	70.02	仪器仪表及文化、办公用机械制造业	286.03
食品制造业	68.4	食品制造业	275.87

资料来源：《中国统计年鉴》1996 年和 2004 年的相关数据。

表 5.2 对 1995 年和 2003 年我国工业行业中三资企业增加值最大的十五个行业进行了对比。从中可以看到外商对我国投资的产业结构具有如下特征：首先，增加值增长最快的行业主要集中在各类装备制造业，表明资本密集型和技术密集型产业成为我国吸引外资的增长点。通信设备、计算机及其他电子设备制造业、交通运输设备制造业、电气机械及器材制造业、化学原料及化学制品制造业和仪器仪表及文化、办公用机械制造业等行业已成为三资企业增加值增长最快的行业。其次，传统的劳动密集型产业，纺织业、纺织服装、鞋、帽制造业、皮革、毛皮、羽毛（绒）及其制品业、饮料制造业和食品制造业仍然具有较大的比重，但是这些行业的增长速度已经趋于平稳或者下降。第三，从总体规模来看，外商对我国的投资集中在处于产业链中间和后端的轻工产品制造业和装备制造业，而对处于产业链前端的采掘、冶金等行业投资较少。

二、主导工业结构对西部引进 FDI 的影响

1. 西部主导产业结构与东部的比较

主导产业是指在经济发展过程中或者在工业化不同发展阶段中出现的影响全局的、在国民经济发展中居于主导地位的、能通过其前后相关联与旁侧关联带动整个经济增长的产业部门。可见主要产业有两个重要特征：一是在经济中所占的比重大，二是具有较高的产业关联效应。在此我们主要从各工业产业总产值占工业总产值比重来比较东西部的主导工业结构。

　　一般把产业增加值占地区生产总值超过 5% 的产业视为主导产业，表 5.3 是西部地区各省、自治区、直辖市总产值占本省工业总产值 5% 的产业，从中可以看到西部地区各省、自治区、直辖市的产业结构偏向于基础性的产业，特别是能源、冶金和化工等产业。以能源工业——包括煤炭开采和洗选业、石油加工及炼焦业、电力热力的生产和供应业为主要支柱产业的省区有陕西、内蒙古、贵州、云南、甘肃、青海、宁夏和新疆。以冶金工业——黑色金属冶炼及压延加工业、有色金属冶炼及压延加工业为主要支柱产业的省区有内蒙古、广西、四川、贵州、云南、甘肃、青海、宁夏和新疆。以化学工业——化学原料及化学制品制造业为主要支柱产业的省、自治区、直辖市有广西、重庆、四川、贵州、云南、青海和宁夏。在西部地区，这三类产业构成了大部分的支柱产业，例外的情况主要有交通运输设备制造业是陕西、广西、重庆、四川和贵州的支柱产业，通讯设备计算机及其他电子设备制造业是四川和陕西的支柱产业，烟草制造业是云南和贵州的支柱产业。

　　西部主导工业的特征是对资源的高度依赖，能源工业、冶金工业和化学工业作为三大支柱工业都是对资源高度依赖的产业。能源工业依托丰富的煤、石油、天然气和水利资源，冶金工业依托丰富的黑色金属和有色金属矿产资源，化学工业依托各类金属和非金属矿产资源。

　　从表 5.4 和表 5.3 的比较中可以看到我国东部地区的主导工业结构和西部地区相比具有明显的不同，东部地区主导工业结构比西部地区类型丰富，特别显著的差别在制造业方面，制造业在东部很多省市都是支柱产业。例如，通讯设备、计算机及其他电子设备制造业是北京、天津、上海、江苏、浙江、福建和广东的主导工业，交通运输设备制造业是北京、天津、辽宁、上海、江苏和浙江的支柱产业，通用设备制造业是辽宁、上海和江苏的支柱产业，纺织业是江苏、福建和山东的支柱产业。此外冶金工业和化工工业也是很多东部地区的主导工业。从总体上看，东部地区的主导工业结构偏向于各类装备制造业，这些制造业主要依靠技术和劳动力，对资源的依赖程度比较低。

表 5.3　西部地区各省、区、市主导工业

	内蒙古	广西	重庆	四川	贵州	云南	陕西	甘肃	青海	宁夏	新疆
1	电力热力的生产和供应业	农副食品加工业	电力热力的生产和供应业	电力热力的生产和供应业	黑色金属冶炼及压延加工业	烟草制造业	石油和天然气开采业	石油加工及炼焦业	电力热力的生产和供应业	电力热力的生产和供应业	石油和天然气开采业
2	煤炭开采和洗选业	黑色金属冶炼及压延加工业	化学原料及化学制品制造业	化学原料及化学制品制造业	有色金属冶炼及压延加工业	有色金属冶炼及压延加工业	电力热力的生产和供应业	有色金属冶炼及压延加工业	石油和天然气开采业	有色金属冶炼及压延加工业	石油加工及炼焦业
3	食品制造业	电力热力的生产和供应业	黑色金属冶炼及压延加工业	农副食品加工业	化学原料及化学制品制造业	电力热力的生产和供应业	交通运输设备制造业	电力热力的生产和供应业	有色金属冶炼及压延加工业	化学原料及化学制品制造业	黑色金属冶炼及压延加工业
4	农副食品加工业	有色金属冶炼及压延加工业		饮料制造业	烟草制造业	黑色金属冶炼及压延加工业	石油加工及炼焦业	黑色金属冶炼及压延加工业	黑色金属冶炼及压延加工业	煤炭开采和洗选业	电力热力的生产和供应业
5	有色金属冶炼及压延加工业	化学原料及化学制品制造业		交通运输设备制造业	交通运输设备制造业	化学原料及化学制品制造业	通讯设备、计算机及其他电子设备制造业	石油和天然气开采业	有色金属矿采选业	石油加工及炼焦业	
6	纺织业	非金属矿物制造业		通讯设备、计算机及其他电子设备制造业	煤炭开采和洗选业				化学原料及化学制品制造业	黑色金属冶炼及压延加工业	

资料来源：根据《中国工业经济统计年鉴》2004 年的相关数据计算。

表5.4　东部地区各省、市主导工业

北京	天津	河北	辽宁	上海	江苏	浙江	福建	山东	广东	海南
通讯设备、计算机及其他电子设备制造业	通讯设备、计算机及其他电子设备制造业	黑色金属冶炼及压延加工业	黑色金属冶炼及压延加工业	通讯设备、计算机及其他电子设备制造业	通讯设备、计算机及其他电子设备制造业	纺织业	通讯设备、计算机及其他电子设备制造业	农副食品加工业	通讯设备、计算机及其他电子设备制造业	交通运输设备制造业
交通运输设备制造业	黑色金属冶炼及压延加工业	电力热力的生产和供应业	石油加工及炼焦业	交通运输设备制造业	交通运输设备制造业	电气机械及器材制造业	电力热力的生产和供应业	化学原料及化学制品制造业	电气机械及器材制造业	农副食品加工业
黑色金属冶炼及压延加工业	交通运输设备制造业	化学原料及化学制品制造业	电力热力的生产和供应业	黑色金属冶炼及压延加工业	黑色金属冶炼及压延加工业	通讯设备、计算机及其他电子设备制造业	纺织服装、鞋、帽制造业	纺织业	电力热力的生产和供应业	化学原料及化学制品制造业
化学原料及化学制品制造业	化学原料及化学制品制造业		交通运输设备制造业	通用设备制造业	通用设备制造业	化学原料及化学制品制造业	非金属矿物制品制造业	非金属矿物制品制造业	化学原料及化学制品制造业	电力热力的生产和供应业
电力热力的生产和供应业	石油和天然气开采业		通用设备制造业	电气机械及器材制造业	电气机械及器材制造业	交通运输设备制造业	纺织业	电力热力的生产和供应业		医药制造业
石油加工及炼焦业			化学原料及化学制品制造业	化学原料及化学制品制造业	化学原料及化学制品制造业	纺织服装、鞋、帽制造业		电气机械及器材制造业		饮料制造业
								黑色金属冶炼及压延加工业		
								通用设备制造业		

资料来源：根据《中国工业经济统计年鉴》2004年的相关数据计算。

2. 主导产业结构对西部引进 FDI 的影响

通过综合考察外商对我国工业的投资结构和东部地区与西部地区的主导工业能够说明主导工业结构与引进 FDI 的关系。

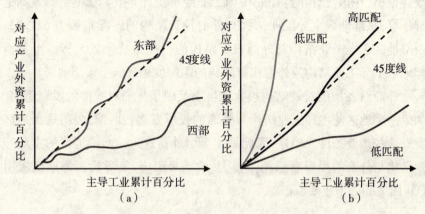

图 5.5 主导工业与外资的匹配度

资料来源:根据《中国统计年鉴》和《中国工业经济统计年鉴》2004 年的相关数据计算结果绘制。

图 5.5 反映了东部主导工业与外商投资结构的匹配性,横轴表示东部地区和西部地区十大主导工业占东部地区工业总产值的累积百分比,纵轴表示外商对我国相应产业的投资占对我国工业总投资的比重的累积百分比。主导工业与外商投资结构匹配度越高,曲线就越接近 45 度直线,反之,曲线就越偏离 45 度线(如图 5.5(b)所示)。图 5.5(a)是根据数据计算的实际曲线,对比两条曲线可以看到东部地区的曲线非常接近45 度直线,而西部地区的曲线偏离 45 度直线较大。表明东部地区主导工业结构和外商投资结构的匹配性较高,西部地区主导工业结构与外商投资结构相差很大。

通过计算东部地区和西部地区主导工业结构与外商投资结构的匹配度指数可以得到同样的结论。设西部地区共有 m 个主导工业,每个主导工业占工业总产值的比重分别为 r_{w1}, r_{w2}, ……r_{wm},外商对这些产业投资的比重占对我国工业投资的比重分别为 f_{w1}, f_{w2}, ……f_{wm},那么西部地区主导工业结构与外商投资结构的匹配指数为 $I_w = \sum_{i=1}^{m} r_{wi} f_{wi}$，该值越大则主导
工业结构与外商投资结构的匹配度就越高，同理可以计算东部地区的指
数。根据《中国统计年鉴》和《中国工业经济统计年鉴》2004 年的数据进
行计算，东部地区主导工业结构与外商投资结构的匹配指数为 621.81，
西部地区主导工业结构与外商投资结构的匹配指数为 205.39。可见西
部地区主导工业结构与外商投资结构的匹配度远远低于东部地区。

外商对我国的投资结构很大程度上反映了外商对我国的投资意愿，
如果一个地区的主导工业结构与外商的投资意愿相匹配，表明这个地区
发展这些产业条件比较好，因此易于吸引外商进入。西部地区的主导工
业结构与外商的投资意愿相差很大，缺乏吸引力，是导致西部地区吸引
FDI 困境的一个重要原因。

三、优势产业结构对西部引进 FDI 的影响

1. 西部优势产业结构与东部比较

主导产业结构是在各省区内部进行比较，优势产业结构则是居于全
国各省区的横向对比。区域的优势产业结构可以通过区位商（Location
Quotient，LQ）来反映，区位商可以通过测定各产业在各地区的相对专业
化程度，间接反映各个地区的优势产业结构。通过计算区位商，可以得到
我国 31 个省、自治区、直辖市的优势产业结构。产业按 GB 标准分类，设
LQ_{ij} 为 i 省区 j 产业的区位商，则：

$$LQ_{ij} = \frac{V_{ij}/GDP_i}{V_j/GDP}$$

其中 V_{ij} 表示 i 省区 j 产业的增加值，GDP_i 表示 i 省区的生产总值，V_j
表示我国 j 产业的增加值，GDP 表示我国的国内生产总值。LQ_{ij} 的值大于
1 表示 j 产业是 i 省区具有优势的产业，LQ_{ij} 的值小于 1 表示 j 产业是 i 省
区不具备优势的产业。i 省区所有 LQ_{ij} 值大于 1 的产业就构成该省区的
优势产业结构。由于国际直接投资对我国的投资主要集中在制造业，我
们仅计算制造业的区位商。

表 5.5 和表 5.6 是根据 2004 年《中国工业经济统计年鉴》计算的我

国东西部各省、自治区、直辖市主要制造业产业的区位商,总共计算了 19 个制造业产业。对比表 5.5 和表 5.6 可以看到我国东西部地区的优势产业结构存在着明显的差距。

首先,东部地区制造业大部分产业的区位商高于西部地区,在所列的 19 个制造业中东部地区平均拥有 7 个产业的区位商大于 1,优势产业最多的地区是北京、天津、上海、江苏、浙江、山东和广东。相比之下,西部地区只由少数产业具有优势,在所列的 19 个制造业部门中,平均拥有区位商大于 1 的产业不到 3 个,部分地区甚至只有 1 个区位商大于 1 的产业。

其次,除了数量上的差距外,东西部地区的优势产业类型也有很大的差异,例如,通讯设备、计算机及其他电子设备制造业在北京、天津、上海、江苏、福建和广东为优势产业,都是东部省市;电器机械及器材制造业在上海、江苏、浙江、安徽和广东为优势产业,其中没有一个西部省市;西部地区的优势产业集中在烟草制品业,如云南、贵州;饮料制造业,如四川、贵州;食品加工业,如内蒙古、宁夏;石油加工、炼焦及核燃料加工业,如陕西、甘肃和新疆;医药制造业,如贵州、西藏和陕西。

表 5.5　西部各省、区、市制造业优势产业结构

广西		内蒙古	
优势产业	区位商	优势产业	区位商
有色金属冶炼及压延加工业	1.316	食品制造业	2.938
		黑色金属冶炼及压延加工业	1.609
		有色金属冶炼及压延加工业	1.464
四川		重庆	
优势产业	区位商	优势产业	区位商
饮料制造业	2.868	交通运输设备制造业	2.496
陕西		云南	
优势产业	区位商	优势产业	区位商
医药制造业	1.949	烟草制品业	11.829

陕西		云南	
优势产业	区位商	优势产业	区位商
石油加工、炼焦及核燃料加工业	1.2	有色金属冶炼及压延加工业	2.194
专用设备制造业	1.186		
宁夏		甘肃	
优势产业	区位商	优势产业	区位商
有色金属冶炼及压延加工业	3.765	有色金属冶炼及压延加工业	6.137
纺织服装、鞋、帽制造业	2.003	石油加工、炼焦及核燃料加工业	4.346
化学原料及化学制品制造业	1.373	烟草制品业	1.038
食品制造业	1.297		
纺织业	1.142		
青海		贵州	
优势产业	区位商	优势产业	区位商
有色金属冶炼及压延加工业	3.709	烟草制品业	2.981
		有色金属冶炼及压延加工业	2.743
		饮料制造业	2.461
		医药制造业	1.746
西藏		新疆	
优势产业	区位商	优势产业	区位商
非金属矿物制品业	1.419	石油加工、炼焦及核燃料加工业	2.585
医药制造业	1.13		

资料来源:根据《中国工业经济统计年鉴》2004年的相关数据计算得出,按 GB 标准分类。

表5.6　东部各省、市制造业优势产业结构

北京		天津	
优势产业	区位商	优势产业	区位商
通信设备、计算机及其他电子设备制造业	1.811	通信设备、计算机及其他电子设备制造业	2.365
医药制造业	1.435	医药制造业	2.034
专用设备制造业	1.357	金属制品业	1.855
仪器仪表及文化、办公用机械制造业	1.308	黑色金属冶炼及压延加工业	1.642
食品制造业	1.218	化学原料及化学制品制造业	1.602
交通运输设备制造业	1.202	通用设备制造业	1.298
饮料制造业	1.196	石油加工、炼焦及核燃料加工业	1.213
		交通运输设备制造业	1.21
		食品制造业	1.197
上海		江苏	
优势产业	区位商	优势产业	区位商
交通运输设备制造业	3.144	化学纤维制造业	3.396
通用设备制造业	2.197	纺织业	2.219
仪器仪表及文化、办公用机械制造业	2.062	金属制品业	1.869
黑色金属冶炼及压延加工业	1.996	通用设备制造业	1.709
金属制品业	1.73	通信设备、计算机及其他电子设备制造业	1.656
烟草制品业	1.726	化学原料及化学制品制造业	1.52
石油加工、炼焦及核燃料加工业	1.678	电气机械及器材制造业	1.38
通信设备、计算机及其他电子设备制造业	1.565	仪器仪表及文化、办公用机械制造业	1.309
电气机械及器材制造业	1.417	专用设备制造业	1.308
食品制造业	1.397	纺织服装、鞋、帽制造业	1.097
专用设备制造业	1.311	医药制造业	1.005

上海		江苏	
优势产业	区位商	优势产业	区位商
化学原料及化学制品制造业	1.09		
医药制造业	1.004		
浙江		山东	
优势产业	区位商	优势产业	区位商
化学纤维制造业	2.876	纺织服装、鞋、帽制造业	2.132
纺织业	2.224	专用设备制造业	1.787
通用设备制造业	1.708	纺织业	1.533
电气机械及器材制造业	1.533	非金属矿物制品业	1.526
金属制品业	1.374	通用设备制造业	1.31
仪器仪表及文化、办公用机械制造业	1.265	食品制造业	1.309
纺织服装、鞋、帽制造业	1.221	化学原料及化学制品制造业	1.288
专用设备制造业	1.091	电气机械及器材制造业	1.151
		化学纤维制造业	1.144
		石油加工、炼焦及核燃料加工业	1.127
福建		广东	
优势产业	区位商	优势产业	区位商
通信设备、计算机及其他电子设备制造业	1.236	通信设备、计算机及其他电子设备制造业	3.353
化学纤维制造业	1.223	仪器仪表及文化、办公用机械制造业	2.968
非金属矿物制品业	1.111	电气机械及器材制造业	2.191
仪器仪表及文化、办公用机械制造业	1.098	金属制品业	1.863
纺织服装、鞋、帽制造业	1.035	纺织服装、鞋、帽制造业	1.313
		食品制造业	1.214
		化学原料及化学制品制造业	1.203

海南		河北	
优势产业	区位商	优势产业	区位商
医药制造业	1.507	黑色金属冶炼及压延加工业	2.37
交通运输设备制造业	1.078		

资料来源:根据《中国工业经济统计年鉴》2004 年的相关数据计算得出,按 GB 标准分类。

2. 西部优势产业结构对引进 FDI 的影响

总体上看,无论是劳动密集型制造业还是资本、技术密集型制造业,东部地区都比西部地区具有更大的优势,西部地区只有在对特有资源依赖较大的制造业方面具有优势。西部地区的优势产业比较单一,基本上和西部地区特有的资源联系在一起。例如新疆的石油加工工业具有优势是因为其具有丰富的石油资源;云南的烟草制造业具有非常大的优势和其特有的适合烟草种植的气候条件有很大关系。东部地区的优势产业与西部地区具有本质上的不同。东部地区不仅在纺织、服装等劳动密集型产业上具有优势,在机械设备制造等资本密集型产业具有优势,而且还在电子、通讯设备等部分技术密集型产业方面具有优势。

图 5.6 是西部地区与东部地区 19 个制造业产业的区位商比较,从中可以明显地看到西部地区和东部地区在制造业上的巨大差距。整体上看,东部地区的大多数制造业都比西部地区有明显的优势,而西部地区比东部地区有明显优势的产业只有石油加工、炼焦及核燃料加工业、有色金属冶炼及压延加工业和烟草制品业。这三个产业都是非常典型的对资源高度依赖的产业。

中国是一个人口众多而人均资源较少的国家,因此东部地区的优势产业结构实际上反映了我国的比较优势以及我国比较优势变动的方向,而这种比较优势正与发达国家和新兴工业化国家对外转移的边际产业相匹配,使东部地区成为跨国公司青睐的投资区位。西部地区的优势产业结构表明在西部地区资源仍然是比较优势的重要来源,长期以来,西部地区没有摆脱工业发展依靠资源的局面,这种情况导致了西部地区缺乏与国际产业转移相匹配的优势产业结构,是造成西部地区吸引外资很少的原因之一。

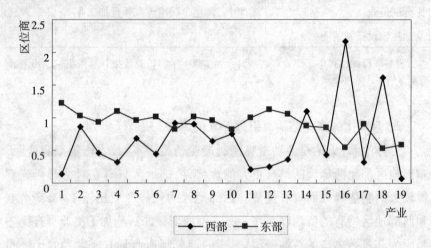

图 5.6　西部与东部 19 个制造业产业的区位商比较

资料来源:根据《中国工业经济统计年鉴》2004 年的相关数据计算得出,按 GB 标准分类。

四、西部工业在产业链中的位置及其对吸引 FDI 的影响

1. 西部工业在产业链中的位置与东部的比较

产业链,即从一种或几种资源通过若干产业层次不断向下游产业转移直至到达消费者的路径。在产业链当中,除有少数产业的产品完全为其他产业提供中间投入或者完全用于最终消费外,大部分产业的产品既可作为消费品又可以作为其他产业的中间投入品。通过对比各个产业产品用于中间投入的比重可以判断该产业在产业链中的位置,处于产业链上游的产业大部分产品都是其他产业的中间投入品,因而中间使用部分占总产出的比重比较大;相反,处于产业链下游的产业生产的产品大部分都提供消费,因而中间使用部分占总产出的比重比较小。根据投入产出表我们可以计算各产业产品中间使用占总产出的比重,从而判断它们在产业链中的位置。

利用 2002 年《中国投入产出表》，我们计算了 32 个大类的采掘业和制造业产品中间使用部分占总产出的比重，详见表 5.7。为了方便，我们做如下划分：中间投入占总产出比重低于 0.4 的视为产业链下游产业；中间投入占总产出比重高于 0.4 低于 0.7 的视为产业链中游产业；中间投入占总产出比重高于 0.7 的视为产业链上游产业。根据这一基准做适当调整后，我们根据表 5.7 的计算结果对这 32 个产业的划分如下：

产业链下游产业：纺织服装、鞋、帽制造业；文教体育用品制造业；专用设备制造业；烟草制品业；皮革、毛皮、羽毛（绒）及其制品业；家具制造业；食品加工业。

产业链中游产业：仪器仪表和文化办公用机械设备制造业；饮料制造业；其他制造业；电子及通讯设备制造业；交通运输设备制造业；电器机械及器材制造业；医药制造业；普通机械制造业；橡胶制品业。

产业链上游产业：金属制品业；塑料制品业；煤炭开采和洗选业；非金属矿制品业；木材加工及木竹藤棕草制品业；化学原料及化学制品制造业；非金属矿采选业；造纸及纸制品业；有色金属冶炼及压延加工业；石油加工及炼焦业；石油和天然气开采业；印刷业和记录媒介的复制业；黑色金属矿采选业；有色金属矿采选业；黑色金属冶炼及压延加工业；化学纤维制造业。

表 5.7 32 个采掘业和制造业中间使用占总产出的比重

行业	比重	行业	比重
化学纤维制造业	0.99	橡胶制品业	0.68
黑色金属冶炼及压延加工业	0.99	普通机械制造业	0.67
有色金属矿采选业	0.98	医药制造业	0.65
黑色金属矿采选业	0.98	电器机械及器材制造业	0.59
印刷业和记录媒介的复制业	0.96	交通运输设备制造业	0.58
石油和天然气开采业	0.96	电子及通讯设备制造业	0.5
石油加工及炼焦业	0.95	其他制造业	0.47
有色金属冶炼及压延加工业	0.93	饮料制造业	0.46

行业	比重	行业	比重
造纸及纸制品业	0.92	仪器仪表和文化办公用机械设备制造业	0.44
非金属矿采选业	0.9	食品加工业	0.43
化学原料及化学制品制造业	0.89	家具制造业	0.42
木材加工及木竹藤棕草制品业	0.87	皮革、毛皮、羽毛(绒)及其制品业	0.34
非金属矿制品业	0.86	烟草制品业	0.34
煤炭开采和洗选业	0.86	专用设备制造业	0.32
塑料制品业	0.85	文教体育用品制造业	0.2
金属制品业	0.74	纺织服装、鞋、帽制造业	0.18

资料来源:根据《中国投入产出表》2002 年的相关数据计算。

表 5.8　西部地区和东部地区制造业在产业链不同位置的分布

单位:%

西部地区				东部地区			
	下游产业	中游产业	上游产业		下游产业	中游产业	下游产业
广西	24.81	26.11	40.34	北京	10.63	50.13	30.97
重庆	12.23	51.47	28.21	天津	9.66	45.00	40.98
四川	17.61	29.00	41.89	河北	16.77	13.18	58.98
贵州	12.96	20.50	47.80	辽宁	10.95	23.46	57.07
云南	33.13	7.83	46.34	上海	12.63	53.49	29.69
西藏	2.02	27.39	55.17	江苏	20.55	37.74	36.61
陕西	11.92	29.00	47.09	浙江	30.90	32.12	33.56
甘肃	9.31	6.49	71.08	福建	28.03	33.86	29.47
青海	3.27	4.41	67.23	山东	27.18	24.89	41.75
宁夏	11.89	10.52	54.02	广东	16.16	48.65	26.90

	西部地区			东部地区			
新疆	11.09	4.96	77.45	海南	19.82	44.04	26.27
内蒙古	24.49	6.72	51.86				
西部平均	13.92	17.81	54.38	东部平均	18.48	36.96	37.48

资料来源：根据中宏数据库制造业数据计算。

根据这一分类，我们计算了西部地区和东部地区在产业链不同位置的制造业所占的比重，计算结果如表 5.8 所示。从中可以看出，和东部地区相比，西部地区的制造业结构偏向于产业链的上游，上游产业所占的平均比重达到了 54.38%，东部地区上游产业所占的平均比重为 37.48%，可见西部地区制造业产品更多的是为其他产业提供中间投入品。在下游产业和中游产业方面，西部地区比东部地区要低，特别是在中游产业方面差距很大，西部地区的中游产业所占的平均比重仅为 17.81%，东部地区中游产业所占的平均比重为 36.96%。由于中游产业比较发达，东部地区的产业具有更高的关联度，产业的带动效应也较强。西部地区中比较例外的是重庆和云南，重庆中游产业所占的比重达到了 51.47%，表明重庆制造业的结构和西部其他省区相比具有比较大的优势，云南的下游产业所占比重达到了 33.13%，主要是因为烟草制造业比较发达。

2. 西部产业上游集中对引进 FDI 的影响

从跨国公司对我国投资的行业结构看，主要集中在产业链的中游。图 5.7 是 FDI 在产业链上分布的结构图，横轴按照上游产业、中游产业和下游产业的顺序排列，纵轴表示 FDI 在对应产业的比重。从中可以看到 FDI 对我国的投资主要分布在中游产业，在上游产业和下游产业的分布相对较少，而且在下游产业的分布也高于上游产业。从表 5.8 中我们可以看到东部地区的几个省市上海、广东、江苏、浙江、北京和天津中游产业和下游产业所占的比重都非常大，这几个省市也是我国接受国际直接投资最多的区域。西部地区产业集中在产业链上游，缺乏吸引 FDI 的中下游产业，是西部地区难以吸引外资的原因之一。

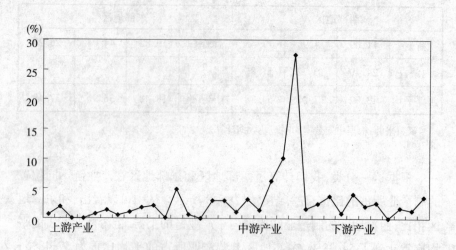

图 5.7　FDI 在产业链上的分布

资料来源:根据《中国统计年鉴》2004 年的相关数据计算。

第三节　产业配套能力对西部地区
引进 FDI 的影响

　　西部地区和东部地区的产业级差不仅表现在产业结构的差异上,而且表现在产业配套能力的差异上。东部地区的产业结构经过不断的优化和升级,围绕几个核心产业形成了相关配套产业在空间上的聚集。特别是 FDI 进入后,东部地区的产业不断与国际接轨,形成了很强的 FDI 配套能力。而西部地区的产业结构调整缓慢,产业结构老化,没有形成以核心产业为中心的配套产业体系。因此,东西部地区之间的产业配套能力存在很大差异。

一、产业配套能力与 FDI 的区位选择
　　配套产业是与产业链紧密联系的一个概念。产业链是各个部门之间基于一定的技术经济关联,依据特定的逻辑关系和时空布局关系。在专业化分工日益深化的情况下,企业的生产活动日益专业化,产品的生产由

分布在各产业链环节的生产单位协作完成。企业根据其在产业链中的位置和其他企业形成特定的经济技术联系,包括前项、后项和侧向联系。任何一个产业的发展都需要相关产业的支持,包括产品和服务方面的支持,这些产业就构成了该产业的配套产业。如果一个区域能够为很多产业提供较好的相关支持和配套,那么这个区域就拥有较强的产业配套能力。

产业配套能力是吸引跨国公司投资的一个重要因素。一个地区的产业配套能力是该地区对跨国产业转移承接能力的一个重要组成部分,产业配套能力强,那么跨国公司进入后能够在当地找到提供支持和配套的企业,不需要自己投资来建立配套企业,可以迅速地投入生产并降低投资的成本,提高投资的收益率。对跨国公司来说,投资于配套条件较好的区位至少有以下几个方面的好处:

(1)有利于降低跨国公司的投资成本

首先,有利于降低跨国公司寻找配套供应商的信息成本。跨国公司在对某一区域投资,必然要先搜集大量的有关该区域的配套企业的信息,了解本地配套企业的产品质量和技术水平等各方面的信息。如果一个区域的相关配套企业很多,跨国公司就能够在一个较小的范围内获得这些信息。如果该区域已经有其他同类的跨国公司进入,那么新进的跨国公司可以通过采取跟进战略,节省信息收集的成本。其次,有利于跨国公司节省投资支出以及原材料购进成本。一个区域的配套能力强意味着跨国公司可以减少对配套支援产业的投资,并且可以近距离的获得原材料,节省运输成本。

(2)有利于降低跨国公司投资风险

产业配套能力强的区域可以为跨国公司提供稳定的原材料供应和相关配套服务,降低了跨国公司在配套环节的风险。同时,由于与配套企业的距离较近,跨国公司容易对配套产业的产品质量进行监控,而且由于和配套企业的技术联系紧密,配套产品生产企业能够及时对产品进行调整以适应跨国公司开发的新产品。

(3)有利于跨国公司迅速接近市场和生产要素

首先,配套能力强的区域的相关服务业比较发达,特别是市场网络体系比较完善,对于在当地没有销售网络的跨国公司来说,可以利用当地的产品分销网络,迅速地打入当地市场。其次,在配套能力强的区域,也会有相关技术人才等生产要素的聚集,便于跨国公司迅速获得所需的生产要素。

二、区域产业配套能力与产业配套半径

企业对于生产产品所需要的原材料和零部件,可以采取自己生产获得,也可以通过向其他企业购买获得。企业采用哪种方式获得原材料和零部件取决于两种方式的成本比较。在专业化分工越来越精细的情况下,后一种方式是企业获得原材料和零部件的主要方式。专业化分工的深化也使得单个企业集中于生产一种或少数几种产品,需要向其他企业采购的原材料和零部件越来越多,采购成本在企业生产成本中的重要性越来越大。

产业配套半径可以用来描述企业对外采购范围的状况,产业配套半径的大小和远近对企业的生产成本有很大的影响。经济全球化的浪潮使全球企业都参与到世界分工体系当中,全球化采购渐渐成为一种发展趋势。因此,很多企业的配套半径都出现了延伸到国外的情况。如果企业配套的生产商都在当地,那么产业配套半径的范围大大缩小,采购成本也大大减少。产业配套半径的大小、远近与运输成本有着直接的关系。按采购的范围划分,产业配套可分为省(区、市)内配套、国内配套和国际配套三种类型以及包含三种类型的复合类型,相应地,也就形成了省内、国内和国际三类配套半径。

图 5.8 显示了产业配套半径与采购成本的关系,产业配套半径较小,企业就能够在较小的范围内从配套生产商获得原材料和零部件供应,从而节约采购成本。当企业只能在较大的范围内进行采购时,运输成本增加使得采购成本上升。不同类型的企业对采购半径的要求不同,低技术低附加值的产业一般采购半径较小,因为这类产业利润低对降低生产成本的要求高,同时,这类产业对配套厂商的要求也不高。高技术高附加值的产业的采购半径要大一些,主要是由于这类产业的利润更多地依靠其

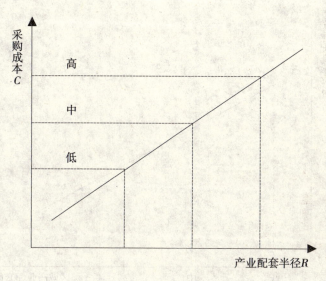

图5.8　产业配套半径与采购成本

技术和工艺的领先,对降低成本的依赖不大,同时,其对配套厂商的要求
也比较高,本地厂商不一定能够满足要求。

　　产业配套半径的大小取决于企业所在的区域及其周边对其进行配套
的能力,因此产业配套半径与区域产业配套能力成反比。如图 5.9 所示,
区域产业配套能力强,则产业配套半径就小,反之则产业配套半径就大。
这样区域产业配套能力就和企业的生产成本有很大关系,企业在产业配
套能力强的区域生产,就可以缩小其采购半径,从而节约生产成本。跨国
公司对我国的投资以中低附加值和技术的产业为主,对降低生产成本的
要求较高,因此倾向投资于我国产业配套能力较好的区位。

三、西部制造业产业配套能力与东部的比较

　　产业配套能力的衡量可以借用产业配套半径的概念。虽然大部分产
业的配套半径不可能单一仅仅局限在一省区,但是研究一个省区的配套
能力有助于从侧面了解产业的配套半径。如果一个省区拥有大量的某个
产业的相关配套产业,那么这个产业内的厂商就可以在这个省区内获得
其他厂商的支持,从而对省区外的厂商依赖程度降低,也就意味着其配套

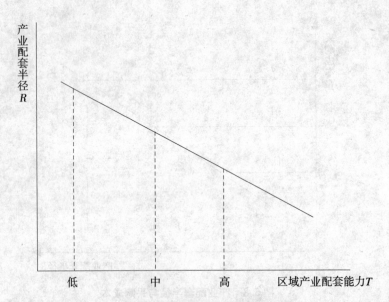

图 5.9　区域产业配套能力与产业配套半径

半径较小。各个产业的主要配套产业可以通过投入产出表来分析,一个产业的配套产业可能非常多,但是对其影响最大的主要是中间消耗最多的几个产业,通过分析投入产出,我们选择最大的十个产业来测算西部地区和东部地区的配套能力。

设第 I 产业中间消耗最大的产业为 $J_1, J_2, J_3 \cdots\cdots J_{10}$,用 V_{ij} 表示第 i 省区 J 产业的总产值,那么 $\sum\limits_{j=1}^{10} V_{ij}$ 就表示第 i 省区 I 产业主要配套产业的总产值之和,该值越大则表示第 i 个省区 I 产业的配套能力越强。设有 n 个省区,那么 I 产业配套能力最强的省区的值 $V_{ma} = max \sum\limits_{j=1}^{10} V_{ij} (i = 1 \cdots\cdots n)$,那么其他省区相对该省区的配套能力为 $\sum\limits_{j=1}^{10} V_{ij} / V_{ma} (i = 1 \cdots\cdots n)$,利用该指标可以对各省区 I 产业的配套能力进行对比。由于制造业内的产业很多,我们主要选择部分有代表性的产业进行比较。

1. 装备制造业

装备制造业是指为国民经济各部门简单再生产和扩大再生产提供技术装备的各制造工业的总称,其产业范围包括机械工业(含航空、航天、船舶和兵器等制造行业)和电子工业中的投资类产品。包括通用设备制造业、专用设备制造业、航空航天器制造业、铁路运输设备制造业、交通器材及其他交通运输设备制造业、电气机械及器材制造业、通信设备计算机及其他电子设备制造业、仪器仪表及文化办公用品制造业等。根据 2002年中国投入产出表进行分析,主要装备制造业的配套产业如下:

(1)电子及通讯设备制造业

主要配套产业:电子及通讯设备制造业、电器机械及器材制造业、塑料制品业、非金属矿制品业、金属制品业、化学原料及化学制品制造业、有色金属冶炼及压延加工业、普通机械制造业、造纸及纸制品业、黑色金属冶炼及压延加工业。

(2)交通运输设备制造业

主要配套产业:交通运输设备制造业、黑色金属冶炼及压延加工业、普通机械制造业、橡胶制品业、电器机械及器材制造业、化学原料及化学制品制造业、塑料制品业、金属制品业、有色金属冶炼及压延加工业、电子及通讯设备制造业。

(3)仪器仪表及办公设备制造业

主要配套产业:电子及通讯设备制造业、仪器仪表和文化办公用机械设备制造业、化学原料及化学制品制造业、电器机械及器材制造业、黑色金属冶炼及压延加工业、塑料制品业、金属制品业、普通机械制造业、非金属矿制品业、有色金属冶炼及压延加工业。

(4)电器机械及器材制造业

主要配套产业:有色金属冶炼及压延加工业、电器机械及器材制造业、塑料制品业、黑色金属冶炼及压延加工业、金属制品业、普通机械制造业、化学原料及化学制品制造业、电子及通讯设备制造业、造纸及纸制品业、非金属矿制品业。

(5)仪器仪表及文化办公用品制造业

主要配套产业:电子及通讯设备制造业、仪器仪表和文化办公用机械设备制造业、化学原料及化学制品制造业、电器机械及器材制造业、黑色金属冶炼及压延加工业、塑料制品业、金属制品业、普通机械制造业、非金属矿制品业、有色金属冶炼及压延加工业。

对比这几个产业的主要配套产业可以看到装备制造业的配套产业具有相似的结构,这几个产业的主要配套产业重合度非常高,只是对应于不同的产业其重要性不同。选择重合度最高的几个产业:电器机械及器材制造业、塑料制品业、非金属矿制品业、金属制品业、化学原料及化学制品制造业、有色金属冶炼及压延加工业、普通机械制造业、黑色金属冶炼及压延加工业,根据前面的计算方法计算西部地区和东部地区各省、自治区、直辖市装备制造业的产业配套能力。

表5.9 西部地区和东部地区装备制造业配套能力比较

单位:%

西部地区		东部地区	
重庆	4.29	北京	16.68
四川	12.91	天津	21.27
贵州	3.18	河北	26.13
云南	5.12	辽宁	24.5
西藏	0.03	上海	52.3
陕西	4.11	江苏	91.83
甘肃	4.12	浙江	47.78
青海	0.88	福建	18.85
宁夏	1.35	山东	55.79
新疆	1.93	广东	100
广西	4.59	海南	0.46
内蒙古	4.92		
西部平均	4.31	东部平均	41.42

资料来源:根据《中国工业经济统计年鉴》2004年的相关数据计算。

从表5.9中可以看到西部各省、自治区、直辖市缺乏装备制造业的配套能力,即使是配套条件最好的四川省,配套能力也只相当于广东省的

12.91%，其他省市配套能力都非常低，不到广东省的 10%。除了海南省外，东部各省市的配套能力都普遍较高，特别是广东、江苏、上海、浙江和山东具有很强的配套能力。

2. 金属冶炼及压延工业

金属冶炼及压延工业主要包括黑色金属冶炼及压延加工业和有色金属冶炼及压延加工业，这类制造业主要从事黑色金属和有色金属的冶炼和加工，为其他生产部门提供各种金属原材料。

（1）黑色金属冶炼及压延加工业

主要配套产业：黑色金属冶炼及压延加工业、黑色金属矿采选业、石油加工及炼焦业、其他制造业、煤炭开采和洗选业、非金属矿制品业、普通机械制造业、有色金属冶炼及压延加工业、金属制品业、专用设备制造业。

（2）有色金属冶炼及压延加工业

主要配套产业：有色金属冶炼及压延加工业、有色金属矿采选业、其他制造业、化学原料及化学制品制造业、黑色金属冶炼及压延加工业、石油加工及炼焦业、煤炭开采和洗选业、普通机械制造业、金属制品业、非金属矿制品业。

对比这两个产业的主要配套产业可以看到金属冶炼及压延工业的配套产业基本相同，选择这些产业来计算西部地区和东部地区金属冶炼及压延加工业的配套能力。

表 5.10　西部地区和东部地区金属冶炼及压延加工业配套能力比较

单位:%

西部地区		东部地区	
重庆	7.03	北京	18.38
四川	19.66	天津	22.70
贵州	5.96	河北	51.09
云南	9.48	辽宁	53.90
西藏	0.11	上海	50.63
陕西	8.48	江苏	100.00

西部地区		东部地区	
甘肃	11.15	浙江	54.52
青海	1.97	福建	15.20
宁夏	3.09	山东	89.57
新疆	7.07	广东	62.23
内蒙古	11.79	海南	0.82
广西	7.82		
西部平均	9.54	东部平均	47.19

资料来源:根据《中国工业经济统计年鉴》2004年的相关数据计算。

　　从表5.10中可以看到西部各省、自治区、直辖市金属冶炼及压延加工业的配套能力仍然和东部省市有很大的差距,但是差距比起装备制造业要小。配套能力稍好的西部省区是四川、甘肃和内蒙古。东部各省市的配套能力普遍较好,特别是江苏、广东、上海、浙江、山东、河北和辽宁。

　　3.日用消费品制造业

　　日用消费品制造业主要包括纺织服装、鞋、帽制造业、食品加工业、饮料制造业、纺织业、皮革、毛皮、羽毛(绒)及其制品业、文教体育用品制造业等,这类制造业比较接近最终消费,而且大部分产业是劳动密集型产业。

　　(1)纺织服装、鞋、帽制造业

　　主要配套产业:纺织业、化学原料及化学制品制造业、纺织服装、鞋、帽制造业、塑料制品业、化学纤维制造业、皮革、毛皮、羽毛(绒)及其制品业、造纸及纸制品业、橡胶制品业、印刷业和记录媒介的复制业。

　　(2)食品加工业

　　主要配套产业:食品加工业、塑料制品业、化学原料及化学制品制造业、造纸及纸制品业、金属制品业、印刷和记录媒介的复制业、煤炭开采和洗选业、交通运输设备制造业、普通机械制造业。

　　(3)饮料制造业

主要配套产业:食品加工业、饮料制造业、造纸及纸制品业、塑料制品业、非金属矿制品业、金属制品业、化学原料及化学制品制造业、印刷业和记录媒介的复制业、煤炭开采和洗选业。

(4)纺织业

主要配套产业:纺织业、化学纤维制造业、化学原料及化学制品制造业、专用设备制造业、造纸及纸制品业、普通机械制造业、塑料制品业、煤炭开采和洗选业、电器机械及器材制造业。

(5)皮革、毛皮、羽毛(绒)及其制品业

主要配套产业:皮革、毛皮、羽毛(绒)及其制品业、食品加工业、纺织业、化学原料及化学制品制造业、塑料制品业、橡胶制品业、造纸及纸制品业、纺织服装、鞋、帽制造业、金属制品业。

对比这些产业的主要配套产业可以看到日用消费品制造业的配套产业也具有一定的相似性,其中在大多数产业中都需要的配套产业主要有:纺织业、化学原料及化学制品制造业、塑料制品业、化学纤维制造业、造纸及纸制品业、橡胶制品业、印刷业和记录媒介的复制业、普通机械制造业和煤炭开采和洗选业。我们以这些产业作为主要配套产业比较西部地区和东部地区的日用消费品制造业配套能力。

表 5.11 西部地区和东部地区日用消费品制造业配套能力比较

单位:%

西部地区		东部地区	
重庆	4.19	北京	10.61
四川	11.59	天津	12.08
贵州	2.74	河北	19.32
云南	3.62	辽宁	18.12
西藏	0.01	上海	35.05
陕西	4.43	江苏	100.00
甘肃	2.03	浙江	78.13
青海	0.45	福建	15.87

西部地区		东部地区	
宁夏	2.00	山东	78.06
新疆	2.13	广东	63.23
内蒙古	5.26	海南	0.66
广西	3.13		
西部平均	4.23	东部平均	39.20

资料来源:根据《中国工业经济统计年鉴》2004 年的相关数据计算。

从表 5.11 中可以看到西部各省、自治区、直辖市日用消费品制造业的配套能力比较差,和东部省市的差距比较大,很多地区的配套能力不到东部配套能力最强的江苏省的 5%,西部配套能力最好的四川也仅相当于江苏省的 11.59%。东部各省市的配套能力差别比较大,配套能力比较好的省份是江苏、广东、浙江和山东。

四、西部产业配套能力对引进 FDI 的影响

无论是装备制造业、金属冶炼及压延加工业还是日用消费品制造业,西部地区的产业配套能力都和东部地区具有显著的差距。这种差距表明:首先,西部地区的产业结构和东部地区相比没有形成相对完备的工业体系。西部地区的产业结构相对单一,没有形成以主导产业或优势产业为核心的产业联动体系。相比之下,东部地区的产业体系比较完备,形成了以几个产业为核心的产业集群。其次,西部地区专业化分工的深度不够,而东部地区专业化分工较为精细,东西部地区的产业配套能力差异不仅体现在配套产业的规模上,而且体现在配套产业的质量上。

西部地区和东部地区产业配套能力的差距已使得在西部地区投资的企业在当地获得配套企业支持的范围有限,必须在一个更大的半径内进行采购,因而增加了在西部地区经营企业的成本。在东部地区进行投资可以在本地获得很好的配套支持,能够节约成本并把精力集中在产品的生产上。因此配套能力弱使得西部地区在吸引投资方面处于很大的劣

势。地理上的因素使东西部之间配套能力差距扩大，西部地区各省、市、自治区面积较大而且距离较远，省与省之间运输成本较高，因此相互之间提供产业配套的能力较弱。而东部省市之间的距离较近，地处平原地区，交通方便，使得各省市可以利用临近省市的配套能力，在区域内相互提供产业配套有利于配套产业的专业化分工深化，提高整个区域吸引投资的能力。

东部地区较强的产业配套能力使得跨国公司在当地很容易获得相关产业和配套产业的支持，不需要自己投资去建立这些产业，或者从其他的地区购买相关和配套产品，这样就能快速的以较低成本进入到自己核心的生产。并且，由于外资进入的不断积累，东部地区已形成一批为外资企业配套的专业化生产厂商，因此具备强大的 FDI 生产配套能力。西部各省、自治区、直辖市 FDI 配套能力较差，外资在西部地区难以获得相关支援配套产业的支持，必须在西部以外进行大量的采购，生产经营成本较高。从外资对我国的投资结构看，降低生产成本是外商对我国投资的主要动因，当地的产业配套能力是外商选择投资区位时考虑的重要因素。综上所述，西部产业配套能力的缺乏是难以吸引外资进入的主要原因之一。

第四节　结　论

随全球经济一体化的不断深化，跨国公司之间的竞争日益激烈，跨国公司对外投资的战略已经从简单一体化战略向复合一体化战略转变；与此相对应，对外投资的区位选择从有利于其降低成本的区位向有利于其获得战略性资产、提升其核心竞争力的区位转变。其中，产业层面的因素是跨国公司选择投资区位时主要考虑的因素之一。本章的研究表明西部地区与东部地区的产业级差、产业结构和产业配套能力之间的差距都是导致西部地区吸引 FDI 困境的重要原因。因此，西部地区单纯采用优惠政策来吸引 FDI 是很难取得明显的效果的。如今西部很多地区都给予外资相当优惠的政策，对外资的优惠不亚于东部地区，甚至有的地区还超过了东部地区。但是至今西部地区吸引 FDI 的状况并没有多大改善。如果西部地区继续陷入依靠传统因素(政策、要素成本)吸引 FDI 的误区,那么将很难走出吸引 FDI 的困境。西部地区要走出这一误区,必须加大产业结构的调整力度,依靠产业结构的优化和升级来吸引 FDI。

参考文献

[1]Chi Hung Kwan(2002),"Flying-Geese Pattern of Economic Development:an Empirical Analysis Based on US Import Statistics". *NRI Papers*, No. 52,August 1, 2002.

[2]Shigehisa Kasahara(2004),"the Flying Geese Paradigm: a Critical Study of its Application to East Asian Regional Development". *UNCTD Report*, No. 169, April 2004.

[3]杨先明:《发展阶段与国际直接投资》,商务印书馆 2000 年版。

[4]汪斌:《国际区域产业结构分析导论》,上海人民出版社 2001 年版。

[5]杨先明、伏润民:《国际直接投资与我国产业升级问题的思考》,载《云南大学学报》(哲学社会科学版)2002 年第一卷第一期。

[6]梁琦:《跨国公司海外投资与产业聚集》,载《世界经济》2003 年第 9 期。

[7]薛求知、任胜钢:《跨国公司理论新进展:基于区位与集群的视角》,载《复旦学报》(社会科学版)2005 年第 1 期。

[8]王雷:《基于跨国公司视角的产业集群理论研究综述》,载《南开经济研究》2004 年第 5 期。

[9]莽丽:《产业集群:吸引 FDI 的新取向》,载《天津商学院学报》2003 年第 9 期。

[10]刘箐、任曙明:《跨国公司产业转移演变机制研究》,载《经济与管理》2005 年第 10 期。

[11]王剑、徐康宁:《FDI 区位选择、产业聚集与产业异质——以江苏为例研究》,载《经济科学》2005 年第 4 期。

[12]吴学花、杨蕙馨:《中国制造业产业聚集的实证研究》,载《中国工业经济》2004 年第 10 期。

[13]吴金明、张磐、赵曾琪:《产业链、产业配套半径与企业自生能力》,载《中国工业经济》2005 年第 2 期。

[14]郑江淮、高春亮:《国际制造业资本转移、最优产业配套与政策转变》,载《中国工业经济》2005 年第 2 期。

[15]钟若愚、袁易明:《深圳市产业发展的配套能力研究》,载《深圳大学学报》(人文社会科学版)2004 年第 5 期。

第六章 西部引进 FDI 的
区位问题研究

在我国 FDI 吸收量迅猛增长的同时,FDI 并没有均衡地进入我国各个地区。从区域分布看,我国的 FDI 明显呈现出"东高西低"的格局。我国这一 FDI 分布的现实与 FDI 的区位选择理论有相符之处也有矛盾之处。本章在文献研究 FDI 区位理论的基础上,分析影响我国 FDI 区位分布的因素,对西部地区区位要素进行评价,研究西部地区资源结构对 FDI 集聚的约束、西部地区空间成本对 FDI 的约束和西部地区的边境区位与边界效应对吸引 FDI 的影响。

第一节 外商直接投资区位理论

外商直接投资的区位理论是一般区位理论与外商直接投资理论的结合。区位理论最早源于德国学者杜能(Von Thunen)提出的农业区位论,以及国际贸易理论中的资源禀赋理论和比较优势理论。早在 1826 年,杜能就强调运输成本和土地价格的重要性,提出距离城市远近的地租差异是决定农业土地利用方式和农作物布局的关键因素;农业生产的最优区位就是运输成本最小,即地租最大的区位。而德国学者韦伯(Weber)于 1909 年著的《工业区位理论》一书标志着工业区位理论的建立。工业区位理论认为:决定工业布局和经济活动的目标函数是一定约束条件下的生产成本最小化。1940 年,以勒施为代表的利润最大化区位理论却从需求出发,认为最佳区位不是费用最小点,也不是收入最大点,而是收入和成本之差最大点,即利润最大化点;勒施是第一个从整个区位相互关系的抽象角度研究完全一般均衡的学者。国际直接投资理论是 20 世纪 60 年代以后才发展起来的,由于国际直接投资的广泛性和复杂性,半个世纪以来,经济学家从不同角度解释了跨国公司的对外直接投资,有代表性的包括:海默(1960)的垄断优势论,弗农(1974)的产品生命周期理论,凯夫(1974)、伯克莱(1976)等人的内部化理论,亨纳特(Hennart)的交易成本理论,约翰逊(1970)的公司国际化过程理论,此外,哈什(S. Hirsch)、鲁格曼(A. Rugman),迈克尔·波特(Michael E. Porter),邓宁等也提出了各自的跨国公司理论模型。

在 FDI 区位选择理论的发展中,贡献最大的是邓宁。邓宁于 20 世纪70 年代提出了著名的国际生产折中理论,至 20 世纪 90 年代他一直致力于发展和补充这一理论。邓宁(1977)在 FDI 折中模式理论中指出:所有权优势和内部化优势是从资本供给方,即跨国公司所拥有的;而区位优势是从资本需求方,即东道国的角度来考察。在跨国公司的对外投资活动中,应该在所有权优势和内部化优势的基础上引入区位优势。随后,邓宁(1988)总结了五大类区位因素:市场因素(包括市场规模和潜力)、贸易壁垒因素、成本因素、投资气候因素和总体条件因素。如果东道国的区位因素存在特定的有利条件,就构成了区位优势。只有国外区位优势较大时,跨国企业才有可能进行对外直接投资,因此区位优势是对外直接投资的充分条件,它不仅决定了企业对外直接投资的倾向,而且也决定了它们对外直接投资的部门结构和国际生产的类型。在之后的研究中,邓宁把区位特征变量进一步归纳为:资源禀赋及市场分布,劳动力、能源、原材料、零部件、半成品等投入的价格、质量和生产率,国际交通和通信成本,投资刺激和投资障碍,进口控制,商业、法律、教育等基础设施条件,心理距离,如语言、文化、习惯等的差异,R&D、生产和销售的集中化程度,经济体制、政府政策以及资源配置的制度框架;并将跨国投资的区位选择概括为自然资源开发型、市场开发型、效率追求型、战略资产追求型、贸易及分配型和辅助服务型六种(参见表 6.1),不同类型的投资具有各自的战略目标,对区位选择具有各自的要求。

表 6.1　跨国公司区位选择决定因素

国际生产类型	区位优势	跨国公司的战略目标	适合的行业
自然资源开发型	自然资源所在地；良好的交通和通讯设施；税收及其他优惠或减免	与竞争对手相比，优先获得自然资源。	(1)石油、铜、锌、橡胶、菠萝、可可等 (2)出口加工业，劳动密集型产品
市场开发型	原材料和劳动力成本；市场规模和特征；政府政策（如进出口控制）	保护现有市场，反击竞争者；阻止现有或潜在竞争者进入市场。	电脑、医药、汽车、烟草、食品、制造业、航空业
效率追求型 (1)产品 (2)加工	(1)产品专业化和集中生产带来的经济性 (2)低廉的劳动力成本，东道国的优惠和鼓励	地区或全球产品合理化或获得加工专业化优势	(1)汽车、电器、商业服务和一些研究开发 (2)电子消费品、纺织和服装、医药等
战略资产追求型	上述三类中能提供技术、市场和其他资产与现有资产整合的因素	增强全球创新和生产竞争力，获得新的生产线和市场	固定费用比例高的行业，能够有巨大规模的行业
贸易及分配型	接近原材料和当地市场；接近消费者；便于售后服务	或进入新市场，或作为地区或全球营销战略的一部分	需要与转包商和最终消费者联系的产品
辅助服务型	获得市场，特别是那些重要顾客	全球或区域产品的多样化	(1)会计、广告、银行 (2)空间联系至关重要的行业（如航运和海运）

资料来源：Dunning,J. H. ,*Multinational Enterprises and the Global Economy*. New York：Addison-Wesley Publishing Ltd,1993.

对于 20 世纪 90 年代末期后国际直接投资区位理论的发展，邓宁 (1998)认为具备三个趋势：第一个趋势是跨国公司趋向于进入那些法律制度比较完善、保护知识产权的国家和地区，趋向于进入那些拥有较多智力资本和高素质人才的国家和地区；第二个趋势是跨国公司往往寻找那些强化或补充其核心能力的国家和地区；第三个趋势是国际直接投资流向决定因素的综合性。他认为,"迄今为止,没有任何一个理论可以完美地解释国际直接投资的区位流向,他们只能从某个侧面或用某个因素描述跨国公司的行为。"

20 世纪 90 年代发展起来的空间经济学将区位的概念具体化成地理位置。空间距离、运输成本成为影响企业布局和跨国直接投资流向的重要因素。空间经济理论认为,空间对企业的生产和经营活动有着重要的影响,突出表现在企业的区位上。企业的区位选择之所以重要,是因为企业必须有效地降低生产经营中的空间成本。空间成本由三个部分组成:运输成本、时间成本和额外的信息成本。

从空间距离的角度分析,距离对企业的贸易和投资有着很深刻的影响,可以说,没有距离,也就没有国际直接投资(邱惠芳,2005)。比起一般企业,跨国公司的生产经营受空间距离的影响更深。它主要表现在以下几个方面:(1)一般企业基本只受国内空间距离的影响,它相对较近,国际空间距离一般要远得多;(2)全球范围内生产原料、劳动力、技术、市场等的空间分布更为分散,这使企业的区位决策更难;(3)当要素跨国流动时,需要克服的,不仅有遥远的空间距离,还有由空间距离派生的、与空间距离密切相关的货币、制度、文化、经济政策等因素的巨大国际差异,而这在国内一般可以不予考虑;(4)劳动力在大部分国家国内可以基本自由流动,而国际移民普遍受到管制;(5)有些要素和产品的流动性在国内一般只受自然因素的影响,而在国际间还受到人为因素的影响。例如原料和产品在国内只受运输距离的影响,而跨国流动要受到进出口贸易政策,如关税和非关税壁垒的影响。可见,影响生产要素跨国流动性的因素更复杂,跨国企业生产经营活动受空间距离的影响更深,其区位决策也更复杂。

鉴于上述原因,从现实来看,国际贸易与国际投资更多发生在地理位置较邻近的国家和地区之间,例如美国的对外直接投资集中在拉美,日本的投资多集中在亚洲(参见表 6.2),发展中国家的对外直接投资也主要是亚洲新兴工业化国家对本地区邻近国家的投资(如韩国对中国的投资)。截至 2001 年底,韩国对密集于环渤海湾地区(北京、天津、山东、辽宁)和吉林省的投资数量占对中国总投资数量的 76.2%,投资金额占对中国总投资金额的63%,对广东省的投资则在数量上仅占对中国总投资的2.3%,金额上仅占对中国总投资的4.1%(崔柏列,2002),这主要是因为地理和语言上的原因。类似的实证研究还有很多,例如,中国香港对内地工业投资多选择在离香港较近的广东:距离近使得旅行更便捷,也更方便香港公司对内地工厂的控制和管理,一旦需要,香港公司管理人员数小时可到达位于广东的工厂。港资在其他地方投资相对较少的最主要的原因在于"距香港太远":由于距离远,交通不便,香港公司的控制会困难许多(李小建,1997)。

空间距离不仅会导致运输费用和时间费用及信息获取的效率差异,还会引致一些其他问题,一般来说,距离会导致文化差异,如商务惯例、语言、风俗文化等的不同。已有研究表明,文化差异会影响企业进入国际市场活动的方式的选择,由于差异文化的陌生性导致获取信息的成本变得很高,于是通过合资的方式与合作伙伴分摊,可以降低信息成本(崔新健,2001),在这方面较典型的支持证据就是华人资本在来华投资中居主体地位,约占外商对华直接投资的70%(邱慧芳,2001)。

表6.2　美、欧、日的对外直接投资群落

美国			欧共体				日本
拉美	亚太地区	非洲与西亚	中欧和东欧	拉美	非洲与西亚	亚太地区	亚太地区
阿根廷 玻利维亚 智利 哥伦比亚 多米尼亚 厄瓜多尔 萨尔瓦多 洪都拉斯 墨西哥 巴拿马 秘鲁 委内瑞拉	孟加拉国 印度 巴基斯坦 菲律宾 中国台湾	加纳 尼日利亚 沙特	独联体 捷克 匈牙利 波兰 南斯拉夫	巴西 巴拉圭 乌拉圭	加纳 肯尼亚 摩洛哥 尼日利亚 突尼斯 赞比亚 约旦	孟加拉国 印度 斯里兰卡	中国香港 马来西亚 韩国 新加坡 斯里兰卡 中国台湾 泰国 斐济

资料来源:联合国贸发会议跨国公司项目。

　　从运输费用的角度来分析,运输费用等成本的客观存在是部分企业对外直接投资的直接原因(李玉举等,2003)。在传统的国际贸易理论中,运费是一个经常被忽略的因素,Heckscher-Ohlin 贸易理论把无运输成本作为重要的前提假设之一,在垄断优势理论、生产折中理论等跨国公司理论中也被忽略不计或干脆不予考虑。但对大多数产品来说,运费常常是不能被忽略的。想占领尽可能多的国际市场,就必须降低运输成本。然而,由于绝大多数产品的生产地与消费地是完全不重合或不完全重合,产品从其生产地运往消费地必然要支付运费。受运费影响,企业的市场辐射范围十分有限,为扩大市场,企业往往选择到国外就地生产,以接近消费者,降低运输成本。但是,不同产品对运费的承受能力是有区别的,例如啤酒是低廉而笨重的产品,单位距离的运费较高,所以不宜进行远距离运输,即它对运费的承受能力较低,因此更多地采取对外直接投资方式占领国外市场;而珠宝首饰等体积小、重量轻、价值高,即使进行长途远距离运输,其增加的运输成本也较低,所以珠宝首饰对运费的承受能力就较高。产品对运费承受能力的差异直接体现了对不同国外市场进入方式的选择,即为了占领全球市场,生产笨重而价值较低、市场区较小的产品,企业必须在国外设立较多的子公司,这样才能使产品的总市场最大;同样为占领全球市场,生产体积较小、易于运输、价值高的产品,企业则不必太多地在全球设立子公司,就可以使产品的总市场足够大。简言之,生产市场辐射较大产品的企业,可直接采取出口方式;而生产市场辐射较小的产品的企业,必须加大对外直接投资力度,其跨国化程度应较高。

　　所以,运输成本成为不同的国外市场进入方式转换的一个解释变量。产品越容易在空间上移动或空间移动的成本越低,生产该产品的企业对外直接投资程度越低;反之亦然。企业选取何种进入方式,要视企业所生产的产品特征来决定。产品越容易克服空间距离限制的企业,越没有必要在海外进行遍地开花式的跨国经营;相反,生产笨重、价值低的产品的企业,则有必要加大对外投资力度。综上所述,企业的原料和市场所在地在国家间互不重合,且原料的运输费用比产品的运输费用高时,或产品因为空间距离的影响无法覆盖全球时,FDI 就会产生。这就是空间经济学对企业跨国经营策略的启示。

综上所述,区位优势解释了跨国公司和其他厂商在实施 FDI 时国家和地区的选择问题,其基本论断是:当一个区域所拥有的不可移动的、天然的或后天创造的禀赋越多,而且这些禀赋能同厂商自身的竞争优势相结合同时又特别有利于外国厂商而非国内厂商时,外商就越有可能通过对该区域的 FDI 来将其所有权优势和内部化优势在东道国转化为自身的经济利益。

第二节　影响我国 FDI 区位分布的因素分析

对于外商直接投资而言,最终的目标仍然是利润最大化,但具体到各个外商投资企业,对外直接投资的动机却多种多样:既有追求资源和市场动机,也有追求学习效应和维持与对手之间势力均衡等动机。显然,外商直接投资的区位决策不同于国内投资,它是一个多阶段的过程。在大多数情况下,外商首先选择要进行投资的国家,然后再具体确定建厂地区和厂址。这样,外商直接投资区位研究实际上包括两个方面的内容:一是外商直接投资的国别选择;二是外商直接投资的区位选择。一直以来,许多学者从不同角度阐述了跨国公司对东道国区位条件的偏好及其原因。在目前,外商直接投资区位的研究主要是沿着三条路线逐步展开的(魏后凯,2001):一是在外商直接投资理论中增加区位因素的分析,探讨国家区位特征对外商直接投资国别选择的影响;二是采用公司实地调查的方法,探讨外商投资区位选择的决策过程、影响因素及其空间组织行为;三是根据现代区位理论的基本原理,并采用各种经济计量方法,探讨国内外商直接投资区域差异或区位选择的决定因素。以下将上述跨国公司直接投资理论运用于我国的实际,研究影响我国 FDI 区位分布的因素及我国东西部 FDI 分布差异的因素分析。

一、我国吸引跨国公司直接投资的引力分析

按照引力模型,对外直接投资流量与东道国的经济总量有很强的正相关性,与距离存在负相关性。因此,我们可以将这种相关性用对外投资

引力系数 K 表示,对外投资引力系数 K 可表示为:

$$K = GDP_j / D_{ij}$$

其中 GDP_j 为东道国的经济总量,D_{ij} 表示的是投资国和东道国之间的距离。对外直接投资引力系数 K 值越大,表明投资流向就越有可能发生,流量也就越大。

从空间距离上来比较我国与世界主要国家的直接投资的吸引力,把全世界潜在的投资国和地区,用对外投资引力系数来分析跨国公司对中国直接投资的区位选择(参见表 6.3)。

表 6.3　中国吸引世界各国和地区直接投资的吸引力系数

地区/国家	美洲国家					欧洲国家			
	美国	加拿大	澳大利亚	新西兰	巴西	德国	法国	意大利	英国
海运距离	4765	4647	4853	5806	9147	4044	4448	4394	4406
引力系数	151.36	152.66	150.42	140.83	115.14	159.63	154.89	155.51	155.42

地区/国家	亚洲国家(地区)								
	俄国	日本	韩国	新加坡	马来西亚	泰国	印尼	香港	澳门
海运距离	3136	1135	519	2407	2341	1772	2804	1090	990
引力系数	171.42	204.73	217.76	182.22	183.27	192.8	176.21	205.63	207.66

注:在具体计算引力系数时,对原始数据进行了标准化处理和加权处理。

资料来源:GDP 数据来源于《中国统计年鉴》,采用的是 2004 年的值;海运距离的数据来源于网站 http://www.indo.com 中的距离计算器。

根据表 6.3 中可以看出,我国对日本、韩国以及东盟等亚洲国家的投资吸引力系数远远高于对美国和欧洲等世界主要资本输出国的投资吸引力系数。而这种差异主要是由距离的远近造成的。

二、我国东西部 FDI 区位选择的影响因素比较

国际直接投资在我国的空间模式是一种由东向西递减的梯度分布模式(参见表 6.4)。对于形成这种分布差异的原因,近年来有许多学者进行了研究:魏后凯等(2001)采用问卷调查的方法,研究了外商投资于中

国的投资动机(参见表6.5);刘荣添(2005)采用面板数据分析方法,选取1986～2003年全国各省、自治区、直辖市的历史统计数据,分别建立各时期东部、中部及西部地区的面板数据模型,对相应可能影响FDI区位差异的影响因素进行实证分析(参见表5.6)。

表6.4　截至2003年我国东、中、西部吸收外商直接投资情况

单位:%

	累计批准设立外商投资企业数	累计合同外资额	实际利用外资额
东部比重	82	86.86	86.27
中部比重	11.27	7.55	8.93
西部比重	6.73	5.59	4.8

数据来源:《2004中国外商投资报告》。

表6.5　外商在华投资动机的区位影响因素排序

东道国的区位影响	位次
利用当地廉价的劳动力	1
扩大和占领中国大陆市场	2
确保原材料的供应	3
利用当地丰富的自然资源	4
利用减免税收的优惠政策	5
高投资回报率	6
中国即将加入WTO	7
向本国和第三国出口	8
对中国大陆有感情和血缘关系	9
提供售后和技术服务	10
减少专利权使用费	11
避免外汇风险	12
回避高关税壁垒	13
追随竞争对手来中国大陆投资	14
收集商业情报	15

资料来源:魏后凯等:《外商在华直接投资动机与区位因素分析》,载《经济研究》2001年第2期。

表 6.6　1986～2003 我国 FDI 区位选择影响因素比较

排序	1986～1991年			1992～2003年			1986～2003年		
	东部	中部	西部	东部	中部	西部	东部	中部	西部
1	劳动力成本（－1.86）	劳动力成本（－1.72）	市场规模（－4.445）	市场规模（－2.012）	劳动力成本（－1.232）	劳动力成本（－1.604）	累计FDI存量（1.025）	劳动力成本（－1.604）	第三产业比重（－2.509）
2	第三产业比重（－1.448）	市场规模（1.382）	劳动力成本（－2.289）	政策优势（1.63）	累计FDI存量（1.052）	累计FDI存量（1.412）	市场规模（－0.996）	累计FDI存量（1.275）	劳动力成本（－2.263）
3	累计FDI存量（1.426）	累计FDI存量（1.353）	累计FDI存量（1.705）	第三产业比重（0.935）	第三产业比重（－1.036）	第三产业比重（－1.228）	产业、基础设施聚集程度（0.758）	政策优势（0.901）	累计FDI存量（1.431）
4	科技投入（0.274）	第三产业比重（－0.78）	第三产业比重（－0.84）	累计FDI存量（0.881）	政策优势（0.587）	产业、基础设施聚集程度（1.064）	政策优势（0.751）	市场规模（－0.62）	政策优势（0.714）
5	市场规模（0.264）	产业、基础设施聚集程度（0.378）	科技投入（0.222）	产业、基础设施聚集程度（0.691）	市场规模（－0.31）	市场规模（0.779）	劳动力成本（－0.409）	第三产业比重（0.165）	科技投入（0.287）
6	产业、基础设施聚集程度（0.082）	科技投入（0.147）	产业、基础设施聚集程度（－0.2）	劳动力成本（0.39）	产业、基础设施聚集程度（0.252）	政策优势（0.461）	科技投入（0.145）	科技投入（0.121）	产业、基础设施聚集程度（0.187）
7				科技投入（0.16）	科技投入（0.112）	科技投入（－0.169）	第三产业比重（0.09）	产业、基础设施聚集程度（0.05）	市场规模（0.071）

注：（1）括号中的数据是影响因素对 FDI 的回归系数弹性。
（2）产业、基础设施聚集程度——全社会固定投资总额占当年 GDP 比重；劳动力成本——全部职工平均货币工资；市场规模——GDP，以 1995 年不变价为基数。
数据来源：刘荣添：《我国东、中、西部外商直接投资（FDI）区位差异因素的 Panel Data 分析》，载《数量经济技术经济研究》2005 年第 7 期。

根据表6.6分析,1986年以来,FDI集聚效应、劳动力成本、第三产业比重、产业基础设施聚集程度、政策优势、市场规模和科技研发投入等因素是影响各时期、各地区FDI的主要因素,影响显著程度依不同时期、不同地区各异。FDI有很强的资金、产业集聚效应。从长期效应看,具有完善基础设施、良好人才培养等基础环境条件的区域,更为FDI所偏好。累计FDI存量通过"示范效应"和"推动效应"对外商投资的区位选择起着越来越重要的作用,即FDI的聚集效应。当政策并无显著优势时,集聚经济,特别是产业内和产业簇群的市场关联和技术外溢,需求—成本联系或前向—后向联系是FDI区位选择的重要驱动力。尤其是那些高科技生产技术的跨国公司,与主要的生产和研发中心接近是重要的区位决定因素。这种聚集效应体现为增量FDI的区位选择受特定区位的FDI存量的影响。即当某一区域的外国资本控制的厂商越多,新的外商将更倾向于投资该区域。作为一种高风险和生产要素全面卷入的投资行为,FDI的决策是相当严谨的。由于需要对东道国的市场、法规、经济、文化等因素有较为全面的了解,FDI通常面临较高的信息寻求成本,FDI的实施也会面临较高的交易成本。针对这种不确定性和高成本,采取所谓"跟进"策略不失为一种较好的选择。FDI对自身的正的很强的自增长效应,已经被广大学者注意到:Head Ries(1996)提出了聚集效应;Cheng 和 Kwan(1999)使用不同的估计方法得到的自增长效应;梁琦(2004)通过相关和回归的计算结果表明:日本投资选址模式中起主要作用的是产业的集聚效应,而不是基于自然禀赋或劳动力等。

在改革开放初期,可以说,政策上的优惠(特别是税收上的优惠)是吸引外商投资的一个重要砝码,但从长期效应看,已逐渐呈弱化趋势,如2000年起西部大开发优惠政策,在近几年对西部地区吸引FDI影响不显著就表明,在我国新的引资发展阶段中,各区域应把注意力放在基础设施和人才基础等环境条件的改善上,而不应过度地开展区域间优惠政策的竞争。加入WTO后,我国利用外资政策将从税收激励机制为主的优惠政策转向以公平竞争机制为主的规则政策。在从减少优惠待遇角度走向国民待遇的同时,我国也将减少对外国投资者的市场准入限制(除特定行业外)和非国民待遇,改善综合投资环境,促进市场公平竞争。

低劳动力成本优势一直是我国各区域引资起步阶段的主要因素,但随着更多的跨国公司及高质量外资进入我国,高质量外资倾向于以较高成本留住高素质优秀人才。虽然,在中西部当前低劳动力成本优势仍是吸引 FDI 的重要因素,但这种以低劳动力成本优势吸引的外资大都属劳动密集型的低质量外资,中西部今后若要提高 FDI 的质量,还需通过进一步优化人才结构,加强人才教育与培训来提高劳动力质量,以吸引高质量外资的流入。

第三产业比重在中西部地区各个阶段均为负弹性,在东部的 1986~1991 年为负弹性,而在 1992~2003 年转为正弹性,这表明 FDI 主要集中于我国各区域的第二产业,这是我国 FDI 分布的长期格局,但目前在东部地区有所调整。在通过信息化改造来提升第一产业、第二产业的附加值的同时,通过提高第三产业比重来推动更多 FDI 流入该产业,这不仅是今后东部应继续保持的发展方向,也应是中西部区域未来应该努力的方向,这样才能通过 FDI 的流入来促进我国产业结构的优化与调整。

科技投入的弹性在我国各个区域各个引资期间的弹性均相当低,一方面说明了科技投入对我国的引资影响不显著,另一方面也客观地反映了进入我国的 FDI 总体技术水平不高。

综上所述,从我国利用外资的东西部区位差异及其原因的分析中,可以进一步解释区位因素在利用外资中的关键作用。西部地区在地理位置、气候、自然条件、经济区位、市场环境,以及交通运输通信条件等方面均不如东部地区优越,使得自身易被边缘化,难以占据有利的地位,因而对外商投资缺乏吸引力,这是最根本的影响因素。而东部无论在自然、经济、市场、交通、通信等方面都占尽了天时地利,成为外商直接投资的首选,使得东部沿海地区得以快速发展起来。

第三节　西部的区位条件分析

FDI 的区位选择本质上是一个厂商投资的选址问题。FDI 相对于一般厂址选择的特殊性在于投资东道国的选择。在给定投资东道国的前提下,影响 FDI 的国别因素如贸易政策、汇率、国家风险等可以不予考虑,西部地区吸引 FDI 又回到上述 FDI 的区位选择问题。邓宁的区位选择模型强调某区域拥有的不可移动的、天然的或后天创造的禀赋是吸引 FDI 的关键所在。在西部大开发过程中,可发掘的相对优势是迟到的倾斜政策、丰富的自然资源和低廉的劳动力成本。以现代竞争战略观点看,倾斜政策、自然资源和劳动力成本优势均为"低阶"优势,它是不稳定的和易变的,同时在一定程度上是可以流动的。自然资源和劳动力成本优势在西部已长期存在,实际上并未有效吸引 FDI。下面从区位的角度分析跨国公司直接投资为什么不进入西部。

一、西部地区区位要素的总体评价

西部地区具有自己的相对优势。例如,有丰富的自然资源与相对低廉的劳动力,有基础较好的能源与原材料工业及相关产业。但是,这些优势不是绝对的,而且是"低阶"的。经济优势是多种因素的综合。中西部在资源、劳动力等方面的优势,会被交通、信息、技术等基础设施建设方面以及市场机制不健全的劣势所弱化或抵消,导致综合劣势大于综合优势,对外商不具吸引力或吸引力不够。

从资源来看,西部资源优势的比较利益对于不少生产要素导向型外商具有相当大的吸引力。但是,高昂的运输成本抵消了西部原材料和劳动力低廉的优势,让再优惠的引资政策都成为一纸空文。在西部投资,外商无论是将先进的机器设备还是将产品运到东部市场或是国际市场都要付出高昂的代价,外商把西部自然资源优势转化成利润的成本大增,无法实现比在本国或在我国东部更高的利润率。而缺少国际通道和出海口,更让西部经济蒙受着重大损失。云贵地区有堆积如山的高品质煤炭、品位极高的铝土和磷矿,但因为没有便捷的出海口,矿区只能限产。不少外商在考察西部投资环境后都因为这里基础设施的落后而放弃了投资计划。对内对外的交易距离太长,交易成本太高,使市场这只手在西部引资中无从显示积极的力量。

从劳动力来看,沿海地区在过去 20 年取得了高速的经济发展,主要在于它拥有相对于世界其他地区廉价的劳动力。西部地区的大量廉价劳动力是其吸引外资的显著优势之一。但西部从业人员受教育程度低,技术熟练程度不及东部,削弱了这一比较优势。西部地区的劳动力价格显然在绝对值上低于东部地区,但其受过教育、可以迅速培养成熟练工人的人太少。与此相比,东部地区由于经济相对比较发达,基础教育特别是中等职业教育比较普及,培养和训练一个熟练工人的成本不高,周期也不长。因此,西部的人均工资固然低于东部,但其人均效率工资却高出东部。外商为了实现目标比较利益。宁愿花高价聘请熟练工人、技术工人,也不愿因为节约工资开支,而使投资效益下降。在比较利益的驱动下,外商很可能做出即使多花点工钱,也要向东部投资的决定。

从市场角度分析,人口是组成市场的最主要因素,而西部地区人口数量处于相对劣势。西部地域辽阔,人口只占全国人口的 22%。这意味着本地区市场容量小,经济发展缺乏积聚效应。2004 年东部人均收入为 1873 美元,西部为 718 美元,东部是西部的 2.6 倍。由人均收入所形成的有效需求较之东部地区也要少得多,这就给外商开辟市场带来困难。再从西部地区市场地理条件来看,西部地区多为山脉、沙漠、戈壁,地理条件形成的自然障碍影响了市场的连续性,市场条块分割现象严重,难以形成市场规模效益。而且,西部地区的人们受教育程度低,市场观念薄弱,满足于自给自足,不追求奢华的消费习惯,西部市场很难开辟。人口密度小,人均收入水平低,市场分割严重及传统的消费习惯使外商的投资缺乏广阔的本地市场,市场营销成本提高,而不愿投资西部。

从政策角度分析,实施西部大开发以来,我国政府出台了一定的优惠政策措施,但是这些政策措施对外商优惠程度与东部相比没有太大的竞争优势,而且还很少有单独涉及外商投资西部的优惠措施,一般都与内资企业同等看待。如对设在西部地区国家鼓励类产业的内资企业和外商投资企业在一定期限内按减 15% 的税率征收企业所得税。实际上,中国加入 WTO 带来的权利与义务使得西部大开发不能简单地类比过去东部沿海地区对外开放的经验,而必须尽可能地熟悉和适应国际通行的规则要求,况且东部沿海地区绝大部分的外商优惠政策还未取消。因此,西部的政策倾斜效应不是很强。

FDI 理论认为外商投资基本的动机是追求风险调整后的利润最大化。对于生产要素导向,就是以较小的代价获取生产要素,包括自然资源、劳动力等;对于市场导向,即突破国界对市场范围的限制,在国外寻求更大的发展空间;对于效益导向,即通过垂直一体化或水平一体化促进合理经营,获得规模经济效益,出于此动机的 FDI 是连续投资而不是初始投资。显然,出于这三类的外商投资动机在西部的投资吸引力不大。那么,最后一种投资动机是风险规避,东西部都属于一个国家,不存在政治风险不同的差异。再者,邓宁的国际生产折中理论认为区位优势(其中的所有权优势、内部化优势在同一国度内被假定为具有同样的竞争优势)是制约跨国公司对外直接投资的选址及其国际生产布局的主要因素。区位优势取决于原材料和制成品的相对运输费用、市场规模、生产要素价格、基础设施状况、政府干预程度、投资地的文化差异等因素。可见我国西部相对于东部地区,除了生产要素价格具有一定的竞争优势外,其他都处于劣势。

二、西部地区资源结构对 FDI 集聚的约束

应当说,西部地区丰富多彩的自然资源和廉价的要素成本(电力、土地)等是西部在 FDI 引进能力中具有比较优势的因素。的确,计量模型也表明,地区 FDI 引进能力与地区自然资源丰度之间存在正相关关系,但这种相关性的解释力只有 50%(赵果庆,2005)。西部地区的资源结构对 FDI 引进能力有两方面有利的影响:一是西部高污染产业投资环境和相对宽松政策对部分 FDI 有较强的引进能力。环境污染转移是 FDI 的重要动机之一,通过对外直接投资将其国内已经禁止或严格限制生产的高污染产品转移到东道国进行生产,从而将环境污染转移给东道国(崔新建,2002)。二是西部自然资源比较优势对部分自然资源导向型 FDI 也有引进能力。历史地看,跨国公司对外直接投资最原始的动机是寻找自然资源。在 19 世纪,欧洲、美国企业的对外直接投资大多数是为了保证初级

产品供应的可靠性(邓宁,1993)。直到第二次世界大战前夕,FDI 存量的 60% 用于自然资源行业。第二次世界大战之后,尤其 20 世纪六七十年代以来,就主要投资国而言,初级产品部门的 FDI 份额从 1970 年的 25% 下降为 1990 的 11%(UNCTAD,1993)。20 世纪 90 年代前半期,德国、日本、英国、美国对初级部门对外直接投资仅占本国对外直接投资的 5%。发达国家自然资源导向型 FDI 下降对以自然资源引进 FDI 的地区是不利的。同时,也应看到新兴工业化国家在产业升级时,必定将其初级产品产业向发展中国家转移,我国西部对新兴工业化国家的直接投资也有一定的引进能力,再加上发达国家跨国公司的自然资源型 FDI 也不能忽略。因此,西部自然资源作为现实 FDI 引进能力和较大 FDI 潜在引进能力将是长期存在的。

然而,问题的关键还在自然资源属性本身:其一,自然资源是一种非活性资源,受地区条件和自身性能约束比较明显。电力不能储存,矿产资源一般只宜当地加工,一般对此类资源开发区投资额大,沉没成本大,对 FDI 灵活性存在潜在的威胁,加上风险性和不确定性因素的影响,跨国公司一般是采用合作或合资方式进行投资。其二,自然资源密集产品的附加值低,投资周期长。这对以利益最大化驱动的 FDI 来说吸引力不大。对这类初级产品,跨国公司宁可用贸易方获取,也不愿进行直接投资,除非是处于一种战略的需要。其三,自然资源属国家资源,有些是战略资源,有的关系国计民生,因而在选择 FDI 上有较大局限性。这主要表现在股权分配上由国家垄断。一般采用国家控股,中方股权在 50% 以上。由于这些因素制约,西部自然资源对 FDI 引进能力受较大限制,往往因合作条件约束、国家政策限制,难以达成协议。自然资源对西部 FDI 引进能力约束主要体现在:

1. 西部以自然资源为导向的产业结构与现代发达国家跨国公司投资结构

西部以自然资源为导向的产业结构与现代发达国家跨国公司投资结构结构差异主要体现在,现代跨国公司主要较多地使用人力资源、先进技术、全球生产与营销体系,而西部产业则较多地利用土地、矿产等自然资源,从而两类资源极差导致了资源的融合性差,也就是现代跨国公司对外直接投资能力与西部 FDI 引进能力之间的差异较大,相互适应性较低。这种资源属性的不匹配性导致西部找不到 FDI 主体,FDI 主体找不到西部合作主体。这种 FDI 主体与西部主体的标识不匹配性是由两者资源不匹配性造成的。

2. 西部地区工业体系的特征是以自然资源为导向,技术含量较低,经济质量较低

能源消耗效益。西部地处边疆,幅员辽阔,人口密度低,经济集聚效应较差。西部的自然资源丰富,特别是能源储量十分丰富。但是,由于西部社会经济比较落后,技术水平低,工艺落后,市场发育迟缓,导致能源利用效率低,经济效益不高。西部地区的综合能耗产出率仅为 5.04 元/千克标煤,低于全国 7.35 元/千克标煤的平均水平,其中内蒙古、贵州、西藏、甘肃、青海、宁夏的能源消耗产出率低于西部平均水平。这至少表明,西部工业多为高能耗工业,能源利用的技术水平低。

资源综合利用率。除水能资源外,西部自然资源也比较丰富,然而,西部的资源综合利用率仅为 40%,低于全国 56.06% 的平均水平,其中,内蒙古、云南、贵州、甘肃、青海的资源浪费比较严重,资源综合利用率低于 30%[1]。

三、西部地区空间成本对 FDI 的约束

如果仅从劳动力成本和政策影响两个方面考虑的话,中西部地区与东部沿海地区的差异并不明显,解释 FDI 在地区间的分布不均衡,除了上面提到的效应,还要考虑地区的基础设施水平所产生的要素成本。许多学者的研究表明生产要素成本与 FDI 呈正相关关系。根据鲁明泓等(1997)的研究,外商直接投资与基础设施之间呈现显著的正相关;空间经济学理论表明,空间成本不仅意味着运输成本,还意味着时间成本。由于产品和服务半径相对较大,部分外资企业相当部分的原材料需从境外

---

① 科技部:《2003 年全国及各地区科技进步统计监测结果》。

进口,部分产品也需运往境外,运输的便捷程度自然成为外商考虑的因素之一。在一个交通不便、信息闭塞的地方投资建厂,昂贵的运输成本往往大于那里的劳动力和政策的优势,而由于信息的闭塞造成的损失可能更大。

经过几十年来的持续建设,西部 12 省、自治区、直辖市已形成了以公路为主体、由铁路、公路、内河航道、空中航线和地下输油(气)管道组成的相对齐全的综合运输网络。20 世纪 90 年代中期以来,在国家一系列鼓励西部地区开发建设的政策和投资支持下,西部地区的基础设施建设进入了加速发展期。各级中心城市以及农村城镇,都建立了不同密度的邮电通信网络。城市供水、供电管网建设长度也迅速增长。但是,就整体基础设施状况来讲,西部地区还明显落后于东部地区。1993~2002 年西部地区整体基础设施值平均为 0.338,而同期东部三省市(上海、江苏、浙江)该值为 0.379。2000~2002 年西部地区基础设施值为 0.376,东部三省市同期值为 0.420。

1. 交通基础设施

在基础设施环境中,交通运输基础设施占有举足轻重的地位。发达的交通运输系统是实现投资过程中人、财、物顺利、高效流动的基本前提。由于跨国公司着眼于从全球范围内配置资源和对全球客户需求做出灵敏反应,力求做到全球供应链总成本的最低。据统计,运输费用占销售收入的 2.88%(Davis 和 Drumm,1996),它是物流运费中所占费用比例最大的部分,约占整个物流费用的 40%。因此,运输合理化在很大程度上决定了物流的合理化,而交通基础设施的合理建设又是运输合理化的前提条件和重要保障。

从交通运输状况看,东西部的公路网密度分别为 0.3408 公里/平方公里、0.0676 公里/平方公里,密度比为 5.04∶1;铁路网密度分别为 0.0132 公里/平方公里、0.0025 公里/平方公里,密度比为 5.28∶1。可见,无论是公路运输还是铁路运输,西部与东部地区都存在较大的差距。再从货运能力看,东部地区的货运总量占全国的 50% 左右,而西部地区只占全国的近五分之一。在此我们对东西部的交通基础设施环境具体考

察如下:

公路交通是西部主导性的运输方式。在我国西部地区公、铁、水三种主要运输方式中,公路线路里程占90%以上;公路运输的客、货运量分别占综合运输总量的93%和87%左右,旅客运输周转量和货物运输周转量分别占综合运输总量的60%和32%左右,均高于全国平均水平。截至2000年底,西部已建成通车公路55.4万公里,占全国通车总里程的39.5%。其中,高速公路3677公里,仅为全国高速公路总里程的22.5%;西部二级以上公路占公路总里程的比例为7.44%,比全国平均水平13.5%低6个百分点。

铁路、民航的情况堪忧。西部地区地质条件恶劣,铁路多在深山大川中穿行,其建设难度很大;而在铁路运行中也经常发生泥石流、滑坡断道、洪水、雪灾挡路等事故。许多地方甚至还不通铁路、飞机。西部交通不仅数量少,而且质量差,铁路、民航、水运及管道运输方式普遍存在不成网络、规模效益差的问题。

通过表6.7的数据对比我们可以明显看出,西部不管是在其区域内具有相对优势的公路方面,还是在相对较弱的铁路、水运、航空方面都远远落后于东部的发展。落后的交通状况成为制约外来投资的重要因素。

表6.7 东、西部交通基础设施比较

指标	地区	总量	铁路	公路	水运	航空
货运量(万吨)	东部	689919	64792	507142	10632	198
	西部	247461	32695	208145	3827	40
客运量(万人)	东部	672135	46621	612195	8520	4799
	西部	355600	15222	333170	5407	1766

资料来源:根据《中国区域经济统计年鉴》2002年的相关数据整理计算。

2. 信息基础设施

邮电通讯设施一直是投资环境中的关键因素,在目前计算机网络迅速发展的情况下,通讯设施的评估又被赋予了新的内容——全面的信息基础设施代替了只重视传统邮政电讯设施的理念。从表6.8可以看出，西部地区的现代通讯能力与东部地区的水平还存在很大差距，信息载体尚不够发达。

表6.8 东、西部信息设施比较

地区	装机总量	电话机(万部)	移动电话(万部)	互联网用户(万户)
东部	11000	8800	8800	2400
西部	3420	3394	2058	352

资料来源：根据《中国区域经济统计年鉴》2002年的相关数据整理计算。

四、西部地区的边境区位与边界效应对吸引 FDI 的影响

1. 影响边境区位企业集聚形成的因素

边境区位是一种特殊的区位类型，这集中表现在边境区位紧邻边界，它受边界的影响巨大。一方面，由于关税和非关税壁垒的存在，边界在一定程度上限制了贸易和生产要素的流动(屏蔽效应)；而另一方面，边境地区的国家之间总是存在一定的物质和信息交流(中介效应)。边境地区受边界效应的影响，它的企业集聚类型和过程表现出不同于其他类型区位的特征。跨国公司，主要是来自于邻国的大型跨国公司的直接投资均是边境区企业集聚的源动力。

影响边境区企业集聚形成的因素实质上是边境区的区位条件。边境区紧邻边界，它的区位条件也就来自于边界。可以将边境区位条件概括为地缘政治、空间可达性、经济发展水平的均质程度、市场潜力、要素流动和干扰机会等几个方面(李铁立,2005)。

(1)地缘政治

国家边界最明显的表现是其作为国家间政治、军事的分隔线，表现出的政治和军事属性。由此边境区位深受相邻两国和更大范围的地缘政治的影响。企业在边境地区投资与在一国内部投资对政治环境的要求是不同的。在一个国家内部投资，企业主要关心国家内部的政治制度、政局稳定性、社会安定性、国际信誉度、政策连续性以及是否存在战争风险等方

面的基本条件。而在边境地区投资,除了要关心东道国的政治环境以外,由于拓展邻国市场和利用邻国边境区廉价生产要素的需要,企业更多地关心两国的地缘政治环境。通常情况下,一个稳定、和平的地缘政治环境,有利于企业跨边界市场拓展和利用邻国的资源,使边境区成为企业的投资区位选择。当今,企业集聚规模较大、次区域经济合作发展较快的边境区均是处于良好的地缘政治环境之中。如欧盟、美国和墨西哥,而地缘政治环境较为复杂的地区次区域经济合作难度较大,如图们江地区的经济合作。但总体来看,20世纪80年代以后,世界政治、经济环境发生了很大的变化,国家间军事冲突和冷战格局已不是地缘政治的主流,各国边境地区的地缘政治环境得到很大的改善,这为企业到边境区投资提供了良好的地缘政治环境。

(2)空间可达性

一个区域的经济活动受制于它的内外部环境条件,能够向外界产生便捷联系的场所越来越成为经济活动区位选择的重点,能否同外界产生便捷的联系,取决于该区域的空间可达性。对于边境地区而言,空间可达性包括两个方面,外部空间可达性和内部空间可达性。

外部空间可达性包括地理可达性和制度可达性两个方面。前者是指边境地区与国内中心城市的交通、通信等联系的便捷程度。地理事物的空间扩散具有距离衰减规律,企业的区位选择也往往从地理邻近区域开始其国际化的过程。边境地区通常远离国内的经济中心,此时,交通、通信条件就成为决定企业能否到边境地区投资的关键因素。因此,边境地区的经济发展离不开交通、通信条件的改善。后者是指由制度因素决定的边境区对外生产要素和商品交往的方便程度。边境地区制度越开放、越自由,甚至政府为促进该地区的经济发展,制定出特殊的制度安排,就有利于边境地区成为企业的区位选择。如墨西哥政府为了促进美国—墨西哥边境地区的经济发展,特别建立了马魁拉多工业园区,并赋予其特别优惠的政策,提高了该边境区的制度可达性,吸引了大量包括美国、日本和欧洲等国家和地区的企业。

内部空间可达性一般包括两个区域间的空间距离和运输时间、被传输客体的可运性、区域之间是否存在文化、社会等方面的障碍以及区域之间的交通联系。在边境地区间的内部可达性主要体现在后两者中。两个边境区间的社会、文化等方面的差异越大,则交易成本越高,越不利于经济行为跨边界开展。边境区间的交通联系主要包括通关手续是否繁杂、通关时间是否协调、铁路公路等交通通信等基础设施是否配套等方面,而这有赖于双方政府间的协调,甚至一定的制度安排。

(3)经济发展水平的均质程度

企业在边境区集聚的动力来自于收益剩余和成本节约,通过对企业集聚的理论分析可以看出,不论是垂直型还是水平型的集聚,它的初始阶段往往是企业寻求生产要素的差异,在经济发展水平非均质的边境区间这个初始的动力更加明显,边界两侧产业发展水平处于垂直联系的边境区更有利于企业的集聚。从企业空间联系成本的角度,在非均质条件下,母国企业往往在邻国建立分厂,为降低空间联系成本和对分厂进行有效的控制,投资于东道国边境区的可能性较大。

(4)市场潜力

一个地区市场潜力的大小影响着企业的区位选择。经济活动无论是生产活动还是服务活动都要求达到一定规模,这一规模就是市场需求门槛。一个企业的市场范围可以根据时间和空间两种因素来界定。时间因素反映的是在什么时间范围之内研究市场,常用时间长短确定;空间因素反映的是企业产品销售的地理空间范围,它常用市场的规模来表示。影响市场潜力的因素通常包括以下几种:当地的工资水平、劳动力就业水平、人口数量以及进入其他较大市场的便利条件,如空间距离、交通通信状况和市场进入制度(比如原产地原则等)。一方面,当地的工资水平高、劳动力就业率高且人口数量多,则居民的购买力就强,这意味着该地区的市场潜力大;另一方面,区位靠近大市场且交通便利则意味着产品的运输成本低,市场的空间范围就大,同时,交通便利还意味着企业的原材料和中间产品的价格低,产品的价格就低,就可获得更大的市场范围。对于边境地区的企业集聚来说,后者往往起到更为重要的作用。

(5)要素流动

要素流动是在一定区域范围内实现资源有效配置的基本条件,也是实现企业集聚的有效途径。生产要素有效配置的动力来自于市场机制,通过市场使要素得到最优化配置。要素市场包括劳动力市场、技术市场、资本市场以及信息市场和中间产品市场等。要素的跨边界流动一方面取决于边界的影响,另一方面取决于双方的经济互补性。空间相互作用理论认为,只有在区域之间存在对某种商品、技术、资金、信息或劳动力等方面的供求关系时,要素才能流动,而这又取决于区域生产专门化。即区域生产专门化越高,互补性越强,要素的流动越频繁。从空间距离的角度,边境区由于距离近,要素流动容易;从边界效应的角度,在屏蔽效应情况下则存在摩擦系数大大增加的问题。

(6)干扰机会

边境区企业集聚的干扰机会是指边境区间发生相互作用的可维持性受到来自其他区域的干扰。因为区域之间的互补性是多向的,亦即一个区域可以在某个方面与多个区域同时存在互补性,它究竟与哪个区域实现这种互补性,取决于它们之间互补的强度和实现互补的可能性。对于边境地区来说,互补的强度主要表现在边境区间资源要素的赋存状况、生产要素价格的差异水平和专业化生产状况。一般来说,资源禀赋不同、生产要素的价格差异大并且存在专业化分工,则互补的强度就大。互补的可能性表现在两个方面,其一,区域间的经济联系具有路径依赖性,它受两个区域间历史联系强度的影响。在一个区域内经济联系往往是腹地围绕经济中心形成的专业化分工,并建成了较为便捷的交通、通信网络。此时没有足够强大的外部引力是不能打破这种联系的,在边境地区表现为经济联系的向心力较强,亦即边境地区是以国家经济系统的组成部分,在历史上已与其经济中心和其他经济区域形成了专业化分工,边境地区的经济行为指向通常是国内的区域经济中心。因此,这种经济联系就形成了对跨边界经济交往的干扰。其二,边界对边境区间跨边界经济联系的影响。这个影响体现在关税、非关税壁垒、通关手续、文化心理的影响等多方面,成为跨边界经济行为的干扰作用。

总之,边境区企业集聚要受到边境区位条件的影响,这种影响是复杂和动态的。也就是说,这些影响因素不是单独地影响企业集聚,而是同时在起作用。另外,不同的企业以及企业不同的发展阶段,作用的方式、影响因素作用的强弱也表现出不同的特征。

2. 西部地区周边国家的发展水平与对外直接投资能力分析

FDI 在世界范围内区域性特点是比较明显的。美国、欧盟和日本构成 FDI 的"大三角"。据联合国有关机构统计,在 20 世纪 80 年代末 90 年代初,仅美、日、德、法、英五国对外直接投资就占世界对外直接投资的 70% 左右。1999 年、2000 年这五国对外直接投资分别占世界对外直接投资的 59.8% 和 55.91%。"大三角"对外直接投资是周边国家技术、资本的主要来源。在"大三角"的每一极周围都簇拥着一连串发展中国家,它们的经济增长取决于该地区"大三角"成员的直接投资(UNCTAD, 1992)。

日本、韩国和新加坡是对华直接投资的重要来源。1997~2002 年,在累计对华直接投资上 100 亿美元的 5 个国家中有 3 个国家是我国的周边国家,日本、新加坡和韩国排序仅次于美国和维尔京群岛分别居第 3、4、5 位,这三个周边国家 6 年累计对华直接投资为 490 亿美元,占我国吸引 FDI(扣除港澳台资)的 33.7%。而同比口径,22 个周边国家对华直接投资为我国 FDI 的 37.12%。

坎特维尔和托伦悌诺(1990)研究发展中国家跨国公司对外投资的地理特征时指出,发展中国家跨国公司在很大程度上受"心理距离"的影响,其对外直接投资遵循"周边国家——发展中国家——发达国家"的渐进发展轨迹。

然而,我国周边国家发展水平差距较大,对华直接投资能力差距也比较大。1997~2004 年日本对华直接投资占了 22 个周边国家的 40%,新加坡和韩国分别占 23.82% 和 27.4%,仅此三个国家占了周边国家对华直接投资的 91.22%。此外,印度尼西亚、菲律宾、泰国、马来西亚等国对华直接投资份额在 1%~7.71% 之间。其他周边国家对华直接投资比较小,尼泊尔、吉尔吉斯斯坦对华直接投资几乎可以忽略不计(参见表 6.9)。

表 6.9　1997~2004 年周边国家对华直接投资额及比重

周边国家	投资额 （万美元）	比重 （%）	周边国家	投资额 （万美元）	比重 （%）	周边国家	投资额 （万美元）	比重 （%）
尼泊尔	108	0.00	蒙古	1494	0.018	菲律宾	141195	1.74
吉尔吉斯斯坦	369	0.00	越南	2488	0.03	泰国	148360	1.82
乌兹别克斯坦	117	0.00	朝鲜	4062	0.05	马来西亚	242982	3.00
阿富汗	2452	0.03	柬埔寨	6902	0.08	韩国	2231884	27.4
哈萨克	3120	0.04	缅甸	5241	0.06	新加坡	1937236	23.82
孟加拉国	1465	0.018	印度	9483	0.12	日本	3266003	40.15
巴基斯坦	1655	0.02	俄罗斯	32222	0.4	合计	8133677	100
老挝	1540	0.02	印度尼西亚	93299	1.15			

资源来源:《中国统计年鉴》1997~2004 年的相关数据。

若以人均 GDP 表示对外直接投资能力,把表 6.10 中的 15 个周边国家对华直接投资额与其人均 GDP 进行回归分析。数据来自 2001~2002 年面板数据,样本容量为 45,周边国家对华直接投资(FDI_{cit})数据来自《中国统计年鉴》2001~2002 年的相关数据,人均 GDP 来自世界银行《2002~2003 年世界发展指标》,其回归方程为:

$$\hat{FDI}_{Cti} = 10.9155 GDPp_{ti} \tag{1}$$

$$Adj.\ R^2 = 0.9341, t = 22.4556$$

(1)式的调节 R^2 高达 93%,对周边国家的对华直接投资能力有较高的解释能力。人均 GDP 是衡量一个国家直接投资发展阶段的关键性指标。西部发展水平处在一个周边国家发展水平的中间状态上(参见表 6.10)。周边国家对华直接投资的绝大部分来自人均 GDP 高于西部的 9 个国家,它们占了周边国家对华直接投资总额的 98.79%,而其他周边国家对华直接投资能力都比较小。

从直接投资的发展阶段看,韩国处在 FDI 发展中期阶段,其具有一定的对外直接投资能力,新加坡和日本处在净对外直接投资阶段,日本对外直接投资能力最强,其他周边国家都处在 FDI 发展的初级阶段,对外直接投资能力较弱,那些发展水平还低于西部地区的周边国家的对外直接投资能力更弱。

表 6.10　2004 我国西部及周边国家人均 GDP

单位:美元/人

国家	人均 GDP	国家	人均 GDP	国家	人均 GDP	国家	人均 GDP
中国西部	718	蒙古	480	菲律宾	1080	马来西亚	3780
尼泊尔	240	越南	480	哈萨克斯坦	11780	韩国	12020
柬埔寨	310	印度	530	俄罗斯	2610	新加坡	21230
孟加拉国	400	印度尼西亚	810	泰国	2190	日本	34510

资源来源:世界银行《2005 年世界发展报告》。

在理论上,坎特维尔和托伦悌诺主要从技术累积论出发,试图解释发展中国家的 FDI 活动,从而把对外直接投资过程动态化和阶段化了。其研究表明,发展中国家跨国公司的海外直接投资可以分为三个阶段:

第一阶段:在周边国家进行直接投资。这一阶段的特征是充分利用种族联系、运输距离和心理距离等因素降低成本。经验表明,在东道国的生产过程与管理方式同母国一致或相近,也是构成成本低的因素。

第二阶段:直接投资空间扩展阶段。随着海外投资经验的积累,种族因素重要性下降,逐步从周边国家向其他发展中国家扩展直接投资。

第三阶段:向发达国家直接投资阶段。在经验积累的基础之上,为获得更先进的复杂制造业技术,开始向发达国家投资。

总之,发展中国家直接投资阶段发展模式是以地域扩展为基础的,与此同时,FDI 形式也从资源依赖型向制造业投资转移。

周边国家对华直接投资的地区分布也与地区发展水平密切相关。区域发展水平不同,引进周边国家直接投资的能力也不同。我国东部、中部、西部地区在发展水平上的较明显差距导致发达周边国家日本、韩国、新加坡对华直接投资的地区分布也服从东高西低的分布规律。

韩国对华直接投资主要集中在渤海湾和东北地区,约占对华直接投资总额的70%;同样地,新加坡的对华直接投资集中于我国东部地区,其初期对华直接投资的577个项目中,北京有106个,广东有71个,福建有60个,其次是江苏和上海;在新加坡对华最大的100个直接投资项目中,江苏有17项,上海有12项,山东有10项,四川有9项,广东有7项,辽宁有5项,福建有4项,海南有3项,天津有2项,其他地区20项(滕家国,2001)。日本在华直接投资更明显地集中在东部,中部和西部分布比较少。2001年8月,日本新闻界的一项调研结果表明,在东京证券交易所和纽约证券交易所上市的1143家日本企业,有一半的企业表示将在三年内把生产基地外迁;在打算外迁的企业中,有71%的企业把中国作为主要的目的地,长江三角洲的上海、苏州、昆山、宁波,珠江三角洲的深圳、东莞及西部地区的成都、西安等地成为首选的投资地(江小涓,2002)。

其他发展水平高于西部的周边国家对华直接投资在西部的分布可能会高一些,但情况也不理想。如云南是离泰国最近的西部地区,2001年、2002年泰国对云南的直接投资额分别为357万美元和127万美元,分别只占对我国的直接投资额20357万美元和19421万美元的1.83%和0.62%,说明云南并不是泰国对华直接投资的主要目标地。西部近邻周边国家对外直接投资能力不足严重减弱了西部FDI引进能力,西部从邻国引进一定规模的直接投资显然是没有可能的。

3. 西部地区与周边国家吸引FDI的区位竞争关系

对外直接投资引力模型表明:对外直接投资流量与东道国的经济总量有很强的正相关性,与投资国和东道国的人均GDP的差值,即由人均收入水平决定的双方需求水平的接近程度呈正相关;即投资国与东道国的经济规模和经济水平越相似,两国之间的国际直接投资流量越大;投资国与东道国的距离与国际直接流量和区位分布成负相关,表明地理位置的确是影响国际直接投资流向和分布的重要因素,而且距离的远近也与历史文化因素联系在一起。距离的远近对投资的影响是与经济成本联系在一起的。值得注意的是,西部不仅受周边国家对外直接投资能力低的约束,而且还与周边邻国在引进 FDI 上存在竞争关系。

西部周边国家与西部同是处在 FDI 发展的初期阶段,对外直接投资较少,吸收 FDI 比重较高。从 1996~2002 年看,周边国家中只有日本是净对外直接投资国,其流入的 FDI 占其 FDI 比重仅为 18%(赵果庆,2005);新加坡处在直接投资发展的中期阶段,但其仍是直接投资吸收国;韩国处在弱吸收直接投资阶段,马来西亚、印度尼西亚、菲律宾、俄罗斯流入 FDI 占 FDI 比重在 75%~85% 之间,其中只有俄罗斯是西部的邻国。可见,西部的邻国都是 FDI 的引进国,其中,相当部分国家的工业化发展阶段还低于西部,对外直接投资能力极低。也就是说,西部与邻国处在大致相同发展阶段上,工业化发展阶段的差距不大,这种状况决定了西部与周边邻国处在一种对 FDI 的竞争态势上。

发展水平接近,工业结构也较相似,自然资源、劳动力和土地价格也接近,意味着以劳动力、自然资源引进 FDI 的竞争比较激烈。

从劳动力看,我国是世界上劳动力总量最大的国家。在我国和周边国家中,劳动力仍是吸引 FDI 的重要因素。在劳动力的数量方面,中国具有绝对优势。从 1998~1999 年平均水平看,世界劳动力人均 FDI 为318.31 美元,中国及周边国家劳动力人均 FDI 为 43.92 美元。中国劳动力人均 FDI 为 27.73 美元,低于周边国家平均水平,离世界平均水平的差距更大,不足其 10%(参见表 6.11)。显然,我国引进的 FDI 与劳动力是不对称的,中国劳动力在吸引 FDI 方面还有较大空间。

西部劳动力资源相对充足,是吸引外资的一个有利条件。但是在西部与周边国家的对比中我们发现,西部相对一些周边国家并不具有劳动力价格比较优势。以云南为例,1998 年,其工资为 71.5 美元/月,泰国为168~520 美元/月,印度尼西亚、老挝、印度分别为 13.7 美元/月、24 美元/月和 50~75 美元/月。以此看来,云南只比泰国等发展速度较快的国家在劳动成本上占有优势。同时,以美元计算的工资水平除泰国外,其他国家的工资水平都呈缓慢上升趋势,而云南的工资水平却呈快速上升趋势。不难看出,西部与周边国家以劳动力吸引 FDI 的竞争是存在的。

表 6.11　1998～1999 年中国及周边国家劳动力人均 FDI

单位:美元

国家	人均 FDI	国家	人均 FDI	国家	人均 FDI	国家	人均 FDI
马来西亚	364.06	吉尔吉斯斯坦	54.5	越南	35.5	柬埔寨	20.58
泰国	177.76	老挝	46	中国	27.73	巴基斯坦	10.4
俄罗斯	38.93	蒙古	24.5	孟加拉国	3.76	印度	5.47

资料来源:联合国贸发会议,《2000 世界投资报告》,中国财政经济出版社 2001 年版。

在自然资源方面,西部邻国的矿产资源十分丰富。印度铁矿石出口占世界铁矿石出口份额的 7.8%①。2000 年,中印钢铁及制品的交易量为 2892 万美元,铜、铝有色金属及制品的交易量为 3134 万美元。可见,周边 8 国,尤其是印度,与云南、重庆等西南地区在有色金属和钢铁产业对引进 FDI 存在较大的竞争。水力资源也是西部周边国家的一笔重要的优势资源。印度可开发的总水电资源为 8400 万千瓦,目前只开发利用了 25%。目前,印度火电占总电量的 79.1%,水电占 17.7%,核电占 2.4%。由于印度煤资源比较丰富,印度能源中的 67% 来自煤。焦煤和非焦煤开采年限分别为 213 年和 219 年,电力结构自然以火电为主。可是,由于运输成本上升、煤质量下降,以及资源的过于集中,水能资源变得更具吸引力。由于受资本和技术因素影响,近 10 年来,印度每年新增水电生产能力只有 40 万千瓦。周边邻国与西部水电对引进 FDI 的竞争也将长期存在。

总之,西部离发达国家距离较远,同时由于西部发展阶段低,产业极差大,其对 FDI 的引进能力较弱,对外直接投资能力极弱,而且在自然资源、要素成本等方面与邻国展开引进 FDI 的竞争,西部像是处于 U 字形谷底。

第四节　启　示

FDI 是一种稀缺资源,吸引 FDI 不仅在全球范围内看是竞争性的,在

---

① Data Service:*Statistical Outline of India 1999～2000*.

我国,西部吸引 FDI 同中部以及东部沿海地区吸引 FDI 也构成竞争态势。流入我国的每一项 FDI 的区位选择都要在中国省区之间、城市之间或更小的区位上充分比较后完成。远离海岸线的中国内陆西部地区,如何克服区位劣势,吸引跨国公司直接投资,是一个长期而综合的过程。西部外资的引进只能着眼于长远发展,短期内只能探求政府主导型市场发展模式。西部地区要克服区位劣势,关键在于培养若干点上的竞争力,形成"增长极",通过增长极的吸引力不断加强自身的经济实力,再通过增长极的扩散作用带动周边地区的经济发展,从而带来更高的规模收益、更多的就业机会、更强的科技进步动力和更大的经济扩散效应,以吸引资本和各种要素的流入。

参考文献

［1］Dunning,J. H. (1993), *Multinational Enterprises and the Global Economy*, New York: Addison-Wesley Publishing Ltd.

［2］Dunning, J. H. (1973), "the Determinants of International Production", *Oxford Economic Papers* 25(3), 289 ~ 336.

［3］Dunning, J. H. (1977), "Trade, Location of Economic Activity and the MNE: a Search for an Eclectic Approach", in Ohlin, B., P. O. Hesselnorn and P. J. Wijkman (eds.), *the International Allocation of Economic Activity*, Macmillan, London.

［4］Dunning, J. H. (1988), *Explaining International Production*, Boston: Unwin Hyman.

［5］Dunning,J. H. (1998), Location and the Multinational Enterprise: a Neglected Factor, *Journal of International Business Studies* 29, 45 ~ 67.

［6］魏后凯、贺灿飞、王新:《外商投资区位研究的理论前沿及最新进展》,载《上海行政学院学报》2001 年第 4 期。

［7］魏后凯等:《外商在华直接投资动机与区位因素分析》,载《经济研究》2001 年第 2 期。

［8］江小涓、杜玲:《跨国投资理论研究的最新进展》,载《世界经济》

2001 年第 6 期。

　　[9]王增涛:《对外直接投资区位选择的分析框架及启示》,载《国际金融研究》2002 年第 3 期。

　　[10]崔新建:《FDI 微观理论:OL 模型》,载《管理世界》2001 年第 3 期。

　　[11]邱慧芳:《空间距离因素——跨国公司跨国化指数行业差异分析》,载《国际贸易》2001 年第 12 期。

　　[12]李玉举、张鹏:《运输成本:从出口转变为对外直接投资的一个解释变量》,载《管理科学》2003 年第 4 期。

　　[13]程惠芳、阮翔:《用引力模型分析中国对外直接投资的区位选择》,载《世界经济》2004 年第 1 期。

　　[14]刘荣添:《我国东、中、西部外商直接投资(FDI)区位差异因素的 Panel Data 分析》,载《数量经济技术经济研究》2005 年第 7 期。

　　[15]姜国杰:《世界外国直接投资的特点及区位因素分析》,载《国际贸易问题》2002 年第 7 期。

　　[16]鲁明泓:《外国直接投资区域分布与中国投资环境评估》,载《经济研究》1997 年第 12 期。

　　[17]王志乐:《跨国分公司在华发展新趋势》,新华出版社 2003 年版。

　　[18]奥古斯特·勒斯:《经济空间秩序:经济财贸与地理间的关系》,商务印书馆 1995 年版。

　　[19]阿尔弗雷德·韦伯:《工业区位论》,商务印书馆 1997 年版。

　　[20]李铁立:《边界效应与跨边界次区域经济合作研究》,中国金融出版社 2005 年版。

第七章　制度因素与西部地区
FDI 的引进

制度学派对经济增长提出了全新的观点,认为资本积累、技术进步等因素与其说是经济增长的原因,倒不如说是经济增长的本身,经济增长的根本原因是制度的变迁,一种提供适当个人刺激的有效产权制度是促进经济增长的决定性因素。制度在促进经济增长方面确实具有重要作用,这种作用来源于制度的基本功能。利用外国直接投资作为中国对外开放的行为之一,其本身就是一种制度变迁。本章试图回答以下的问题:除了其他因素外,制度因素对 FDI 在我国各区域的分布有何影响? 制度因素与 FDI 之间存在着什么关系? 西部地区为何对 FDI 缺乏吸引力? 西部地区应该采取哪些有效的措施改善制度环境,更加有效地吸引 FDI,以促进区域经济的协调发展?

第一节　文献回顾与评述

目前有关国际直接投资区位理论研究的重点多为一些硬环境和经济因素,只有少数文献讨论过制度因素的作用。邓宁(1993)认为不同地区区位优势的大小决定了国际直接投资的流向,区位优势中的制度和政策变量主要包括:投资鼓励及阻碍、产品和劳务贸易的人为障碍(如进口控制)、跨国间的意识形态、语言、文化、商业惯例以及政治差异、经济体制和政府政策。Agodo(1978)发现地方政府发展规划与国际直接投资的流入呈正相关关系。他认为并不是规划本身,而是发展规划创造出来的有组织的经济环境对外商有吸引力。Veuglers(1991)采用语言变量代表文化相关性,并发现该变量是影响国际直接投资在经济合作发展组织国家内部分布的最重要的因素之一。Jun 和 Singh(1996)分析了 1970～1993年 31 个发展中国家吸引外资的情况,就关税壁垒、出口导向政策和政治风险对 FDI 的影响进行了分析,结论是这些因子是决定外资流向的重要因素之一。

联合国贸易和发展会议(1998)设计了一套决定和影响对外直接投资的区位因素,其中的第一类和第三类分别是关于东道国的制度和政策因素。第一类是国际直接投资和贸易的运行框架,包括有关进入和运行的条件、待遇标准、市场功能、规则的稳定性、可预测性和透明性等;第三类是企业运行的便利性,包括东道国对投资的鼓励和优惠政策,社会设施状况和东道国官员的清廉水平等。

鲁明泓(1999)较为全面和系统地讨论了国际经济制度安排、经济制度、法律制度、影响企业运行费用的制度对 FDI 国际流向的影响,强调一个自由开放的经济体制、对外资持欢迎态度并为外资提供法律保护的国家和地区能够吸引更多的国际直接投资。魏尚进(2000)对影响世界主要国家国际直接投资量的因素进行了截面研究,认为中国之所以吸收的外商直接投资偏少,主要是由于制度障碍和政策无序。魏尚进(2001)还用不透明指数分析了制度因素对国际直接投资的影响,发现透明公开的政策有助于外资的流入,而政策的不确定性将会使吸引外资的税收优惠趋于无效。

将视觉深入到我国内部,在对中国国内外商直接投资的区位因素研究中,大多数的研究文献也是从硬环境的角度进行分析。而潘镇和潘持春(2004)则对外商投资区位分布中的制度因素进行了研究。他们认为,市场化程度、政府运行效率、政府的节俭程度、产权保护程度、对外商投资企业进出口的限制程度等制度因素对外商直接投资的地区流向有着显著的影响;优惠政策虽然有助于吸引更多的外商直接投资,但随着时间的推移和地方政府的干扰,中央政府优惠政策的效应呈明显的递减趋势。

虽然上述研究讨论了一些制度因素对 FDI 区位选择的影响,但是多是分析制度因素对 FDI 的国际区位分布的影响,在针对中国国内 FDI 的区位选择因素研究中,系统研究制度因素影响作用的文献相当缺乏,已有的个别研究是对制度因素与 FDI 的关系做相关性检验。在现有研究中存在着三方面缺陷:首先,在相关性检验中,由于制度变量选择少,可能会遗漏一些实际上对 FDI 有重要影响的因素,而使研究结论在一定程度上失真;由于研究方法的局限,各制度因子之间的互相干扰无法剔除,也影响了研究结论的可信度。其次,在大多数研究中,制度因素变量指标的取值通常采用主观评分法,这种赋值法易受专家主观性以及权威影响,专家的选取是否具有普遍代表性也存在问题,显然不如客观性数值准确。再次,缺乏因果关系检验。我们知道,因果关系不同于相关关系,从一个回归关系式中,我们无法确定变量之间是否具有因果关系,虽然有时我们说回归方程中解释变量是被解释变量的因,但是,这一因果关系实际上是先验设定的,或者是在回归之前就已确定。因此,用回归分析中的解释变量说明对被解释变量的影响,从方法论上讲,有一定缺陷;要分析两变量间是否存在因果关系,要用因果性检验方法进行验证。

本章拟用全国 30 个省、自治区、直辖市 2001～2003 年的客观性数据,全面验证制度因素与 FDI 在我国各地区分布的相关关系和因果关系,并据此得出主要结论和相应的政策含义,以丰富现有文献。

第二节 东、中、西部地区制度变迁差异的比较分析

在邓宁(1993)的国际生产折中理论中,区位优势理论较为成熟。他认为不同地区区位优势的大小决定了国际直接投资的流向,并将东道国的投资环境因素归为 7 类:对外国投资的一般态度;政局稳定程度;所有权控制;外汇管制程度;汇率稳定与否;税收结构;投资国对东道国的熟悉程度。他认为,东道国政府政策会对外国企业进入东道国市场的方式产生直接或间接影响,如影响外国企业对国家风险的估计、影响外国企业选择参与市场的方式、影响外国企业选择建立制造业子公司的地点等。可见,投资环境因素作为与"自然禀赋"相对应的人为区位资源,主要是指东道国的制度因素。鲁明泓(1999)也在他的关于制度因素与国际投资

区位分布的实证研究中构建了制度框架。

　　制度因素通常以一定的规则和政策形式表现出来,一系列实证研究也发现,法律完善程度、贸易壁垒、民众对外资的态度、金融管理制度、企业运行状况、政策优惠等都影响着国际直接投资在国家间和一个国家内部各地区间的分布。

　　我们在对已有研究进行文献分析的基础上,进行了综合调整,把对国际直接投资有影响的制度因素分为四类:一是国际经济制度安排,主要包括东道国参与的经济一体化组织、签署的双边投资保护条约、贸易壁垒等。二是法律制度,主要包括东道国或地区对私有财产的保护程度、法律完善程度等。三是经济制度,主要包括东道国或地区市场发育程度、金融外汇制度、经济自由度、经济外向化程度(对外开放度)、外资市场准入制度、对外资态度等。四是影响企业运行费用的制度因素,主要包括企业运行障碍、政府清廉程度、政府行政效率、黑色市场交易(市场透明度)、工资政策、税收制度等。

　　由于我们的研究只涉及 FDI 在中国国内三大区域间的分布问题,下面我们只从衡量区域制度变迁程度的后三大类十个正式制度指标和非正式制度方面,来实证比较分析中国三大区域在制度变迁过程中存在的差异。

一、法律制度因素

法律制度因素是指在法律、法规层面上影响 FDI 流入的制度因素。

1. 私有财产的保护程度(PRO)

私有财产的保护程序是指对公民私有财产的保护程度。国际直接投资绝大部分为私人投资,对外商私有财产的保护是外商进行投资的最基本条件。因而,东道国或地区对公民私有财产(包括知识产权)的保护程度越高,FDI 流入就越多。

一个国家或地区非公有制经济注册数比重可以反映对私有财产的保护程度。表 7.1 显示,非国有经济注册比重,东部平均为 81% ,最高省份浙江省高达 97% ,中部平均为 69% ,而西部仅为 58% ,最低省区西藏仅为 39% ,东西部平均数相差 23 个百分点。说明西部地区对私有产权的保护程度远远比不上东部发达地区,与中部地区也存在着不小的差距。

2. 法律、法规的完善和规范程度(REG)

法律、法规的完善和规范程序是指一国或地区法制建设的完善程度。政治因素是风险成本,是市场因素的前提条件。法律越完善、越规范,并能保持政策的连续性和稳定性,将降低 FDI 进入的风险成本,有利于 FDI 的生存,因而能吸引更多的 FDI 流入。

法律、法规涉及国家统一制定的全国性层面的因素,也包括各地区自行制定、实施的法规,地方法规与全国统一法规可能产生冲突问题,而且在两个层面的实施过程中都存在着执法的规范程度问题。西部地区市场经济体制滞后的改革导致市场极不完善,法律和监管不健全。从法规和政策的完善度、开放度、透明度,以及其履行情况来看,东部地区明显优于中西部地区。不少外商反映西部地区存在机构过多、手续繁琐、交叉检查、强买强卖等现象。马玉在分析外国投资下降时表示:"中西部地区不透明和实施不一致的法律和监管规定、经常改变的政策、履行合同的不规范、缺乏透明度以及复杂繁琐的官僚制度,是许多外商投资人员不满的地方。传统的投资形式——合资、合作和独资企业为乱收费和贪污所阻碍。此外,在世界各地普遍实施的新的企业发展模式,像合并和收购,因为法律和宪法条文的限制而难以进行。大部分涉及国营公司的合资企业的管理和行事方式与市场经济的步伐不一致。"各地区工商投诉率可以反映法律、法规的完善和规范程度,鉴于这一数据的难以获取,我们只能寻找另外的替代性指标。

表7.1　2003 年我国非国有经济企业注册数占全社会企业总注册数比重

东部地区				中部地区				西部地区			
	非国有经济注册数(1)	全社会总注册数(2)	(1)/(2)比重(%)		非国有经济注册数(1)	全社会总注册数(2)	(1)/(2)比重(%)		非国有经济注册数(1)	全社会总注册数(2)	(1)/(2)比重(%)
北京	2657	4019	66	山西	2259	3613	63	四川	4383	5448	80

东部地区			中部地区			西部地区		
天津	3716	5341	70	吉林	1315	2284	58	重庆	1671	2241	75
河北	6248	7923	79	黑龙江	1597	2567	62	贵州	1092	2129	51
辽宁	5508	6842	81	安徽	3411	4158	82	云南	1052	1995	53
上海	9492	11098	86	江西	1980	3051	65	陕西	1258	2493	50
江苏	22620	23862	95	河南	6838	9091	75	甘肃	2178	2884	76
浙江	24665	25526	97	湖北	4654	6271	74	青海	194	400	49
福建	8320	9208	90	湖南	4325	5967	72	宁夏	264	418	63
山东	14216	16177	88					新疆	558	1254	44
广东	22391	24494	91					广西	1619	2871	56
海南	273	619	44					内蒙古	1062	1653	64
东部平均	10919	12283	81	中部平均	3297	4625	69	西部平均	1394	2162	58

资料来源:《中国统计年鉴》2004 年的相关数据。

外商直接投资的主体一般掌握着相对较为先进的技术和诀窍,东道国或地区较完善的知识产权保护体系可以使跨国公司不再担心当地企业窃取其科技成果,降低 FDI 进入的风险成本。因此,FDI 趋向到法制健全及实施较好的地区进行投资活动,从而能够尽可能长时间地保持其所有权优势。一个指标通常可以从多方面反映不同侧面的问题,三项专利批准数被张长春等人用来代表应用性科技的发展状况,潘镇和潘持春则把它用作反映产权保护程度的替代指标,我们认为,它也从一个侧面反映了经济市场化进程中对技术创新的保障程度,因此,每年各省、自治区、直辖市三项专利批准数可以作为法律、法规完善和规范程度的替代性指标度量法律、法规的完善和规范程度。

表 7.2 显示,2003 年西部地区批准三项专利总平均数为 1192 项,仅是东部地区的 27%。由此可见,中西部市场秩序不规范、法律法规不健全是外商直接投资较少的一个重要原因。

表 7.2　2003 年东、中、西部地区三项专利批准数比较

单位:项

	全国平均	东部地区	中部地区	西部地区
发明	333	641	250	107
外观设计	2149	5119	541	498
实用新型	1927	3774	1399	587

资料来源:《中国统计年鉴》2004 年的相关数据。

二、经济制度因素

经济制度因素是指在经济活动层面上影响 FDI 流入的制度因素。

1. 市场发育程度(MAR)

市场发育程序是指市场经济体制的健全和完善程度。由于对外直接投资大国都是发达的市场经济国家,其企业了解市场经济规则,更适应市场经济条件下的经营环境。市场制度有利于资源的合理配置,有利于经济运行质量和效益的提高,有利于减少企业运行中的不确定因素,降低经营风险,降低企业运行的交易成本。市场制度主要包括政府对经济活动的市场化管理(政府管理体制和管理手段的市场化)、资源(包括资金、人力和物力资源)的市场化配置程度、商品和服务价格的市场确定、劳动力的自由流动、企业的市场化运作等。东道国或地区市场化程度越高,FDI 流入越多。

对一国市场化的衡量涉及一个全面、综合的评价体系。各地区非国有经济固定资产投资额占全社会固定资产投资额的比重、私营企业产值占全国私营企业总产值的比重,以及私营企业从业人员比重等可以近似地反映一个地区市场经济发育程度和市场经济体制是否完善。从理论上讲,这些指标越高,说明非国有化程度越高,国民经济产权制度多元化的程度越高。因此,这些指标与 FDI 流入呈正相关关系。

改革开放后,国有企业一统天下的所有制格局被逐步打破,集体企业、股份制企业、外资企业、私营个体等非国有经济获得了长足的发展。但全国各地区非国有经济的发展极不平衡,与东部相比较,西部国有经济的比重过高。以工业部门产值为例,根据历史资料,我国工业产值中国有

工业所占的比重,1978 年全国为 77.63%,东部地区为 76.19%,西部地区为
83.89%,到 2003 年全国降为 55%,东部地区为 37%,西部地区为 67%,几
乎是东部地区的 2 倍;私营经济的比重也远远低于中部地区和全国平均水
平;非国有经济固定资产投资额占全社会固定资产投资额比重,2003 年全
国平均为 49%,东部地区为 59%,西部地区为 40%(参见表 7.3),这表明西
部地区国有经济体制的改革进展缓慢,非国有经济的发展严重滞后于东部
地区。加快西部国有企业改革,对促进西部发展有重要影响。

表 7.3　2003 年东、中、西部地区企业非国有化程度比较

单位:%

	全国平均	东部地区	中部地区	西部地区
非国有经济固定资产投资比重(非国有经济固定资产投资额/全社会固定资产投资总额)	49	59	47	40
私营企业产值比重(各地区私营企业产值/各地区社会总产值)	45	63	39	33
私营企业人员比重(地区/全国)	100	66	17	17

资料来源:《中国统计年鉴》2004 年的相关数据。

2. 金融市场自由化程度(BAN)

金融市场自由化程度是指企业在市场上融资的便利程度。FDI 需
要在投资地融资,金融市场的自由化程度反映了 FDI 面临的融资环
境。金融管制,尤其是对外国银行的管制会阻碍国际直接投资的流
入。因此,东道国金融管制程度越严,国际直接投资流入越少,反之
则越多。

企业融资有直接融资方式和间接融资方式两种。1997 年以前,国家
禁止非公经济上市融资;另外,根据有关规定,外商在建设工程和生产经
营中所需资金可以获得下列 4 项贷款:固定资产贷款、流动资金贷款、现
汇抵押贷款和备用贷款。不同的地方政府对三资企业给予数量不同的融
资途径。一般来说,外商投资企业获取资金的途径越多,则其面临资金危
机的可能性就越小,该地的资金筹措条件就越好。因此,FDI 在当地融资

途径和融资数量的多少,可以用来反映投资地金融市场的自由化程度。由于这一变量指标数据缺乏,而资本要素的市场化程度在一定程度上反映了企业融资的便利性程度,所以,我们用资本要素的市场化程度作为反映金融市场自由化程度高低的替代性指标。如表 7.4 所示,2001 年财政性投资比重呈现出西高东低的特点,地区上市公司数比重则呈现出东高西低的特点,一定程度上说明中西部地区金融市场自由化程度较低,企业融资主要依靠国家投资。

表 7.4 2000 年东、中、西部地区资本要素市场化程度比较

单位:%

指标	全国	东部地区	中部地区	西部地区
国有投资比重 (国有经济投资/全社会固定资产投资比重)	53.42	46.85	59.64	61.49
上市公司数比重(地区/全国)	100	59.24	20.34	20.42

资料来源:《中国统计年鉴》2001 年的相关数据。

3. 经济外向化程度(OPE)

经济外向化程度是指经济活动对外界的开放程度。区域经济的外向化程度体现了地区经济与区外、境外经济联系的紧密程度,从而成为吸引 FDI 的重要因素。经济对外开放度越高,FDI 流入就越多。

一国或地区经济的开放度是该国经济的市场化以及与其他国家或地区经济联系程度的重要指标。如何衡量一国或地区经济的开放度,国内外学术界尚未得出一致的结论。从目前所选用的指标看,主要有总量指标和价格指标。在此,我们选用对外贸易依存度与国际投资依存度之和这一总量指标作为对外开放度来衡量。

我国三大地区的对外开放程度相差较大,沿海地区要远远高于中部和西部地区,并成为三大地区间经济发展水平差距的一个主要原因。反过来,经济发展水平高的地区,对外开放度也较高(参见表 7.5)。2003 年,东部沿海 11 省市的对外开放度为 78%,中部地区和西部地区

都不足15%，不及沿海地区的五分之一。其中广东省的对外开放度最高，为182%，相比之下，甘肃省仅为5.1%，在全国31个省、自治区、直辖市中处于非常低的水平。一般当平均进口和出口总量占GDP的比重在45%以上时，称为高级开放度，而当进出口总量低于GDP的27%时，称为低级开放度。从表7.5可见，西部地区全部都处于低级开放程度之列。

西部地区对外开放度低下，是其吸引外商投资的直接障碍。从贸易依赖性方面看，表现在进出口额上，广东远远领先于其他省、自治区、直辖市，2003年，其进出口额达2892.2994亿美元，占全国进出口总额的15%，紧随其后的是江苏（6.3%）、上海（5.7%）、浙江（3.4%）、山东（2.6%）、福建（2.0%）、北京（1.6%）、天津（1.5%）、辽宁（1.5%），它们的进出口额占了中国进出口总额的95.9%。而西部12个省、自治区、直辖市，贸易额非常低，把它们所有的进出口额加起来总共也不到全国进出口总额的2%，其中甘肃占0.04%、宁夏占0.03%、青海占0.01%、西藏占0.008%，甚至连全国总额的千分之一还不到。

表7.5　2003年东、中、西部地区各省区及直辖市的进出口总额、外商投资和GDP数值

东部地区			中部地区			西部地区		
	进出口（万美元）	外商投资（万美元）	GDP（万元）		进出口（万美元）	外商投资（万美元）	GDP（万元）		进出口（万美元）	外商投资（万美元）	GDP（万元）
北京	3133411	219126	36631000	山西	517926	21361	24565900	四川	577991	41231	54563200
天津	3003040	153473	24476600	吉林	673223	19059	25226200	重庆	255927	26247	22505600
河北	968589	109979	70985600	黑龙江	621514	32180	44300000	贵州	155344	4521	13561100
辽宁	2986137	282410	60025400	安徽	567499	36720	39723800	云南	272005	8384	24652900
上海	11051596	546849	62508100	江西	295684	161202	28304600	陕西	190697	33190	23985800
江苏	12128389	1056365	124608300	河南	558253	53903	70485900	甘肃	74062	2342	13046000
浙江	6631807	498055	93950000	湖北	580831	179658	54017100	青海	22081	2522	3902100
福建	3856262	259903	52321700	湖南	469895	101835	46387300	宁夏	53802	1743	3853400

东部地区			中部地区			西部地区			
山东	4941117	601617	1243593				新疆	238643	1534	18776100
广东	28922994	1009335	136258700				广西	322168	41856	27351300
海南	191151	42125	6709300				内蒙古	322632	8854	21504100
东部平均	7074045	434476	60883481	中部平均	535603	75740	41626350	西部平均	310669	15675	20700145

资料来源:《中国统计年鉴》2004 年的相关数据。

表 7.6　2003 年我国各地区的对外开放度比较

单位:%

指标	全国	东部地区	中部地区	西部地区
外贸依存度 （进出口总额/GDP）	32	73	12	9
国际投资依存度 （外商投资/GDP）	2	5	2	0.5
对外开放度	34	78	14	9.5

注:表中各地区的 GDP 数据根据全国数据进行了调整,外商投资为直接投资和其他投资之和。

资料来源:《中国统计年鉴》2004 年的相关数据。

4. 经济自由度(FRE)

经济自由度是指企业在经营活动中受干预的程度。一国或地区政府对企业和市场的干预,会无形地加大企业的运行费用和交易费用,因为不能保证政府的干预总是有效。因此,无论竞争机制还是市场选择作用的发挥都必须以政府的较少干预,经济活动在合理限度内的自由为前提。FDI 趋向于流入不仅对本国经济活动,而且对外国经济活动设置障碍较少的国家。东道国或地区经济自由程度越高,FDI 流入越多,反之则越少。

地方政府基于各种原因,对外资企业使用当地原料的规定,以及对外资进口原料和设备自由的限制,都会抑制外资的进入。外商投资企业进口额占一个地区总进口额的比重,主要反映了当地政府对外商投资企业进口的干预和控制程度,可以作为一个指标,从一定程度上来反映当地经济的自由化程度。表7.7表明,西部地区经济自由度与东部地区相比,落差很大,东部地区为西部地区的3.12倍。

表7.7 2003 年我国东、中、西部地区的经济自由度比较

东部地区				中部地区				西部地区			
	外企商品进口额（万美元）(1)	地区总进口额（万美元)(2)	经济自由度（%）(1)/(2)		外企商品进口额（万美元）(1)	地区总进口额（万美元)(2)	经济自由度（%）(1)/(2)		外企商品进口额（万美元）(1)	地区总进口额（万美元)(2)	经济自由度（%）(1)/(2)
北京	668181	2137426	31	山西	14836	144412	10	四川	50518	275156	18
天津	1187149	1618109	73	吉林	229358	432167	53	重庆	48058	106958	45
河北	121032	374596	32	黑龙江	33935	249011	14	贵州	16708	74162	23
辽宁	782336	1481429	53	安徽	95398	290621	33	云南	12374	125044	10
上海	4115782	6468305	64	江西	39509	154182	26	陕西	37478	164772	23
江苏	4486335	6169718	73	河南	52676	225179	23	甘肃	3412	55150	6
浙江	888179	2193298	40	湖北	117604	324268	36	青海	116	12196	1
福建	1020892	1509499	68	湖南	43461	253509	17	宁夏	4114	20662	20
山东	1059014	2171717	49					新疆	5397	246819	2
广东	7930449	13552002	59					广西	65976	144463	46
海南	54925	126309	43					内蒙古	6024	170065	4
东部平均	2028570	3436583	53	中部平均	78347	259169	27	西部平均	22743	126859	17

资料来源:《中国统计年鉴》2004 年的相关数据。

5. 优惠政策实现程度(ATT)

优惠政策实现程度是指一国或地区政府和民众对外资持有的态度。FDI 应该流向对外资持欢迎态度的国家或地区。东道国或地区对外资越优惠,民众对外国人及外资活动持友好态度,FDI 流入就越多。

　　不同国家出于各自的利益考虑,在对待国际直接投资的态度方面,表现出各自特色的政策选择。对外资实行国民待遇与最惠国待遇,这是发达国家与发展中国家对待 FDI 的政策共识。由于不平衡发展战略的实施,我国在引进外资的政策措施上存在着地区差和时间差。所以,我们可用各地区实行引进外资优惠政策的落实情况来反映各地区在招商引资中对待外资态度。

　　改革开放之初,中国与许多发展中国家一样,所面临的共同问题是资金奇缺、外汇不足、技术落后、基础设施差、法制不健全、市场开放不够等问题。加之除此之外的其他投资要素也都不具备优势,导致整体投资环境较差,使我们不能在平等条件下与发达国家竞争,唯有通过优惠政策来吸引外资。在考虑优惠政策的区域上,本着试点、推广、铺开的原则,边实施边完善,形成了从沿海向内地呈梯级逐步推进,体现多层次、分地区、非统一的区位差异特点的基本格局。客观地说,在当时的历史条件下,通过这样的政策吸引外资,不仅是必要的、合理的,而且是现实、明智的抉择。

　　近年来,随着中国加入 WTO,市场经济改革不断深化,综合政治经济发展状况不断优化,缩小东西部发展差距、开发西部成为国民经济发展的战略任务。因此,国家为进一步扩大西部地区对外对内开放,更好地吸引外来投资,中央政府制定了一系列鼓励西部地区吸引外资的优惠政策,用以改善西部投资环境。在"直接政策环境"改善方面,制定了五个方面的政策。第一,税收优惠;第二,扩大西部地区外商投资的领域;第三,拓宽西部地区外商投资的渠道;第四,放宽西部地区利用外资的条件;第五,实行鼓励外商投资于矿产资源开发的优惠政策。在"相关政策环境"改善方面,也制定了五个方面的政策。第一,中央政府加大向西部地区投资的力度;第二,改善基础设施条件;第三,加大财政转移支付力度;第四,在西部地区实施土地使用和矿产资源优惠政策;第五,加大科技投入,吸引人才投入西部开发。

　　然而,已有的研究表明,实施西部大开发后,尽管国家对促进西部地区吸引 FDI 出台了许多优惠政策,但效果并不明显。首先,原因在于,现在对西部实施的优惠政策,相对东部而言,并无优惠的实质,因为许多政策是早在多年前就已在东部实施的。其次,在中央政府和地方政府以及地方政府之间的博弈中,为吸引 FDI,各地方政府纷纷出台了许多优惠政策,弱化了中央政府政策的效应。再次,由于西部开放较晚,优惠政策的效应已出现时间递减和空间递减现象。最后,很多在谈判签订引资合约时向外商承诺的优惠政策实际上并未兑现。

实际引进外资额与合同外资额之比反映了外商在实地考察投资地环境前后的态度转变,所以,我们可用这一指标作为反映优惠政策实现程度的指标,理论上讲,这一指标与 FDI 的流入呈正相关关系。如表 7.8 所示,西部地区这一指标为 0.53,比东部地区低 17 个百分点。反映出西部地区优惠政策的实现程度较低。

6. 市场准入制度(ENT)

市场准入制度是指对外资的产业开放度,表明外资进入某一领域投资所受的限制程度。保证市场自由进入和自由竞争是引进高质量 FDI 的先决条件。

市场准入制度的松紧可用产业开放度来衡量,用开放产业占总产业的比例、产业的行政垄断程度等作为指标。从原则上讲,目前还没有一个国家对外国直接投资的部门和参与活动的范围不实施任何限制,差别仅在于限制的方式和程度方面的紧与松。尤其是发展中国家,都实行不同程度的限制性规定,以贯彻产业安全原则。我国自改革开放后,基于对国家经济安全的考虑,在对跨国公司的管制上表现出比发达国家更大的限制性,就对外开放和允许外资进入的领域做出了种种限制性规定,很多外资进入领域受到人为的市场准入限制。加上国家实施的利用外资区域政策差异,许多行业的开放都是沿海向内地、由东向西逐渐开放的,使得西部地区在产业开放度上滞后于东部地区,如西部旅游、教育、金融、电信等行业被国有部门高度垄断,外资进入难度较大,而很多限制领域正是西部地区具有比较优势的产业,造成的直接后果就是外商投资多以劳动密集型的简单加工业为主,这些行业相对东部而言,西部几乎没有优势。

表 7.8 2003 年各省区及直辖市的 FDI 实际发生额与 FDI 合同外资额比较

单位:万美元

东部地区				中部地区				西部地区			
	实际FDI(1)(万美元)	合同FDI(2)(万美元)	(1)/(2)(%)		实际FDI(1)(万美元)	合同FDI(2)(万美元)	(1)/(2)(%)		实际FDI(1)(万美元)	合同FDI(2)(万美元)	(1)/(2)(%)
北京	214675	327132	66	山西	31896	48100	66	四川	58209	114687	51
天津	163325	351297	46	吉林	31808	72591	44	重庆	31112	55301	56
河北	111567	196502	57	黑龙江	102972	139483	74	贵州	5626	5626	100
辽宁	558269	970243	58	安徽	39051	102367	38	云南	16752	54351	31
上海	58.50	110.64	53	江西	161234	233094	69	陕西	46600	83400	56
江苏	1580214	3080743	51	河南	56100	18260000	0.3	甘肃	3887	24464	16
浙江	544936	1205014	45	湖北	155702	254523	61	青海	1.96	28584	0.007
福建	499300	725100	69	湖南	148900	207500	72	宁夏	3170	3354	95
山东	709370	1341413	53					新疆	4005	16147	25
广东	1557800	2178900	71					广西	45600	67198	68
海南	58062	29185	199					内蒙古	36805	43438	85
东部平均	545761	945967	70	中部平均	90958	2414707	53	西部平均	22888	45141	53

资料来源:《中国统计年鉴》2004 年的相关数据。

三、影响企业运行费用的制度因素

影响企业运行费用的制度因素是指在微观层面影响企业运作成本的制度因素。

1. 政府行政效率(ADM)

政府行政效率是指政府提供服务的效率。一个高效的政府,可以为企业提供迅捷的服务,从而有利于企业的生存和发展;而人员冗余、人浮于事的政府,无疑将降低为企业服务的效率。从理论上讲,政府行政运转效率越高,对外商直接投资的吸引力越强。

不少外商反映西部地区存在机构庞大,管理层次过多,审批手续繁琐,对外商投资企业乱检查、乱收费、乱摊派、乱罚款等现象。相比较而言,沿海地区的行政效率则比内地改善得更快、更好,当西部地区还停留在为外商的服务减轻障碍而完善"一条龙"服务时,沿海已开始采取对外商企业取消审批制而实行与内地企业一样的注册登记制等与国际接轨的办法。

党政机关、社会团体从业人员与 GDP 的比值,可以作为一个指标间接地反映各地区政府的运转和服务效率。从表 7.9 中可看出,中西部地区党政人员规模高于东部地区,表明这一地区的政府机构相对庞大;西部地区 GDP 与党政机关、社会团体从业人员的比值较低, 为 67.69 万元/人,而东部地区则为 172.38 万元/人,说明西部地区政府行政效率较低。

2. 政府清廉程度(CLE)

政府清廉程度是指政府廉洁自律的程度。国际直接投资趋向于流入政府清廉程度较高的国家或地区,相反,行政开支相对较大的地区会引发投资者对政府廉洁程度的顾虑,从而会降低国际直接投资流入的数量。

行政支出规模,即行政支出占财政支出的比重,可以近似地反映一个地区政府的节俭和廉洁程度。如表 7.9 所示,2003 年,中西部行政支出规模和政府消费规模均高于东部地区,表明这一地区政府财政能力较弱,行政管理费用支出压力较大,政府消费性支出较多,这势必会增加当地企业和农民的负担,不利于当地的经济发展和制度变迁。

表 7.9 2003 年全国东、中、西部地区政府行政效率和清廉程度比较

	全国平均	东部地区	中部地区	西部地区
GDP 与党政机关、社会团体从业人员的比值(万元/人)	109.44	172.38	88.15	67.79
党政人员工资规模(工资总额/政府财政支出总额)(%)	10.33	10	11	10

	全国平均	东部地区	中部地区	西部地区
政府消费规模 （政府消费总额/ GDP）（%）	18	15	15	23
行政支出规模 （行政管理费用/财政总支 出）（%）	9.67	8	10	11

资料来源:《中国统计年鉴》2004 年的相关数据。

四、非正式制度的变迁

非正式制度虽然表现为习俗、道德、伦理、意识形态等形式,但在任何社会或地区,非正式制度却是一国或地区的"特色"所在,正式制度只有与非正式制度相互协调才能发挥作用。从历史来看,在正式制度设立之前,人们之间的关系主要靠非正式制度约束来维持,即使在现代社会,非正式制度对人类行为(尤其是日常行为)的调节和约束仍占据主要地位。因此,非正式制度具有持久的生命力,并构成社会文化的重要部分,它既能发挥促进经济发展的正功能,也具有不利于资源有效配置,阻碍经济社会发展和制度创新的负功能。

正式制度和非正式制度在制度变迁中具有不同的特点,非正式制度往往比正式制度更加根深蒂固、深入人心,在社会经济生活中会起到更加久远的作用,因此,也更加不易改变。正因为如此,非正式制度显示出一种比正式制度更难以变迁的趋势。跨国公司对外直接投资的重要变量之一是社会文化的同质性。根据交易成本理论,社会文化趋向于同质性,可以减少因跨国公司在东道国或地区经验不足和沟通困难带来的额外费用,减少在不同文化环境下出现的管理问题,从而提高对外直接投资规模和水平。所以,外商在决定进入中国市场后,真正遇到的困难还在于:文化和价值观的差异,在中国从事经营活动的复杂性,缺乏良好的环境,难以寻找合格的职员和合作伙伴。

非正式制度对个人的限制是显而易见的,是影响社会经济变迁的一个重要变量,而不仅仅是给定的不变条件。作为一种不同于政府和市场的资源配置方式,它不仅是资源配置的基础性内生变量,而且是制度创新和社会经济发展的自动力和推动力。本质上,人们对非正式制度的偏好,已不是单纯的经济关系的交换,同时也包含着文化关系的交换,是社会文化的组成部分。不同的社会文化和群体文化构造着不同的非正式市场规则和市场行为主体的文化心理模式。东部沿海地区较为发达的商业文化,在 30 年的改革开放环境中进一步发扬光大。人们自发的商业意识,与来自外部的现代工业文明相融合,逐步地营造起适宜外商投资的软环境。西部趋向于封闭、保守和因循守旧的群体性思维和行为定式则构成了一个封闭的文化意识圈,在这种文化氛围中,市场经济意识、诚信交易、规范运作的现代工业文化淡薄,在市场竞争中,偏安求稳,缺乏一种像温州人那样的商业冒险精神。在这种文化氛围中,形不成正常的市场竞争和人才竞争。在这种人文社会环境中,一些思想比较开放、富有创造性的人才,往往鹤立鸡群,成为众矢之的。于是乎,大家都固守中庸,明哲保身,随波逐流,随遇而安,从整体上行为总是"慢三拍",改革开放的步子总是走不到人前去。这样的社会文化氛围,显然是不利于 FDI 生存和发展的。

按照熊彼特的观点,创新是引进新的生产函数,是指企业家对生产要素的新的结合,并且可以转化为持续的收益。因此,以创造新知识为重要目标的创新活动成为促进经济发展的重要因素,同样,创新环境如何自然也成为影响国际直接投资流向的重要参照指标。一个国家或地区基础文化的开放与宽容的社会氛围以及完善的市场与完备的竞争机制构成了创新环境的基础;对企业家精神的认可与鼓励构成了创新环境的重要内容。美国的硅谷并非天生就是高科技的发源地,其成功首先得益于美国作为一个移民国家基础文化的开放,以及市场经济长期发展所形成的完备的竞争机制;同时,也在于其自身形成了一种硅谷文化,一种鼓励创新的氛围,以工作为核心,对不同文化的宽容,开放的心态,认真的工作态度以及企业家精神。另外一个关键的文化因素是存在于个人之间以及企业之间的竞争意识和进取意识。正是这种文化才使硅谷的创新能力始终得以保持。

从制度经济学角度来看,造成东西部经济发展差距的最主要因素之一,就是东部文化鼓励更多的制度创新而西部缺乏制度创新机制。由于东部和西部这一制度创新能力的差距,造成东西部经济社会总体水平日益扩大,进而影响了 FDI 的流入,形成一种恶性循环。那种将西部落后的原因,归咎于西部缺乏资金、缺乏地理优势、缺乏基础设施的观点,虽然不能说没有理由,但至少也可以说是缺乏说服力的。因为如果这些理由都成立的话,那么西部大开发以后,西部就可以从中央政府政策倾斜和资金援助中崛起,但事实证明并非如此。以物质环境的差距作为经济落后的理由,不可能造就出适应 WTO 环境的区域竞争力。而世界历史中得以发展的先进国家和地区,往往正是资源缺乏、环境恶劣的国家和地区。日本是资源贫乏国家,发展为世界第二大经济体;温州是贫困山区,它创造的温州模式恰恰是浙江自古以来崇尚市场经济、崇尚经商的文化传统的结果,这样一种文化传统也影响到浙江的民营企业的发展,这是地区间文化差异的结果。

市场经济体制不仅是一种高效率的资源配置制度,同时又是一种观念、一种思想、一种文化。改革的推进与市场经济制度的发展客观上需要相适应的思想、观念、民俗、习惯和文化等非正式制度因素与之耦合,否则,将会阻碍正式制度变迁的推进,影响正式制度作用的发挥。我国西部经济相对落后的制约因素是"制度短缺",如果说西部地区改革滞后,体制落差,是"正式制度短缺";那么,思想观念保守,则是"非正式制度短缺",两种短缺交织在一起,成了阻碍西部经济发展的壁垒,形成了一个"贫穷的超稳定结构"。

西部地区在交通通信等基础设施已经基本成型的市场平台下,只有通过制度创新,提高生产要素的收益率,才能追赶东部地区。如果西部区域制度缺乏竞争性,则无论中央如何推行政策扶持,人才以及投入西部的资金都会流失到制度具有竞争力的东部。1965～1975 年三线建设时,中央投资都在西部而不在东部,然而,即使在西部大力投资而东部备战不建设的政策背景下,东西部差距仍在不断扩大,原因就是西部非正式制度中的社会文化因素难以聚人、聚财,无法形成经济内部可增长的资本积累。

通过上述分析比较发现,中国区域制度的变迁呈现出明显的不平衡状态,各项制度指标均是由东到西梯度递减,表明中西部地区体制改革进程缓慢,体制变迁严重滞后。

第三节　制度因素与东、中、西部地区
FDI引进的相关性实证检验

一、假设与变量指标

FDI对于投资地选择,受到当地制度因素影响,因此,提出以下假设:制度因素是影响外商直接投资区域性选择的重要因素,良好的制度环境将有助于吸引更多的外商直接投资。

根据以上假设,实证模型中将各省、自治区、直辖市某一年度的FDI作为被解释变量,而将各制度因素分别作为解释变量进行计量检验。个别解释变量指标,如金融市场的自由化程度和市场准入制度,由于数据缺乏,故没有对它们进行回归分析。所以,我们最后选取了8个制度因素作为解释变量。各变量及其度量如下:

外商直接投资表示某一省、自治区、直辖市某一年度外商直接投资的流入量,单位是万美元。私有财产的保护程度用每年各省、自治区、直辖市非国有经济注册数占总注册数的比重作为度量指标。理论上讲,该指标与FDI的流入呈正相关关系。法律完善程度采用每年各省、自治区、直辖市三项专利批准数作为度量指标。理论上讲,该指标与FDI的流入呈正相关关系。市场发育程度采用每年非国有经济固定资产投资额占全社会固定资产投资额的比重作为度量指标。理论上讲,该指标与FDI的流入呈正相关关系。经济外向化程度采用外贸依存度(进出口总额/GDP)作为度量指标。理论上讲,该指标与FDI的流入呈正相关关系。经济自由度采用外商投资企业进口额占一个省、自治区、直辖市总进口额的比重作为度量指标。理论上讲,该指标与FDI的流入呈正相关关系。优惠政策实现程度采用每年各省、自治区、直辖市实际利用外资额与合同利用外资额之比作为度量指标。理论上讲,该指标与FDI的流入呈正相关关系。政府行政效率采用每年各省、自治区、直辖市GDP与党政机关、社会团体从业人员的比值作为度量指标。理论上讲,该指标与FDI的流入呈正相

关关系。政府清廉程度采用行政支出规模(行政管理费用占财政总支出的比重)作为度量指标。理论上讲,该指标与 FDI 的流入呈负相关关系。

二、样本数据、计量方法与计量模型

本研究在数据选择上采用截面数据进行分析。

1. 样本地区

由于西藏吸收 FDI 的数量非常少,而且某些年份 FDI 为 0。因此,将其从样本中除去,选取其余 30 个省、自治区、直辖市作为分析对象。

2. 样本年份

考虑到制度因素影响的滞后性,样本年份为 2001～2003 年。FDI 为 2003 年数据;当年因子为 2003 年数据;滞后 1 年的因子为 2002 年的数据;滞后 2 年的因子为 2001 年的数据。所有数据分别来源于《中国统计年鉴》、《对外经济统计年鉴》、《中国经济年鉴》相应各期,取自然对数值。见表 7.10、表 7.11 和表 7.12。

3. 备选因子

在所列 8 个指标中我们并不清楚哪些指标会对当年 FDI 产生影响,为避免在因子选择上先入为主,研究中备选因子的选择力求全面,以免漏掉凭经验判断对 FDI 影响不大,但实际上对 FDI 有显著影响的因子。备选因子包括当年、滞后 1 年、滞后 2 年的因子共 24 个。

表 7.10　FDI(2003)及 2001 年各解释变量数值

	FDI	PRO	REG	MAR	OPE	FRE	ATT	ADM	CLE
北京	219126	0.50	6246	0.51	0.80	0.27	0.65	117.59	0.05
天津	153473	0.67	1829	0.65	0.82	0.77	1.02	158.63	0.05
河北	96405	0.67	2791	0.59	0.09	0.28	0.83	86.88	0.09
山西	21361	0.49	1047	0.39	0.15	0.16	0.78	42.89	0.12
内蒙古	8854	0.51	743	0.46	0.12	0.04	0.40	52.58	0.10
辽宁	282410	0.63	4448	0.51	0.35	0.57	0.61	125.20	0.07

	FDI	PRO	REG	MAR	OPE	FRE	ATT	ADM	CLE
吉林	19059	0.47	1443	0.47	0.14	0.54	0.58	82.96	0.07
黑龙江	32180	0.47	1870	0.45	0.10	0.10	0.90	94.46	0.07
上海	546849	0.79	5371	0.62	1.01	0.62	0.58	375.06	0.04
江苏	1056365	0.89	6158	0.57	0.47	0.70	0.46	212.79	0.09
浙江	498055	0.94	8312	0.64	0.45	0.38	0.44	203.87	0.10
安徽	36720	0.73	1278	0.48	0.09	0.38	0.52	82.67	0.11
福建	259903	0.80	3296	0.63	0.47	0.70	0.78	149.78	0.08
江西	161202	0.40	999	0.48	0.07	0.24	0.75	64.18	0.09
山东	601617	0.80	6725	0.58	0.28	0.51	0.52	119.93	0.10
河南	53903	0.71	2582	0.51	0.05	0.18	0.74	68.78	0.11
湖北	156886	0.60	2204	0.45	0.07	0.34	1.36	91.06	0.09
湖南	101835	0.57	2401	0.50	0.06	0.29	0.85	69.27	0.10
广东	782294	0.87	18259	0.65	1.40	0.53	1.06	158.92	0.09
广西	41856	0.41	1099	0.47	0.08	0.30	0.65	66.01	0.10
海南	42125	0.37	303	0.57	0.25	0.51	3.07	69.99	0.10
重庆	26086	0.65	1197	0.55	0.10	0.23	0.58	97.75	0.10
四川	41231	0.68	3357	0.55	0.06	0.26	0.59	77.30	0.11
贵州	4521	0.38	642	0.34	0.07	0.05	0.31	38.89	0.12
云南	8384	0.37	1347	0.37	0.09	0.10	0.22	58.44	0.10
陕西	33190	0.41	1354	0.38	0.12	0.21	0.48	48.28	0.10
甘肃	2342	0.76	512	0.34	0.07	0.08	0.47	46.43	0.11
青海	2522	0.26	101	0.40	0.07	0.25	0.18	49.34	0.09
宁夏	1743	0.50	231	0.38	0.18	0.06	0.21	48.13	0.06
新疆	1534	0.32	755	0.50	0.13	0.02	0.16	57.80	0.11

资料来源:根据《中国统计年鉴》、《对外经济统计年鉴》、《中国经济年鉴》各期相关数据计算。

表 7.11　FDI(2003)及 2002 年各解释变量数值

	FDI	PRO	REG	MAR	OPE	FRE	ATT	ADM	CLE
北京	219126	0.59	6345	0.58	0.69	0.26	0.62	139.68	0.06
天津	153473	0.69	1827	0.60	0.92	0.78	0.75	170.93	0.05
河北	96405	0.73	3353	0.64	0.09	0.31	0.68	100.04	0.10
山西	21361	0.56	934	0.49	0.15	0.10	0.83	50.56	0.11
内蒙古	8854	0.53	679	0.48	0.13	0.08	0.92	62.16	0.10
辽宁	282410	0.71	4551	0.60	0.36	0.55	0.65	137.14	0.08
吉林	19059	0.52	1507	0.58	0.15	0.60	0.50	92.81	0.07
黑龙江	32180	0.52	2083	0.49	0.10	0.16	1.09	110.60	0.08
上海	546849	0.82	6695	0.67	1.11	0.63	0.48	325.83	0.04
江苏	1056365	0.92	7595	0.59	0.58	0.72	0.52	230.62	0.10
浙江	498055	0.96	10479	0.68	0.49	0.36	0.46	226.63	0.10
安徽	36720	0.77	1419	0.52	0.10	0.36	0.47	87.69	0.11
福建	259903	0.85	4001	0.64	0.54	0.70	0.99	169.03	0.08
江西	161202	0.51	1044	0.51	0.07	0.24	0.72	73.59	0.09
山东	601617	0.85	7293	0.65	0.29	0.53	0.66	132.90	0.10
河南	53903	0.74	2590	0.53	0.05	0.21	0.54	76.44	0.12
湖北	156886	0.66	2209	0.46	0.08	0.32	1.46	103.23	0.10
湖南	101835	0.62	2347	0.53	0.06	0.29	1.03	76.97	0.09
广东	782294	0.89	22761	0.70	1.59	0.55	0.74	175.67	0.10
广西	41856	0.45	1054	0.48	0.09	0.42	0.85	86.46	0.10
海南	42125	0.41	199	0.59	0.25	0.54	2.13	77.45	0.10
重庆	26086	0.70	51	0.58	0.08	0.31	0.41	110.13	0.10
四川	41231	0.73	231	0.58	0.08	0.19	0.65	87.21	0.12
贵州	4521	0.42	47	0.34	0.07	0.18	0.29	42.32	0.12

	FDI	*PRO*	*REG*	*MAR*	*OPE*	*FRE*	*ATT*	*ADM*	*CLE*
云南	8384	0.41	83	0.41	0.09	0.12	0.43	63.42	0.09
陕西	33190	0.45	146	0.42	0.11	0.24	0.49	51.41	0.10
甘肃	2342	0.77	71	0.34	0.07	0.07	0.55	48.80	0.11
青海	2522	0.40	14	0.41	0.06	0.11	0.44	55.02	0.09
宁夏	1743	0.53	22	0.43	0.12	0.24	0.28	50.66	0.06
新疆	1534	0.36	61	0.51	0.16	0.02	0.13	61.24	0.10

资料来源:根据《中国统计年鉴》、《对外经济统计年鉴》、《中国经济年鉴》各期相关数据计算。

表 7.12 FDI(2003)及 2003 年各解释变量数值

	FDI	*PRO*	*REG*	*MAR*	*OPE*	*FRE*	*ATT*	*ADM*	*CLE*
北京	219126	0.66	8248	0.66	0.71	0.31	0.66	143.09	0.05
天津	153473	0.70	2505	0.55	1.02	0.73	0.46	205.69	0.06
河北	96405	0.79	3572	0.66	0.11	0.32	0.57	107.72	0.10
山西	21361	0.63	1175	0.58	0.17	0.10	0.66	60.81	0.11
内蒙古	8854	0.64	817	0.48	0.12	0.04	0.85	73.90	0.10
辽宁	282410	0.81	5656	0.66	0.41	0.53	0.58	136.11	0.08
吉林	19059	0.58	1690	0.57	0.22	0.53	0.44	91.73	0.08
黑龙江	32180	0.62	2794	0.51	0.12	0.14	0.74	118.45	0.09
上海	546849	0.86	16671	0.69	1.46	0.64	0.53	416.72	0.04
江苏	1056365	0.95	9840	0.62	0.81	0.73	0.51	31.62	0.10
浙江	498055	0.97	14402	0.71	0.58	0.40	0.45	253.92	0.11
安徽	36720	0.82	1610	0.58	0.12	0.33	0.38	97.10	0.10
福建	259903	0.90	5377	0.66	0.61	0.68	0.69	185.54	0.08
江西	161202	0.65	1238	0.54	0.09	0.26	0.69	78.84	0.09
山东	601617	0.88	9067	0.70	0.33	0.49	0.53	146.31	0.11
河南	53903	0.75	2961	0.58	0.07	0.23	0.003	77.12	0.12

	FDI	*PRO*	*REG*	*MAR*	*OPE*	*FRE*	*ATT*	*ADM*	*CLE*
湖北	156886	0.74	2871	0.54	0.09	0.36	0.61	103.68	0.11
湖南	101835	0.72	3175	0.56	0.08	0.17	0.72	77.44	0.10
广东	782294	0.91	29235	0.70	1.76	0.59	0.71	185.64	0.10
广西	41856	0.56	1331	0.52	0.10	0.46	0.68	87.38	0.10
海南	42125	0.44	296	0.67	0.24	0.43	1.99	83.87	0.10
重庆	26086	0.75	2883	0.61	0.10	0.45	0.56	116.61	0.11
四川	41231	0.80	4051	0.63	0.09	0.18	0.51	89.59	0.13
贵州	4521	0.51	723	0.40	0.09	0.23	1.00	48.09	0.13
云南	8384	0.53	1213	0.47	0.10	0.31	0.31	68.10	0.09
陕西	33190	0.50	1609	0.43	0.07	0.23	0.56	59.81	0.11
甘肃	2342	0.76	474	0.39	0.05	0.06	0.16	50.37	0.10
青海	2522	0.49	90	0.41	0.05	0.01	0.00007	60.03	0.09
宁夏	1743	0.63	338	0.52	0.12	0.20	0.95	56.67	0.07
新疆	1534	0.44	752	0.51	0.10	0.02	0.25	68.78	0.10

资料来源:根据《中国统计年鉴》、《对外经济统计年鉴》、《中国经济年鉴》各期相关数据计算。

4. 计量方法

计量方法上采用的是普通最小二乘法(OLS)。由于多元截面数据可能产生异方差和多重共线性的问题,对模型进行对数变换,所有变量取自然对数值,这既有利于数据平衡,且不会影响回归结果;然后用修正Frisch(逐步回归法)进行回归分析并进行专门的检验。

5. 计量模型

可以建立下列模型: $\text{Ln}(FDI_i) = \beta_0 + \beta_1\text{Ln}(X_{it}) + e_i$ (1)

其中 i(取值 $1,2,\cdots\cdots 30$)为省区, t(取值 $1,2,\cdots\cdots 8$)为各制度因子变量; X_{i1}、X_{i2}、$\cdots\cdots X_{i8}$ 分别为各省、自治区、直辖市各制度因子变量值, e_i 为随机扰动项。

$$\text{Ln}(FDI) = \beta_0 + \beta_1\text{Ln}(PRO) + \beta_2\text{Ln}(REG) + \beta_3\text{Ln}(MAR) +$$

$$\beta_4 \text{Ln}(OPE) + \beta_5 \text{Ln}(FRE) + \beta_6 \text{Ln}(ATT) + \beta_7 \text{Ln}(ADM) +$$
$$\beta_8 \text{Ln}(CLE) + e \tag{2}$$

两个模型中各类制度因素变量又分别包含当期、1 阶滞后、2 阶滞后因子。

三、计量检验与结果分析

为了找出 24 个备选因子中哪些因子对 FDI 的影响显著,进而筛选出所选因子,运用 EViews 软件包先对模型(1)进行回归分析,分别得出法律制度因素、经济制度因素和影响企业运行费用的因素回归分析结果,见表 7.13、表 7.14 和表 7.15。

1. 法律制度因素对 FDI 的影响

表 7.13　法律制度因素回归分析结果

被解释变量	解释变量	β_0	β_1	R^2	F	DW	$s.e$
Ln(FDI)	Ln(PRO)	13.05*** (26.61)	5.87*** (5.29)	0.50	27.98***	1.53	1.36
Ln(FDI)	Ln (REG)		1.40*** (61.08)	0.73		1.81	0.98
Ln(FDI)	Ln (PRO−1)	13.10*** (25.84)	4.66*** (5.19)	0.49	26.95***	1.48	1.37
Ln(FDI)	Ln (REG−1)	5.24*** (9.33)	0.83*** (10.37)	0.79	107.46***	1.54	0.87
Ln(FDI)	Ln (PRO−2)	13.00*** (24.29)	3.75*** (4.69)	0.44	21.98***	1.63	1.44
Ln(FDI)	Ln (REG−2)		1.45*** (59.90)	0.72		1.52	1.00

注:(1)括号内数值为 t 统计值;*、**和***分别表示 10%、5%和 1%的显著性水平。
(2)(解释变量−1)代表滞后一期变量,(解释变量−2)代表滞后二期变量。

从表 7.13 可以看出,当期、滞后一期和滞后二期的私有财产的保护程度 PRO 及法律、法规的完善和规范程度 REG 变量的系数估计值均为正值,而且都通过了 1% 水平的显著性检验,强健性较好,与理论分析一致。这表明,一个地区对私有财产的保护程度越高,法律、法规越完善和规范,流向该地区的国际直接投资就越多。

2. 经济制度因素对 FDI 的影响

表 7.14 经济制度因素回归分析结果

被解释变量	解释变量	β_0	β_1	R^2	F	DW	$s.e$
Ln(FDI)	Ln (MAR)	15.65*** (19.98)	8.41*** (6.44)	0.60	41.52***	1.12	1.22
Ln(FDI)	Ln (OPE)	13.05*** (27.69)	1.32*** (5.54)	0.52	30.67***	1.02	1.33
Ln(FDI)	Ln (FRE)	12.78*** (32.36)	1.35*** (6.12)	0.57	37.44***	1.84	1.26
Ln(FDI)	Ln (ATT)	11.10*** (29.08)	0.28* (1.60)	0.08	2.57	0.92	1.84
Ln(FDI)	Ln ($MAR-1$)	15.71*** (19.98)	7.61*** (6.49)	0.60	42.14***	1.08	1.21
Ln(FDI)	Ln ($OPE-1$)	11.69*** (16.43)	0.52* (1.49)	0.07	2.22	1.26	1.86
Ln(FDI)	Ln ($FRE-1$)	13.11*** (29.77)	1.72*** (6.12)	0.57	37.47***	1.58	1.26
Ln(FDI)	Ln ($ATT-1$)	11.60*** (26.54)	1.59*** (2.60)	0.19	6.74**	1.13	1.72
Ln(FDI)	Ln ($MAR-2$)	16.60*** (18.03)	7.37*** (6.10)	0.57	37.15***	1.20	1.26
Ln(FDI)	Ln ($OPE-2$)	12.96*** (21.51)	1.19*** (4.02)	0.37	16.19***	0.69	1.53
Ln(FDI)	Ln ($FRE-2$)	13.15*** (33.34)	1.62*** (7.03)	0.64	49.37***	1.44	1.15
Ln(FDI)	Ln ($ATT-2$)	11.77*** (29.61)	1.72*** (3.54)	0.31	12.50***	1.24	1.60

注:(1)括号内数值为 t 统计值;*、**和***分别表示 10%、5%和 1%的显著性水平。
(2)(解释变量-1)代表滞后一期变量,(解释变量-2)代表滞后二期变量。

表 7.14 显示,在经济制度影响因子中,市场发育程度 MAR 和经济自由度 FRE 对 FDI 流入的影响最为显著,无论是当期、滞后一期还是滞后

二期,二者均通过了 1% 的显著性检验,强健性较好,且系数为正,与理论分析和假设一致。

经济外向化程度 OPE 的三期估计系数均为正值,与理论分析和假设一致,但当期值和滞后二期值影响较为显著,均通过了 1% 的显著性检验,而滞后一期数值对 FDI 引进几乎没有影响,F 值未通过显著性检验。

对外资优惠政策实现程度 ATT 的三期估计系数均为正值,与理论分析和假设一致。当期 ATT 值未通过 F 值检验,对 FDI 的引进几乎没有影响;滞后二期和滞后一期对 FDI 的引进有显著影响,分别通过了 1% 和 5% 的显著性检验。

以上四个指标的检验结果表明,一个地区市场发育程度越高、经济自由度越高、经济外向化程度越高以及对外资优惠政策实现程度越高,则 FDI 的流入会越多。

3. 影响企业运行费用的因素对 FDI 的影响

表 7.15　影响企业运行费用制度因素回归分析结果

被解释变量	解释变量	β_0	β_1	R^2	F	DW	$s.e$
Ln(FDI)	Ln (ADM)	0	2.36*** (38.83)	0.34		1.56	1.53
Ln(FDI)	Ln (CLE)	0	-4.51*** (-29.56)	-0.12		0.90	2.00
Ln(FDI)	Ln ($ADM-1$)	0	2.38*** (55.98)	0.68		0.93	1.07
Ln(FDI)	Ln ($CLE-1$)	0	-4.45*** (-29.57)	-0.12		0.90	2.00
Ln(FDI)	Ln ($ADM-2$)	0	2.44*** (54.02)	0.66		0.91	1.11
Ln(FDI)	Ln ($CLE-2$)	5.57** (1.84)	-2.15** (-1.74)	-0.09	3.02	0.73	1.82

注:(1)括号内数值为 t 统计值;*、**和***分别表示 10%、5% 和 1% 的显著性水平。
(2)(解释变量-1)代表滞后一期变量,(解释变量-2)代表滞后二期变量。

表 7.15 说明,当期、滞后一期、滞后二期的政府行政效率 ADM 的系

表 7.16　解释变量相关系数矩阵

	FDI	PRO	REG	MAR	OPE	FRE	ATT	ADM	CLE	PRO-1	REG-1	MAR-1	OPE-1	FRE-1	ATT-1	ADM-1	CLE-1
FDI	1.0																
PRO	0.7	1.0															
REG	0.8	0.7	1.0														
MAR	0.6	0.8	0.6	1.0													
OPE	0.7	0.5	0.8	0.5	1.0												
FRE	0.7	0.6	0.5	0.6	0.7	1.0											
ATT	-0.0	-0.2	-0.0	0.2	0.0	0.2	1.0										
ADM	0.4	0.5	0.6	0.9	0.7	0.6	-0.0	1.0									
CLE	-0.1	-0.0	-0.1	-0.1	-0.5	-0.4	0.0	-0.6	1.0								
PRO-1	0.7	1.0	0.7	0.7	0.6	0.6	-0.2	0.5	-0.0	1.0							
REG-1	0.8	0.6	0.9	0.6	0.8	0.5	-0.0	0.5	-0.1	0.7	1.0						
MAR-1	0.6	0.6	0.7	0.9	0.6	0.7	0.1	0.7	-0.2	0.7	0.7	1.0					
OPE-1	0.7	0.5	0.9	0.5	0.9	0.7	0.0	0.7	-0.5	0.5	0.8	0.6	1.0				
FRE-1	0.6	0.5	0.5	0.6	0.7	0.9	0.2	0.5	-0.5	0.5	0.5	0.7	0.6	1.0			
ATT-1	-0.0	-0.0	-0.0	0.2	-0.0	0.1	0.7	-0.0	0.0	-0.1	-0.0	0.2	0.0	0.2	1.0		
ADM-1	0.8	0.7	0.7	0.7	0.8	0.8	-0.0	0.8	-0.5	0.7	0.6	0.7	0.8	0.7	-0.0	1.0	
CLE-1	-0.1	-0.0	-0.1	-0.2	-0.5	-0.4	-0.0	-0.6	0.9	-0.0	-0.1	-0.3	-0.4	-0.5	0.0	-0.5	1.0
PRO-2	0.7	0.9	0.7	0.7	0.6	0.6	-0.2	0.5	0.0	0.9	0.7	0.7	0.6	0.5	-0.1	0.7	0.0
REG-2	0.8	0.7	0.9	0.9	0.8	0.5	-0.0	0.5	0.0	0.7	0.9	0.7	0.8	0.4	-0.0	0.6	-0.0
MAR-2	0.6	0.6	0.6	0.9	0.7	0.7	0.1	0.7	-0.2	0.6	0.6	0.9	0.7	0.7	0.2	0.7	-0.3
OPE-2	0.7	0.5	0.9	0.5	0.9	0.7	0.1	0.7	-0.5	0.5	0.8	0.6	1.0	0.6	0.0	0.8	-0.5
FRE-2	0.6	0.5	0.5	0.7	0.7	0.9	0.1	0.5	-0.4	0.7	0.5	0.7	0.7	1.0	0.2	0.7	-0.4
ATT-2	0.0	-0.0	0.0	0.4	0.1	0.3	0.7	0.0	0.0	-0.0	0.1	0.3	0.1	0.3	0.9	0.0	0.0
ADM-2	0.7	0.6	0.7	0.6	0.8	0.7	-0.1	0.9	-0.5	0.6	0.6	0.7	0.7	0.7	-0.1	1.0	-0.5
CLE-2	-0.2	-0.2	-0.2	-0.2	-0.5	-0.5	-0.0	-0.6	0.9	-0.2	-0.2	-0.4	-0.5	-0.6	-0.0	-0.6	0.9

说明：因篇幅所限，仅列出部分变量间相关系数。

数估计值为正,与我们前面的假设和分析完全一致,而且都通过了1%水平的显著性检验,说明分析的强健性较好。根据回归系数大小比较,重要性程度依次是滞后二期最大,滞后一期其次,当期最小,反映了制度因素的滞后性影响。这说明一个国家或地区政府行政效率越高,将有效地降低企业运行成本,从而吸引更多的国际直接投资流入。

政府清廉程度 *CLE* 的系数估计值为负,与理论分析和假设一致,由于 R^2 值很小,这一指标无论是当期、滞后一期还是滞后二期,对 FDI 引进的解释力均很弱,滞后二期值未通过 F 检验,因此这一指标只在较低程度上说明政府越清廉,对 FDI 的流入有一定的积极影响。

4. 比较分析

上面逐个检验了各制度因子对 FDI 的影响,这虽然可以避免各变量间的多重共线性问题,但是,一国或一个地区 FDI 的变化实际上是所有对 FDI 有影响的因子共同作用的结果,在各制度变量中可能只有一个或少数变量显著地影响 FDI 在各地区间的分布,其他变量在吸引 FDI 方面不存在显著的影响,但是由于各变量间的高度相关性,使得单个变量单独进行回归分析时都能通过显著性假设检验,从而得出每个变量都显著地影响 FDI 这一可能不实的结论。表 7.16 对各制度因子之间进行相关系数的计算,发现各因子间存在着较强的相关性,为了剔除各制度因子之间的互相干扰,避免多重共线性的问题,并进一步比较各制度因素变量对 FDI 影响的强弱,找出对 FDI 影响较大的制度因素,下面拟对当期、1 阶滞后、2 阶滞后共 24 个制度因子放入同一方程,采用逐步回归方法运用 EViews 软件包对模型(2)进行回归。

逐步回归法的思路是:

用被解释变量分别对每个解释变量进行回归,根据经济理论和统计检验从中选择一个最合适的回归方程作为基本回归方程,通常选取拟合优度 R^2 最大的回归方程。

在基本回归方程中逐个增加其他解释变量,重新进行线性回归。如果新增加的这个解释变量提高了回归方程的拟合优度 R^2,并且回归方程中的其他参数统计上仍然显著,就在模型中保留该解释变量;如果新增加的解释变量没有提高回归方程的拟合优度,则不在模型中保留该解释变量;如果新增加的解释变量提高了回归方程的拟合优度,并且回归方程中某些参数的数值或符号等受到显著的影响,说明模型中存在多重共线性,对该解释变量同与之相关的其他解释变量进行比较,在模型中保留对被解释变量影响较大的,略去影响较小的。

对模型(1)的回归结果进行分析,FDI 与($REG-1$)的回归方程拟合优度 R^2 最大,故选取 FDI 与 $REG(-1)$ 的回归方程。

$$\text{Ln}(FDI)=5.24+0.83\text{Ln}(REG-1)\text{为基本回归方程。}$$

$$(9.33^{***})\qquad(10.37^{***})$$

$$R^2=0.49\qquad F=26.95^{***}\qquad DW=1.48$$

加入 REG,对 FDI 关于($REG-1$)、REG 作最小二乘回归,得到回归方程:

$$\text{Ln}(FDI)=2.99+0.53\text{Ln}(REG-1)+0.55\text{Ln}REG$$

$$(2.94^{***})(3.90^{***})\qquad(2.55^{***})$$

$$R^2=0.83\qquad F=67.48^{***}\qquad DW=1.74$$

可见,加入 REG 后,回归方程的拟合优度 R^2 明显提高,并且回归方程中的其他参数仍然显著,所以,在模型中保留该解释变量。

下面再在模型中加入($REG-2$),进行回归,回归方程为:

$$\text{Ln}(FDI)=3.91+0.59\text{Ln}(REG-1)+1.26\text{Ln}REG-0.91\text{Ln}(REG-2)$$

$$(3.05^{***})(4.09^{***})\qquad(1.94^{**})\qquad(-1.16)$$

$$R^2=0.84\qquad F=46.03\qquad DW=1.79$$

结果表明,回归方程的拟合优度 R^2 虽然有所提高,但($REG-2$)的系数符号不符合经济理论分析,且未通过显著性检验,所以,在模型中略去该解释变量。

按照此思路,把回归方程(1)中各解释变量依 R^2 值大小依次加入模型进行回归,通过筛选,最后得到的回归方程为:

$$\text{Ln}(FDI)=4.36+0.47\text{Ln}(REG-1)+0.91\text{Ln}(ADM-1)+0.49\text{Ln}(FRE-2)+0.24\text{Ln}FRE$$

$$（1.72^{**}）\qquad（5.06^{***}）\qquad（1.81^{**}）$$

$$（2.43^{**}）\qquad（1.39^{*}）$$

$$R^2=0.91\qquad F=48.55^{***}\qquad DW=1.72$$

此模型拟合优度较高,各参数均通过了显著性检验,符号均为正,符合经济理论分析结果。因而该模型较好地解释了制度因子对 FDI 引进的影响程度。$R^2=0.91$ 说明,该模型中四个自变量 Ln（$REG-1$）、Ln（$ADM-1$）、Ln（$FRE-2$）、LnFRE 的变化可以解释因变量 Ln（FDI）变化的91%。

（说明:括号内数值为 t 统计值;*、** 和 *** 分别表示 10%、5% 和 1% 的显著性水平。）

　　根据经济计量检验结果,并结合变量的经济含义,我们发现在我们所检验的三大类八个指标中,除了政府清廉度对 FDI 的引进影响较小外,其余指标对 FDI 的流入均有显著性的影响。

　　根据各变量回归系数值大小比较其对 FDI 流入影响的重要性时,在单个指标的回归分析中,市场发育程度 MAR 对 FDI 的流入影响最强,它的同期和滞后系数估计值分别为 8.41、7.61、7.37,远较其他变量的系数值大,表明它对 FDI 的流入最重要;其次是三期的私有财产的保护程度 PRO;再次是政府行政效率 ADM、经济自由度 FRE、对外资优惠政策实现程度 ATT 等;影响较弱的变量是法律、法规的完善和规范程度 REG 与经济外向化程度 OPE。

　　但当所有变量放入同一个模型进行逐步回归,消除共线性成分后,对 FDI 的引进最重要的制度因子依次为滞后一期的政府行政效率 ADM、滞后二期的经济自由度 FRE、滞后一期的法律、法规的规范和完善程度 REG 和当期的经济自由度 FRE。最后的回归方程并未含有市场发育程度因子和私有财产的保护程度因子,原因在于市场发育程度与经济自由度具有较强的相关性（相关系数为 0.7）,它对 FDI 流入的影响很大程度上被经济自由度所解释,也即经济自由度影响了市场发育程度,并进而影响 FDI 的引进;而私有财产的保护程度也和法律、法规的完善和规范程度具有较强的相关性(相关系数为 0.6),它对 FDI 流入的影响很大程度上被法律、法规的完善和规范程度所解释。

最后的回归方程表明:高效运转的政府、自由开放的经济体制和完善、规范的法律制度将会为国际直接投资提供良好的外部"软"环境。

第四节　中国区域制度变迁与 FDI 的互动机制研究

制度变迁总是依照一定的路径发展下去的,即存在路径依赖问题。正如诺斯所说:"当人们最初的路径选择是正确的,那么,沿着既定的路径,经济和政治制度的变迁可能进入良性循环的轨道,并迅速得到优化;反之,则可能顺着最初所选择的错误路径走下去,并造成制度被锁定在无效率的状态之中。"[1]结果贫困的发展业绩将难以避免。

改革开放后,在相当长时段(1979 ~ 1992 年)内,中国对外开放的重点集中在东部沿海地区,从经济特区、沿海开放城市到沿海开放地区,形成沿海开放地带。相应地,这一时段内 90% 以上的外国直接投资集中于此。1992 年以后,对外开放开始逐步沿长江沿岸地区,内陆沿边地区,推向全国。在这种背景下,外商投资被提供了更多的区位选择机会。然而,对于原来就比较发达的东部地区而言,在利用外国直接投资的过程中,由跨国公司带入的合理完善的制度要素与制度特征,必然为政府和国内企业所模仿和学习,从而使产权制度和收入分配制度等制度因素发生变化。此外,外国直接投资主要来源于发达的市场经济国家,为了吸收更多的外国直接投资,必须改善市场环境,从而导致市场化程度不断提高。外商直接投资的大规模进入,通过增加资本形成、扩大出口和创造就业等途径又进一步推动了东部沿海地区经济的快速发展,东部沿海地区经济的快速增长再反过来又将提高地区居民收入水平,扩大市场容量,改善外部条件,产生集聚经济效益,从而进一步扩大外商直接投资的进入,原已投资沿海地区的外资企业,以及与其相关联的其他企业,在信息不对称的作用

---

① 道格拉斯·诺思:《经济史中的结构与变迁》,上海三联书店 1991 年版,第 27 页。

下,也会倾向于向所熟悉的区位投资;沿海地区成功的合资企业范例和相关企业集群,又会吸引后来者来此投资,最终形成了 FDI 和制度变迁相互推进、相互支持的良性循环。而西部地区经济基础、制度环境、区位条件等在改革开放初期均处于劣势,在吸引 FDI 上不具备竞争力,导致 FDI 长期落后于东部地区,使西部地区失去了推动其制度变迁的有效动力,影响了西部地区制度变迁的进程。制度变迁的相对滞后进一步限制了西部地区对 FDI 的吸引力,以至于陷入制度僵化——引资不力——经济发展缓慢——制度僵化的恶性循环,最终成为约束西部地区经济发展的主要因素。这种循环积累符合克鲁格曼所描述的区域发展中的"路径依赖"原理。也即 FDI 引进与制度变迁之间理论上存在着相互作用的内在机制。

一、FDI 引进的制度变迁效应

在前面东、中、西部的制度差异与 FDI 相关关系的比较分析和实证检验中,我们已很清楚地看出,良好的制度环境对吸引 FDI 具有较强的相关性。下面我们从理论上分析 FDI 的引进对地区制度变迁的促进作用。

1. 压力迫使地方政府加快体制改革的步伐

新制度经济学认为,制度变迁将受到意识形态刚性、利益集团冲突、社会科学知识的局限性以及非对称的市场信息等因素制约。充分发挥国家在制度变迁过程中的理性优势、规模经济优势、强制性优势,才能够避免无效率因素的干扰,使之进入良性循环的轨道。随着 FDI 的大量进入,将会对当地市场竞争的公平性、法律法规的完备性、政府的工作效率和透明度提出更高的要求,迫使地方政府加快体制改革的步伐,精简机构,提高工作效率,完善市场机制,推动制度变迁。

2. 非国有经济的大发展推动制度变迁

根据制度经济学的理论,制度变迁成功与否,最终取决于其成本和收益的比较。如果(行动团体)预期的净收益超过预期的成本,一项新制度安排就会被创新。在我国,由于民营企业在制度创新中的收益显著高于其成本,从而成为推动制度变迁的有效动力。FDI 的进入将强化市场经济的运行机制,迫使政府取消给予国有经济的种种优惠政策,实行统一的国民待遇,为民营经济创造更多的发展机会,进而推动制度变迁。

3. 示范效应带动地方企业转变经营方式

企业是制度变迁的微观主体,企业自身管理体制、经营模式、营销观念的变革和创新,都将有力地推动制度变迁。FDI 对当地企业的影响表现在两个方面:一是来自于国际市场的境外公司技术先进、管理科学、运作规范、经营效率显著高于内地企业,将对当地企业产生良好的示范效应,使当地自主进行改革创新,从而产生诱致性制度变迁;二是在境外公司与当地企业的合作过程中,外方将强制性要求当地企业进行符合市场经济运行方式的改革,从而产生强制性的制度变迁。

4. 技术进步推动制度变迁

制度变迁是技术变迁与制度变迁之间的一个互动过程,拉坦(Ruttan)认为:"导致技术变迁的新知识的产生是制度发展过程的结果,技术变迁反过来又代表了一个对新制度变迁需求的有力来源。"① 随着 FDI 的大量进入,外国投资者将带来大量的先进技术,从而推动当地的技术进步,技术会带来产业结构的优化升级,提升地区经济的外向化程度,改进当地的生产方式,所有这些都会成为地区制度变迁的推动力。

5. 文化交流促进当地居民转变价值观念

诺思曾指出,"即使是在最发达的经济中,正式规则也只是决定选择的约束中的一个小部分(尽管是非常重要的部分)","我们日常与他人发生相互作用时,无论是在家庭、外部社会关系中,还是在商业活动中,控制结构差不多是由行为规范、行为准则和习俗来确定的"。② 在境外公司与当地企业合作交往的过程中,会使当地居民有更多机会接触外国的思想观念、文化意识和风俗习惯,了解符合市场经济规则和国际惯例的标准,获得更多走出国门、走向世界的机会,这些都会促使当地居民更快地冲破传统思想观念的束缚,接受与市场经济发展相适应,符合国际潮流的新观念、新思想,从而推动当地制度向更高层次演进。

---

① 拉坦:《诱致性制度变迁理论》,上海三联书店 1978 年版。
② 道格拉斯·诺思:《制度、制度变迁与经济绩效》,上海三联书店 1978 年版。

二、FDI 与制度变迁的因果关系检验

上述仅仅是对 FDI 制度溢出效应的理论分析,为了验证 FDI 与中国制度变迁之间是否存在互动机制,我们运用 Granger 因果关系检验法来进行验证。

所谓因果关系检验是指变量之间的依赖性,作为结果的变量是由作为原因的变量所决定的,原因变量的变化引起结果变量的变化。我们已经知道因果关系不同于相关关系,从一个回归关系式中,我们无法确定变量之间是否具有因果关系。虽然有时我们说回归方程中解释变量是被解释变量的因,但是,这一因果关系实际上是先验设定的,或者是在回归之前就已确定。在许多情况下,变量之间的因果关系并不是那么一目了然,或没有充分的知识使我们认清变量之间的因果关系,而有时,弄清变量之间的因果关系往往是我们所关心的。即使某一经济理论宣称了一种因果关系,也需要给以经验上的支持。

两变量之间的因果关系检验,目前使用最广泛的手段是根据 Granger 因果性检验方法进行验证。在经济生活中,绝大多数经济时间序列变量都是非平稳的,如果采用 F 统计量,对非平稳的两个变量进行因果关系检验,可能会产生伪回归问题,这样就有可能导致回归模型的结果无解释意义。克服以上缺陷的方法是对数据差分以使其平稳化或采用误差修正模型。我们采用基于阶差分数据的 VARD 模型和 F 统计量检验 FDI 与制度因素之间的因果关系。根据上述相关性检验结果,选用政府行政效率 *ADM*、经济自由度 *FRE*、法律、法规的规范和完善程度 *REG* 三个制度变量分别与 FDI 进行因果性检验,因经济自由度某些年度数据不全,故用市场发育程度 *MAR* 代替。

1. 有关数据的单位根检验

利用表 7.17 中 1984～2003 年时间序列数据对 FDI_t 进行 ADF 检验,可得:

$$DFDI_t = 247084.4 - 0.043FDI_{t-1} + 0.515DFDI_{t-1}$$

$$t \quad (1.512) \qquad (-0.820) \qquad (2.246)$$

$$R^2 = 0.255 \qquad ADR^2 = 0.155 \qquad F = 2.563 \qquad ADF = -0.820$$

因为 $ADF = -0.820$，分别大于不同检验水平（1%、5%、10%）的三个临界值，所以 FDI_t 序列是非平稳的。

进一步对 FDI_t 的差分序列 $DFDI_t$ 的平稳性进行检验，以确定 FDI_t 的单整阶数。得到回归方程式：

$$D^2FDI_t = -0.480DFDI_{t-1} + 0.282D^2FDI_{t-1}$$
$$\text{t} \qquad (-2.201) \qquad (1.076)$$
$$R^2 = 0.244 \qquad ADR^2 = 0.194 \qquad ADF = -2.201$$

因为 ADF 值小于 5% 和 10% 显著性水平的临界值，所以 $DFDI_t I \frown (0)$，于是得出结论 $FDI_t I \frown (1)$，亦即为一阶单整变量。

同理可得 ADM 为二阶单整变量，MAR、REG 为一阶单整变量。

2. VARD 模型的建立

根据 ADF 检验结果，建立二阶差分模型（3）、模型（4）和一阶差分模型（5）、模型（6）、模型（7）、模型（8）如下：

$$D^2FDI_t = a_0 + a_1D^2FDI_{t-1} + a_2D^2ADM_t + a_3D^2ADM_{t-1} + u_t \qquad (3)$$

$$D^2ADM_t = b_0 + b_1D^2ADM_{t-1} + b_2D^2FDI_t + b_3D^2FDI_{t-1} + v_t \qquad (4)$$

其中，$D^2FDI_t = DFDI_t - DFDI_{t-1}$

$$DFDI_t = a_0 + a_1DFDI_{t-1} + a_2DMAR_t + a_3DMAR_{t-1} + u_t \qquad (5)$$

$$DMAR_t = b_0 + b_1DMAR_{t-1} + b_2DFDI_t + b_3DFDI_{t-1} + v_t \qquad (6)$$

$$DFDI_t = a_0 + a_1DFDI_{t-1} + a_2DREG_t + a_3DREG_{t-1} + u_t \qquad (7)$$

$$DREG_t = b_0 + b_1DREG_{t-1} + b_2DFDI_t + b_3DFDI_{t-1} + v_t \qquad (8)$$

模型（3）、模型（5）、模型（7）的零假设为 $H_0 : a_2 = a_3 = 0$ 意味着 ADM、MAR、REG 变化不是 FDI 流入的原因。

模型（4）、模型（6）、模型（8）的零假设为 $H_0 : b_2 = b_3 = 0$ 意味着 FDI 流入不是 ADM、MAR、REG 变化的原因。

对模型（3）~（8）未进行差分处理前的原模型 VAR 模型进行 OLS 回归，结果表明，原模型存在一阶正相关。所以差分模型满足应用普通最小二乘法的基本假设。把数据（根据《中国统计年鉴》1984~2003 年相关数

据计算)代入各模型,用 Eviews 软件包运算,结果如下:

$$D^2FDI_t = 0.587D^2FDI_{t-1} + 94865.09D^2ADM_t + 19109.80D^2ADM_{t-1} \quad (9)$$

$$t \quad (3.02) \quad (2.88) \quad (0.44)$$

$$R^2 = 0.47 \quad ADR^2 = 0.40 \quad DW = 2.00$$

$$D^2ADM_t = 0.110D^2ADM_{t-1} + 3.92E - 06D^2FDI_t - 2.81E - 06D^2FDI_{t-1}$$

$$t \quad (0.39) \quad (2.88) \quad (-1.98) \quad (10)$$

$$R^2 = 0.40 \quad ADR^2 = 0.31 \quad DW = 2.05$$

$$DFDI_t = 0.468DFDI_{t-1} + 6688544DMAR_t - 1844165DMAR_{t-1} \quad (11)$$

$$t \quad (1.81) \quad (1.76) \quad (-0.44)$$

$$R^2 = 0.28 \quad ADR^2 = 0.19 \quad DW = 1.75$$

$$DMAR_t = 0.184DMAR_{t-1} + 2.55 \times 10^{-8}DFDI_t + 1.11 \times 10^{-8}DFDI_{t-1} \quad (12)$$

$$t \quad (0.71) \quad (1.76) \quad (0.64)$$

$$R^2 = 0.29 \quad ADR^2 = 0.194 \quad DW = 1.94$$

$$DFDI_t = 232068.2 + 0.425DFDI_{t-1} - 2.210DREG_t - 4.034DREG_{t-1} \quad (13)$$

$$t \quad (1.57) \quad (1.73) \quad (-0.63) \quad (-1.12)$$

$$R^2 = 0.28 \quad ADR^2 = 0.10 \quad F = 1.54 \quad DW = 1.94$$

$$DREG_t = 16984.12 - 0.505DREG_{t-1} - 0.014DFDI_t + 5.58E - 05DFDI_{t-1}$$

$$t \quad (1.40) \quad (-1.89) \quad (-0.63) \quad (0.003) \quad (14)$$

$$R^2 = 0.23 \quad ADR^2 = 0.04 \quad F = 1.22 \quad DW = 2.48$$

分析模型(3)~(8)的估计结果模型(9)~(14)可以看出:给定 $\alpha = 0.10$ 的显著水平,在拟合度可接受的情况下,检验结果是显著的,即以 90% 的置信度拒绝假说。所以,ADM、MAR、REG 变化是 FDI 流入的原因,FDI 流入也是 ADM、MAR、REG 变化的原因,实证检验说明 FDI 引进与制度变迁之间存在着双向促进的内在机制。

表 7.17 各年度全国 FDI 与 REG、MAR、ADM 数值

指标 年度	FDI	REG	MAR	ADM
1984	125800		0.35	9.65

指标 \\ 年度	FDI	REG	MAR	ADM
1985	166100		0.34	11.22
1986	187400	2671	0.34	11.69
1987	231400	6401	0.39	12.93
1988	319400	11292	0.39	15.37
1989	339200	15480	0.39	16.55
1990	348700	112103	0.34	17.19
1991	436600	21178	0.34	19.03
1992	1100700	28311	0.33	23.20
1993	2751500	56882	0.39	33.63
1994	3376700	39777	0.44	45.27
1995	3752100	41248	0.46	56.12
1996	4172500	39725	0.48	62.11
1997	4525700	41419	0.48	68.13
1998	4546300	54994	0.46	71.42
1999	4031900	92101	0.47	74.47
2000	4071500	95236	0.50	81.04
2001	4687800	99278	0.53	88.39
2002	5274300	112103	0.57	97.83
2003	5350500	149588	0.61	102.29

资料来源:根据《中国统计年鉴》各期相关数据计算。

第五节　主要结论与政策含义

本章把影响 FDI 在国内东、中、西部区域的制度因素划分为三大类 12 个制度因素以及非正式制度因素,比较了东、中、西部地区这些制度因素变迁的差异,并对其中的 8 个制度因素指标 24 个因子与 FDI 引进的相

关关系和因果关系进行了计量检验。通过上述理论分析、比较和实证研究,可以得出以下结论:

1. 东西部地区存在着严重的制度落差。中国区域制度变迁明显不平衡,三大区域各项制度指标的横向对比呈自东向西梯度递减,西部地区各项指标均低于中东部地区,也低于全国的平均水平,表现出西部地区制度变迁严重滞后。

2. 中国区域制度变迁与 FDI 的流入具有较强的相关性。理论上讲,制度因素是影响 FDI 聚集的重要因素。实证研究也表明,制度因素与 FDI 的引进具有较强的相关关系。

3. 各制度因素对 FDI 引进的影响程度存在差异。在影响 FDI 引进的三大类制度因素中,影响最强的是影响企业运行费用制度中的政府的行政效率;其次是经济制度中的经济自由度;再次才是法律制度中法律、法规的完善和规范程度。

4. 制度因素对 FDI 引进的影响具有滞后性。各制度因素中,滞后变量对当期 FDI 流入的影响均较为显著,表明了制度因素对 FDI 引进发生作用的滞后性特征。

5. 中国区域制度变迁与 FDI 的引进存在双向因果关系。一方面,制度因素是影响 FDI 引进的重要因素;另一方面,FDI 在制度变迁过程中发挥着重要的作用。西部地区制度变迁的严重滞后影响了 FDI 的引进,而 FDI 在我国区域分布的不均衡又是阻碍西部地区制度变迁的重要因素。

根据研究所得结论,政策含义是非常明晰的:

1. 鉴于制度因素对引进 FDI 的促进作用,各地区在 FDI 的引进中要重视制度软环境的建设,创造综合竞争优势。随着开放程度的深入、开放经验的积累、国际投资数量的增加,在沿海地区改善投资结构,提高投资水平的同时,努力改善中西部地区投资环境,使国际投资向我国内陆地区推进是促进区域经济平衡发展、提高国家总体经济发展水平的重要举措。

2. 由于西部地区的制度变迁严重滞后,影响了 FDI 的引进,如果任其发展,必将错失发展的良机,进一步扩大与东部地区的差距。对西部地区而言,从某种意义上说,制度因素比经济因素或硬环境更为重要。

3. 鉴于制度变迁与 FDI 引进的双向因果关系,当前西部地区应主动推进强制性制度变迁,打破恶性循环的僵局。政府要加快体制改革的步伐,通过制度环境的改善吸引 FDI 流入,进而以 FDI 来带动西部地区的诱致性制度变迁,最终形成制度变迁和 FDI 相互促进、相互推动的良性循环,以此缩小地区差距,实现区域经济的协调和均衡发展。

4. 根据实证研究中三类制度因素对引进 FDI 影响的重要性程度差别,在制度建设中,要重点进行政府行政体制的改革、自由市场的建设和法制建设。为发挥市场机制在资源配置中的基础作用扫清体制性障碍;努力实现公开、公平、公正的市场竞争,以及监管机制的透明化、制度化;减少"上有政策,下有对策"的制度消耗。

5. 制度的影响效应存在滞后性,作为影响投资的软环境因素,比起其他因素而言,制度建设是一个长期的过程,需要常抓不懈。尤其是西部地区在制度因素方面需要改进的地方很多。短期内可以做的工作是提高政府行政效率,减少企业运行障碍,加强对私有产权的保护等。在中长期,应该健全和完善法律法规,加速市场发育程度,放松金融管制,降低贸易壁垒以提高对外开放程度,减少对企业自由经营的限制以提高经济自由度,放松对外资企业的市场准入限制等。

6. 体制内创新和体制外创新并重。企业是市场经济活动中的微观主体,必须坚定不移地推动西部国有经济的改革步伐,建立产权清晰、权责明确的现代企业制度,清除制度变迁的障碍,同时应采取积极有效的措施,为非国有经济的发展创造更为宽松的市场环境和良好的制度基础,以此来带动制度变迁,吸引 FDI 的流入。

7. 努力扩大服务贸易领域的对外开放。要着力引进国外服务业的现代理念、先进的经营管理经验、技术手段和现代市场运作方式,大力改造传统服务业,培育和发展新兴服务业,推动西部地区服务业提高服务水平和技术含量。在金融、电信、航空、运输、会计、审计、法律、咨询等专业服务领域,应优先在西部地区放宽对 FDI 的准入政策,鼓励外资投向西部。

8. 政府应加强西部非正式制度环境的建设,社会各界应该积极培育开放、进取、竞争的思想观念和意识,以积极的心态应对外资进入对国内社会、经济生活各个层面的影响和冲击。建设适应现代市场经济发展的社会文化环境,减少正式制度变迁的阻力,在变化中大力促进西部地区滞后的制度因素的变迁,逐渐缩小与东部地区的制度差异,以达到各地区经济、社会的均衡、协调发展。

参考文献

[1]Agodo,O. (1978), "The Determinants of US Private Manufacturing Investment in Africa", *Journal of International Business Studies*,9(3), Winter,pp. 95 ~ 107.

[2] Dunning, J . H. (1992), *Multinational Enterprises and the Global Economy*. New York:Addison- Wesley Publishing Ltd .

[3] Dunning, J . H. (1986),*Japanese Participation in British Industry*. London : Croom Helm.

[4] Helpman,E. (1984),"a simple Theory of Intermational Trade with Multinational Corporations",*Journal of Political Economy*. 92(June),pp. 451 ~71.

[5] Jun,K. W. and H. Singh. (1996), "the Determinants of Foreign Direct Investment: New Empirical Evidence", *Transnational Corporations*,5 (3),pp. 67 ~ 105.

[6] Krugman,Paul. (1979), "Increasing Returns , Monopolistic Competition and Inter-national Trade",*Journal of International Economics*,9,pp. 469 ~479.

[7] UNCTAD(1998),*World Investment Report* 1998. New York:UN.

[8] Vernon, R. (1996), "International Investment and International Trade in the Product Cycle",*Quarterly Journal of Economics*,80,pp. 190 ~ 207.

[9] Veuglers, R. (1991), "Locational Determinants and Ranking of Host Countries",*Kykals*,44, pp. 363 ~82.

[10] Wei Shang Jin(2000),"Why Dose China Attract so Little Foreign Direct Investment?" in Takatoshi Ito and Anne O. Krueger(eds.) *The Role of Foreign Direct Investment in East Asian Economic Development*. Chicago and London ：University of Chicago Press.

[11]邓大才:《东西部制度安排的非均衡性与西部制度创新》,载《上海经济研究》2000 年第 1 期。

[12]道格拉斯·诺思:《经济史中的结构与变迁》,上海三联书店1991 年版。

[13]道格拉斯·诺思:《制度、制度变迁与经济绩效》,上海三联书店1978 年版。

[14]道格拉斯·诺思、罗伯特·托马斯:《西方世界的兴起》,华夏出版社 1989 年版。

[15]鲁明泓:《国际直接投资区位决定因素》,南京大学出版社 2000年版。

[16]鲁明泓:《制度因素与国际直接投资区位分布:一项实证研究》,载《经济研究》1999 年第 7 期。

[17]鲁明泓、潘镇:《中国各地区投资环境的评估与比较:1990～2000》,载《管理世界》2002 年第 11 期。

[18]拉坦:《诱致性制度变迁理论》,上海三联书店 1978 年版。

[19]潘镇、潘持春:《制度、政策与外国投资的区位分布》,载《南京师大学报》2004 年第 3 期。

[20]汪丁丁:《论制度创新的一般理论》,载《经济研究》1992 年第 5期。

[21]魏尚进:《不透明性的经济成本:外国直接投资损失及额外经营成本》,载《经济学》第 1 卷 2001 年第 1 期。

[22]赵放:《论技术和制度的关系及其在经济增长中的作用》,载《当代经济研究》2003 年第 1 期。

第八章　西部 FDI 缺口与经济增长

由于跨国公司在全球经济增长中的作用越来越大,大多数国家或地区都把大量引进 FDI 作为促进本国或本地区经济增长的重要措施。在实证研究 FDI 与经济增长的关系中,根据"两缺口"模型及其扩张的"三缺口"、"四缺口"等理论,许多学者都认为 FDI 通过对东道国或地区增长要素的影响而十分有利于东道国或地区经济的增长,如 Karikari(1992)、Barro 和 Sala-I-Martin(1995)、De-Mello(1997)、沈坤荣(1999)、黄华民(2000)、赵晋平(2001)、江小涓(2002)等。本章首先根据西部单位地区生产总值与全国及东部在 FDI 吸收量上的差距,研究西部地区相应发展水平下的 FDI 缺口;然后通过分析 FDI 对西部增长要素的影响情况和西部经济增长函数,研究由于 FDI 缺口导致的西部经济增长的机会损失;最后根据西部经济增长目标,分析西部 FDI 的吸收目标。

第一节　西部 FDI 缺口

大量的实践经验和实证研究表明,一国或地区 FDI 的吸收量与该国或地区的经济总量有着密切的联系。因此,相对于一定单位的经济总量就应该对应一定量的 FDI 吸收量。不言而喻,西部地区由于在经济发展水平上落后于东部地区和全国的平均水平,FDI 的吸收量也落后于全国和东部,而因此相对于西部的经济总量和全国及东部单位经济总量 FDI 吸收量,西部的 FDI 吸收量是否存在缺口?

一、西部单位生产总值 FDI 吸收量与全国及东部的差距

西部与全国及东部在单位生产总值 FDI 吸收量方面的差异是分析西部 FDI 相对于经济总量是否存在缺口的前提。通过分析西部 FDI 现状和西部单位地区生产总值 FDI 吸收量变化情况,说明西部单位生产总值 FDI 吸收量与全国及东部的差距。

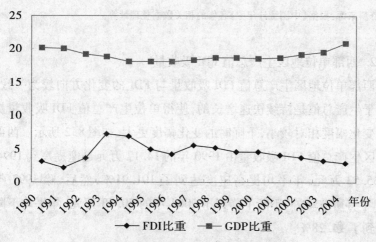

图 8.1　西部 FDI 及 GDP 占全国的比重

1. 西部 FDI 现状

在 1990 年至 2004 年期间,西部地区 FDI 经历了先迅速增加后缓慢波动减少、总体较慢增长的变化过程。西部地区 FDI 由 1990 年的 1.11 亿美元迅速增加到了 1994 年的 23.11 亿美元,年平均增加速度达到了 113.61%,然后在波动中减少到了 2004 年的 17.44 亿美元,年平均减少速度为 2.88%。总体上 15 年间的年平均增长速度也达到了 21.74%。西部占全国的 FDI 比重与占全国的经济比重极不协调,并且这种不协调还有不断加剧的趋势,如图 8.1 所示,两条曲线从 1994 年后就"分道扬镳"了,西部 FDI 及 GDP 分别占全国的比重之差在波动中扩大。2004 年西部 FDI 占全国的比重仅为 2.88%,与其 GDP 占全国比重的 20.91% 相比,差距超过

了 18 个百分点,而这一差距在 1994 年仅为 11.25 个百分点。

表8.1　西部 FDI 及 GDP 占全国的比重

单位:%

年份	1990	1992	1994	1996	1998	2000	2002	2004
FDI 比重	3.18	3.59	6.84	4.22	5.17	4.55	3.80	2.88
GDP 比重	20.20	19.20	18.09	18.11	18.70	18.62	19.18	20.91
比重之差	17.02	15.61	11.25	13.89	13.53	14.07	15.38	18.03

资料来源:根据《中国统计年鉴》各年的相关数据整理计算。

2. 西部单位地区生产总值 FDI 吸收量

西部单位地区生产总值 FDI 吸收量与 FDI 的变化方向较为一致,只是由于生产总值是持续快速增长的,使得单位生产总值 FDI 吸收量提高时的变化幅度相对较小,下降时的变化幅度更大,如图 8.2 所示。西部亿元地区生产总值 FDI 吸收量由 1990 年的 14.17 万元迅速提高到 1994 年的 235.53 万元,年平均提高速度达到了 101.91%,然后,除 1997 年和 1998 年有所波动外,不断下降到了 2004 年的 50.43 万元,年平均下降速度达到了 14.28%。

表8.2　西部单位生产总值 FDI 吸收量

单位:万元/亿元

年份	1989	1990	1991	1992
吸收量	20.52	14.17	11.57	42.60
年份	1993	1994	1995	1996
吸收量	176.72	235.53	148.01	118.94
年份	1997	1998	1999	2000
吸收量	152.30	132.88	99.04	92.06
年份	2001	2002	2003	2004
吸收量	87.18	82.28	62.13	50.43

资料来源:根据《中国统计年鉴》各年的相关数据整理计算。

3. 西部单位地区生产总值与全国单位 GDP 的 FDI 吸收量差距

西部单位地区生产总值与全国单位 GDP 的 FDI 吸收量差距呈现出

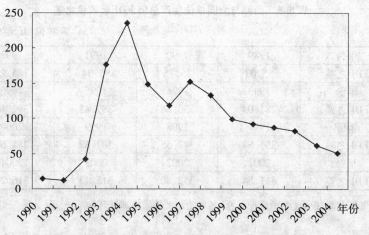

图 8.2　西部单位生产总值 FDI 吸收量

的是先迅速扩大后缓慢波动缩小的态势,如图 8.3 所示。1990 年西部单位地区生产总值与全国单位 GDP 的 FDI 吸收量差距是每亿元生产总值为 75.75 万元,迅速扩大到了 1994 年的 386.86 万元,年平均扩大速度达到了 50.33% ,然后又缓慢扩大到了 1996 年的 392.10 万元。1996 年之后开始在波动中缓慢缩小,到 2004 年时为 316.20 万元,缩小的年平均速度仅为 2.65% 。

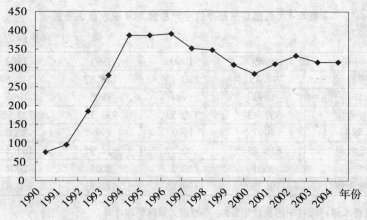

图 8.3　西部与全国单位生产总值 FDI 吸收量差距

表 8.3 西部与全国单位生产总值 FDI 吸收量之差

单位:万元/亿元

年份	1989	1990	1991	1992
FDI 之差	55.03	75.75	95.94	185.27
年份	1993	1994	1995	1996
FDI 之差	281.04	386.86	387.81	392.10
年份	1997	1998	1999	2000
FDI 之差	351.54	347.55	307.67	284.67
年份	2001	2002	2003	2004
FDI 之差	311.54	332.80	315.13	316.20

资料来源:根据《中国统计年鉴》各年的相关数据整理计算。

4. 西部与东部的单位地区生产总值 FDI 吸收量差距

东西部的单位生产总值 FDI 吸收量差距呈现出的是先迅速扩大后较快缩小的态势,如图 8.5 所示。东西部的单位生产总值 FDI 吸收量差距由 1990 年的 120.12 万元迅速扩大到了 1994 年的 770.53 万元,年平均扩大速度达到了 59.15%。之后除 2001 和 2002 年有小幅波动外,这一差距持续缩小,到 2004 年时为 390.41 万元,年平均缩小速度为 8.15%。

表 8.4 西部与东部单位生产总值 FDI 吸收量之差量

单位:元/亿元

年份	1989	1990	1991	1992
吸收量	94.45	120.12	158.83	343.59
年份	1993	1994	1995	1996
吸收量	537.43	770.53	735.25	722.95
年份	1997	1998	1999	2000
吸收量	615.83	590.72	524.91	463.44
年份	2001	2002	2003	2004
吸收量	495.50	499.85	442.83	390.41

资料来源:根据《中国统计年鉴》各年的相关数据整理计算。

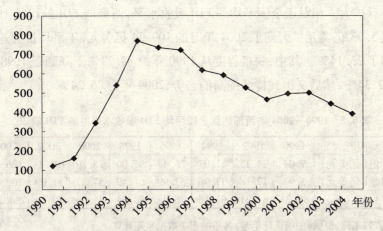

图 8.4　西部与东部单位生产总值 FDI 吸收量差距

二、西部 FDI 缺口

假定西部的单位地区生产总值 FDI 吸收量与全国及东部的吸收水平一致,那么由于西部实际单位地区生产总值 FDI 吸收量较少而使得西部相对其经济发展水平存在着在 FDI 吸收量上的缺口。

1. 西部达到全国单位国内生产总值 FDI 平均吸收水平时的 FDI 缺口

假定各年的西部单位地区生产总值 FDI 吸收量与全国的平均吸收水平一致,则可得到相对于全国平均吸收水平的西部 FDI 缺口情况。若 1990 年西部达到全国单位 GDP 的 FDI 吸收水平 89.92 元/万元,那么西部 FDI 吸收的目标值是 7.04 亿美元,与实际吸收量 1.11 亿美元相比,缺口为 5.93 亿美元,缺口程度①达 84.23%。依此进行计算,可以得到 1992～2004 年的 FDI 缺口和缺口程度(参见表 8.5)。

从表 8.5 可看出,西部达到全国平均的 FDI 吸收水平时,西部的 FDI 缺口量有迅速扩大的趋势,缺口程度呈现出的是 U 型的变化趋势,即先

---

① 缺口程度 = $\dfrac{缺口量}{目标值} \times 100\%$。

缩小后扩大。相对于全国平均的 FDI 吸收水平,西部的 FDI 缺口从 1990
年的 5.93 亿美元扩大到了 2004 年时的 109.34 亿美元,年平均扩大速度
达到了 23.14%。其中,缺口程度从 1990 年的 84.23% 下降到了 1998 年
的 72.34%,然后又出现持续提高的态势,2004 年为 86.24%。

表 8.5　1990—2004 年西部达到全国平均 FDI 吸收水平时的 FDI 缺口

年份	1990	1992	1994	1996	1998	2000	2002	2004
目标值(亿美元)	7.04	21.13	61.07	75.58	85.00	75.79	101.14	126.78
缺口量(亿美元)	5.93	17.18	37.96	57.99	61.49	57.27	81.09	109.34
缺口程度(%)	84.23	81.31	62.16	76.73	72.34	75.56	80.18	86.24

资料来源:根据《中国统计年鉴》各年的相关数据整理计算。

2. 西部达到东部单位地区生产总值 FDI 吸收水平时的 FDI 缺口

假定各年的西部单位地区生产总值 FDI 吸收量与东部吸收水平一
致,则可得到相对于东部吸收水平的西部 FDI 缺口情况。若 1990 年时西
部能达到东部的 FDI 吸收水平 134.29 元/万元,那么西部 FDI 吸收量将达
10.52 亿美元,是实际吸收量 1.11 亿美元的 9 倍多,与实际吸收量相比,缺
口量达 9.41 亿美元,缺口程度高达 89.45%。依此可得 1992～2004 年相对
于东部 FDI 吸收水平的西部 FDI 缺口量和缺口程度(参见表 8.6)。

表 8.6　1990～2004 年西部达到东部 FDI 吸收水平时的 FDI 缺口

年份	1990	1992	1994	1996	1998	2000	2002	2004
目标值(亿美元)	10.52	35.81	98.72	124.51	128.02	111.76	141.85	152.44
缺口量(亿美元)	9.41	31.86	75.61	106.92	104.51	93.24	121.80	135.00
缺口程度(%)	89.45	88.97	76.59	85.87	81.64	83.43	85.87	88.56

资料来源:根据《中国统计年鉴》各年分地区的相关数据整理计算。

从表 8.6 可看出,西部达到东部的 FDI 吸收水平时,西部 FDI 缺口扩
大趋势十分明显,缺口程度呈现出的也是先缩小后扩大的“U”型变化趋
势。相对于东部的 FDI 吸收水平,西部的 FDI 缺口从 1990 年的 9.41 亿
美元扩大到了 2004 年的 135.00 亿美元,年平均扩大速度高达 20.96%。

其中,缺口程度从 1990 年的 89.45% 下降到了 1998 年的 81.64%,然后又出现不断提高的变化趋势,2004 年达到了 88.56%。

总之,西部的 FDI 吸收量无论是相对于全国单位 GDP 的平均吸收水平还是相对于东部地区单位生产总值的吸收水平,都存在较大的缺口量和较高的缺口程度,并且缺口量都呈现出持续迅速扩大趋势,缺口程度在波动中始终保持较高的水平。

第二节 FDI 与西部经济增长要素

FDI 对东道国经济增长的作用是源于 FDI 对各种经济增长要素的直接或间接效应。FDI 主要对经济增长要素中的资本、技术、贸易和产业等产生较大影响。FDI 能直接增加东道国或地区的资本存量;FDI 的进入会直接带来先进技术设备和科学管理方式,并会有间接的巨大辐射作用;FDI 的进入可以直接加强东道国或地区与境外的贸易联系,促进东道国或地区对外贸易的发展;FDI 的进入还会直接带来新兴产业,特别是高技术产业,改变东道国或地区的产业现状。FDI 对这些经济增长要素的直接或间接影响最终都会反映到经济增长的数量和质量上来。

一、西部 FDI 的资本效应

根据 FDI 的含义,FDI 的投资主体会直接在东道国或地区开办企业或直接向东道国或地区的外商投资企业注入股权资本,能为东道国或地区的发展提供资金,增加固定资产投资。因此,FDI 对东道国或地区资本形成的促进作用长期以来一直被视为是 FDI 对东道国或地区经济增长最重要的方面。Chenery 和 Strout(1966)的"两缺口"模型中的资本缺口理论精辟地论述了这方面的作用。FDI 除直接增加东道国或地区的资本存量外还存在另外两个重要影响东道国或地区资本形成的途径:一是可以通过乘数效应和前后向的联系,带动当地企业扩大投资,加速资本的形成;二是由于外国直接投资通常会带来连续性的投资和与之相关的间接性投资,从而进一步带动东道国或地区资本的形成。

1. FDI 对西部资本要素的影响

FDI 在西部的固定资产投资①从 1995 年的 148.30 亿元增加到了 2004 年的 455.50 亿元,平减去固定资产投资价格指数的年平均增长速度为 11.49%,比同期西部固定资产投资的平均速度(16.37%)慢了近 5 个百分点。FDI 在西部的固定资产投资占西部全社会固定资产投资的比重低且波动大,总体还有下降的趋势,由 1995 年的 4.87% 下降至 2004 年的 3.31%。FDI 对于西部资本存量增加的比重也是呈现出较为明显的下降趋势,由 1995 年的 2.59% 下降至 2004 年的 1.14%。

因此,尽管 FDI 能直接为西部地区的发展提供资金,增加西部的资本存量,直接成为资本形成的一部分,但由于 FDI 在固定资产投资中速度相对较慢,所占比重较低,反映到 FDI 对资本形成的影响上就是 FDI 所能形成的资本比重比较低,FDI 对西部的资本效应比较小,并且这种直接效应还有减速的趋势。

表 8.7　FDI 对西部固定资产投资和资本存量的影响情况

年份		1995	2000	2001	2002	2003	2004
外资固定资产投资	投资额(亿元)	148.30	188.24	182.39	243.95	291.40	455.50
	比重(%)	4.87	3.08	2.55	2.86	2.69	3.31
外资形成资本存量	增加量②(亿元)	29.54	37.59	35.98	44.05	45.96	54.48
	比重(%)	2.59	1.94	1.62	1.58	1.24	1.14

资料来源:根据《中国固定资产投资统计年鉴》各年的相关数据整理计算。

2. 填补 FDI 缺口后的西部资本存量变化情况

(1)填补达到全国 FDI 平均吸收水平时 FDI 缺口后的西部资本存量变化

根据达到全国单位 GDP 的 FDI 吸收水平时 FDI 缺口量(参见表

---

① FDI 固定资产投资额由外商投资经济与港澳台地区投资经济固定资产投资额之和估计得到。

② 计算过程中用西部折旧率代替西部外资经济折旧率。

8.5)和 FDI 对西部资本要素的影响情况(参见表8.7),计算得到填补达到全国 FDI 吸收水平时 FDI 缺口后的资本存量变化情况,见表8.8。2000~2004 年填补达到全国 FDI 平均吸收水平时 FDI 缺口后的西部资本存量都有所增加,分别由 15174.18 亿元、17397.68 亿元、20177.55 亿元、23874.20 亿元和28647.98 亿元增加到了 15290.42 亿元、18726.27 亿元、22355.71 亿元、24557.31 亿元和 30989.54 亿元,增加的幅度分别为 0.77%、7.64%、10.79%、2.86%和8.17%,其中最大的年份是 2002 年,这是由于 2002 年的 FDI 缺口量比较大和 FDI 对资本形成影响程度比较高所致。

表8.8 填补达到全国 FDI 平均吸收水平时 FDI 缺口后的资本存量变化

年份	2000	2001	2002	2003	2004
实际值(亿元)	15 174.18	17 397.68	20 177.55	23 874.20	28 647.98
目标值(亿元)	15 290.42	18 726.27	22 355.71	24 557.31	30 989.54
增加量(亿元)	116.24	1 328.59	2 178.16	683.11	2 341.56
增加幅度(%)	0.77	7.64	10.79	2.86	8.17

资料来源:根据《中国统计年鉴》、表8.5 和表8.7 各年的相关数据计算。

(2)填补达到东部 FDI 吸收水平时 FDI 缺口后的西部资本存量变化

根据达到东部单位地区生产总值的 FDI 吸收水平时 FDI 缺口量(参见表8.6)和 FDI 对西部资本要素的影响情况(参见表8.7),计算得到填补达到东部 FDI 吸收水平时 FDI 缺口后的资本存量变化情况,见表8.9。2000~2004 年填补达到东部 FDI 吸收水平时 FDI 缺口后的西部资本存量都有所增加,分别由 15174.18 亿元、17397.68 亿元、20177.55 亿元、23874.20 亿元和 28647.98 亿元增加到了 15363.43 亿元、18802.18 亿元、22445.15 亿元、24701.79 亿元和 31169.70 亿元,增加的幅度分别为 1.25%、8.07%、11.24%、3.47%和8.80%。

表8.9 填补达到东部 FDI 吸收水平时 FDI 缺口后的资本存量变化

年份	2000	2001	2002	2003	2004
实际值(亿元)	15 174.18	17 397.68	20 177.55	23 874.20	28 647.98

年份	2000	2001	2002	2003	2004
目标值(亿元)	15 363.43	18 802.18	22 445.15	24 701.79	31 169.70
增加量(亿元)	189.25	1 404.5	2 267.60	827.59	2 521.72
比重(%)	1.25	8.07	11.24	3.47	8.80

资料来源:根据《中国统计年鉴》、表8.6和表8.7各年的相关数据计算。

(3)比较分别填补全国和东部FDI缺口后的资本增加量变化

首先根据表8.5和表8.6,可得到分别相对于全国和东部吸收水平的FDI缺口变化程度,然后根据表8.8和表8.9,可得到分别填补相对于全国和东部吸收水平的FDI缺口后的资本存量增加量变化程度,见表8.10。从表8.10可看出,FDI缺口变化程度大于资本增加量变化程度,这说明在西部FDI的进入并没有对资本存量的增加起到放大作用,FDI对资本存量增加并没有明显扩大作用。

表8.10 FDI缺口变化程度与资本增加量变化程度的比较

单位:%

年份	2000	2001	2002	2003	2004
FDI缺口变化程度	38.57	37.13	33.42	28.84	19.01
资本增加量变化程度	38.21	5.40	3.94	17.46	7.14

资料来源:根据表8.5、表8.6、表8.8和表8.9的相关数据计算。

总之,填补了与全国和东部水平相一致的FDI缺口后,西部的资本存量有一定量的增加,但增长量波动较大。这种增长量的波动与FDI缺口大小和FDI对资本影响程度是比较吻合的。当缺口较大和影响程度较高时,增长量相对较大,所占比重较大。填补了与全国和东部水平相一致的FDI缺口后,资本存量增加量及比重的差距并不大,FDI对资本存量增加的影响程度不大。

二、西部FDI的技术效应

新增长理论认为,技术进步在发展中国家经济发展中发挥着极为重要的作用,一国或地区实现经济增长的根本途径在于技术进步。同时,实证研究表明技术模仿成本小于技术研发成本。因此,国家间或地区间的技术转移成为许多发展中国家技术进步的重要渠道。而在国际技术转移的诸多渠道中 FDI 是最为重要的一种,FDI 是东道国或地区获得先进技术的重要途径。尽管 FDI 对包含技术研发能力的技术进步影响存在较大的分歧,但对于 FDI 在应用技术效率方面的提高是毋庸置疑的。FDI 的流入不仅会促进东道国或地区的资本形成而且还会伴随着技术向东道国或地区的转移。FDI 可以为东道国或地区带来先进的技术和管理经验,从而带动东道国或国或地区的技术进步和生产效率提高。此外,FDI 由于具有先进的技术及管理经验,对东道国或地区可以产生外溢效应,帮助和促使东道国或地区的技术效率提高,从而通过提高东道国或地区经济增长的效率而实现对东道国或地区的经济增长促进。

1. FDI 对西部技术要素的影响

从技术研究开发方面看,FDI 企业在西部的技术研究活动强于其他类型的企业。根据 2004 年全国经济普查资料,2004 年西部的 FDI 企业中有科技活动、有 R&D 活动、有新产品开发和有科技机构的企业数分别为 284 个、169 个、167 个和 124 个,占全部 FDI 企业的比重分别为 16.01%、9.53%、9.41% 和 6.99%。这些比重均高于有科技活动、有 R&D 活动、有新产品开发和有科技机构企业占西部全部企业的比重。并且 2004 年西部 FDI 企业中有科技活动人员 15311 人,占 FDI 企业就业人员的 3.07%,有 R&D 人员 6675 人,占科技活动人员的 43.60%。这两个比重也高于西部的平均水平。

表 8.11　2004 年西部 FDI 企业与全部企业的科技活动情况

单位:%

科技活动情况	科技活动	R&D 活动	新产品开发	科技机构	科技活动人员	R&D 人员
FDI 企业中的比重	16.01	9.53	9.41	6.99	3.07	43.60
全部企业中的比重	12.88	6.73	6.84	6.06	1.29	42.16

资料来源:根据《2004 年全国经济普查资料》相关数据整理计算。

从全员劳动生产率的方面看,FDI 企业在第二产业中全员劳动生产率高于西部第二产业的全员劳动生产率。西部第二产业中全员劳动生产率从 1999 年的 1.63 万元/人·年提高到了 2004 年的 3.79 万元/人·年,其中 FDI 企业由 4.99 万元/人·年提高到了 10.82 万元/人·年。剔除 FDI 企业的全员劳动生产率由 1.57 万元/人·年提高到了 3.67 万元/人·年,比包含 FDI 企业的指标值有所下降。下降幅度较小但下降幅度在上升,说明虽然影响程度较小但影响程度在提高。

根据上述两方面的分析,可以认为 FDI 企业对西部技术进步具有较好的示范效率,对西部技术效率的影响在不断增强,即 FDI 企业在西部的技术效应明显。

2. 填补 FDI 缺口后的西部全员劳动生产率变化情况

(1)填补达到全国平均吸收水平时 FDI 缺口后的第二产业全员劳动生产率变化

根据达到全国单位国内生产总值的 FDI 吸收水平时 FDI 缺口量(参见表 8.5)和 FDI 对西部第二产业全员劳动生产率的影响情况 (参见表 8.12),计算得到填补达到全国 FDI 吸收水平时 FDI 缺口后的第二产业全员劳动生产率变化情况,见表 8.13。由于在表 8.12 中 FDI 企业的第二产业全员劳动生产率都高于一般企业的,因此在填补达到全国平均吸收水平时 FDI 缺口后的 2000~2004 年的第二产业全员劳动生产率都有所提高,分别由 1.59 万元/人·年、1.69 万元/人·年、1.81 万元/人·年、1.93 万元/人·年和 2.23 万元/人·年提高到了 1.70 万元/人·年、1.81 万元/人·年、1.93 万元/人·年、2.18 万元/人·年和 2.45 万元/人·年,提高的幅度分别为 6.92%、7.10%、6.63%、9.55% 和 9.87%。

表 8.12　西部 FDI 对第二产业全员劳动生产率的影响

(1990 年不变价)

年份	1999	2000	2001	2002	2003	2004
FDI 企业(万元/人·年)	3.49	4.07	4.41	4.76	5.79	6.03
全部企业(万元/人·年)	1.63	1.96	2.35	2.86	3.41	3.79

年份	1999	2000	2001	2002	2003	2004
剔除 FDI 企业(万元/人·年)	1.57	1.89	2.27	2.77	3.29	3.67
剔除 FDI 企业下降幅度(%)	0.06	0.07	0.08	0.09	0.12	0.12

资料来源:根据《中国统计年鉴》各年的相关数据整理计算。

表 8.13　填补达到全国平均吸收水平时 FDI 缺口后的第二产业全员劳动生产率

年份	2000	2001	2002	2003	2004
实际值(万元/人·年)	1.59	1.69	1.81	1.99	2.23
目标值(万元/人·年)	1.70	1.81	1.93	2.18	2.45
提高量(万元/人·年)	0.11	0.12	0.12	0.19	0.22
提高幅度(%)	6.92	7.10	6.63	9.55	9.87

资料来源:根据《中国统计年鉴》、表 8.5 和表 8.12 各年的相关数据计算。

(2)填补达到东部 FDI 吸收水平时 FDI 缺口后的第二产业全员劳动生产率变化

根据达到东部单位地区生产总值的 FDI 吸收水平时 FDI 缺口量(参见表 8.6)和 FDI 对西部第二产业全员劳动生产率的影响情况(参见表 8.12),计算得到填补达到东部 FDI 吸收水平时 FDI 缺口后的资本存量变化情况,见表 8.14。2000～2004 年填补达到东部 FDI 吸收水平时 FDI 缺口后的第二产业全员劳动生产率都有较大幅度提高,分别由 1.59 万元/人·年、1.69 万元/人·年、1.81 万元/人·年、1.99 万元/人·年和 2.23 万元/人·年增加到了 1.88 万元/人·年、2.03 万元/人·年、2.16 万元/人·年、2.44 万元/人·年和 2.65 万元/人·年,提高的幅度分别达到了 18.24%、20.12%、19.34%、22.61%和 18.83%。

表 8.14　填补达到东部 FDI 吸收水平时 FDI 缺口后的第二产业全员劳动生产率

年份	2000	2001	2002	2003	2004
实际值(万元/人·年)	1.59	1.69	1.81	1.99	2.23
目标值(万元/人·年)	1.88	2.03	2.16	2.44	2.65
提高量(万元/人·年)	0.29	0.34	0.35	0.45	0.42
提高幅度(%)	18.24	20.12	19.34	22.61	18.83

资料来源:根据《中国统计年鉴》、表 8.6 和表 8.12 各年的相关数据计算。

（3）比较分别填补全国和东部 FDI 缺口后的全员劳动生产率变化

根据表 8.13 和表 8.14,可得到分别填补相对于全国和东部吸收水平的 FDI 缺口后的第二产业全员劳动生产率提高量的变化程度,见表 8.15。从表 8.15 可看出,2000~2004 年第二产业全员劳动生产率提高量的变化程度都大于 FDI 缺口变化程度,这说明在西部 FDI 的进入对第二产业全员劳动生产率的提高起到相对于 FDI 量的倍增作用,即 FDI 对第二产业全员劳动生产率具有明显的放大提高作用。

表 8.15　FDI 缺口变化程度与第二产业全员劳动生产率提高量变化程度的比较

单位:%

年份	2000	2001	2002	2003	2004
FDI 缺口变化程度	38.57	37.13	33.42	28.84	19.01
全员劳动生产率提高量变化程度	62.07	64.71	65.71	57.78	47.62

资料来源:根据表 8.5、表 8.6、表 8.13 和表 8.14 的相关数据计算。

总之,填补了达到全国和东部 FDI 吸收水平时的 FDI 缺口后,西部第二产业全员劳动生产率有较为明显的提高,并且提高量还不断扩大,与 FDI 缺口具有显著的正相关关系。填补了与全国和东部水平相一致的 FDI 缺口后,增长量和比重都有较大的变化,这表明在西部 FDI 的进入对第二产业全员劳动生产率具有明显提高效应,这与 FDI 对技术效率的效应理论是比较吻合的。

三、西部 FDI 的贸易效应

根据小岛清等人的投资与贸易互补理论,FDI 与国际贸易存在相互促进的关系。FDI 对东道国或地区对外贸易的积极效应可以分为直接效应和间接效应两个方面。直接效应表现为 FDI 企业直接出口产品而对东道国或地区对外贸易的贡献。从国际直接投资实践来看,跨国公司的生产经营活动对东道国或地区的出口有较大促进作用。间接效应则表现为 FDI 的进入所引起的东道国或地区当地企业增加出口的贡献。

FDI 企业进入后，东道国或地区市场竞争加剧，迫使当地企业努力扩大产品出口，通过跨国零售商和贸易公司的关系，东道国或地区的企业增强了与国外消费者的联系；制造业中 FDI 企业的当地采购和零部件分包安排增强了东道国或地区企业与国际市场的联系。较多实证研究的结论表明，这些外部效应不仅存在，而且从国家层面上来看有时是相当大的。

1. FDI 对西部对外贸易的影响

西部的出口总额从 1995 年的 86.99 亿美元增加到了 2004 年的 205.94 亿美元，其中，西部 FDI 企业的出口额也由 5.33 亿美元增加到了 23.80 亿美元，西部 FDI 企业的出口额占西部地区出口总额的比重由 1995 年的 6.12% 提高到了 2004 年的 11.56%。西部的进口总额从 1995 年的 57.25 亿美元增加到了 2004 年的 161.37 亿美元，其中，西部 FDI 企业的进口额也由 16.52 亿美元增加到了 37.83 亿美元，西部 FDI 企业的进口额占全西部地区进口总额的比重由 1995 年的 16.52% 提高到了 2004 年的 37.83%。西部的进出口总额从 1995 年的 144.25 亿美元增加到了 2004 年的 376.31 亿美元，其中西部 FDI 企业的进出口额也由 21.85 亿美元增加到了 61.63 亿美元，西部 FDI 企业的进出口额占西部地区进出口总额的比重由 1995 年的 15.15% 提高到了 2004 年的 16.78%。西部 FDI 企业的进出口总额占西部地区进出口总额的比重不断增加表明 FDI 对西部对外贸易的作用在不断增强。

表 8.16 1995~2004 年西部 FDI 企业进出口情况

年份	1995	2000	2001	2002	2003	2004
出口额	5.33	12.37	11.41	13.78	18.19	23.80
占西部地区出口总额的比重	6.12	12.46	12.61	11.70	11.20	11.56
进口额	16.52	12.94	14.07	18.27	25.04	37.83
占西部地区出口总额的比重	28.85	17.88	18.06	20.71	21.42	23.44
进出口额	21.85	25.31	25.48	32.06	43.23	61.63
占西部地区出口总额的比重	15.15	14.74	15.13	15.56	15.48	16.78

资料来源：根据《中国统计年鉴》各年的有关数据整理计算。

2. 填补 FDI 缺口后的西部对外贸易变化情况

（1）填补达到全国 FDI 平均吸收水平时 FDI 缺口后的西部对外贸易变化

根据达到全国单位 GDP 的 FDI 平均吸收水平时 FDI 缺口量（参见表 8.5）和 FDI 对西部对外贸易的影响情况（参见表 8.16），可计算得到填补达到东部 FDI 吸收水平时 FDI 缺口后的对外贸易变化情况，见表 8.17。2000～2004 年填补达到全国 FDI 平均吸收水平时 FDI 缺口后的西部进出口总额都有较大幅度增长，分别由 171.66 亿美元、168.37 亿美元、206.07 亿美元、279.20 亿美元和 367.31 亿美元增长到了 249.96 亿美元、259.45 亿美元、335.66 亿美元、498.51 亿美元和 753.72 亿美元，增长的幅度分别达到了 45.61%、54.10%、62.89%、78.55% 和 105.20%。

（2）填补达到东部 FDI 平均吸收水平时 FDI 缺口后的西部对外贸易变化

根据达到东部单位地区生产总值的 FDI 吸收水平时 FDI 缺口量（参见表 8.6）和 FDI 对西部对外贸易的影响情况（参见表 8.15），计算得到填补达到东部 FDI 吸收水平时 FDI 缺口后的对外贸易变化情况，见表 8.18。2000～2004 年填补达到东部 FDI 吸收水平时 FDI 缺口后的西部进出口总额都有较大幅度的增长，分别由 171.66 亿美元、168.37 亿美元、206.07 亿美元、279.20 亿美元和 367.31 亿美元增长到了 309.12 亿美元、323.20 亿美元、410.75 亿美元、597.37 亿美元和 854.40 亿美元，增长的幅度分别达到了 80.08%、91.96%、99.33%、113.96% 和 132.61%。

表 8.17　填补达到全国 FDI 平均吸收水平时 FDI 缺口后的西部进出口总额

年份	2000	2001	2002	2003	2004
实际值（亿美元）	171.66	168.37	206.07	279.20	367.31
目标值（亿美元）	249.96	259.45	335.66	498.51	753.72
增长量（亿美元）	78.30	91.08	129.59	219.31	386.41
增长幅度（%）	45.61	54.10	62.89	78.55	105.20

资料来源：根据《中国统计年鉴》、表 8.5 和表 8.16 各年的相关数据计算。

表 8.18 填补达到东部 FDI 吸收水平时 FDI 缺口后的西部进出口总额

年份	2000	2001	2002	2003	2004
实际值(亿美元)	171.66	168.37	206.07	279.20	367.31
目标值(亿美元)	309.12	323.20	410.75	597.37	854.40
增长量(亿美元)	137.46	154.83	204.68	318.17	487.09
增长幅度(%)	80.08	91.96	99.33	113.96	132.61

资料来源:根据《中国统计年鉴》、表 8.6 和表 8.16 各年的相关数据计算。

3. 比较分别填补全国和东部 FDI 缺口后的对外贸易变化

根据表 8.17 和 8.18,可得到填补相对于全国和东部吸收水平的 FDI 缺口后的西部进出口总额增长量的变化程度,见表 8.19。从表 8.19 可看出,2000~2004 年西部进出口总额增长量的变化程度都大于 FDI 缺口变化程度,这说明在 FDI 的进入对西部进出口总额的增长起到了扩大的作用。

表 8.19 FDI 缺口变化程度与进出口总额增长量变化程度的比较

单位:%

年份	2000	2001	2002	2003	2004
FDI 缺口变化程度	38.57	37.13	33.42	28.84	19.01
进出口总额增长量变化程度	43.04	41.17	36.69	31.07	20.67

资料来源:根据表 8.5、表 8.6、表 8.17 和表 8.18 的相关数据计算。

总之,填补了达到全国和东部 FDI 吸收水平时的 FDI 缺口后,西部地区进出口增长量与 FDI 缺口具有显著的正相关关系,西部进出口总额有十分明显的扩大。增长量和比重的差距相对于西部与全国和东部的 FDI 缺口差异,显得相对较大,这说明 FDI 缺口大小对西部的进出口总额有较大程度的影响,这与 FDI 对进出口的明显效应是一致的。

四、西部 FDI 的产业效应

许多研究认为 FDI 对于东道国或地区产业结构的调整和升级有着重要的影响。FDI 企业出于自身追逐利益的考虑,要求合理地配置资源,从而在产业结构上起到一种优化作用。FDI 对东道国或地区产业结构优化的直接效应主要表现在两个方面:一方面,通过资本、技术等"一揽子"生产要素的流入,改变东道国的投资结构,进而直接促进东道国或地区的产业结构优化;另一方面,因为 FDI 的流入而带来的经济增长效应使得东道国或地区居民的收入水平提高,改变了东道国或地区的消费结构,从而间接地促进了东道国或地区的结构优化。并且,FDI 企业进入东道国或地区市场而对当地企业所形成的竞争与示范双重效应,也可在一定程度上促进东道国或地区投资结构优化。FDI 作为"综合要素",所带来的"一揽子"资源,尤其是技术、资产和市场网络,有助于东道国或地区建立新兴产业。

1. FDI 与西部高新技术产业的联系

根据西部 12 省、自治区、直辖市 2000~2004 年的高新技术产业增加值（1990 不变价）与 FDI 吸收量的资料,分别利用三个常用相关性检验统计量对西部高新技术产业发展与 FDI 之间进行相关检验,结果见表 8.20。

表 8.20　西部高新技术产业发展与 FDI 之间的相关检验结果

	FDI-Vadd (2000)	FDI-Vadd (2001)	FDI-Vadd (2002)	FDI-Vadd (2003)	FDI-Vadd (2004)
Pearson	0.646 0.023	0.842 0.001	0.828 0.001	0.752 0.005	0.556 0.060
Kendall	0.687 0.002	0.545 0.014	0.667 0.003	0.727 0.001	0.534 0.016
Spearman	0.830 0.001	0.727 0.007	0.783 0.003	0.867 0.000	0.722 0.008

从表 8.20 可看出,2000~2004 年的西部高新技术产业发展与 FDI 之间的 Pearson 相关检验、Kendall 相关检验和 Spearman 相关检验都比较显著,因此可以认为西部高新技术产业发展与 FDI 有着明显的相关关系。这说明 FDI 对西部高新技术产业有明显的效应,西部高新技术产业的发展与 FDI 有着十分密切的联系。于是,进一步做西部高新技术产业增加值与 FDI 的回归分析。把 2000~2004 年 5 年期间作为报告期,利用西部

高新技术产业增加值和 FDI 进行回归分析,结果如下:

$$V = 10.400 * FDI \qquad\qquad (1)$$

$$(5.732, 0.000)$$

$$R = 0.866 \quad adj. R^2 = 0.749 \quad F = 32.855 \quad Sig. F = 0.000$$

从回归系数 T 值、拟合度和 F 值看,模型显著程度很高,拟合效果较好。根据回归模型,在西部多吸收 1 亿美元的 FDI,高新技术产业增加值将增加 10.4 亿元。

2. 填补 FDI 缺口后的西部高新技术产业发展变化

(1)填补达到全国 FDI 吸收水平时 FDI 缺口后的西部高新技术产业增加值变化

根据达到全国单位国内生产总值的 FDI 吸收水平时 FDI 缺口量(参见表 8.5)和 FDI 对西部高新技术产业发展的影响情况(参见模型(1)),计算得到填补达到东部 FDI 吸收水平时 FDI 缺口后的高新技术产业发展变化情况,见表 8.21。2000～2004 年填补相对于全国平均吸收水平时 FDI 缺口后的高新技术产业增加值都有相当大的增长幅度,分别由 289.06 亿元、324.74 亿元、377.63 亿元、406.53 亿元和 481.80 亿元增长到了 788.32 亿元、914.26 亿元、1051.86 亿元、1088.05 亿元和 1318.51 亿元,增长的幅度分别高达 164.45%、181.54%、178.54%、167.64% 和 173.66%。假定其他产业增加值不变,高新技术产业增加值占全部工业增加值的比重分别由 8.62%、8.43%、8.52%、7.51% 和 7.38% 提高到了 19.97%、20.58%、20.60%、17.85% 和 17.90%。

表 8.21　填补达到全国平均水平缺口后的西部高新技术产业增加值

年份		2000	2001	2002	2003	2004
高新技术产业增加值	实际值(亿元)	298.06	324.74	377.63	406.53	481.80
	目标值(亿元)	788.22	914.26	1 051.86	1 088.05	1 318.51
	增长量(亿元)	490.16	589.52	674.23	681.52	836.71
	增长幅度(%)	164.45	181.54	178.54	167.64	173.66
占全部工业增加值比重(%)	真实值	8.62	8.43	8.52	7.51	7.38
	目标值	19.97	20.58	20.60	17.85	17.90

资料来源:根据《中国高新技术产业统计年鉴》和表 8.5 各年的相关数据计算。

（2）填补达到东部 FDI 吸收水平时 FDI 缺口后的高新技术产业增加值变化

根据达到东部单位地区生产总值的 FDI 吸收水平时 FDI 缺口量（参见表8.6）和 FDI 对西部高新技术产业发展的影响情况（参见模型（1）），计算得到填补达到东部 FDI 吸收水平时 FDI 缺口后的高新技术产业发展变化情况，见表8.22。2000～2004 年填补达到东部吸收水平时 FDI 缺口后的高新技术产业增加值都有相当大的增长幅度，分别由 289.06 亿元、324.74 亿元、377.63 亿元、406.53 亿元和481.80 亿元增长到了1162.30亿元、1335.98 亿元、1475.24 亿元、1456.42 亿元和1585.38 亿元，增长的幅度分别高达 289.96%、311.40%、290.66%、258.26%和229.05%。假定其他产业增加值不变，高新技术产业增加值占全部工业增加值的比重分别由 8.62%、8.43%、8.52%、7.51% 和 7.38% 提高到了 26.89%、27.47%、26.68%、22.53%和20.77%。

表8.22　填补达到东部吸收水平 FDI 缺口后的高新技术产业增加值

年份		2000	2001	2002	2003	2004
高新技术产业增加值	实际值（亿元）	298.06	324.74	377.63	406.53	481.80
	目标值（亿元）	1 162.30	1 335.98	1 475.24	1 456.42	1 585.38
	增长量（亿元）	864.24	1 011.24	1 097.61	1 049.89	1 103.58
	增长幅度（%）	289.96	311.40	290.66	258.26	229.05
占全部工业增加值比重（%）	真实值	8.62	8.43	8.52	7.51	7.38
	目标值	26.89	27.47	26.68	22.53	20.77

资料来源：根据《中国高新技术产业统计年鉴》和表8.6各年的相关数据计算。

（3）比较分别填补全国和东部 FDI 缺口后的高新技术产业增加值变化

根据表8.21 和表8.22，可得到填补相对于全国和东部吸收水平的 FDI 缺口后的高新技术产业增加值增长量的变化程度，见表8.23。从表8.23 可看出，2000～2004 年高新技术产业增加值增长量的变化程度都大于 FDI 缺口变化程度，这说明在西部 FDI 的进入对高新技术产业的发展起到了较好的促进作用。

表 8.23　FDI 缺口变化程度与高新技术产业增加值增长量变化程度的比较

单位:%

年份	2000	2001	2002	2003	2004
FDI 缺口变化程度	38.57	37.13	33.42	28.84	19.01
高新技术产业增加值增长量变化程度	43.28	41.70	38.57	35.09	24.18

资料来源:根据表 8.5、表 8.6、表 8.21 和表 8.22 各年的相关数据计算。

　　总之,填补了与全国和东部水平相一致的 FDI 缺口后,西部高新技术产业增加值有较为明显的增加,并且增加量有扩大的趋势。工业结构有明显的改善。增长量和比重的差距相对于西部与全国和东部的 FDI 缺口,显得相对较大,这说明 FDI 缺口大小对高新技术产业增加值有较大程度的影响,这与 FDI 对高新技术产业的突出效应是一致的。

第三节　FDI 缺口的西部经济增长机会损失

　　FDI 通过对经济增长因素的直接或间接作用而影响东道国或地区的经济增长。由于西部相对于全国或东部的单位生产总值 FDI 吸收量存在较大差距,相对于经济总量水平,西部存在较大的 FDI 缺口。而西部由于 FDI 的数量较少,FDI 对西部经济增长因素的作用较小,进一步导致在西部经济增长过程中由于 FDI 吸收量相对较少而存在着经济增长的机会损失,这种损失包括增长数量和增长质量的损失。在分析这损失有多大之前,我们首先分析在西部经济增长过程中各增长因素对西部经济增长的影响情况,然后根据 FDI 对增长因素的影响研究 FDI 对西部经济增长的影响,最终得到由于 FDI 量少的问题,使西部经济增长的机会损失。

一、西部经济增长函数
1. 增长函数的形式
在开放条件下,根据主流增长模型中经济增长的影响因素,在原柯

布—道格拉斯生产函数的基础上对"索洛余值"进行分解,加入进出口、技术进步,经济增长的函数可以表示为:

$$GDP = AK^\alpha L^\beta E^\lambda I^\omega e^{\varphi*T} \tag{2}$$

式中,GDP、K、L、E、I、T 分别表示产出、资本、劳动、出口、进口、技术。(2)式两边取自然对数,可得到增长函数的待估模型为:

$$\ln GDP = A + \alpha*\ln K + \beta*\ln L + \lambda*\ln E + \omega\ln I + \varphi*T + \varepsilon \tag{3}$$

式中,A、α、β、λ、ω、φ 为待估参数,ε 为随机误差。

根据相关经济学理论知识,可知资本、劳动、进出口、技术之间存在明显的相关关系,即(3)式存在较为严重复共线性①,因此采用岭回归方法对上式参数进行估计。我们选取岭参数的原则是在岭迹趋于稳定之后以及在保证各解释变量回归所得系数方向和显著性以及各解释变量与被解释变量之间相关分析结果相一致的基础上,岭参数尽可能小。

2. 数据来源及处理

(1)数据来源

生产总值、全部从业人员、出口额、进口额、第二产业全员劳动生产率由各年份《中国统计年鉴》分地区的相关数据整理计算得到。全社会资本存量是以上年的资本存量加上当年固定资本形成再减去当年固定资产折旧,其中 1989 年的资本存量是根据 1989 年全民所有制固定资产净值及全民所有制经济比重估计得到。

(2)数据处理

不变价格处理:涉及货币形成的生产总值、全社会资本存量、出口额、进口额和第二产业全员劳动生产率等指标均根据相应的平减指数处理得到 1990 年不变价的相应指标数。

对数处理:对处于绝对量的生产总值、资本存量、从业人员、出口额、

---

① 在进行 OLS 分析时,即使做了对数处理后的自变量之间,仍然存严重的复共线性,因为方差扩大因子都大于 10, 而 X'X 的最小特征根较为接近于 0。方差扩大因子分别为:$VIF_1 = 316.0$、$VIF_2 = 14.0$、$VIF_3 = 324.0$、$VIF_4 = 88.1$,特征根特分别为 $\lambda_1 = 0.00182$、$\lambda_2 = 0.00347$、$\lambda_3 = 0.0253$、$\lambda_4 = 0.0855$。

进口额进行取自然对数,得到与增长函数模型线性变换后线性估计所需一致的数据。

中心标准化处理:生产总值、资本存量、全部从业人员、出口额、进口额、第二产业全员劳动生产率分别减去各自数列的均值,然后再除以各自数列的标准差。通过中心标准化,可填补由于 8 个指标之间量纲不一致的影响,得到仅反应数据变化特征的数据,并且有助于降低自变量之间复共线性的程度。

3. 模型拟合及检验

根据岭迹图变化规律,能保证各解释变量回归所得系数方向和显著性以及各解释变量与被解释变量之间相关分析结果相一致的最小岭参数值为 0.08。岭回归的结果如下:

结果一:方程拟合度情况。$R = 0.9972$,$R^2 = 0.9944$,$adj. R^2 = 0.9922$。

结果二:方程总体显著情况(参见表 8.24)。

表 8.24　方差分析表

统计量	df	SS	MS	F	$Sig. F$
回归	4.000	13.922	3.480	444.5695154	0.0000000
残差	10.000	0.078	0.008		

结果三:回归系数显著情况(参见表 8.25)。

表 8.25　回归系数相关统计量

统计量	B	$SE(B)$	$Beta$	$T = B/SEB$	$Sig. T$
$\ln K$	0.396753	0.025454	0.396748	15.586974	0.000000
$\ln L$	0.058765	0.032389	0.058765	1.814376	0.049844
$\ln M$	0.142274	0.033813	0.142273	4.207740	0.000903
T	0.401388	0.028223	0.401379	14.222065	0.000000
常数项	-0.000013	0.022846	0.000000	-0.000580	0.499774

从岭回归的结果可看出,模型拟合度较高达 0.9972,仅比 OLS 所得

到的下降了 0.0021,F 值下降幅度较大,但模型整体仍然十分显著,不显著的概率小于 0.0000001,各解释变量回归系数的变化方向与各解释变量和被解释变量之间正相关的关系一致。各解释变量回归系数显著不为"0"与各解释变量和被解释变量之间显著相关的关系一致。因此,岭回归结果不仅使各个统计量检验效果较好,而且模型所反映出的变化与现实经济变化相一致。具体的岭回归方程如下:

$$\ln GDP = -0.000013 + 0.396753 * \ln K + 0.058765 * \ln L + 0.142274 * \ln M + 0.401388 * T \tag{4}$$

根据各数列的均值和标准差,对(4)式进行未中心标准化前的模型还原,结果如下:

$$\ln GDP = 1.147184 + 0.229180 * \ln K + 0.409542 * \ln L + 0.086246 * \ln M + 0.315925 * T \tag{5}$$

因此,西部的增长函数为:

$$GDP = 3.149312 * K^{0.229180} * L^{0.409542} * M^{0.086246} * e^{0.315925 * T} \tag{6}$$

二、FDI 缺口的西部经济增长机会损失

由于 FDI 对许多不同经济增长要素都存在影响,而这些要素中有些只作用于经济增长的数量,有些不仅作用于经济增长的数量还作用于经济增长的质量。因此,西部地区 FDI 缺口的存在会同时使西部经济增长存在增长数量上的机会损失和增长质量上的机会损失。

1. 增长数量机会损失

FDI 对于东道国或地区经济增长数量方面的影响主要是通过作用于资本数量增加、进出口总额增长和生产效率提高等要素的改变而实现的。而由于相对于全国和东部 FDI 吸收水平,存在不同的缺口程度,同样也存在不同程度的机会损失。

(1)当 FDI 吸收水平没有达到全国平均水平时的西部经济增长机会损失

①资本

假定其他要素不变,根据西部的增长函数(6)式和 FDI 对资本存量

的影响,计算得到当西部的FDI吸收水平达到全国平均水平时地区生产总值,见表8.26。由于西部的FDI吸收水平没有达到全国平均吸收水平,西部存在FDI缺口,进一步使FDI通过资本对经济增长的影响表现为一定经济增长量的机会损失,但FDI通过资本增长要素影响的这种机会损失量相对较小,并持续减少。2000年的机会损失最大,为35.91亿元,仅占实际经济总量的0.40%,而到2004年时已持续下降到0.19亿元,占不到实际经济总量的万分之一。

表8.26　达到全国平均FDI吸收水平下的西部地区生产总值

（仅考虑资本存量变动）

年份	2000	2001	2002	2003	2004
地区生产总值(亿元)	9 091.16	9 830.06	10 870.78	12 130.02	14 198.81
地区生产总值增加量(亿元)	35.91	24.55	11.24	4.10	0.19
增加量占实际值的比重(%)	0.40	0.25	0.10	0.03	0.001

资料来源:根据《中国统计年鉴》和表8.8各年的相关数据计算。

②进出口

假定其他要素不变,根据西部的增长函数(6)式和FDI对进出口总额的影响,计算得到当西部的FDI吸收水平达到全国水平时地区生产总值,见表8.27。由于西部的FDI吸收水平没有达到全国平均吸收水平,西部存在FDI缺口,进一步使FDI通过进出口对经济增长的影响表现为经济增长量的机会损失。FDI通过进出口增长要素对经济增长影响的这种机会损失量相对较大,但波动大。2000~2004年的机会损失量分别为319.06亿元、227.43亿元、215.06亿元、543.54亿元和638.59亿元,机会损失量都在200亿元以上,占实际生产总值的比重相对较大,最低的比重都接近2%,这说明FDI缺口通过进出口对经济增长影响的机会损失比较大。各年份间的机会损失量差距较大,最大的是最小的近3倍,这种损失量的波动与FDI缺口的波动方向较为一致,只是损失量波动幅度有所放大,这说明FDI通过进出口贸易对经济增长的影响程度有提高的趋势。

表 8.27　达到全国平均 FDI 吸收水平下的西部地区生产总值

(仅考虑进出口变动)

年份	2000	2001	2002	2003	2004
地区生产总值(亿元)	9 374.31	10 032.94	11 074.61	12 669.45	14 837.21
地区生产总值增加量(亿元)	319.06	227.43	215.06	543.54	638.59
增加量占实际值的比重(%)	3.52	2.32	1.98	4.48	4.50

资料来源:根据《中国统计年鉴》和表 8.17 各年的相关数据计算。

③全员劳动生产率

假定其他要素不变,根据西部的增长函数(6)式和 FDI 对劳动生产率的影响,计算得到当西部的 FDI 吸收水平达到全国水平时地区生产总值,见表 8.28。由于西部的 FDI 吸收水平没有达到全国平均吸收水平,西部存在 FDI 缺口,进一步使 FDI 通过全员劳动生产率对经济增长的影响表现为经济增长量的机会损失。FDI 通过全员劳动生产率增长要素对经济增长影响的这种机会损失量相对较大,但波动更大。2000~2004 年的机会损失量分别为 329.03 亿元、228.80 亿元、154.67 亿元、668.28 亿元和 772.23 亿元,最大年份的机会损失量是最小年份的 5 倍。这种较大波动主要是由于 FDI 通过全员劳动生产率对经济增长的影响程度较大引起的。

表 8.28　达到全国平均 FDI 吸收水平下的西部地区生产总值

(仅考虑劳动生产率变动)

年份	2000	2001	2002	2003	2004
地区生产总值(亿元)	9384.28	10034.31	11014.22	12794.19	14970.85
地区生产总值增加量(亿元)	329.03	228.80	154.67	668.28	772.23
增加量占实际值的比重(%)	3.63	2.33	1.42	5.51	5.44

资料来源:根据《中国统计年鉴》和表 8.13 各年的相关数据计算。

④当 FDI 吸收水平没有达到全国平均水平时的西部经济增长机会总损失

根据西部的增长函数(6)式和相对于全国的 FDI 缺口,FDI 通过资本、进出口和全员劳动生产率对经济增长影响的机会总损失,见表 8.29。由于西部的 FDI 吸收水平没有达到全国平均吸收水平,西部存在 FDI 缺口,进一步使 FDI 通过经济增长要素对经济增长的影响表现为经济增长量的机会损失,这种机会损失量相对较大,随缺口扩大而持续增加,损失量占实际经济总量的比重较大。2000～2004 年的机会损失量持续增加,分别为 655.00 亿元、787.20 亿元、901.14 亿元、1 410.88 亿元和 2019.26 亿元,占实际经济总量的比重分别为 7.23%、8.03%、8.30%、11.64% 和 14.22%,使经济增长率分别损失 0.77%、0.80%、0.28%、3.44% 和 2.71%。

表 8.29 达到全国平均 FDI 吸收水平下的西部地区生产总值

年份	2000	2001	2002	2003	2004
地区生产总值(亿元)	9 710.25	10 592.71	11 760.69	13 536.79	16 217.88
地区生产总值增加量(亿元)	655.00	787.20	901.14	1 410.88	2 019.26
增加量占实际值的比重(%)	7.23	8.03	8.30	11.64	14.22
地区生产总值增长率提高程度(%)	0.77	0.80	0.28	3.44	2.71

资料来源:根据《中国统计年鉴》和表 8.8、表 8.13 和表 8.17 的相关数据计算。

(2)当 FDI 吸收水平达到东部水平时的西部经济增长机会损失

①资本

假定其他要素不变,根据西部的增长函数和 FDI 对资本存量的影响,计算得到当西部的 FDI 吸收水平达到东部水平时地区生产总值,见表 8.30。由于西部的 FDI 吸收水平没有达到东部吸收水平,西部存在 FDI 缺口,使 FDI 通过资本对经济增长的影响表现为一定经济增长量的机会损失,这种机会损失量相对较小,并且持续减少,在实际生产总值所占比重比较低。2000～2004 年的机会损失量分别为 45.84 亿元、33.67 亿元、21.19 亿元、20.42 亿元和 19.07 亿元,分别仅占实际生产总值的 0.51%、0.34%、0.20%、0.17% 和 0.13%。这种下降的趋势进一步表明了 FDI 通过资本对经济增长的直接作用在下降。

表8.30 达到东部 FDI 吸收水平下的西部地区生产总值

（仅考虑资本存量变动）

年份	2000	2001	2002	2003	2004
地区生产总值(亿元)	9101.09	9839.18	10880.74	12146.33	14217.69
地区生产总值增加量(亿元)	45.84	33.67	21.19	20.42	19.07
增加量占实际值的比重(%)	0.51	0.34	0.20	0.17	0.13

资料来源:根据《中国统计年鉴》和表8.9各年的相关数据计算。

②进出口

假定其他要素不变,根据西部的增长函数和 FDI 对进出口总额的影响,计算得到当西部的 FDI 吸收水平达到东部水平时地区生产总值,见表8.31。由于西部的 FDI 吸收水平没有达到东部吸收水平,西部存在 FDI 缺口,使 FDI 通过进出口对经济增长的影响表现为经济增长量的机会损失。这种机会损失量相对较大,占实际生产总值的比重相对较大,但波动大。2000～2004 年的机会损失量分别为465.35 亿元、391.68 亿元、385.65 亿元、724.04 亿元和 784.68 亿元,分别占实际生产总值的5.14%、3.99%、3.55%、5.97%和5.53%。

表7.31 达到东部 FDI 吸收水平下的西部地区生产总值

（仅考虑进出口变动）

年份	2000	2001	2002	2003	2004
地区生产总值(亿元)	9520.60	10197.19	11245.20	12849.96	14983.30
地区生产总值增加量(亿元)	465.35	391.68	385.65	724.04	784.68
增加量占实际值的比重(%)	5.14	3.99	3.55	5.97	5.53

资料来源:根据《中国统计年鉴》和表8.18各年的相关数据计算。

③全员劳动生产率

假定其他要素不变,根据西部的增长函数和 FDI 对劳动生产率的影响,计算得到当西部的 FDI 吸收水平达到东部水平时地区生产总值,见表8.32。由于西部的 FDI 吸收水平没有达到东部吸收水平,西部存在 FDI 缺口,使 FDI 通过全员劳动生产率对经济增长的影响表现为经济增长量的机会损失，这种机会损失量相对较大，占实际生产总值的比重相对较大，但波动更大。2000～2004 年的机会损失量分别为 884.91 亿元、936.51 亿元、989.37 亿元、1763.71 亿元和 1743.57 亿元，分别占实际生产总值的 9.77%、9.55%、9.11%、14.54% 和 12.28%。

表 8.32　达到东部吸收水平下的西部地区生产总值

（仅考虑全员劳动生产率变动）

年份	2000	2001	2002	2003	2004
地区生产总值(亿元)	9940.16	10742.03	11848.92	13889.62	15942.19
地区生产总值增加量(亿元)	884.91	936.51	989.37	1763.71	1743.57
增加量占实际值的比重(%)	9.77	9.55	9.11	14.54	12.28

资料来源：根据《中国统计年鉴》和表 8.14 各年的相关数据计算。

④当 FDI 吸收水平没有达到东部水平时的西部经济增长机会总损失

根据西部的增长函数(6)式和相对于东部的 FDI 缺口，FDI 通过资本、进出口和全员劳动生产率对经济增长影响的机会总损失，见表 8.33。由于西部的 FDI 吸收水平没有达到东部吸收水平，西部存在 FDI 缺口，使 FDI 通过经济增长要素对经济增长的影响表现为经济增长量的机会损失，这种机会损失量相对较大，随缺口扩大而持续增加，损失量占实际经济总量的比重较大。2000～2004 年的机会损失量持续增加，分别为 1402.10 亿元、1730.63 亿元、1999.06 亿元、2799.32 亿元和 3264.74 亿元，占实际经济总量的比重分别为 15.48%、17.65%、18.41%、23.09% 和 22.99%，使经济增长率分别损失 1.64%、2.03%、0.71%、4.41% 和 0.09%。

表 8.33　达到东部 FDI 吸收水平下的西部地区生产总值

年份	2000	2001	2002	2003	2004
地区生产总值(亿元)	10 457.35	11 536.14	12 858.61	14 925.23	17 463.36
地区生产总值增加量(亿元)	1 402.10	1 730.63	1 999.06	2 799.32	3 264.74
增加量占实际值的比重(%)	15.48	17.65	18.41	23.09	22.99

年份	2000	2001	2002	2003	2004
地区生产总值增长率提高程度（％）	1.64	2.03	0.71	4.41	0.09

资料来源:根据《中国统计年鉴》和表8.9、表8.14、表8.18各年的相关数据计算。

（3）比较达到全国和东部 FDI 吸收水平后的西部地区生产总值损失量变化

根据表8.26至表8.33,可得到填补相对于全国和东部吸收水平的 FDI 缺口后的西部地区生产总值损失量的变化程度,见表8.34。从表8.34可看出,2000～2004年地区生产总值损失量的变化程度都大于 FDI 缺口变化程度,这表明在西部 FDI 的进入对生产总值增长起到了扩大的作用,FDI 的进入对经济增长的作用具有逐渐增强的趋势。

表8.34　生产总值损失量变化程度

单位:%

年份	2000	2001	2002	2003	2004
全部变动的生产总值损失量变化程度	53.28	54.51	54.92	49.60	38.15
FDI 缺口变化程度	38.57	37.13	33.42	28.84	19.01

资料来源:根据表8.29和表8.33中各年的相关数据计算得到。

综上,在 FDI 主要影响的增长要素中,FDI 通过全员劳动生产率对经济增长的影响程度最大,其次是对外贸易,而资本的影响是最小的。由于西部相对于全国和东部存在的 FDI 缺口使得西部的地区生产总值增长率存在与缺口程度相一致的机会损失,缺口越大,机会增长量损失越大,并且扩大的速度有递增的趋势。

2. 增长质量机会损失

FDI 对于东道国或地区经济增长质量方面的影响主要是通过作用于产业结构的调整,增加"资源节约型"产业和"环境友好型"产业的比重而实现的。高新技术产业相对于许多传统工业的单位增加值能源消耗、污水排放量、废气排放量和废渣排放量都较少,因此,同样的经济增长量,若来源于高新技术产业,那么所消耗的能源和所排放的污染物都会相对较少。2000~2004 年,每吨标准煤对于全部工业只能生产出 0.35 万元的增加值,而高新技术产业能生产出 1.96 万元的增加值;同样,每吨工业废水、每标立方工业废气和每吨工业废渣的排放量,全部工业只能分别生产出 254.42 万元、0.21 万元和 5522.20 万元的增加值,而高新技术产业就能分别生产出高达 903.29 万元、1.85 万元和 93812.69 万元的增加值。相对于其他投资形式,由于 FDI 投资的原因和来源,FDI 对高新技术产业发展促进作用较大,因此 FDI 能有效保证增长中的质量。

表 8.35　高新技术产业①与全部工业的增长质量比较

行业	能耗效率 (万元/吨标准煤)	排水效率 (万元/吨)	排气效率 (元/标立方)	排渣效率 (万元/吨)
全部工业	0.35	254.42	0.21	5 522.20
高新技术产业	1.96	903.29	1.85	93 812.69

资料来源:根据《中国统计年鉴》2001~2004 年的相关数据计算。

(1)当 FDI 吸收水平达到全国平均水平时在西部经济增长中的耗能和排污变化

根据相对于全国水平的 FDI 缺口和 FDI 对高新技术产业发展的影响程度,计算得到填补缺口后的高新技术产业增加值,然后再根据表 8.35,分别计算高新技术产业和全部工业的能源消耗量、污水排放量、废气排放量和废渣排放量②,见表 8.36。在增长同量的增加值时在 FDI 带动下的高新技术产业增加值与普通投资形成的一般工业增加值所新增的能源消费和"三废"排放量相比,都要少很多。通过填补与全国平均吸收水平的 FDI 缺口,所能创造的高新技术产业增加值在能源消耗方面分别比其他投资形式所能创造的工业增加值节约 1150.38 万吨标准煤、1383.57 万

---

①　此处的高新技术产业包括通信设备、计算机及其他电子设备制造业、电气机械及器材制造业、仪器仪表及文化办公用机械制造业、专用设备制造业和医药制造业。

②　在计算过程中,用全国的能耗效率和排污效率估计了西部的,并假定了普通投资和 FDI 的行业分布是固定不变的。

吨标准煤、1582.38 万吨标准煤、1599.49 万吨标准煤和 1963.71 万吨标准煤,能比实际节约程度都超过了 10%。同样,"三废"排放量减少程度也都接近或超过 10%。

（2）当 FDI 吸收水平达到东部水平时在西部经济增中的耗能和排污变化

根据相对于东部水平的 FDI 缺口和 FDI 对高新技术产业发展的影响程度,计算得到填补缺口后的高新技术产业增加值,然后再根据表 8.35,分别计算高新技术产业和全部工业的能源消耗量、污水排放量、废气排放量和废渣排放量,见表 8.37。通过填补与东部吸收水平的 FDI 缺口,所能创造的高新技术产业增加值在能源消耗方面分别比其他投资形式所能创造的工业增加值节约 2028.32 万吨标准煤、2373.32 万吨标准煤、2576.02 万吨标准煤、2464.03 万吨标准煤和 2590.03 万吨标准煤,有些年份节约程度超过了 20%。同样,"三废"排放量减少程度都超过了 10%。

表 8.36　达到吸收水平时高新技术产业发展规模对耗能和排污的减少情况

年份		2000	2001	2002	2003	2004
耗能	节约量(万吨标准煤)	1150.38	1383.57	1582.38	1599.49	1963.71
	占全部真实能耗的比重（%）	11.64	12.57	12.50	10.34	10.53
废水	减少量(万吨)	13839.47	16644.63	19036.60	19242.43	23624.10
	占全部真实排放量的比重（%）	10.18	10.99	10.93	9.04	9.21
废气	减少量(亿标立方)	2069.15	2488.57	2846.17	2876.95	3532.06
	占全部真实排放量的比重（%）	12.57	13.57	13.49	11.16	11.36
废渣	减少量(万吨)	835.37	1004.70	1149.07	1161.50	1425.99
	占全部真实排放量的比重（%）	13.34	14.40	14.32	11.85	12.06

资料来源:根据《中国统计年鉴》和表 8.21、表 8.35 各年的相关数据计算。

表 8.37　达到东部吸收水平时高新技术产业发展规模对耗能和排污的减少情况

年份		2000	2001	2002	2003	2004
耗能	节约量(万吨标准煤)	2028.32	2373.32	2576.02	2464.03	2590.03
	占全部真实能耗的比重(%)	20.53	21.56	20.34	15.93	13.89
废水	减少量(万吨)	24401.34	28551.80	30990.41	29643.06	31158.97
	占全部真实排放量的比重(%)	17.95	18.86	17.79	13.93	12.14
废气	减少量(亿标立方)	3648.27	4268.81	4633.41	4431.97	4658.61
	占全部真实排放量的比重(%)	22.16	23.27	21.95	17.19	14.99
废渣	减少量(万吨)	1472.90	1723.43	1870.63	1789.30	1880.81
	占全部真实排放量的比重(%)	23.52	24.71	23.31	18.25	15.91

资料来源:根据《中国统计年鉴》和表 8.22、表 8.35 各年的相关数据计算。

（3）比较达到全国和东部 FDI 吸收水平后的耗能和排污变化

根据表 8.36 和表 8.37,可得到填补相对于全国和东部吸收水平的 FDI 缺口后的西部地区生产总值损失量的变化程度,见表 8.38。从表 8.38 可看出,2000～2004 年能耗及排污减少量变化程度都大于 FDI 缺口变化程度,这表明在西部 FDI 的进入对经济增长质量的提高起到了较好的作用,FDI 的进入对"资源节约型"产业和"环境友好型"产业在经济增长的地位具有突出作用。

表 8.38　能耗及排污减少量变化程度　　　　单位:%

年份	2000	2001	2002	2003	2004
能耗及排污减少量变化程度	43.28	41.70	38.57	35.09	24.18
FDI 缺口变化程度	38.57	37.13	33.42	28.84	19.01

资料来源:根据表 8.36 和表 8.37 各年的相关数据计算。

三、填补 FDI 缺口前后西部与全国及东部发展差距比较

1. 达到全国平均吸收水平后西部与全国的差距

西部在填补了与全国平均吸收水平的 FDI 缺口后,与全国的差异有

显著的缩小。2004 年西部与全国的人均地区生产总值差距为 1414.93 元/人,差距程度达 27.01%。而填补了相对于全国平均吸收水平的 FDI 缺口后的西部人均地区生产总值为 4368.22 元/人,与全国的差距缩小到了 871.05 元/人,差距程度也下降到了 16.63%,对于人均地区生产总值的差距,FDI 的作用程度达到了 38.44%。2000~2003 年的数据反映出的差距变化也是如此(详见表 8.39)。因此,通过 FDI 缺口填补后的人均生产总值的变化,可认为 FDI 具有明显的缩小西部与全国发展水平差距的效应。

表 8.39　填补 FDI 缺口前后的西部与全国差距比较

年份	2000	2001	2002	2003	2004
实际差距(元/人)	1350.57	1421.08	1463.08	1528.89	1414.93
目标差距(元/人)	1169.60	1205.19	1217.61	1146.72	871.05
实际差距程度(%)	35.06	34.56	33.08	31.77	27.01
目标差距程度(%)	30.36	29.31	27.53	23.83	16.63
缩小作用程度(%)	13.40	15.19	16.78	25.00	38.44

资料来源:根据《中国统计年鉴》和表 8.29 各年的相关数据计算。

2. 达到东部吸收水平后西部与东部的差距

西部在填补了与东部全国平均吸收水平的 FDI 缺口后,与东部的差异有较为突出的缩小。2004 年西部与东部的人均地区生产总值差距为 6197.09 元/人,差距程度达 61.84%。而填补了相对于东部的 FDI 缺口后的西部人均地区生产总值为 4703.68 元/人,与东部的差距缩小到了 5317.75 元/人,差距程度也下降到了 53.06%,对于人均地区生产总值的差距,FDI 的作用程度达到了 14.19%。2000~2003 年的数据反映出的差距变化也是如此(详见表 8.40)。因此,通过 FDI 缺口填补后的人均生产总值的变化,可认为 FDI 具有比较明显的缩小西部与东部发展水平差距的效应。

表 8.40　填补 FDI 缺口前后的西部与东部差距比较

年份	2000	2001	2002	2003	2004
实际差距(元/人)	3847.9	4193.61	4638.05	5329.82	6197.09
目标差距(元/人)	3460.50	3718.87	4093.34	4571.62	5317.75

年份	2000	2001	2002	2003	2004
实际差距程度(%)	60.60	60.92	61.04	61.88	61.84
目标差距程度(%)	54.50	54.02	53.87	53.07	53.06
缩小作用程度(%)	10.07	11.32	11.74	14.23	14.19

资料来源:根据《中国统计年鉴》和表 8.33 各年的相关数据计算。

第四节　FDI 与西部增长目标

西部大开发的一个重要目标就是缩小与东部发展的差距,而目前的现状是西部与东部的发展差距不仅没有缩小,反而不断扩大了。因此,把东西部差距控制在一定的程度之内是西部在未来经济发展的重要目标之一。根据前面的分析,FDI 具有比较明显的缩小西部与东部发展水平差距的效应。于是,本节通过西部增长目标的确定,分析西部在未来几年内对 FDI 需求情况。

一、西部经济增长目标

根据中国社科院西部发展研究中心课题组的研究,西部与东部地区的人均生产总值相对差距应控制在 55% ~60% 的区间。据此,我们把西部经济增长过程的差距程度控制目标定在人均生产总值的差距程度到 2015 年下降至 55% ,这相当于降至 1994 年与 1995 年之间的水平。因此,根据这一目标和东部的经济发展趋势,可推算得到西部 2015 年所需要达到的生产总值总量。

1. 东部人均生产总值的预测

在建立东部人均生产总值的时间序列模型时,首先应比较人均生产总值[1]

---

[1]　东部地区 1990 不变价的人均地区生产总值:

年份	1990	1991	1992	1993	1994	1995	1996	1997
人均生产总值	2212.11	2403.58	2769.36	3252.27	3599.49	3971.52	4400.5	4879.31
年份	1998	1999	2000	2001	2002	2003	2004	
人均生产总值	5378.17	5869.11	6349.91	6884.05	7597.91	8613.77	10021.43	

资料来源:根据《中国统计年鉴》各年的相关数据整理。

与人均生产总值对数值的变动情况,如图 8.5 所示。

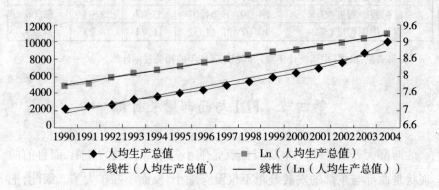

图 8.5　东部人均生产总值与人均生产总值自然对数值的变动

　　从图 8.5 可看出,人均生产总值曲线与线性趋势线有较明显的差距,而人均生产总值对数值曲线与线性趋势线几乎吻合,因此,根据东部人均生产总值对数值进行线性拟合可得到较好的预测模型。于是,根据东部 1990 ~ 1994 年不变价的人均生产总值自然对数,可得到东部人均生产总值的时间序列模型如下:

$$\ln GDP_{东} = -198.1156 + 0.1034 * t \tag{7}$$
$$(-47.10)\quad\quad(49.11)$$
$$(0.0000)\quad\quad(0.0000)$$

　　$R = 0.9973\quad adj. R^2 = 0.9942\quad F = 2412.103\quad Sig. F = 0.0000\quad DW = 0.5832$

　　于是: $GDP_{东} = e^{-198.1156 + 0.1034 * t}$ \hfill (8)

　　从拟合结果看,尽管可能存在严重的自相关,但由于模型的显著程度和拟合度都相当高,故用该模型进行东部未来年份人均地区生产总值的预测时仍然会有比较好的效果。因为自相关的存在只是影响回归系数的不可靠,而预测主要是看模型整体的显著程度和拟合度。于是,根据(8)式 2015 年东部的人均地区生产总值为 27872.62 元/人(1990 年不变价)。

　　2. 西部地区生产总值增长目标

根据 2015 年东部的人均生产总值为 27872.62 元/人和把东西部人均地区生产总值的差距程度重新在 2015 年下降至 55% 的目标,2015 年西部的人均地区生产总值为 12542.68 元/人。

从图 8.6 可看出,人口变动曲线与对数形式函数曲线相当吻合。

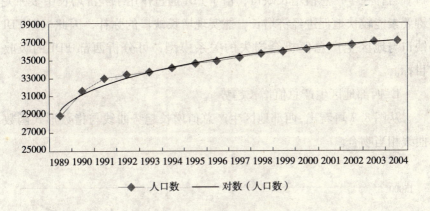

图 8.6　西部人口变动情况

因此,根据 1989～2004 年的人口数可估计得到西部的简单人口模型如下:

$$p = 29185.4276 + 2815.8109 * \ln(t - 1988) \tag{9}$$
$$\quad\quad\quad (191.62) \quad\quad\quad (38.15)$$
$$\quad\quad\quad (0.0000) \quad\quad\quad (0.0000)$$

$R = 0.9952 \quad adj. R^2 = 0.9898 \quad F = 1455.552 \quad Sig. F = 0.0000$

从模型相关的统计量看,利用模型(9)进行西部人口预测会有比较好的效果,故根据(9)式可估计得到西部地区 2015 年的人口数为 38465.88 万人。

于是,根据东西部发展差异的控制目标,西部地区 2015 年的地区生产总值增长目标为:27872.62 × 38465.88 = 482465185.29 万元 = 48246.52 亿元(1990 年不变价)。

二、西部 FDI 吸收目标

通过分析西部地区生产总值增长趋势,判断按目前的趋势 2015 年时的地区生产总值与实现东西部发展差异的控制目标之间是否存在缺口。若存在生产总值增长缺口,由于 FDI 通过作用于经济增长中多种关键要素能较快地促进经济增长,能实现增长缺口的弥补,因此根据 FDI 缺口与地区生产总值机会损失的关系模型,可分析西部 FDI 的吸收目标。

1. 西部地区生产总值增长趋势

从图 8.7 可看出,西部地区生产总值增长趋势曲线与指数形式函数曲线相当吻合。

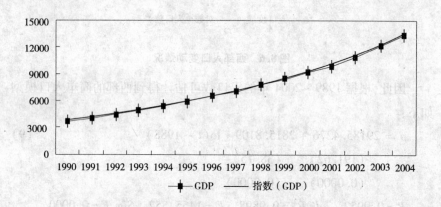

图 8.7 西部地区生产总值变化趋势

因此,根据 1990 ~ 2004 年的西部地区生产总值估计得到西部的地区生产总值简单趋势模型如下:

$$GDP_{西} = 3422.9795 * 1.094139^{(t-1989)} \qquad (10)$$

$$(129.397) \qquad (1176.491)$$

$$(0.0000) \qquad (0.0000)$$

$$R = 0.9988 \quad adj. R^2 = 0.9988 \quad F = 11203.420 \quad Sig. F = 0.0000$$

从模型相关的统计量看,利用该模型进行西部地生产总值预测会有比较好的效果,故根据(10)式可估计得到西部 2015 年的地区生产总值为 35712. 43 亿元,即在假定西部经济增长的相关因素保持目前的变化趋势时的地区生产总值估计值。这与西部为控制和东部发展差距程度而需要实现的增长目标 48246. 52 亿元有着 12534. 09 亿元的缺口。

2. 西部 FDI 缺口与地区生产总值增加量的模型关系

根据表 8. 29 和表 8. 33 中 FDI 缺口与地区生产总值机会损失量的数据,做散点图和趋势线发现,西部 FDI 与地区生产总值增加量之间的散点图与指数形式的趋势线较为吻合,如图 8. 8 所示。

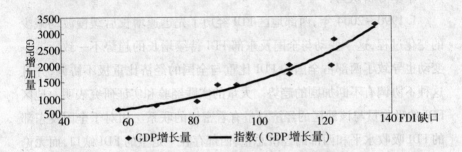

图 8.8　FDI 缺口与 GDP 机会损失量的关系

估计 FDI 与地区生产总值的指数模型为:

$$\Delta GDP_{西} = 197. 1250 * (\Delta FDI)^{1.020816} \tag{11}$$

$$(6. 137) \qquad (622. 633)$$

$$(0. 0003) \qquad (0. 0000)$$

$R = 0.9536 \quad adj. R^2 = 0.9478 \quad F = 164. 55 \quad Sig. F = 0.0000$

根据(11)式,为弥补增长 12534. 09 亿元的缺口,FDI 需要增加的吸收量为:

$$\Delta FDI = \sqrt[1.020816]{\frac{\Delta GDP_{西}}{197. 1250}} = \sqrt[1.020816]{\frac{12534. 09}{197. 1250}} = 58. 42(亿美元)。$$

3. 西部 FDI 的吸收目标

根据西部经济增长模型(10)式的假定,按 1990 ~ 2004 年西部 FDI 吸收量的年平均增长速度计算,到 2015 年西部的 FDI 吸收量为 151. 86

亿美元,加上 58.42 亿美元的缺口量,为实现与东部发展差距程度的控制目标,西部 2015 年的 FDI 吸收目标应达到 210.28 亿美元。根据西部 FDI2004 年的吸收水平,未来西部 FDI 吸收增长速度年平均需要达到 25.40% 以上,才能实现西部 FDI 的吸收目标,即为实现与东部经济增长以及全国经济发展差异的控制,西部需要大量吸收 FDI。

第五节　主要结论

本章分析认为:

1. 1990 ~ 2004 年,西部地区 FDI 经历了先迅速增长后缓慢波动减少的变化过程,这一变动与全国及东部 FDI 持续增长的趋势不一致。这一变动也导致了西部占全国的 FDI 比重与全国的经济比重极不协调,并且这种不协调有不断加剧的趋势。大量的实践经验和实证研究表明一地区 FDI 的吸收量与该地区的经济总量有着密切的联系。相对于全国及东部的 FDI 吸收水平和西部的经济总量,西部存在一定量的 FDI 缺口,而无论是相对于全国还是东部的吸收水平,西部的 FDI 缺口都具有十分明显的扩大趋势,缺口程度在波动中始终保持较高的水平,呈现出先缩小后扩大的 U 型变化趋势。

2. FDI 对资本、技术、进出口和结构等要素都存在显著的影响,但影响程度不同。首先,尽管 FDI 能直接为西部地区的发展提供资金,增加西部的资本存量,直接成为资本形成的一部分,但由于 FDI 在固定资产投资中速度相对较慢,所占比重较低,反映到 FDI 对资本形成的影响上就是 FDI 所能形成的资本比重更低,FDI 对西部的资本效应比较小,并且这种直接影响还有减速的趋势。其次,FDI 企业在西部的技术研究活动强于其他类型的企业,FDI 企业在第二产业中全员劳动生产率高于西部第二产业的全员劳动生产率,FDI 企业对西部技术进步具有较好的示范效应,对西部技术效率的影响程度在不断提高。再次,西部 FDI 企业的进出口总额占全部进出口比重较大并提高速度较快,FDI 对西部对外贸易的作用在不断增强。最后,西部高新技术产业发展与 FDI 有着明显的相关关系,在西部多吸收 1 亿美元的 FDI,高新技术产业增加值将增加 10.4 亿元,将有效促进工业结构的调整。

3. 填补了相对于全国和东部吸收水平的 FDI 缺口后,资本、技术、进出口和结构等要素都有变化但程度不一致。首先,西部的资本存量有一定量的增加,但增长量波动较大、其比重较低,并且 FDI 缺口变化程度大于资本增加量变化程度,FDI 进入西部并没有对资本存量的增加起到放大作用,FDI 对资本存量增加并没有明显扩大作用。其次,西部第二产业全员劳动生产率有较为明显的提高,并且提高量不断扩大,与 FDI 缺口具有显著的正相关关系,FDI 进入西部对第二产业全员劳动生产率具有明显提高效应。再次,西部进出口总额有十分明显的扩大,进出口增长量与 FDI 缺口具有显著的正相关关系,并且增长量和比重的差距相对于西部与全国和东部的 FDI 缺口差异,显得相对较大,FDI 缺口大小对西部的进出口总额有较大程度的影响。最后,西部高新技术产业增加值有较为明显的增加,并且增加量有扩大的趋势,增长量和比重的差距相对于西部与全国和东部的 FDI 缺口显得相对较大,FDI 缺口大小对高新技术产业增加值有较大程度的影响。

4. 填补了相对于全国和东部吸收水平的 FDI 缺口后,西部的地区生产总值及其增长率都有不同程度的增加和提高,且填补的缺口越大,生产总值的增加量越大,即机会增长数量损失越大。并且在填补 FDI 缺口后,能源消费和工业“三废”排放量都会有明显的减少,即存在显著的机会增长质量的提高。因此,FDI 缺口会同时使西部经济增长存在增长数量上和增长质量上的机会损失。

5. 在分别填补了相对于全国和东部吸收水平的 FDI 缺口后,2004 年西部与全国的人均生产总值差距由 1414.93 元/人缩小到了 871.05 元/人,差距程度由 27.01% 下降到了 16.63%,与东部的差距由 6197.09 元/人缩小到了 5317.75 元/人,差距程度由 61.84% 下降到了 53.06%。因此,西部 FDI 缺口的填补能有效促进西部与全国和东部发展差异的缩小。

6. 根据中国社科院西部发展研究中心课题组的相关研究,把西部与东部的发展差距程度控制目标定为到 2015 年下降至 55%。这样,西部地区 2015 年的地区生产总值增长目标就要达到 48246.52 亿元以上。而根据西部近 15 年经济增长趋势,2015 年的地区生产总值仅为 35712.43 亿元,这与西部为控制和东部发展差距程度所需要的增长目标有 12534.09 亿元的缺口。因此,进一步根据西部 FDI 缺口与地区生产总值增长的模型关系和近 15 年 FDI 增长趋势,西部 FDI 的吸收目标应达到 210.28 亿美元。按西部 FDI2004 年的吸收水平计算,未来西部 FDI 吸收增长速度年平均需要达到 25.40% 以上,才能实现西部 FDI 的吸收目标,即西部应大量地吸收 FDI。

参考资料

[1] Choe, Jong Il (2003), "Do Foreign Direct Investment and Gross Domestic Investment Promote Economic Growth?" *Review of Development Economics*, Vol. 7.

[2] Mihir A. Desai, C. Fritz Foley, James R. Hines JR. (2005), "Foreign Direct Investment and Domestic Economic Activity", October, *NBER Working Paper*, No. 11717.

[3] V. N. Balasubramanyam, M. Salisu and D. Sapsford (1996), "Foreign Direct Investment and Growth in EP and IS Countries", *Economic Journal*, Jan., 106.

[4] V. N. Balasubramanyam, M. Salisu and D. Sapsford (1996), "Foreign Direct Investment and Growth: New Hypothesis and Evidence", *Working Paper* EC7/96, Department of Economics, Lancaster University.

[5] Borensztein, E., Gregorio, J. D. and Lee, J. W. (1998), "How does Foreign Direct Investment Affect Economic Growth?" *Journal of International Economics*, 45.

[6] De Mello (1999), "Foreign Direct Investment led Growth: Evidence from Time Series and Panel Data", *Oxford Economic Papers*, Vol. 51.

[7] Blanca Schez-Robles and Marta Bengoa Calvo (2002), "Foreign Direct Investment, Economic Freedom and Growth: New Evidence from Latin-A-

merica", Nov. , Universidad de Cantabria, *Economics Working Paper* No. 4/03.

[8]Laura Alfaro(2003), "Foreign Direct Investment and Growth: Does the Sector Matter?" Harvard Business School, *Working Papers*, April, Vol. 14.

[9] XiaoYing Li , XiaMing Liu (2005), "Foreign Direct Investment and Economic Growth: An Increasingly Endogenous Relationship", *World Development*, Vol. 33, No. 3.

[10] De Mello, Luiz. R. Jr. (1996), "Foreign Direct Investment in Developing Countries and Growth: a selective Survey", *The Journal of Development Studies*, Vol. 34(1).

[11] Balasubramanyan, V, Salisu, M. and Sapsford, D. (1996), Foreign Direct Investment and Growth in EP and IS Countries, *Economic Journal*, 106, 92 ~ 105.

[12]杨先明:《发展阶段与国际直接投资》,商务印书馆 2000 年版。

[13]赵晋平:《利用外资和中国经济增长》,人民出版社 2001 年版。

[14]许罗丹、谭卫红:《对外直接投资理论综述》,载《世界经济》2004 年第 3 期。

[15]武剑:《外国直接投资的区域分布及其经济增长效应》,载《经济研究》2002 年第 4 期。

[16]王福新、蒋瑞直:《中国利用外资与经济发展的关联度分析》,载《数量经济技术经济研究》1998 年第 5 期。

[17]卢狄:《外商投资与中国经济发展——产业和区域分析证据》,载《经济研究》2003 年第 10 期。

[18]沈坤荣、耿强:《外商直接投资、技术外溢与内生经济增长——中国数据的计量检验与实证分析》,载《中国社会科学》2001 年第 5 期。

[19]杜江:《外国直接投资与中国经济发展的经验分析》,载《世界经济》2002 年第 8 期。

[20]陈浪南、陈景煌:《外商直接投资对中国经济增长影响的经验研究》,载《世界经济》2002 年第 6 期。

[21]胡祖六:《关于中国引进外资的三大问题》,载《国际经济评论》2004 年第 2 期。

[22]杨海燕:《FDI 与中国经济增长:1998～2003 年的实证检验》,载《华东经济管理》2005 年第 8 期。

[23]余永定:《FDI 对中国经济的影响》,载《国际经济评论》2004 年第 2 期。

[24]江锦凡:《外国直接投资在中国经济增长中的作用机制》,载《世界经济》2004 年第 1 期。

[25]张天顶:《FDI 对中国经济增长影响的实证研究》,载《世界经济研究》2004 年第 10 期。

[26]杨新房、任丽君、李红芹:《外国直接投资对国内资本"挤出"效应的实证研究——从资本形成角度看 FDI 对我国经济增长的影响》,载《国际贸易问题》2006 年第 9 期。

[27]罗长远:《FDI、国内资本与经济增长——1987～2001 年中国省际面板数据的证据》,载《世界经济文汇》2006 年第 4 期。

[28]王志鹏、李子奈:《外商直接投资、外溢效应与内生经济增长》,载《世界经济文汇》2004 年第 3 期。

[29]张天顶:《外商直接投资、传导机制与中国经济增长》,载《数量经济技术经济研究》2004 年第 10 期。

[30]赖明勇、包群、阳小晓:《外商直接投资的吸收能力:理论及中国的实证研究》,载《上海经济研究》2002 年第 6 期。

[31]程惠芳:《国际直接投资与开放型内生经济增长》,载《经济研究》2002 年第 10 期。

[32]王成岐、张建华、安辉:《外商直接投资、地区差异与中国经济增长》,载《世界经济》2002 年第 4 期。

[33]代谦、别朝霞:《FDI、人力资本积累与经济增长》,载《经济研究》2006 年第 4 期。

[34]赵福厚:《外商直接投资对我国三大区域经济增长的贡献比较》,载《现代财经》2006 年第 7 期。

[35]李新安:《中国 FDI 集聚效应与区域经济增长相关性实证分析》,载《财贸研究》2006 年第 4 期。

[36]姚树洁、冯根福、韦开蕾:《外商直接投资和经济增长的关系研究》,载《经济研究》2006 年第 12 期。

[37]钟昌标:《外资与区域经济增长关系的理论与实证》,载《数量经济技术经济研究》2000 年第 1 期。

[38]魏后凯:《外商直接投资对中国区域经济增长的影响》,载《经济研究》2002 年第 4 期。

[39]李具恒:《FDI 的区位选择与中国区域经济发展》,载《中国软科学》2004 年第 6 期。

第九章　西部地区与在华跨国公司产业发展战略匹配性分析

　　笔者认为,对西部地区吸收 FDI 劣势的解析应该更加强调西部地区与国家的决策主体地位。因此本章以"匹配性"的研究思路,首先对在华跨国公司产业发展战略的特征与趋势进行实证分析;其次以西部各省、自治区、直辖市"十一五"规划(纲要)为基础,对西部地区工业产业发展现状与未来产业发展重点进行分析,构建并测算了西部地区与在华跨国公司工业发展战略匹配度指数;再次,以中国《外商投资产业指导目录》和《中西部地区外商投资优势产业目录》为基础,分析国家外资产业政策与西部地区工业发展战略的匹配性;最后,从产业发展战略匹配性角度对西部地区吸收 FDI 的前景做出判断。

第一节　引　言

　　多年来西部地区吸收在华 FDI 份额一直居于 2% ~5% 之间,1995 年以来还呈现出份额不断下降的趋势。为什么西部地区会一直处于劣势?在"十一五"或未来更长时期内,西部地区是否具有大规模吸收 FDI 的可能性? 如何应对? 对这些问题的解析与对策研究主要有两种路径。

　　传统分析路径主要从跨国公司对华投资战略及对投资环境的要求出发,通过分析西部地区投资环境差距以解析跨国公司未将西部地区作为其投资重点的原因,并从差距中寻求西部地区加快、加大吸收 FDI 的对策。由于这种分析思路强调西部地区对跨国公司投资要求的"满足"与"适应",我们称之为"适应性"思路。典型的研究如澳大利亚 Monash International、亚洲开发银行、中国国家发展改革委员会（2003 年）开展的西部地区利用外资研究。然而,应该充分看到国家和地区作为理性区域发展决策主体所制定的发展战略在吸收 FDI 上的重要性。跨国公司在华投资战略是跨国公司实现其全球范围内长期、整体利益最大化的最适选择。投资环境包括诸多方面,地区发展战略和国家对地区吸收 FDI 的外资政策是其中最重要的两个方面,它们分别体现了地区与国家这两个决策主体的意志和倾向。

在各种地区发展战略以及国家外资政策中,尤以产业发展战略或产业政策最为重要。地区产业发展战略是地区作为区域发展决策主体,在对自身资源禀赋、发展基础、主要优势与劣势充分论证基础上,结合国际、国内形势带来的机遇与挑战所做出的产业发展最适选择,吸收 FDI 仅是其多目标追求中的一个;而国家的外资产业政策是国家作为决策主体,从国家整体利益高度出发对外资产业准入与引导的最适选择。

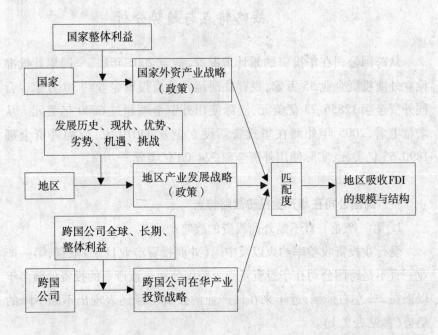

图 9.1　三类产业发展战略（政策）的匹配度决定地区吸收 FDI 示意图

　　由于跨国公司、国家以及地区这三类决策主体的产业发展战略决定因素和追求的战略目标不同,制定出的产业发展战略或产业政策就很难具备完全一致性。三类产业发展战略间的一致性(或匹配性)程度决定了地区吸收 FDI 的规模与结构。显然,三类产业发展战略匹配度高的地区(或行业)会比匹配度低的地区(或行业)更能吸收到 FDI,如图 9.1 所示。可将这种强调地区和国家是与跨国公司同样重要的理性决策主体,并以此为基础,解析、研究地区 FDI 问题的思路称为"匹配性"思路。

　　本章即是以"匹配性"思路,对西部地区与在华跨国公司产业发展战略匹配性进行多角度的定性与定量分析,以期对西部地区吸收 FDI 的前景做出判断。

第二节　跨国公司在华产业投资战略特点与趋势分析

　　从跨国公司在华投资的累计情况看,截至 2005 年底,全国累计批准设立外商投资企业 55 万家,现存注册运营外商投资企业约 30 万家。合同外资金额 12856.73 亿美元,实际使用外资金额超过 6000 亿美元。从增量上看,2005 年外商在华投资新设立企业 44019 家,合同外资金额 1890.65 亿美元,实际使用外资金额 724.06 亿美元。

一、跨国公司在华产业投资战略特点

　　1. 第一产业一直不是外商投资的战略产业

　　受行业投资收益率约束以及中国《外商投资产业目录》限制,第一产业一直不是跨国公司在华投资重点。跨国公司在该产业的投资份额多年以来在 2% 左右徘徊,近年来在该产业的投资份额还表现出不断下降的趋势(参见表 9.1)。

表 9.1 截止到 2001 年、2005 年跨国公司在华投资产业结构

产业	2001 年				2005 年			
	项目数量(个)	比重(%)	合同外资(亿美元)	比重(%)	项目数量(个)	比重(%)	合同外资(亿美元)	比重(%)
第一产业	11242	2.88	140.71	1.89	15521	2.81	251.44	1.96
第二产业	285000	73.07	4631.60	62.14	411728	74.46	8830.73	68.69
第三产业	93783	24.05	2680.60	35.97	125711	22.73	3774.56	29.36
总计	390025	100.00	7452.91	100.00	552960	100.00	12856.73	100.00

资料来源:《中国外贸统计》,2002 年和 2006 年商务部外资统计。

在中国《外商投资产业目录》(2005 年 1 月 1 日起实施)中,粮食(包括马铃薯)、棉花、油料种子开发生产(中方控股)以及珍贵树种原木加工(限于合资、合作)依然为限制类产业,而稀有珍贵优良品种的养殖、种植(包括种植业、畜牧业、水产业的优良基因)、转基因植物种子生产、开发、海域及内陆水域水产品捕捞为禁止类产业。

2005 年与 2004 年比较,该产业的企业设立数由 2004 年的 1130 家下降到 2005 年的 1058 家,实际利用外资金额由 2004 年的 11.14 亿美元下降到 2005 年的 7.18 亿美元,所占份额由 2004 年的 1.84% 下降到 2005 年的 1%。(参见表 9.2)

2. 第二产业特别是制造业是外商投资的战略重点

多年来,外商在华第二产业上设立的企业数一直超过 70%,保持着绝对优势。从累计情况看,截至 2005 年,合同利用外资份额达 68.69%;从增量上看,跨国公司在第二产业上的增量增长有所下降,但 2005 年外商在第二产业的实际利用外资额比重仍高达 61.72%,如表 9.2 所示。

表 9.2 2005 年跨国公司在华投资产业结构

产业	项目数量(个)	比重(%)	合同利用外资		实际利用外资	
			数额(亿美元)	比重(%)	数额(亿美元)	比重(%)
第一产业	1058	2.40	38.37	2.03	7.18	0.99

产业	项目数量(个)	比重(%)	合同利用外资		实际利用外资	
			数额(亿美元)	比重(%)	数额(亿美元)	比重(%)
第二产业	30027	69.21	1344.43	71.11	446.92	61.72
第三产业	12934	29.38	507.85	26.86	269.95	37.28
总计	44019	100.00	1890.65	100.00	724.06	100.00

资料来源:2006 年商务部外资统计。

从工业结构上看,采掘业不是在华跨国公司的投资重点。中国《外商投资产业目录》限制钨、锡、锑、钼、重晶石、萤石等的矿产勘查、开采(限于合资、合作),贵金属(金、银、铂族)勘查、开采,金刚石等贵重非金属矿的勘查、开采,特种、稀有煤种的勘查、开发(中方控股),硼镁石及硼镁铁矿石开采,天青石开采;而禁止放射性矿产的勘查、开采、选矿和稀土的勘查、开采、选矿。2004 年采掘业实际投资 5.38 亿美元,2005 年实际投资 3.55 亿美元,仅占当年全部实际利用外资金额的 0.49%。

跨国公司 2004 年规模以上外商投资和港澳台商投资企业在电力、燃气及水的生产和供应业上的工业产值也不到 3%。

跨国公司对工业的投资几乎都集中在制造业。2004 年跨国公司制造业工业产值占到全部跨国公司工业产值的 96.47%,见表 9.3。

2004 年,外商投资制造业新设立企业 30386 家,合同外资金额 1097.36 亿美元,实际使用外资金额 430.17 亿美元,占同期全国新设立企业数、合同外资金额和实际使用外资金额的比重分别为 69.59%、71.50% 和 70.95%。

表 9.3 2004 年规模以上外商和港澳台商投资分行业工业产值

行业	企业单位数(个)	工业产值(当年价)(亿元)	比重(%)
采矿业	214	506.76	0.77
制造业	56412	63667.17	96.47
电力、燃气及水的生产和供应业	539	1821.29	2.76
合计	57165	65995.21	100.00

资料来源:国家统计局编,《中国经济普查年鉴》,中国统计出版社 2006 年版。

　　而在工业内部,外商投资企业主要集中在通信设备、计算机及其他电子设备制造业、交通运输设备制造业、电气机械及器材制造业、化学原料及化学制品制造业和纺织业,见表9.4。

表9.4　外商和港澳台商企业2004年工业企业前五大行业的工业产值

行业	工业产值(当年价)(亿元)	比重(%)	累计百分比(%)
通信设备、计算机及其他电子设备制造业	18525.55	28.07	
交通运输设备制造业	5900.81	8.94	37.01
电气机械及器材制造业	4349.44	6.59	43.60
化学原料及化学制品制造业	3388.95	5.14	48.74
纺织业	2809.35	4.26	52.99

资料来源:国家统计局编,《中国经济普查年鉴》,中国统计出版社2006年版。

　　从增幅看,制造业中的通信设备、计算机及其他电子设备制造业、专用设备制造业、通用设备制造业、交通运输设备制造业增速较快。2004年这几个设备制造业的合同外资金额分别达到200.13亿美元、64.03亿美元、60.22亿美元和71.59亿美元,与上年同期相比,增幅达33.01%、112.24%、71.84%和47.05%,远远高于全国外资增长率,反映了跨国公司在这些领域极强的投资欲望。

　　3. 服务贸易业中房地产业、租赁和商务服务业是投资重点,金融服务业增长强劲

　　跨国公司在服务贸易业的投资最集中的是房地产业。截至2005年,跨国公司累计在房地产业的项目达44828个,合同利用外资金额2137.85亿美元,占全部外商在华投资累计的16.63%;2004年实际吸收外资金额59.50亿美元,占全部服务贸易领域实际投资金额的比重为48.66%,接近5成。

　　第二个服务贸易业的投资重点是租赁和商务服务业,截至2005年,跨国公司在该产业的累计项目达21080个,合同利用外资金额454.93亿美元,占全部外商在华投资的3.54%。

　　第三个投资重点是批发和零售业,截至 2005 年,累计项目达 27867个,合同利用外资金额 356. 86 亿美元,占全部外商在华投资的 2.78%。

　　第四个投资重点是交通运输、仓储和邮政业,截至 2005 年,累计项目达 6607 个,合同利用外资金额 314. 10 亿美元,占全部外商在华投资的 2.44%,见表 9.5。

　　从增幅情况看,外商投资在服务贸易业中的投资增幅最快的是金融业。外商在金融行业的实际投资额,从 2004 年的 2.52 亿美元(不包括保险、证券领域吸收外商直接投资数据),突增到 2005 年的 123.01 亿美元,这主要是由于中国履行加入 WTO 承诺而对该领域的进一步开放,见表 9.6。

表 9.5　截至 2005 年按行业分合同利用外资累计

行业	合同项目		合同金额	
	数量(个)	比重(%)	数量(亿美元)	比重(%)
总计	552960	100.00	12856.73	100.00
农、林、牧、渔业	15521	2.81	251.44	1.96
采矿业	1055	0.19	3.53	0.30
制造业	398266	72.03	8374.91	65.14
电力、燃气及水的生产和供应业	1499	0.27	131.45	1.02
建筑业	10908	1.97	285.84	2.22
交通运输、仓储和邮政业	6607	1.19	314.10	2.44
信息传输、计算机服务和软件业	3115	0.56	65.33	0.51
批发和零售业	27867	5.04	356.86	2.78
住宿和餐饮业	2381	0.43	49.06	0.38
金融业	149	0.02	19.92	0.15
房地产业	44828	8.11	2137.85	16.63
租赁和商务服务业	21080	3.81	454.93	3.54
其他服务业	19684	3.54	376.51	2.94

　　注:其他服务业包括科学研究、技术服务和地质勘查业、水利、环境和公共设施管理业、居民服务和其他服务业、教育、卫生、社会保障和社会福利业、公共管理和社会组织、文化、体育和娱乐业。

　　资料来源:《商务部外资统计》2006 年的相关数据。

表 9.6 2004 年、2005 年按行业分外商在华直接投资

行业	2004 年			2005 年			
	合同项目（个）	合同金额（亿美元）	实际金额（亿美元）	合同项目（个）	合同金额（亿美元）	实际金额	
						数额（亿美元）	比重（%）
总计	43664	1534.90	606.30	44109	1890.65	724.06	100.00
农、林、牧、渔业	1130	32.71	11.14	1058	38.38	7.18	0.99
采矿业	279	11.56	5.38	252	10.16	3.55	0.49
制造业	30386	1097.36	430.17	28928	1273.57	424.53	58.63
电力、燃气及水的生产和供应业	455	39.60	11.62	390	35.03	13.94	1.93
建筑业	411	17.69	7.72	457	25.67	4.90	0.68
交通运输、仓储和邮政业	638	23.73	12.73	734	52.24	18.12	2.5
信息传输、计算机服务和软件业	1622	20.21	9.16	1493	45.12	10.15	1.40
批发和零售业	1700	25.00	7.40	2602	43.45	10.39	1.43
住宿和餐饮业	1174	21.69	8.41	1207	27.37	5.60	0.77
金融业	43	5.75	2.52	58	5.51	123.01	16.99
房地产业	1767	134.88	59.50	2120	194.01	54.18	7.48
租赁和商务服务业	2661	67.42	28.24	2981	85.80	37.45	5.17
其他服务业	1398	37.04	12.56	1739	54.37	12.05	1.52

注:同表9.5注。
资料来源:《商务部外资统计》2006 年的相关数据。

二、跨国公司在华产业投资趋势

总体看,跨国公司在华产业投资战略呈现产业级次不断高级化的趋势。

在初始阶段(1980～1990 年),中国市场刚刚开放,当时的投资环境特别是政策、法规等软环境还不健全,加之国外企业对在中国投资经营的规则、文件、办事方式不太熟悉,对中国市场投资的前景及整体风险把握不定,跨国公司对中国的投资普遍持观望态度,少量投资者进行试探性投资。因此,在此阶段,跨国公司的产业投资战略体现为:投资主要集中在商业、旅游、宾馆、娱乐设施、房地产项目等传统第三产业以及以劳动密集型项目为主的第二产业,所选择的投资产业的级次较低,其好处是可以降低投资的政策风险。

在投资快速增长阶段(1991～1997年),随着中国市场的进一步开放,尤其是中国政府对技术先进的外商企业给予更为优惠的政策,港澳台企业在大陆前期投资的成功也极大地鼓舞了美、日、西欧等国的跨国公司,外商投资逐年快速增长。在此阶段,跨国公司在华产业投资战略体现为:投资逐步转移到资金密集型、技术密集型行业和房地产业。制造业中的电子与通信设备、汽车、仪器仪表以及设备制造业的投资快速增长。

在投资水平提升阶段(1997年至今),跨国公司在华产业投资战略更加体现出投资产业级次高级化的特点。中国经济高速增长,对外开放度不断提高,外资投资环境的不断改善以及中国履行加入WTO承诺,放宽对外资的准入,跨国公司对华投资的规模和层次不断提升。资金密集型行业、技术密集型行业项目成为跨国公司的首选。跨国公司从"投石问路"到大举进军,从劳动密集型的小项目到资金、技术密集型的大项目,从传统第三产业到普通加工业再到高科技产业和现代第三产业;不仅如此,跨国公司对主导产业的上、下游和生产、流通、售后服务各环节也开始进行系统化投资。

第三节　西部地区工业产业发展重点分析

由于跨国公司在华投资以工业为重点,因此我们以2004年规模以上工业企业产值(当年价)数据和西部各省、自治区、直辖市制定的《国民经济和社会发展"十一五"规划纲要》为基础,对西部地区工业产业发展重点的现状与趋势进行分析。

一、西部地区工业产业发展重点现状分析

我们主要从"重点产业及排序"、"产业集中度"和"资源型产业集中度"三方面反映西部地区目前工业产业发展重点。

设m为产业分类I体系的全部产业数;k为重点产业划分系数,

它是产业产值比的一个累计数，d 为产值比从大到小累计为 k 的产业数，这 d 个产业就是 k 时的地区重点产业。设 e 为这 d 个产业中性质上对区域自然资源的依赖性较强的产业数。则地区的产业集中度 ω 可定义为：

$$\omega = 1 - \frac{d}{m}$$

由于 ω 是在产值比基础上进行排序再统计产业数继而计算的结果，因此 ω 已包含了产业的产值信息。

显然，$0 \leq \omega \leq \frac{m-1}{m}$。特别地，当 $\omega = 0$ 时，表示该地区的产值分散于全部 m 个部门；当 $\omega = \frac{m-1}{m}$ 时，表示该地区的全部产值高度集中于某一个部门。

资源型产业集中度 σ 定义为：$\sigma = e/d$

所考察的 38 个工业部门及对应代码分别是：煤炭开采和洗选业 C1，石油和天然气开采业 C2，黑色金属矿采选业 C3，有色金属矿采选业 C4，非金属矿采选业 C5，其他采矿业 C6，农副食品加工业 C7，食品制造业 C8，饮料制造业 C9，烟草制品业 C10，纺织业 C11，纺织服装、鞋、帽制造业 C12，皮革、毛皮、羽毛（绒）及其制品业 C13，木材加工及木、竹、藤、棕、草制品业 C14，家具制造业 C15，造纸及纸制品业 C16，印刷业和记录媒介的复制 C17，文教体育用品制造业 C18，石油加工、炼焦及核燃料加工业 C19，化学原料及化学制品制造业 C20，医药制造业 C21，化学纤维制造业 C22，橡胶制品业 C23，塑料制品业 C24，非金属矿物制品业 C25，黑色金属冶炼及压延加工业 C26，有色金属冶炼及压延加工业 C27，金属制品业 C28，通用设备制造业 C29，专用设备制造业 C30，交通运输设备制造业 C31，电气机械及器材制造业 C32，通信设备、计算机及其他电子设备制造业 C33，仪器仪表及文化、办公用机械制造业 C34，工艺品及其他制造业 C35，电力、热力的生产供应业 C36，燃气生产供应业 C37，水的生产供应业 C38。

根据这些产业对区域自然资源的依赖程度，我们将采掘业的全部 6

个部门、制造业中的 C7、C8、C9、C10、C11、C14、C19、C25、C26、C27 这 10 个部门以及电力、燃气及水的生产和供应业的 3 个部门,共 19 个(占一半)产业视为区域资源型工业产业。

由表 9.7 可见,西部地区工业发展重点体现出"两高一低"特征,与跨国公司在华产业发展战略有较大偏离。

表 9.7 2004 年西部地区工业产业发展重点及产业集中度指数

单位:%

地区	重点产业及排序	产业集中度 ω	资源型产业集中度 σ
内蒙古	C26 C36 C1 C8 C7 C27 C11 C20 C25 C30	73.68	80.00
广西	C31 C7 C36 C26 C27 C20 C25 C30 C21 C10	73.68	60.00
重庆	C31 C36 C20 C26 C25 C27 C29 C32 C7 C30 C21	71.05	45.45
四川	C26 C36 C20 C7 C31 C25 C33 C9 C29 C32 C27 C2 C21 C30 C11	60.53	53.33
贵州	C36 C26 C27 C20 C10 C1 C21 C31 C9 C25	73.68	70.00
云南	C10 C27 C36 C26 C20 C7 C25 C31	78.95	75.00
西藏	C25 C21 C36 C9 C3	86.84	80.00
陕西	C2 C36 C31 C19 C33 C1 C29 C21 C26 C32 C20 C30 C7 C27	63.15	50.00
甘肃	C19 C27 C36 C26 C20 C2 C25 C7	78.95	87.50
青海	C2 C36 C27 C26 C20 C25	84.21	83.33
宁夏	C36 C27 C20 C1 C26 C19 C25 C11 C29 C16	73.68	70.00
新疆	C2 C19 C26 C36 C7 C11 C20	81.58	85.71
西部地区	C36 C26 C31 C20 C27 C2 C19 C7 C10 C25 C1 C29 C33 C21	63.15	64.28
跨国公司	C33 C31 C32 C20 C11 C7 C29 C26 C12 C28 C24 C36 C34 C13	63.15	28.57
西部平均	—	74.99	70.03

注:$k = 80\%$。

资料来源:国家统计局编《中国经济普查年鉴》,中国统计出版社 2006 年版。

1. 较高的工业产业集中度

2004 年西部地区作为总体的工业产业集中度达 63.15%，西部 12 个省、自治区、直辖市平均值达 75%，而同期广东省仅为 60.53%。

2. 较高的资源型产业集中度

2004 年西部地区工业资源型产业集中度高达 64.28%，西部 12 个省、自治区、直辖市平均值达到 70.03%，而同期跨国公司仅为 28.57%，广东省该指标也仅为 33.33%。

在 $k=80\%$ 时，进入西部地区工业重点产业的 14 个部门中，电力生产、石油和天然气生产业、石油加工、炼焦及核燃料加工业、煤炭开采业、金属冶炼、烟草制品生产、农副食品加工业、非金属矿物制品业等是以西部地区特有的资源优势为基础发展起来的产业。

非资源型产业是跨国公司在华投资的产业重点，西部地区与在华跨国公司投资战略重点正好相悖。

3. 与在华跨国公司产业投资战略产业的重合度较低

2004 年西部地区与在华跨国公司工业投资重点产业的简单重合度仅有 50%，而同期广东省达到 80%。不仅如此，在相重合的 7 个产业中，排位上的错位现象也很严重。如通信设备、计算机及其他电子设备制造业 C33 是在华跨国公司投资的第一重点产业，其 2004 年规模以上工业产值占跨国公司当年全部工业产值的比重高达 28.07%，但在西部地区仅排在第 13 位，其 2004 年规模以上工业产值仅占西部地区当年工业产值的 2.54%。西部地区重点工业产业与吸收 FDI 先进地区如广东省重点工业产业的简单重合度也仅为 35.71%。

表 9.8　西部各省、自治区、直辖市"十一五"工业产业发展战略重点

地区	产业发展重点
广西	1. 强化资源型工业：包括铝、林浆纸、制糖、钢铁、化工、锰业、有色金属、食品、建材、医药、茧丝绸、烟草、生物化工业； 2. 壮大现代制造业：包括汽车、车用内燃机、工程与电气机械、机床、成套设备、电子信息产品、集装箱制造和修造船业； 3. 发展高新技术产业：包括生物、新材料、新能源、电子信息、现代中医药业。

地区	产业发展重点
四川	1. 建设以发电、重型装备、工程机械、轨道设备、石油天然气成套设备等装备基地; 2. 壮大电力、天然气、煤及新能源清洁能源基地; 3. 发展粮、油、猪、烟、酒等特色农产品加工业; 4. 发展电子信息、生物产业、新材料、航空航天等高技术产业; 5. 用先进适用技术改造提升冶金、化工、建材、丝绸、纺织、皮革等传统产业。
陕西	1. 做大装备制造业; 2. 做大信息、软件、生物医药、新材料、卫星应用等高技术产业; 3. 做大能源化工产业; 4. 改造提升传统产业; 5. 支持军工发展民品。
甘肃	1. 做大做强石油化工、冶金有色、装备制造、农产品加工和制药五大产业; 2. 重点发展石油钻采及炼化设备、新型采矿设备、数控机床、电工电器、风力发电设备、真空设备、军工及电子信息等制造业; 3. 培育壮大农产品加工、制药等新兴产业。
青海	1. 做大做强水电、石油天然气、盐湖化工、有色金属四大支柱产业; 2. 做大冶金、医药、畜产品加工、建材四大优势产业; 3. 积极发展煤业、碱业和载电工业。
内蒙古	1. 以煤炭、电力、天然气和可再生能源为重点的能源工业; 2. 以煤化工、天然气化工和盐碱化工为重点的化学工业; 3. 以乳、肉、绒、粮油加工为重点的农畜产品加工业; 4. 以运输机械和特种工程机械为重点的装备制造业; 5. 以电子信息产品制造、稀土深加工和生物制药业为重点的高技术产业。
云南	建设全国最大的烟草及配套产业基地、磷化工及磷复肥基地,国家重要的能源基地、有色金属工业基地、云药基地、煤化工基地、农特产品加工基地、林浆纸工业基地。
西藏	1. 做大石油石化工业; 2. 壮大煤炭、煤化工和电力工业; 3. 加快优势矿产资源勘查开发; 4. 扶持和壮大特色农副产品精深加工业。
贵州	1. 做强做大大型煤矿等能源支柱产业; 2. 把煤及煤化工、铝及铝加工、磷及磷化工培育成为新兴支柱产业; 3. 壮大烟酒支柱产业,促进轻工业加快发展; 4. 发展以航天航空、电子信息和先进制造业为代表的高技术产业。

地区	产业发展重点
重庆	1. 提升壮大汽车摩托车产业； 2. 构建装备制造业基地； 3. 构建资源加工业基地； 4. 发展信息、生物、新材料、新能源等高技术产业。
宁夏	1. 做强煤炭、石油、电力等能源工业； 2. 发展高新技术产业。

资料来源:西部各省、自治区、直辖市《国民经济和社会发展"十一五"规划纲要》。

西部地区较高的工业产业集中度、较高的资源型产业集中度、较低的与跨国公司在华产业投资战略重点的重合度,加之国家对资源型产业的外资准入限制,导致较低的西部地区与跨国公司在华产业发展战略匹配度,继而导致西部地区在吸收 FDI 份额上的劣势。

二、西部地区"十一五"产业发展战略重点分析

西部地区各省、自治区、直辖市制定的《国民经济和社会发展"十一五"规划纲要》(参见表9.8)集中体现了这些地区在"十一五"乃至更长时期内的产业发展战略倾向。

尽管西部各省、自治区、直辖市制定的未来工业产业发展战略各异,但普遍都遵循了以下产业发展思想,它们对西部地区与在华跨国公司产业发展战略匹配度的影响情况是:

1. 依托自身特有的资源优势和产业基础,延续目前的工业产业重点,做强做大产值比居前的资源型产业,这加大了西部地区与跨国公司在华产业投资战略的背离。

2. 强调利用信息技术、高新技术改造和提升传统重点产业,这符合跨国公司在华产业投资领域技术含量不断提高的趋势。

3. 结合创建创新型国家战略,将信息技术、生物技术、新能源、新材料等高新技术产业列入未来较长一段时期的产业培育重点,这有助于提高与跨国公司在华产业投资重点的重合度。

4. 四川、广西、重庆、内蒙古和陕西等地的产业发展重点突出了要建

设装备制造基地,这种产业发展战略直接与跨国公司在华产业发展战略相吻合。

　　总体上,西部各省、自治区、直辖市制定的未来工业产业发展战略,一方面体现了在资源型产业上与跨国公司在华产业发展战略相背离,另一方面在培育重点和提升传统产业技术含量上又是向着不断有利于提高与跨国公司在华产业发展战略匹配度方向发展。

第四节　西部地区与在华跨国公司产业 发展战略匹配度测算

一、匹配度指数

　　跨国公司与地区产业发展战略匹配度主要取决于四个因素:一是产业结构,包括在华跨国公司的产业结构和地区产业结构;二是投资的绝对水平,包括在华跨国公司和地区的产业投资绝对水平;三是产业投资重点划分系数,也就是产业重点的一个范围标准;四是提供的跨国公司与地区产业发展战略完全匹配的相对标准。

　　设分析使用的产业分类目录为 I 体系,该体系将产业分为 m 个子产业;某年跨国公司在 j 产业的投资或产值为 xj ($j = 1,2,\cdots,m$),将序列 $\{xj\}$ 从大到小顺序排序,形成有序向量 $X = (x_{jo1},x_{j02},\cdots,x_{j0m})$;重点产业划分系数为 $K(0 < K \leqslant 1)$,以产业投资重点体现地区或跨国公司的产业发展战略, K 可选取产值比从大到小的累计百分比;最后落入跨国公司产业投资重点的产业是第 n 个产业($n \leqslant m$);该年第 i 地区在 j 产业的投资或产值为 y_{ij} ; Z 为该年与跨国公司在华产业投资战略完全匹配的地区。这样第 i 地区与跨国公司产业发展战略匹配度 η_i 可定义为:

$$\eta_i = \frac{\sum\limits_{k=1}^{n} y_{ij0k} / \sum\limits_{j=1}^{m} y_{ij}}{\sum\limits_{k=1}^{n} x_k / \sum\limits_{j=1}^{m} xj} / (\sum\limits_{k=1}^{n} z_{jok} / \sum\limits_{j=1}^{m} z_j)$$

显然, $0 \leqslant \eta_i \leqslant 1$,特别地, $\eta_i = 1$,表示第 i 地区与跨国公司产业发

展战略完全匹配；$\eta_i = 0$，则表示完全不匹配。

二、西部地区与在华跨国公司产业发展战略匹配度测算

以2004年规模以上外商投资和港澳台商投资企业与西部地区工业企业产值（当年价）数据为基础；选择上海、广东、江苏三个省（市）的产值加权结果为完全匹配"地区"；K＝87％，这时 n＝19，正好位于所有38个产业的一半处（m＝38）。获得西部地区与在华跨国公司产业发展战略匹配度指数，见表9.9。

表9.9　2004年西部地区与跨国公司在华产业投资战略匹配度指数

地区	工业产值（亿元）	匹配度 η（％）	地区	工业产值（亿元）	匹配度 η（％）
内蒙古	2100.45	6.60	西藏	22.70	0.06
广西	2140.76	7.05	陕西	2734.84	6.53
重庆	2024.77	7.91	甘肃	1582.46	3.14
四川	4716.11	15.68	青海	374.13	0.84
贵州	1394.61	3.87	宁夏	553.66	1.56
云南	2083.88	4.49	新疆	1571.52	2.57
广东、上海、江苏加权	25280.91	1.00	在华跨国公司	65995.21	—
全国	201513.61	—	西部地区	21299.89	7.60

注：（1）产值指规模以上企业当年价工业产值；
　　（2）分行业工业产值数据（略）。
资料来源：2006年商务部外资统计。

由表9.9，把广东、上海、江苏三省（市）的加权视为与在华跨国公司产业发展战略完全匹配，即匹配度规定为100％时，西部地区仅有7.6％匹配，如果以广东省为完全匹配地区，则西部地区也仅有7％匹配。

西部地区12个省、自治区、直辖市与在华跨国公司产业发展战略匹配度从大到小分别为：四川（15.68％）、重庆（7.91％）、广西（7.05％）、内蒙古（6.60％）、陕西（6.53％）、云南（4.49％）、贵州（3.87％）、甘肃（3.14％）、新疆（2.57％）、宁夏（1.56％）、青海（0.84％）、西藏

（0.06%）。其中，西藏表现出几乎完全不匹配，而四川匹配度最高，这得益于其较高的工业产值规模（在西部地区处第一位）以及相对较低的工业产业集中度（在西部地区为最低）和相对较低的资源型产业集中度（在西部地区为最低），见表9.7。

不难看到，2004年西部地区12个省、自治区、直辖市与跨国公司产业发展战略匹配度与2004年这些地区吸收FDI份额具有高度一致性，这不仅说明了地区与跨国公司产业发展战略匹配度在地区吸收FDI上的重要性，也反映了上述所建立的匹配度指数的合理性。

第五节　西部地区产业发展重点与国家外资产业政策的匹配性分析

东道国政府从国家整体利益高度出发，通过制订外资产业政策，包括项目资格审查、鼓励或者限制、赋予跨国公司不同运作条件等措施，以影响外商投资企业的所有权优势，引导外商投资企业的产业流向。中国《外商投资产业指导目录》、《中西部地区外商投资优势产业目录》集中体现了中国对西部地区吸收FDI的外资产业政策倾向。

《外商投资产业指导目录》（2005年）较《指导外商投资方向规定》（2002年）有三个特点：一是适应扩大对外开放和引进先进技术的需要，将国内急需发展的产业和产品增列为鼓励类条目，或通过对原鼓励类条目进行修改，增加鼓励内容；二是放宽外资准入范围，加快服务业对外开放步伐；三是适应国家宏观调控需要，防止部分产业的盲目、低水平投资。新《目录》施行后，外商投资属于鼓励类的项目，将享受免征进口设备关税和进口环节增值税的优惠政策。

实施西部大开发战略后，为了鼓励和引导外资流向西部地区，国家制订了2004年9月1日起实施的《中西部地区外商投资优势产业目录》，属于该目录的外商投资项目，享受《指导外商投资方向规定》的鼓励类项目的相关优惠政策及《国务院办公厅转发外经贸部等部门关于当前进一步鼓励外商投资意见的通知》中的有关优惠政策。

一、与《外商投资产业指导目录》的匹配性分析

对照《外商投资产业指导目录》(2005年),西部地区工业发展重点产业与国家外资产业政策的不匹配性表现为:

1. 国家对多数西部重点工业产业的主要产品或关键产品或最终产品的经营仍然实施限制或禁止外资准入的政策

如电力、热力的生产和供应业是西部地区的第一投资重点产业,而国家在该产业的外资政策是禁止对电网的建设、经营;国家限制外资对卷烟、过滤嘴棒的生产;限制外资对名、优黄酒、白酒的生产;限制外资对炼油厂的建设、经营等。

2. 国家对多数西部重点工业产业中属于鼓励类或非限制类的产业仍普遍实施股权限制和进入方式限制政策

如国家对石油和天然气开采业中的鼓励领域仅限于合作方式;对黑色和有色金属冶炼及压延加工业实施不同程度地股权限制;对交通运输设备制造业中的整车、整机类交通设备的生产实行股权限制。

跨国公司在华投资的进入方式战略呈现出独资化趋势,因此国家在这些产业实施的股权限制政策和进入方式限制降低了跨国公司对西部地区这些产业的投资热情。

3. 国家鼓励多于限制,同时是跨国公司在华投资重点的产业正好是西部地区缺乏投资吸引力的产业

如制造业中的通信设备、计算机及其他电子设备制造业、专用设备制造业、通用设备制造业、交通运输设备制造业这四个设备制造业是近年跨国公司投资增幅最快的产业,国家对这些产业的外资政策总体上较为宽松,但受投资环境约束,西部地区在这些产业上吸收 FDI 的能力不足;另外,跨国公司已将这些产业的投资布局于东部或部分中部地区,并已建立起相对完备的产业集群体系,因此短期内很难使跨国公司下决心移师西部。

二、与《中西部地区外商投资优势产业目录》的匹配性分析

对照《中西部地区外商投资优势产业目录》(2004年修订),见表

9.10,西部地区工业重点产业与国家外资产业政策的不匹配性表现为：

1. 该目录鼓励的主要是以特色矿产资源、生物资源等为基础的产业或项目,但资源型产业不是跨国公司在华产业投资的战略重点。

2. 该目录鼓励的项目多数尚不属于鼓励省份目前的重点产业。

3. 该目录采用对单一产品生产的鼓励形式,很难在整个产业上形成吸收 FDI 的规模效应。

4. 该目录鼓励的项目或产品与跨国公司在华产业投资战略的匹配度较低。

如该目录所鼓励的项目很少属于 2004 年跨国公司在华工业产业投资战略重点的前五大产业;该目录对西部地区 12 个省、自治区、直辖市的城市供气、供热、供排水管网建设、经营(大中城市中方控股)实施股权限制性鼓励政策,但该产业在跨国公司在华产业投资重点工业产业中仅排第 12 位,产值份额仅占 2.51% 。

表9.10　《中西部地区外商投资优势产业目录》(2004 年修订)鼓励的产业

地区	部分鼓励项目
重庆	1. 城市供气、供热、供排水管网建设、经营(大中城市中方控股); 2. 汽车零部件制造; 3. 新型医疗器械产品; 4. 天然气下游化工产品; 5. 丝绸、苎麻、动植物药材资源制品生产。
四川	1. 城市供气、供热、供排水管网建设、经营(大中城市中方控股); 2. 稀土产品生产; 3. 天然气下游化工产品生产和开发; 4. 电工薄膜生产; 5. 丝绸、苎麻、动植物药材资源制品生产。
贵州	1. 城市供气、供热、供排水管网建设、经营(大中城市中方控股); 2. 煤炭生产; 3. 特色食用资源及苎麻产品深加工; 4. 磨料磨具产品生产; 5. 钛冶炼、钡盐生产(中方控股); 6. 磷化工产品生产。

地区	部分鼓励项目
云南	1. 城市供气、供热、供排水管网建设、经营(大中城市中方控股); 2. 煤炭生产; 3. 特色食用资源开发; 4. 天然橡胶、亚麻的加工; 5. 铜、铅、锌、镍的勘探及开发; 6. 磷化工产品; 7. 轻型车用柴油发动机及零部件制造。
西藏	1. 城市供气、供热、供排水管网建设、经营(大中城市中方控股); 2. 硼砂、硼镁石开采加工(限于合资、合作); 3. 铬矿的开采与加工(中方控股); 4. 毛纺产品; 5. 盐湖资源开发; 6. 藏药、民族工艺品生产。
陕西	1. 城市供气、供热、供排水管网建设、经营(大中城市中方控股); 2. 煤炭生产; 3. 优质酿酒葡萄基地与生产; 4. 钼、钛矿产开发; 5. 金属功能材料; 6. 天然气下游化工产品; 7. 现场总线智能仪表制造; 8. 数控机床、数控刀具及关键零部件设计与制造; 9. 高炉煤气能量回收透平装置设计制造。
甘肃	1. 城市供气、供热、供排水管网建设、经营(大中城市中方控股); 2. 优质酿酒葡萄、啤酒基地与生产; 3. 稀土深加工; 4. 天然气化工、管道; 5. 集成电路封装; 6. 港口及船舶用毫米波导航设备; 7. 钻机及油田设备制造。
青海	1. 城市供气、供热、供排水管网建设、经营(大中城市中方控股); 2. 碳酸锶、金属锶生产(限于合资、合作); 3. 盐湖资源开发; 4. 天然气下游化工产品生产; 5. 牛羊绒产品深加工; 6. 中、藏药新品种生产;

地区	部分鼓励项目
宁夏	1. 城市供气、供热、供排水管网建设、经营（大中城市中方控股）； 2. 煤炭加工； 3. 碳基材料生产； 4. 优质葡萄基地建设及酿制； 5. 马铃薯深加工； 6. 天然气下游化工产品；
新疆	1. 城市供气、供热、供排水管网建设、经营（大中城市中方控股）； 2. 铜、铅、锌、镍的勘探及开发； 3. 蛭石、钠硝石、云母的综合利用； 4. 煤炭加工； 5. 高档皮革产品； 6. 乙烯、天然气下游化工产品； 7. 维族特色药加工、民族工艺品； 8. 牛羊内脏的生物制药品；
内蒙古	1. 城市供气、供热、供排水管网建设、经营（大中城市中方控股）； 2. 饲料加工业； 3. 天然气下游化工产品； 4. 蒙药材加工、牛羊内脏的生物制药品； 6. 稀土深加工； 7. 民族工艺品、包装容器及日用玻璃制品； 8. 煤矸石等综合利用。
广西	1. 城市供气、供热、供排水管网建设、经营（大中城市中方控股）； 2. 铟、铅、锌的深加工及应用； 3. 锰的深加工； 4. 滑石和重晶石采选和深加工； 5. 松香深加工。

资料来源：该表以《中西部地区外商投资优势产业目录》（2004 年修订）为基础整理而成。

第六节 主要结论

根据上述对在华跨国公司产业发展战略、西部地区工业产业发展战略重点以及国家外资产业政策相互间匹配性的分析，可就西部地区吸收跨国公司 FDI 形成以下结论：

1. 西部地区较高的资源型产业集中度、较低的与跨国公司在华产业发展重点重合度以及国家对资源型产业的外资准入限制，导致较低的西部地区与跨国公司在华产业投资战略匹配度；以广东、上海和江苏产值加权为100%匹配"地区"，那么2004年西部地区与在华跨国公司产业发展战略仅有7.60%匹配；较低的匹配度继而导致西部地区在吸收 FDI 份额上处于劣势，短期内尚难扭转这一不利局面。

2. 西部各省、自治区、直辖市制定的"十一五"乃至更长时期内的工业产业发展战略，一方面，在资源型产业上体现为扩大了与跨国公司在华产业发展战略的背离，另一方面，在培育高新技术产业等新产业和提升传统产业技术含量上又体现为有利于产业发展战略匹配度的提高，但要产生积极效果尚依赖于西部地区在包括人才、基础设施等投资环境的改善；四川、重庆、广西、陕西等少数省区市制定的"十一五"期间发展装备制造业基地等产业发展战略符合跨国公司在华产业发展战略和国家外资产业政策。

3. 西部地区重点工业产业的主产品、关键产品或最终产品的经营目前仍受国家外资产业政策或禁止或限制的约束，《外商投资产业指导目录》以及《中西部地区外商投资优势产业目录》中鼓励的项目或者因与跨国公司在华产业发展战略相悖，或者不是西部目前的产业重点，或者在西部地区缺乏吸引力，抑制了跨国公司对西部地区这些产业的投资热情，使国家在西部地区对外资鼓励的效果大打折扣。

4. 西部地区要实现大规模吸收 FDI 目标，需要三类决策主体不断在产业发展战略上的相互适应过程，以逐步提高西部地区、国家和跨国公司在华产业发展战略间的匹配度：一是跨国公司逐步将资源型产业的投资纳入其在华产业发展战略重点；二是西部地区不断延长其在资源型产业的产业链并逐步实现这些产业的高级化；三也是最主要的即国家要逐步调整《外商投资产业指导目录》，对资源型产业的投资实施更为开放的外资政策，逐步增加《中西部地区外商投资优势产业目录》中既符合跨国公司在华产业投资重点又符合西部产业发展重点的鼓励项目。

参考资料

[1]John H. Dunning(1993),*Multinational Enterprises and the Global Economy*,Addison-Wesley Publishing Co.

[2] Nanfei Pei,Karin van der esch(2004),"the Impact of FDI on Developing Countries",*China and World Economy*/109~117,Vol. 12,NO. 6.

[3]毛蕴诗:《跨国公司对华直接投资策略》,中国财政经济出版社2005 年版。

[4]毛蕴诗、袁静:《跨国公司对华直接投资策略:趋势与特点》,载《管理世界》2005 年第 9 期。

[5]殷华方、潘镇、鲁明泓:《中国外商直接投资产业政策测量和有效性研究:1979~2003》,载《管理世界》2006 年第 7 期。

[6]澳大利亚 Monash International、亚洲开发银行、中国国家发展和改革委员会:《西部地区利用外资研究》,2003 年。

[7]杨先明:《发展阶段与国际直接投资模式选择》,商务印书馆2000 年版。

[8]杨先明:《国外直接投资的产业升级机制研究》,载《云南大学学报》2002 年第 1 期。

[9]王志乐:《2002~2003 跨国公司在中国投资报告》,中国经济出版社 2003 年版。

[10] 商务部外资司:《2005 年中国外商投资报告》,2006 年。

第十章　国外地区政策对中国西部制定区域外资政策的启示

　　缩小地区差距以确保各地区经济社会能够相对均衡协调发展,是各国经济发展过程的一个重大课题,因而地区政策具有相当重要的战略地位。为了缩小国内的地区不平衡性,加强落后、条件恶劣地区,以及拥有剩余劳动力的地区的招商引资能力,许多国家和地区制定了区域外资政策。

　　经过多年的实践,国外许多国家地区政策目标思路日趋稳定、明确、简化,框架清晰,透明度和可预见性高。政策目标主要集中在解决落后地区(过疏地区)、老工业基地(过密地区)和人力资源投资三个方面,基本思路就是要从"硬件"和"软件"两方面入手改善地区投资环境,通过加强基础设施和人力资源投资,为商业资本进入创造必要的条件,最终通过市场机制作用提高地区经济活力和加强地区经济多样性。

　　本部分重点研究部分具有典型代表意义的市场经济国家、新兴工业化国家和发展中国家的地区政策或区域外资政策,旨在为中国西部地区制定区域外资政策寻找理论依据和可借鉴的经验。

第一节　市场经济国家的地区政策或区域外资政策

一、日本对过疏地区的开发经验及其教训

　　一国经济在发展过程中,由于资源配置的差异和人口与资本等生产要素的流动性,难免会出现区域经济发展不平衡的问题。即使像日本这

样发达的市场经济国家,也存在着严重的区域间发展不平衡问题。按照普遍的分类方法,日本47个都道府县被划分为三大经济区域,即收入水平高且对财政收入贡献大的三大城市(东京、大阪、名古屋)经济圈,收入水平低且主要依赖财政转移支付的边缘过疏地区和处于两者之间的中间地区。边缘过疏地区主要包括北海道地区、东北地区、山阴地区和九州地区,共有17个道县。长期以来这些边缘化的地区人均收入水平一直低于其他地区,进而引发了大量劳动力向三大城市过度流失,造成边缘地区"过疏"和大城市"过密"的问题。多年来日本政府一直试图利用各种政策手段来纠正这些区域间发展的差异问题。

"过疏"一词是与"适疏"相对,而与"过密"一词相反。就实质而言,"过疏"现象是指在现代社会急剧变动的背景下,"中心城市"(过密地带)与"边缘乡村"(过疏地带)空间关系的重构。

二战后,为缩小地方和三大都市圈在经济、社会发展方面的差距,解决因人口"过疏"、"过密"和东京"一极集中"所产生的一些严重的社会问题,日本政府在国土综合开发的基础上,加强了地方开发。从总体上看,日本地方开发虽然有一定的滞后性,存在着一些需要解决的问题,但已取得了一定的成效,积累了一些有益的经验。

一般认为,日本过疏地区区域开发政策的演进历程可分为如下三个阶段:

第一个阶段为二战后至20世纪60年代初的"非均衡开发政策"。二战后,日本政府吸收了美、苏等国国土开发的经验,结合当时日本国内的实际情况,确定了对国土实行综合开发的方针,并于1950年制定了《国土综合开发法》,以特定地区综合开发计划为中心,目标是整治河流、增产粮食和合理利用水资源,对经济发展迟缓的过疏地区也采取了相应的对策。截至1962年,日本政府此一阶段实施的是向重点地区倾斜的非均衡政策。这一政策的实施促进了日本经济的恢复,为日本经济的高速增长奠定了基础。

第二个阶段为20世纪60年代初至90年代末期的"均衡开发政策"。1962～1969年,日本采取据点开发方式,将经济建设重点转向工业领域。

自 1969 年起,日本政府实施了大规模开发,以新干线、高速公路等大型交通网和通讯网的建设为重点,促进过疏地区的经济增长。1974 年,日本政府制定了《国土开发利用法》,它标志着日本经济发展进入新的阶段。在开发方式上,日本由大规模开发转向综合开发,此一阶段的目标是发挥地方的积极性,创造良好的地方居住环境。从 1970 年至 1975 年,日本原来过疏地区人口共增加了 250 万人,这说明过疏地区的开发工作已取得进展,“过密”、“过疏”问题正在逐步解决。为适应 21 世纪日本的老龄化、信息化和国际化的需要,日本于 1987 年开始转向多极分散型国土开发,特别重视对“地方圈”的建设,进一步健全过疏地区交通运输和信息通信网,为这些地区的工业发展提供了前提条件。

第三阶段为针对过疏地区的新世纪“协调—倾斜开发政策”。由于日本国土开发计划缺少对过疏地区的专门对策和措施,一部分国会议员在全国的国土开发计划之外,又专门提出了针对过疏地区问题的《过疏地区对策紧急措施法》。此法在 1990 年又更名为《过疏地区活性化特别措施法》(简称《过疏法》)后继续执行。

《过疏法》实施的重点在以下四个方面:(1)通过产业基础设施的整备、农林渔经营的现代化、中小企业的培育、外部企业进入的促进和旅游业开发等措施,达到振兴产业和增加就业的目标;(2)通过改善公路和其他交通设施与通信设施,确保过疏地区和其他地区间,以及过疏地区内部的交通和通信的畅通;(3)通过改善生活环境、老龄人口福利、完备医疗条件,以及通过振兴教育和文化,确保当地居民的生活安定和福利提高;(4)通过核心村落的整备和培育适度规模的村落,重新调整地区的社会结构。

1998 年日本政府制定了第五次国土规划——《21 世纪的宏伟蓝图》,开发方式为参与协作。新国土规划的政策目标是:建设自然居住区,修建大城市,加强地区之间的合作,形成广泛的国际交流圈。从四个政策目标来看,新国土规划十分重视地区的选择和主要地区的建设,重视依靠各主要部门的参与和地区之间的合作,促进高质量的国土环境建设。到 1999 年 4 月,全国共公布了 1230 个过疏地区,其人口虽然只占全国的

6.3%，但面积却占全国的 48.9%。为支持过疏地区的振兴，日本政府在指定工业发展地区、新产业城市都特别考虑过疏地区发展的需要，其指定比例分别占全国的 27.6% 和 15.0%。

日本政府采取经济手段诱导企业在"开发地域"投资建厂。为了解决"过密"、"过疏"问题，实现国土的均衡利用，日本政府采取了分散布局工业，开发过疏地区的政策。一方面要把东京、大阪等大城市的工厂有计划地向过疏的"开发地域"迁移。另一方面直接在"开发地域"建立新的工业城市和地方开发城市，以此促进过疏地区的经济发展。

这些政策的实施主要依靠经济手段，即行政投资，中央和地方政府通过大量的投资优先在"诱导地区"填造工业用地、修筑道路、港湾、工业用水道等工业基础设施，同时还对文教、医疗、福利等改善生活环境的生活基础设施进行了相应的投资。除此之外还采取了诸如提供津贴、发放低息贷款、减免税收等财政、金融、税制上的补助措施，创造种种优惠条件吸引企事业单位到"新产业都市"、"工业整备特别地域"和"低开发地域"、"工业开发地区"等"诱导地区"投资建厂。

尽管日本过疏地区的开发过疏于经济发展，过疏于三大都市圈，表现出一定的滞后性，许多开发计划往往因经济危机而达不到预定目标，各地区的开发也不均衡，但由于上述政策措施的实施，确实是有了很大的进展，取得了一定的成效，主要表现在：

第一，缩小了地区差距。1970 年，地方圈人均国民所得只相当于三大都市圈的 67.3%。其后，随着地方经济的发展，三大都市圈和地方经济圈之间的经济差距出现了缩小的趋势。到 1979 年，地方圈人均国民所得已相当于三大都市圈的 82.6%。1982～1997 年，日本人均国民所得由 187 万日元增加到 319 万日元，其中最高的东京由 284 万日元提高到 434 万日元，其相当于全国的倍率由 1.52 倍下降为 1.36 倍；最低的冲绳县由 131 万日元提高到 216 万日元，其相当于全国的倍率由 0.70 倍下降为 0.67 倍。冲绳县人均国民所得对全国平均水平的倍率虽略有下降，但由于东京该倍率的下降明显，东京人均国民所得对冲绳县的倍率已由 2.17 倍下降到了 2.01 倍。

第二,缓和了人口过度集中的趋势。1960～1964年,三大都市圈的人口纯流入达到了61.6万人的高峰,1970～1974年下降为20.6万人,1975～1979年则转为了流出,流出了1.2万人。其后,三大都市圈的人口纯流入虽又转为增加,但纯流入人数已大大低于1970年以前的规模。1995～1998年,东京人口纯流入只为10555人,其中,1995年和1996年都是纯流出,分别流出了32537人和5518人。人口过疏的地区,如北海道和九州地区等虽仍然是人口流出的状态,但纯流出人数已明显减小了。其中,北海道纯流出人数由1985年的27087人,减少到了1998年的9632人。

第三,保护了自然环境和生态平衡。由于过疏过密问题的缓和及环境保护对策的成功,日本不仅成为治理公害的先进国家,而且由于森林和自然环境的有效保护,还成了自然灾害损失最轻的国家。现在,除大地震所造成的意外伤害外,因其他自然灾害的人员伤害已大为减轻了。1959年,因台风、暴雨、大雪等自然灾害而死亡的人数多达5834人,受伤的人数多达41776人;而1997年,则分别减少为68人和371人。

概言之,日本开发过疏地区的主要经验是:

(1)以法律为依据,以计划为引导。日本政府无论是对全国性开发,还是地方性开发或特殊性开发,都制订了相应的法律,并根据各项法律制订了相应的计划,从而在市场经济条件下发挥了政府的主导作用,保证了政府各项开发政策的实施。

(2)发挥中央、地方和民间的积极性。在开发过程中,不仅政府各有关部门相互协调,而且政府和各都道府县、各都道府县和各市町村之间也相互协调,并动员社会各界关心和参与地方开发,从而既发挥了中央和地方的积极性,又发挥了政府和民间的积极性,确保了综合开发和地方开发的成功。

(3)以公共投资为先导。日本政府的全国综合开发计划和地方开发计划虽然都是指导性计划而非指令性计划,但由于各项计划中都有相应的公共投资计划,并且有特别会计、公库、公团和优惠政策等方面的支持,从而以公共投资诱导了民间投资,保证了计划的实施。

(4)多层次、全方位的国土开发。日本过疏地区的开发是在全国综合开发的基础上展开的,即使是针对地方的开发,也都有全国性的开发计划。在地方性开发中,又有一般过疏地区开发和特殊过疏地区的开发。这样一来,就形成了以国土综合开发为中心的立体交叉的多层次、全方位的国土开发格局,从而使过疏地区没有死角,无一遗漏地得到了普遍的开发。

(5)重点开发和普遍开发相结合。地方开发虽然涉及方方面面,但其中心始终是地方产业和地方城市特别是地方中心城市的发展。为此,日本政府不仅指定了工业发展地区、工业特区和地方中心城市,而且还采取了诱导工业生产向大城市周边地区和地方分散的政策措施。另外,在其他各项开发中,也都是以政府指定的开发地区为中心,进行重点开发。

(6)注重社会基础设施的建设

以农村综合建设为例,主要是以公路、供排水和医疗设施等为主,加强了基础设施方面的建设。1994 年,村内宽 3.5 米以上道路敷设率超过 50% 以上的农村占 82.8%,自来水的普及率为 82.2%;在医疗设施方面,按夜间急救到达医院的时间计,10 分钟内可到达的占 35.7%,10~30 分钟可到达的占 53.4%,30~60 分钟可到达的占 10.0%,60~120 分钟可到达的占 0.9%;在公共交通方面,连通国道、都道府县公路和市町村公路的比例分别占 41.8%、57.1% 和 95.9%。

(7)注重生活环境的建设。以日本政府指定的 15 个新产业城市和 6 个工业特区的开发为例,其第一次基本计划(1964~1975 年)的公共投资中生产性投资占 56.5%,生活性投资占 43.5%。然而,从第二次基本计划(1976~1980 年)开始,生活性投资的比重就超过了生产性投资,达到了 60.8%;到第六次基本计划(1995~2000 年)时,生产性投资进一步下降为 27.2%,而生活性投资则进一步上升到了 72.8%。

(8)注重环境保护。无论在国土综合开发中,还是在地方开发中,自然和环境的保护都一直是最基本的开发理念和开发方针。例如,第五次全国综合开发计划《21 世纪国土的宏伟目标》就明确地提出:在中小城市和自然环境优美的农村、渔村和山区,要以适于 21 世纪的新生活方式为目标,保持宽松的居住环境,既使居民能够享受到现代的物质文明,又能领略到大自然淳朴的美,从而创造"多自然居住的地域"。

诚然,日本为振兴过疏地区而采取的措施也有其局限性。日本的经验表明,传统的开发方式不能从根本上解决过疏地区的问题。传统的开发方式的最大特点,是依靠外来的资本(包括国家的财政投入和补贴)和技术,在地区经济发展上注重从区域外引进产业,有的学者把这种开发方式概括为"外来型发展"模式,有的就干脆直截了当地称之为"殖民地型发展"模式。

日本研究过疏地区问题的专家乘本吉郎曾经指出,许多地方政府官员在本地经济发展上把主要的精力都花在对中央政府相关部门的公关上,这种依赖外部力量的做法,逐渐培养了一种惰性,过疏地区的真正问题是当事人缺少危机感的问题。正是建立在对传统开发模式反省的基础上,日本政府和学术界近年来一直主张走内生式发展的道路。

二、欧盟地区经济发展政策

欧盟 2004 年 5 月 1 日扩大为 25 个成员国。目前地域范围西起大西洋、东至波罗的海、北起北冰洋、南抵地中海,总面积 399.4 万平方公里,占欧洲的 39.1%,人口 4.51 亿,占欧洲的 61.3%。是继中国与印度之后,全球第三大人口居住区。

欧盟区域发展空间结构是不平衡的,特别是欧盟扩大后,发展不平衡问题更为严重。按人均 GDP 和就业率划分,欧盟可以分为中心区域和边缘区域。中心区域从英国北约克郡和伦敦,经法国北部、比利时、荷兰、德国汉堡等地,形成一个发展速度最快、经济水平最高的地带,其形状像个香蕉,俗称"蓝香蕉带"。

就各成员国而言,25 个成员国之间发展水平差距很大。以 2002 年人均 GDP 为例,卢森堡是欧盟最富的国家,其人均 GDP 是欧盟平均水平的 20 倍。法国、德国、英国和丹麦也分别比欧盟高出 18%、22%、36% 和 63%。比较而言,10 个新成员国要穷得多,捷克、斯洛伐克、拉脱维亚、爱沙尼亚、立陶宛和波兰的人均 GDP 还不到欧盟的一半。

多年来,欧盟一直把促进地区经济协调发展作为一项重要的政策,运用综合手段促使地区经济协调发展,并取得了明显成效。

1. 欧盟协调地区发展的机构

欧盟委员会(简称欧委会)是欧盟常设执行机构,负责起草政策、法规、报告和建议,并保证欧盟的政令在各成员国畅通。欧委会由20个委员组成,其中一个委员专门负责地区经济发展。欧委会下设36个总司级单位,其中一个司为地区政策总司,专门负责制定和执行地区经济政策,缩小地区差异,促进欧盟整体协调发展。1994年欧盟还成立了地区委员会,对区域政策进行咨询和评估,提出协调区域发展、反映居民意愿的政策建议,供欧委会和欧洲议会参考。此外,欧委会下设的农业总司和社会总司,对扶持地区发展也起补充作用。

2. 欧盟协调地区发展的战略规划

早在1972年,欧共体就成立了专门基金,解决地区发展不平衡问题。20世纪80年代中期,基金集中向一些落后地区特别是人均GDP不足欧盟75%的地区倾斜。20世纪90年代以来,欧盟进一步重视制定规划,通过规划安排资金和项目,以此协调地区发展。

(1)1994～1999年"六年规划"

"六年规划"把减少地区差别、提高落后地区竞争力作为实现《欧盟条约》的重要手段,安排1550亿欧洲货币单位结构基金解决地区不平衡问题,占同期欧盟预算的1/3。共有七大目标:68%的基金扶持人均GDP低于欧盟水平75%的地区;11%的基金支持工业衰落地区经济转型;解决长期失业和青年人就业问题;帮助人们适应经济转型;促进农业和渔业地区结构调整及农村地区经济多样化;扶持芬兰和瑞典人口稀少地区;支持跨国跨边界项目。1994～1999年欧盟落后地区获得了2100亿欧元的投资,创造了80万个就业机会,修建高速公路4100公里,普通公路3.2万公里,有21万家中小企业和800万人得到帮助。受援的希腊、葡萄牙、西班牙的人均国民收入增长率比欧盟水平高出至少1个百分点。葡萄牙和德国"一类目标地区"的经济增长率超过了4%。

(2)2000～2006年"七年规划"

尽管欧盟的地区政策取得了很大成效,但随着中东欧 10 国入盟后,欧盟发展不平衡问题更加严重。为此,2000 年欧盟提出了"七年规划"。为提高政策效率,把原来的 7 大目标合并为三大优先目标:69.7%的基金用于促进人均 GDP 低于欧盟水平 75%的落后地区经济发展和结构调整;11.5%用于支持新目标以外的经济转型和结构调整地区;12.3%用于人力资源开发。2000～2006 年结构基金总额为 2130 亿欧元。

(3)2007～2013 年"七年支出计划"

目前欧盟正在酝酿下一步发展规划,并提出了 1 万亿欧元的 2007～2013 年"七年支出计划",以提升欧盟竞争力,实现在 2010 年前超过美国成为全球最具竞争力的经济体。该计划在进一步增加基金规模,加大交通等网络支出的同时,开展一项大型地区援助计划,旨在提升贫穷地区的发展速度。根据欧盟委员会的建议,2007～2013 年欧盟将把其共同财政的 1/3(约 3360 亿欧元)投入到旨在缩小地区差距的区域政策方面。

3. 欧盟协调地区发展的主要手段

(1)结构基金

结构基金是协调地区发展的主要手段,近年来额度一直占欧盟总预算的 1/3,由成员国按一定比例缴纳,纳入欧盟财政预算管理。结构基金由四部分组成:地区发展基金,支持落后地区中小企业发展、促进投资和改善基础设施,规模约占一半;社会基金,提供职业培训和就业帮助,解决青年和妇女的就业问题;农业指导和保障基金,为农村地区采用新技术、改进农业结构和发展非农产业提供支持;渔业指导性融资基金,为帮助受渔业生产萎缩影响的渔民而设立。

(2)团结基金

团结基金的享受国是希腊、爱尔兰、葡萄牙、西班牙等四个国家,用来改善生态环境和交通等基础设施。1993～1999 年总预算为 150 亿欧洲货币单位,希腊占 16%～20%,爱尔兰占 7%～10%,葡萄牙占 16%～20%,西班牙占 52%～58%。一旦某国的人均国民生产总值达到欧盟水平的 90%,则停止享受该基金。

(3)金融手段

金融手段,即利用欧洲投资银行提供政策性贷款支持落后地区发展。为提高信贷安全,欧洲投资银行对一个项目一般只提供项目投资额30%~40%的贷款,缺口部分由结构基金和其他方面解决。近几年来,欧洲投资银行对欧盟内部落后地区的贷款占其对欧盟总贷款额的70%,极大地促进了欧盟落后地区的经济增长。

（4）行政手段

欧盟把在落后地区建立有效的法律体系和社会规范,作为实施地区政策的重要条件。并重视组织机构的建设,强调政府、企业、工会和家庭之间的和谐合作关系,注重组织结构的不断改革和完善,树立服务意识。

4. 地方政府在协调地区经济发展中的职责

在比利时、法国、意大利等国家,协调辖区内的经济社会发展,是各级政府的一项基本职责。从中央到地方政府都有负责地区发展的专门机构,主要工作是申请和实施欧盟援助项目及本级预算安排的项目,并制定辖区内的发展政策,扶持辖区内经济社会协调发展。以比利时艾诺省为例,该省专门设立一个地区经济办公室,负责协调辖区内的经济发展。主要有三项职责:一是通过建立信息网站、会议、公报等形式提供生产生活和就业信息,供居民参考;二是通过建立中小企业协会、组织招商会和洽谈会、分析市场供求等形式,为中小企业提供信息;三是通过赞助环保科研项目、开展与法国流域合作、综合治理、宣传教育等方式,保护辖区的环境和资源。

5. 对中国的几点启示

尽管我国与欧盟在政治体制、经济基础、文化背景等方面存在很大差异,但欧盟在促进地区协调发展上的一些做法,对我国有着很大的启发,值得我们参考和借鉴。

第一,把统筹区域协调发展、努力缩小地区差距看做国家的一项战略任务,长期抓下去。尽管欧盟并非一个独立国家,但对成员国协调发展问题非常重视,连续30年安排大规模专项基金、制定发展规划促进地区协调发展,取得了较好的成效。

第二,进一步重视区域政策在国家宏观调控中的作用。多年来,欧盟及其成员国在对落后地区、制造业衰退地区的开发上,一直采用"区域政策为主,产业政策相结合"的方式,积极利用结构基金协调地区经济发展。各成员国也积极将国内的政策与欧盟区域政策结合起来,开展欠发达地区、岛屿地区和老工业基地的开发与转型。

第三,加强规划和法律法规建设,增强经济社会调控的规范性。欧盟及其成员国各级政府对制定规划和法律法规十分重视,且有关文本非常翔实,操作性很强。几乎政府的每一项调控措施,及企业、居民的大多数经济社会活动,都有法律依据。据欧盟官员介绍,在广泛征求意见基础上形成的规划和法律法规,既能充分反映企业、居民和政府的意愿,又便于明确每项政策的界限,使经济社会活动有章可循。

第四,进一步加强对欠发达地区的扶持,切实严格资金监管。欧盟在协调地区发展中形成了"统一规划、用途明确、地方实施、上级监管"的模式。改革开放以来,我国一直安排专项资金支持落后地区发展。但与欧盟相比,规模明显偏小,且管理方式不尽完善。建议借鉴欧盟经验,完善我国的扶贫机制:一是在划分不同区域类型的基础上,进一步增强对欠发达地区的扶持力度;二是增强区域观念,克服"就扶贫论扶贫",从欠发达地区全面发展的角度解决贫困问题;三是组织编制欠发达地区经济社会发展规划,明确目标和任务,按规划安排资金项目;四是适应投资体制改革的要求,切实加强对中央资金的监管,严格计划管理程序,做好事后检查和评估工作。

第五,进一步增强服务意识,积极创造经济发展环境。欧盟成员国大区、省、市各级政府都有一种很强的服务意识,把为地方企业改善发展环境、提供信息和合作平台,作为促进地区经济发展的工作重点。并反复强调激活中小企业活力、增加居民就业机会对当地经济增长的作用。

三、部分欧盟国家为振兴经济欠发达地区而制定的区域政策

1. 德国为振兴东部地区而制定的地区发展政策和区域外资政策

德国地理位置优越,经济基础雄厚,基础设施先进,法制环境完备,政府廉洁度高,市场环境开放,服务业发达,对投资者具有相当的吸引力。

同时,德国还有各种经济促进措施,其数量多达 600 多种。但没有一项措施是涉及外国投资者的优惠。在德国外国资本基本实现国民待遇,在投资限制和投资激励方面同本国人几乎没有区别。

德国的投资促进措施主要来自三个层面,首先是欧盟的促进措施,如欧盟结构基金。该基金是欧盟为实施地区政策,缩小欧盟不同地区之间的发展差异,促进其经济和社会的统筹发展,从预算中拨款设立的基金。主要用于为经济落后地区建立基础设施,促进企业投资,支持进行经济和社会调整以及更新教育和培训体制并促进就业。2000～2006 年,欧盟结构基金的预算为 1950 亿欧元,约占欧盟预算总额的 30%。德国的东部地区、欧盟东部边境地区和部分西部地区属于基金的资助范围。根据欧盟的援助原则,欧盟结构基金项下没有单独的促进措施,只为成员国的促进措施提供资金支持。至 2005 年,德国在欧盟结构基金项下已实际使用 290 亿欧元。其次是联邦层面,如"改善地区经济结构"公共任务(简称 GA)、投资补助和以德国复兴银行(简称 KFW)为代表的向企业提供的各种资金优惠;再次是联邦州层面,德国各联邦州政府根据本州的具体经济发展状况,制定的多项促进措施。州政府同时还负责具体实施部分欧盟和联邦政府的促进措施。

为加快东部落后地区的经济发展,德国制定了整套的投资促进措施,包括现金补贴、优惠贷款、提供担保、国家参股等方式。主要资助的内容涉及成立和收购企业、促进就业、改革创新、环境保护、市场开拓和人员培训等。投资促进措施的资助对象主要是从事加工制造业以及相关的服务行业的企业,其中中小企业是资助重点,获得的补贴最高可以占到总投资的 50%。欧盟划定的大中小企业界限分别是:雇员人数在 250 人以上,250～50 人之间,50 人以下;年销售额 5000 万欧元以上,5000 万～1000 万欧元之间,1000 万欧元以下;总资产 4300 万欧元以上,4300 万～1000 万欧元之间,1000 万欧元以下。如果中小企业 50% 以上的股份由大公司持有,该公司被视为大公司。

欧盟和德国的投资促进措施主要是资助向经济欠发达地区的投资,以缩小地区差距,达到经济整体发展的目的。所以,欧盟和德国的优惠政策明显向经济欠发达地区倾斜。

表10.1　德国各地区投资促进措施最高补助比例

	1A 地区	2B 地区	2C 地区	2D/E 地区
小企业	50%	43%	28%	15%
中等企业	50%	43%	28%	7.5%
大企业	35%	28%	18%	0%

注:德国根据社会经济发展情况,将全国分成五类地区,分别为 1A、1B、2C 和 2D/E 地区。1A 地区主要包括除柏林、波茨坦、莱比锡、德累斯顿、马格德堡、开姆尼茨、埃尔富特外的原东德经济发展相对滞后地区;1B 地区主要包括柏林、波茨坦、莱比锡、德累斯顿、马格德堡、开姆尼茨、埃尔富特等原东德地区;2C 地区主要包括德国中部的卡塞尔、多特蒙德及西部的威廉港等地区;2D/E 地区主要包括德国北部的基尔、卢卑克中部的不来梅、南部的班贝克、纽伦堡、雷根斯堡等地区。

资料来源:BMWA 数据库。

随着欧盟新成员的加入,欧盟现行的补贴水平于 2006 年底废止。2007 年制定了新的地区补贴水平。欧盟对 2006 年以后各种类型地区的资助水平建议详见表10.2。

表10.2　欧盟对 2006 年以后地区资助水平的建议

	2007. 1 ~ 2009. 12			2010. 1 ~ 2013. 12		
	大企业	中等企业	小企业	大企业	中等企业	小企业
目标 1 转型地区:勃兰登堡—哈雷莱比锡	30%	40%	50%	20%	30%	40%
目标 1 地区:东德其他所有地区(柏林除外)	30%	40%	50%	30%	40%	50%
目标 2 地区:柏林	15%	25%	35%	35%	25%	35

德国的促进措施名目繁多,有些措施是可以同时享用的。但欧盟规定,优惠部分最高也不能超过项目总额的 50%。

在欧盟 5 个大国内,原西德内部的地区差距最小,上下偏差不到 10%。但从 1990 年东西德统一后,东西差别很大,东部地区的生产率只有西部的 1/3。1993 年,东德(不含西柏林)的人均收入也只有西德的 40% 左右。区域政策在德国再次被列为经济政策的重点。近几年来,东德人均收入已达西德的近 2/3,一般认为德国取得这一成就与其实施了比较成功的区域政策有很大关系。

德国各界分析认为,造成东德发展滞后主要是基础设施落后、资金和人才缺乏三个方面的原因。德国的区域经济政策正是抓住了这三点,把国家用于区域经济发展的资金全部集中于此。因此,其区域经济政策首先表现在国家对贫困地区的投资活动给予一次性的投资补助。1994~1998 年,联邦共提供 400 多亿马克用于区域经济促进活动,平均每年 80 多亿马克。1991~1995 年,西德对东德的净援助已超过 8000 亿马克。援助资金大部分是用在企业补贴和劳动力转业培训上,其次是用在社会福利方面。这样一来,东部企业的工人、失业人员和退休人员的生活就有了基本保证,其结果最终反映到需求增长上来。需求增长后又刺激了生产活动,因而大量投资涌往东德。逐步形成社会再生产各个环节的良性循环。

德国的实践再次验证了世界上许多各国的经验,直接拨款比重过大对落后地区发展并不能真正起到促进作用。德国是利用政府投资补贴政策来吸引其他各类投资者到落后地区投向政府鼓励的地区促进项目,并且将私人投资与政府补助直接挂钩。目前,德国区域经济政策的具体实施由州政府来执行,联邦只起协调作用,但是联邦要在资金方面给予资助(联邦提供区域经济促进费的 50%)。

2. 意大利为扶持南部发展采取的地区政策

意大利是位于地中海北岸的南欧国家,面积约 30 万平方公里,辖 20 个行政大区,人口 5700 万。就经济发展水平而言,意大利明显分为南方和北方。南方包括 8 个行政大区,面积占全国的 40% 左右,人口约占 36%。由于自然和历史的原因,南方经济社会发展远远落后于北方。

历届政府曾为扶持南部发展采取过许多措施,概括起来有如下几个特点:

(1)政府设有专门机构和专项资金

为扶持南部地区发展,1950 年意大利颁布了第 646 号法律,决定成立"南方公共事业特别工程基金局",简称"南方基金局"。以后南方基金局的职能尽管在不同时期有所变化,但其主要职能没有发生多少实质性变化,具体为:一是协调政府有关部门对南方地区发展的干预行为;二是制定 3 年计划,定期审改有关年度计划,对纳入计划的项目进行技术经济方面的评估;三是验证年度计划执行情况、重大项目完成情况以及项目变更、清算情况;四是协调重大项目各执行单位的工作,监督项目执行;五是组织实施欧洲共同体在意大利的地区开发计划,负责管理欧洲共同体地区开发基金和社会基金在意大利的使用;六是监督和协调南方发展促进公司和其他有关公司的活动;七是通报有关南方特别干预计划和执行情况。

根据 1950 年的法律规定,南方基金局工作期限为 15 年,创办基金为 1 万亿里拉,相当于当年意大利全国国民收入的 10%。实际上,意政府以后又数次通过法律延长南方基金局的工作期限,并增加基金拨款。

(2)分不同阶段突出扶持重点

对南方的扶持可分为四个阶段:第一阶段是 1950~1957 年。这一阶段国家对南方的扶持主要在两个方面:一是进行土地改革,没收或收买大庄园主的土地,分给无地或少地的农民,以缓和当时的社会经济矛盾;二是大规模修建基础设施,为经济发展创造条件。

第二阶段是 1958~1975 年。这一阶段国家对南方的扶持重点转向促进该地区的重工业发展。

第三阶段是 1976~1984 年。这一阶段的扶持重点转移到发展中小企业和解决失业方面。

第四阶段是 1984 年以来。这一阶段的扶持重点是促进落后地区经济社会平衡发展,推动技术革新,进一步发展基础设施和服务设施,增加就业。

(3)扶持措施既有直接投资又有优惠政策

直接投资主要用于重要基础设施建设。与此同时,在如下几个方面对南部发展实行优惠政策:税收减免;投资补贴;提供优惠贷款;有关法律规定,中央政府将其政府采购总额的 30%用于南方。

(4)国家参与制企业在扶持南部发展中发挥了重要作用

法律规定,国家参与制企业必须把它们工业投资总额的40%和新建工业企业投资60%投向南方。

意大利政府为扶持南部发展采取的措施取得了良好的效果,改善了该地区的投资环境,推动了南部的经济发展,缩小了南部与意大利其他地区的差距。

3. 瑞典区域外资政策的特点

为适应国际化经营,有效吸收和利用国际上的资金,瑞典在经历了100多年的向外投资和扩展后,20世纪80年代后期,对国内政策和经济法规进行了一系列的调整,例如:取消外汇管制;经济决策权下放和私营化,使得经济自由度处于西方国家前列,特别是在银行金融业、电讯业、交通运输业、电力工业等领域。1991年的税制改革将公司所得税降至28%;取消外资在瑞典企业中的比例限制。1995年瑞典加入欧盟后,严格实行欧盟和WTO的非歧视性原则,如今外资在瑞典享有完全"国民待遇",没有任何专门限制。

与其他欧盟国家相比较,瑞典的区域外资政策具有以下特点:

(1)制定了地区发展政策

瑞典政府通过划定特定的区域来对投资进行引导和鼓励,北部Lapland、Norrland、Varmland等山区和北极边远地区为一类地区,Dalarna等中部山地为二类地区,北部沿海和南部某些地区为临时补贴地区。对在不同地区投资的内、外资企业,采取了通过地方政府出面给予补贴、贷款等方式,实施其鼓励政策。

(2)投资鼓励措施

瑞典对在一类和二类地区进行建筑和机械设备投资的企业给予补贴和贷款。在一类地区,对中小企业的补贴可高达投资总额的40%,对其他企业的补贴达35%,贷款可达投资总额的30%;在二类地区,对企业的投资补贴可达投资额的20%,贷款可达投资额的30%。

(3)开发鼓励措施

在补贴区域内进行产品开发、商标、专利、市场营销培训等投资的企业可获得补贴。在一类地区,中小企业可得补贴可达40%,其他企业为

35%;在二类地区,补贴最高限额是批准投资额的 20%。额外贷款可达总扶持金额的 50%。

（4）就业鼓励措施

在优惠地区提供新的长期就业机会的企业均可获得就业补贴,在 5 年期内递减发放。一类地区的新创就业机会可获补贴 20 万克朗;二类地区的新创就业机会可获补贴 12 万克朗。

（5）减免社会福利税的鼓励措施

除某些产业和地区外,在一类和二类地区都可减免社会福利税(工资税),合 10%。初级产业(采矿、钢铁、造纸和纸浆行业)不能获得减免优惠。

（6）运输鼓励措施

在 Norrland、Varmland 和 Dalarna 大部分地区(均为一类和二类地区)的企业,可获得原材料和货物运输的补贴。根据企业所在地区和运输距离远近,补贴幅度为运输净费用的 10% ~50%。

（7）对中小企业的扶持政策

凡雇员人数不超过 50 人、营业额不超过 4000 万克朗、资产不超过 1500 万克朗的中小企业,均可获得对建筑和机械设备投资额 15% 的补贴。

（8）税务法规

瑞典的内、外资企业所得税率均为 28%,以应税净额计征。虽然瑞典没有"两免三减半"的税收优惠政策,但允许企业结转部分利润作税前储备,这使得企业的实际税率降到了 26%。而且一定数额的免征储备还可以补偿损失。为了避免双重征税,瑞典和许多国家达成税收协议。如瑞典和中国于 1986 年签订了有关协定。

此外,瑞典对内、外资企业提供了自由、宽松的经济制度环境。在瑞典,没有影响公司进行正常商业交易的外汇管制规定,也没有关于开设外汇账户及在瑞典银行保持外汇平衡的法律规定,仅当外汇交易超过 7.5 万瑞典克朗(8.9 万元人民币)时需报告瑞典中央银行。国家对利润的汇出、投资清算、特许权使用费和许可费用的支付也没有限制,子公司和分支机构可以向在瑞典外的母公司转移管理服务费用和研发支出等费用。投资基金的收益(如股票红利、利息)可以自由转移。外商独资公司可以从母公司或海外的信贷机构筹集外币贷款。

瑞典政府通过划定特定的区域来对投资进行引导和鼓励,对在不同地区投资的内、外资企业,采取了通过地方政府出面给予补贴、贷款等鼓励政策,有力地推动了北部 Lapland、Norrland、Varmland 等山区和北极边远地区、Dalarna 等中部山地、北部沿海和南部某些地区的经济发展。

第二节　新兴工业化国家的地区政策或区域外资政策

一、以色列的区域外资政策

1959 年以色列政府颁布《资本投资鼓励法》(Law for the Encouragement of Capital Investment),鼓励海内外人士对以投资,并向投资者提供较广范围的激励措施和优惠政策。投资鼓励的主要领域有:工业开发项目、旅游和房地产项目、创造就业机会项目、增加出口项目、优先区域开发项目等。

根据资本投资鼓励法,具有"核准计划"(Approved Programs)资格的国内、国外公司或合作伙伴均可享受以色列政府投资优惠政策。"核准计划"包括"核准企业"(Approved Enterprise)、"核准财产"(Approved Property)、"核准投资"(Approved Investments)、"核准贷款"(Approved Loans)和"国际贸易公司"(International Trade Company)。

为了促进国家经济的协调发展,以色列将国家分为 3 个发展区域,每个区域都有自己的优惠政策,主要鼓励投资于工业。A 区——戈兰高地、上加利利、约旦河谷、内盖夫以及下加利利地区的一些工业园区,包括:Carmiel、Golani、Migdal Haemek、Atarot、Afula、耶路撒冷及邻近地区(高科技企业)、Judea 和 Samaria 居住区、Ashkelon 及其他地区;B 区——下加利利地区、内盖夫北部、Or Akiva;C 区——其他地区。

政府拨款作为企业购买有形固定资产的资金,拨款根据企业类型和国家优先发展区域有所不同。拨款额按最初土地开发成本、建筑、机械和设备投资的一定比例计算(不包括国家优先发展区域"C区"和一些其他地区)。机械和设备应是新购置的,包括安装及相关费用。对自己建设或自己创造的固定资产,可确定一个合理的利润,按照法律确定比率,一并计入成本中。

位于国家优先发展区域"A区"的企业可享受2年免税优惠,5年减税优惠(如果海外投资超过25%,可享受8年减税优惠);位于其他地区的企业可享受7年减税优惠(如果海外投资超过25%,可享受10年减税优惠)。如果企业在获准政府拨款后14年或企业投产后12年仍在经营,"核准企业"从有应纳税收入(Taxable Income)的第一年开始可连续7年享受税收优惠。外资占大多数的实体税收优惠期为10年。

以色列政府为了促进国家经济的协调发展而制定的区域发展政策,促进了3个发展区域的经济发展。随着近年来规范预算、削减政府支出、调整经济等措施的实施,以色列的经济正处于良好状态。同时政府正在进行的教育、电力领域的改革也将使以色列变得更有竞争力,更受外国投资者的欢迎。但由于地区冲突等原因,在一定的程度上影响了以色列吸引外资的力度。

二、泰国的区域外资政策

泰国投资委员会(BOI)鼓励对泰国和外国投资者提供税收以及其他方面的鼓励措施,《促进投资法1977》构成鼓励投资条款的法律基础。许多投资行为都得到该法的鼓励和优惠。

泰国的区域外资政策主要体现在以下几个方面:

1. 税收优惠主要帮助减少投资者在投资初期的成本,而非税收优惠旨在减少投资者风险,并为投资者提供便利。这些措施包括:保证不进行国有化、价格控制以及不受到新的国有企业的竞争;允许外国人入境从事投资可行性研究或从事鼓励投资的项目;对于鼓励投资的项目,允许外商拥有开发该项目的用地。

2. 泰国税收优惠的政策旨在通过吸引外商在基础设施以及经济发展落后的地区投资,来促进各地区工业的均衡发展。泰国将整个国家分为三个区,一区为曼谷及邻近的 5 个府,二区为与一区毗邻的 10 个府,三区为泰国的其他府,以及 Laem Chabang 工业园区。一区的税收优惠最少,而三区最多。工厂的重新选址也是税收优惠政策考虑的一个重要因素。许多工厂设在曼谷及其邻近的府,因而税收优惠措施鼓励公司将他们的生产车间和设备迁移到边远地区。除了工业分散化,BOI 也重视能够促进泰国技术发展、改善基础设施以及保护环境的投资项目。

由于亚洲金融危机的爆发,BOI 采取了一系列措施振兴经济、加强该国的竞争力。这些措施包括放宽合资企业的标准,允许外资更多的参与、促进债务重组以及鼓励公司采用国际标准。这些措施主要是鼓励现有公司保持和扩大他们在泰国的经营。

3. 为适应经济的发展制定了新的投资促进政策。2000 年 8 月 1 日,BOI 又公布了新的投资促进政策。区域划分中,一区不变,而二区由原来的 10 个府增加到 12 个府(增加的二个府分别为以前三区的罗勇和普吉);保留了原来给予外商的优惠政策,增加了对企业管理水平和环境保护的要求,如尽量在工业区内设厂,对投资额在 1000 万铢以上的获投资优惠企业,要求在获得审批 2 年内获得 ISO9000 或其他相等的国际标准认证,否则减少其法人所得税免税期一年等。

泰国的税收优惠政策通过吸引外商在基础设施以及经济发展落后的地区投资,促进了各地区工业的均衡发展,极大地缩小了落后地区与经济发达地区的差距。

第三节　发展中国家的地区政策或区域外资政策

一、巴西为扭转南北贫富悬殊而实施的区域外资政策

联合国贸发组织在 2004 年世界投资形势的分析报告中指出,巴西在 2004 年吸引外资的总量初步估算为 160 亿美元左右,世界排名由 2003 年的第 14 位提升到第 10 位。巴西在 2004 年吸引外资的增长率为 60%,高于世界和拉美的平均增长率,其分别为 6% 和 37%。

巴西由于其自然环境条件及开发历史的原因,占全国 60% 国土面积

的北部、东北部和中西部地区一直是巴西经济落后的地区,而巴西东南部和南部沿海地区经济较为发达,南北贫富差别悬殊,从而形成了"落后的内地巴西"与"现代化的沿海巴西"的巨大反差。

巴西经济最发达的东南部和南部地区面积分别为 92 万平方公里和 57 万平方公里,人口分别为 6000 多万和 2200 多万,国民生产总值约分别占全国的 50% 和 20%,出口总值分别占全国的 60% 以上和 20% 以上,上缴中央政府税收分别占全国税收的 60% 和 17%。

巴西经济不发达的北部、东北部和中西部 3 个地区面积总和近 700 万平方公里,人口 6000 多万,其国民生产值仅占全国总产值的 30% 多,上缴税额和出口分别占全国上缴税金总额和出口总额的 23% 和 16%。

为扭转南北贫富悬殊的局面,巴西政府采取了以下战略举措:

1. 广筹资金,扩大投资

在这方面,巴西政府主要采取了四种措施。其一是联邦拨款。为了发展落后地区的经济,巴西 1946 年宪法第 199 条规定,联邦收入的 3% 必须用于亚马逊地区的经济和社会发展,另外 3% 必须用于东北部地区的开发,还专门拨出联邦收入的 1% 用于圣弗朗西斯科河谷地区的开发,从而从法律上保证了落后地区开发的资金。其二是通过财政鼓励措施,吸引其他地区的资金向开发地区转移。仅靠联邦政府的拨款是远不能满足开发地区资金需求的,故在 1961 年政府颁布的 3995 号法令中,对在落后地区投资的发达地区的企业采取了一系列财政鼓励措施,以吸引发达地区的私人资本参与落后地区的经济开发。其三是资金调拨。巴西一向把开发落后地区、实现全国经济社会一体化视为自己的责任。政府每年都从发达地区调拨一定数量的资金支援落后地区的开发。据统计,每年调拨资金约占落后地区工农业总产值的 15%～20%,最高年份曾达到 25%,约相当于落后地区当年投资的 50%。巴西著名经济学家德尔芬内托估计,20 世纪 70 年代前后,巴西南部地区向东北部地区的资金转移总额相当于同时期发达国家向发展中国家资金转移的总和。其四是积极吸引外资参与开发。为弥补开发资金不足的困难,在落后地区开发兴建大型工程项目时,往往采取吸收外资参与的方针。如著名的塞拉多计划和大卡拉雅斯计划等,都是在借助于外资的情况下进行的。

2. 发展工业,带动落后地区农业发展

巴西于 20 世纪 60 年代中期在其北部发现了世界上最大的卡拉雅铁矿。为了改变北部地区的落后状况,1980 年巴西政府决定投资 600 亿美元实施大卡拉雅计划,其中包含的农牧业开发计划就可安置 550 万人就业。后来的实践证明,这一举措对缩小地区差距起了重要作用。

3. 合资开发

巴西中西部有面积达 130 万平方公里的稀树草原带,由于资金不足,一直未能开发利用。1970 年末,巴西与日本签署塞拉多开发协定,巴西投资 51%,日本投资 49%,经过努力,开发工作取得了很好的成效。至 1984 年,塞拉多计划的谷物产量占全国产量的 30%,稻米占 35%,杂豆占 15%,大豆占 27%。由于巴西政府近几十年来的一系列财政鼓励措施,再加上不同地区采取的不同开发战略,落后地区的经济,特别是农牧业的发展,均取得了令人满意的效果。

4. 设立马瑙斯自由贸易区,带动其他各业的发展

巴西的亚马逊热带雨林地区面积 221 万平方公里,占全国领土的 1/4。为了开发亚马逊河流域,吸引劳动力、资金和技术,1967 年巴西政府颁布法令,正式成立了当时世界上尚不多见的位于内陆的马瑙斯自由贸易区。政府采取各种减免税收的优惠政策,规定在特区投资设厂的私人企业 10 年内免交所得税,用于扩大再生产的进口商品免交进口税,从国内其他地区购入的消费品和材料免交商品流通税。政府还设立了"亚马逊投资基金",用于扶植重点项目等。引来大批国内外投资,建立起商业中心、工业中心和旅游文化中心,使这里成为一个巨大的"自由市场"。为了带动整个亚马逊河流域特别是中西部的发展,巴西政府规定,自由贸易区每年必须以其收入的一部分作为无偿援助,支援周围地区建立工业、农业、科学和文化等事业,还规定自由贸易区要支援国内科研机构,以开展对亚马逊河流域发展问题的研究。

由于亚马逊地区自然资源丰富和政府提供的优惠开发政策,巴西全国各地的私人企业和美国、日本、荷兰等国外商纷纷在特区投资办厂。

5. 通过迁都转移经济开发中心

巴西政府为了迅速开发中西部稀树草原地区,促进内陆经济发展,于 1822 年便提出了迁都提案交众议院讨论,1891 年巴西第一部宪法规定了新首都的面积和地理位置,1956 年巴西政府动工兴建新首都,1960 年 4 月正式由里约热内卢迁都至巴西利亚。今日的巴西利亚已呈现出欣欣向荣的景象,吸引来了大批各类人员,目前总人口超过 160 万。加上政府专项拨款、促进国际合作等措施,使周围垦殖面积日益扩大,交通、电力、水利等基础设施不断充实,并建立了许多研究中心。

6. 加强政府的组织领导和规划指导

巴西政府为开发经济落后地区,先后于 20 世纪 80 年代成立了东北部开发署、中西部开发署和亚马逊地区开发署。通过这些机构,一方面制订和推行地区开发综合规划;另一方面筹集资金,搞基础设施建设。近年来,巴西政府在东北部地区投资兴修水利,以解决该地区落后的根本原因,即缺水问题。现在,该地区已建成 300 多个大中型水库和 70 多个灌溉区,灌溉面积达 20 多万公顷。

经过 30 多年的努力,三大落后地区的经济发生了很大的变化。当然,正如某些巴西经济学家所指出的那样,要彻底解决地区发展差距问题,在巴西还需要一段比较长的时期。

二、黎巴嫩的外资政策

根据联合国贸发组织的资料,1990 ~ 1995 年间,黎巴嫩每年平均吸引外资 900 万美元,1995 年以后,黎巴嫩吸引外资的步伐加快,1998 年,国外对黎巴嫩的直接投资超过 2 亿美元,2000 年接近 3 亿美元。尽管随后的 2001 年和 2002 年因地区局势恶化,这一数字有所下降,但 2003 年,黎巴嫩吸引外国投资额达到创纪录的 3.58 亿美元。按照 2004 年 2.88 亿美元的统计,当年,黎巴嫩在世界 197 个接受外国直接投资的国家中,名列第 102 位;在中东 15 个国家中,名列第 11 位。

黎巴嫩是一个典型的发展中国家,其制定的区域外资政策对发展中国家具有很大的借鉴意义。

　　黎巴嫩新投资法为体现地区平衡发展战略,将国内划分为三个不同的经济区域,各区域的投资者享有不同的优惠政策。

　　A类区:投资者可以获得工作许可,但IDAL(黎巴嫩鼓励投资发展局)将制定必要的措施以保护当地就业,投资者被要求雇用至少两倍于外籍员工的本地雇工,并为其办理社会保险;对于在贝鲁特证券交易所挂牌上市的有限公司,可以享受为期两年的所得税豁免,条件是可流通的股本不低于总资本的40%;而对于该区内的旅游、海洋渔业,IDAL在报经内阁批准后可以给予此类项目以B类区的优惠条件。也就是说,除旅游、海洋渔业及上市公司外,一般投资项目在A类区几乎不享受优惠待遇。在黎巴嫩,外国人工作许可按不同工种每人需缴纳2000~3000美元的费用,不投资也能办下来;而一般投资项目很难获准在贝鲁特证券交易所挂牌上市。这是因为A类区(大体指贝鲁特、的黎波里和塞达三大中心城市及其周边地区)的经济相对发达,显然这里不是黎巴嫩政府吸引一般投资项目的理想场所。而实际上,该区由于地价高、劳动力昂贵,也不适于一般传统产业落户该区。

　　B类区:除上述A类区的优惠外,B类区的投资者可另享受5年的所得税及投资收益税减免50%。B类区毗邻A类区中心城市,南部地区的塞达、苏尔和喀孜亚市的工业区和北部的里麦尔、拜达威、米纳等地的工业区也被划为B类区,该区各方面条件相对较好。

　　C类区:除上述A类区的优惠外,C类区的投资者可享受10年的所得税及投资收益税全额豁免。C类区是北部山区和贝卡谷地,经济落后,主要是农业区,劳动力富裕,地价低,可吸引传统产业投资。但该类地区交通条件有限,远离消费市场,除农业资源,没有其他资源。

　　为鼓励高科技、信息产业和通信业的投资,新投资法明确规定,此类项目不论设于境内何处,均可享受C类区同等优惠待遇。黎巴嫩政府一直重视高科技及信息产业的发展,与周边的阿拉伯国家相比,黎巴嫩最早引入互联网,对相关电子产品的进口自由度也是最高的。由于自然资源匮乏、劳动力和地价昂贵等原因,黎巴嫩传统产业发展潜力受到制约。相反,黎巴嫩贸易、银行和旅游等服务业较为发达,劳动力教育水平较高,为其发展信息产业和高科技产业提供了市场条件和人力基础。

预料新的鼓励投资法对刺激投资将会产生一些作用,主要体现在高科技和信息产业的政策优惠上。但该投资法能否实现地区均衡发展的意图,特别是能否带动 C 类区的经济发展,似乎不很乐观。这是因为传统产业投资无论是在黎巴嫩的哪个区域,其先天条件都不足;而作为黎巴嫩吸引投资重点的高科技产业由于不受地域限制均可享受最优惠投资条件,可以预料,这类项目投资仍将集中在贝鲁特、的黎波里和塞达三大中心城市。

虽然黎巴嫩制定了切实可行的外资政策,但由于政局不稳定和地区冲突等原因,在一定程度上影响了黎巴嫩吸引外资的数量和规模。

三、埃及区域外资政策的特点

埃及的经济改革始于 20 世纪 70 年代中期,吸引外国投资一直是埃及经济改革的主要目标。根据 2006 年 10 月联合国贸易和发展会议发表的《2006 年世界投资报告》,2005 年,埃及吸引外资 53 亿美元,成为非洲大陆吸引外资第二多的国家;而南非吸引外资 64 亿美元,位居非洲国家之首。随着埃及经济的不断发展,再加上投资环境、投资法规的不断完善,以及新的优惠政策的不断推出,使外国投资者纷纷看好埃及市场。埃及已成为非洲和阿拉伯地区一个颇具吸引力的投资场所。

埃及为吸引外资,主要采取了以下促进措施:

1. 为吸引外资建立了自由区、新城区和工业区

为吸引外资,埃及政府在全国各地先后建立了 6 个自由区(亚历山大自由区、塞得港自由区、纳赛尔城自由区、苏伊士自由区、伊士梅利亚自由区、达米亚特自由区。此外,还有正在建设中的开罗机场自由区和萨法贾自由区)、12 个新城区和若干个工业区。

2. 制定了一系列相关的投资法规,对不同类型的开放区实行不同的优惠政策

1989 年颁布的 230 号《投资法》是面向所有领域的最全面的法规。凡在埃及投资办企业,均依此法而行。在埃及投资由埃及投资总局统一

归口管理。根据新的法律,投资分为两大类:"自由区"投资和"内地"投资,内地投资是指所有在其他地点的投资项目,包括新城区、工业区。

埃及对外国投资领域无任何限制,对不同类型的开放区实行不同的优惠政策。

对"内地"投资项目的优惠:投资项目5年内免交一切税收,如项目建在新工业城、工业区或边远地区,则免税期为10年;允许投资者购买土地,并自由转让;用于出租的住宅项目15年免税,且不受房租控制法规的限制;投资项目所需的进口只缴纳5%的关税;居住一年以内的外国专家免交个人所得税;项目扩建可再获得5年免税期;资金、利润可自由调出。

对"自由区"投资项目的优惠:投资活动自由;资本国籍无限制;资本规模不受限制;公司法律形式不受限制;进口自由;代表其他项目经营的自由;承包加工自由;埃及本土向自由区的出口没有条件限制;利润和投入的资本汇出不受限制;不受价格管制和利润最高限额限制;不受埃及国内外汇管制的限制。

虽然埃及政府不断推出投资优惠政策,在实际操作中仍困难重重。官僚主义、手续繁杂、取得营业执照时间过长、苛刻的劳动法及解决商业纠纷法庭马拉松式的裁决方式等,仍使许多外国投资者顾虑重重。

第四节　国外地区政策和区域外资政策的特点及其对中国西部制定区域外资政策的启示

一、国外区域政策的特点

国外实行区域政策的主要目的是为了消除国家内部经济和社会发展不平衡,缩小地区差异。总体而言,地区政策在促进落后地区的经济发展与增长、提高落后地区人均收入水平和创造就业等方面取得了一定的成效,特别是有效地缩小了一国内部经济发展相对落后地区与较富裕地区之间的发展差距,促进了一国内部的经济趋同,增强了国家的经济和社会凝聚力。

从国际经验看,市场经济国家对外资的区域性优惠大都集中在各种问题区域,如落后地区、萧条地区等。自改革开放以来,中国对外资实行的区域性优惠政策主要集中在相对发达、增长迅速的东部地区。为促进地区经济协调发展,当前必须对过去那种向东部倾斜的区域性差别引资政策进行调整,采取多方面综合措施,积极引导外资投向中西部和东北地区。

发展中国家地区政策有两方面的内容。一是鼓励经济落后地区的开发,促进区域间的协调平衡发展。二是在本国境内设立一些经济特区、出口加工区或技术开发区等,以适应对外开放政策和大规模吸引外资的需要。

总之,随着经济全球化的不断深入,一国经济的发展需要经历寻求资源配置更加优化的过程,这一过程带来了巨大的经济利益,但这种利益分配是不均衡的,要制定区域外资政策来予以弥补;在寻求在更大的空间优化资源配置的过程中,加大了一国的区域差异。区域外资政策照顾了落后地区,有助于缩小差异、增强凝聚力,对推进一国经济和社会的协调发展具有重要作用。

二、国外区域政策对中国西部制定区域外资政策的启示

从以上分析可以看出,无论是市场经济国家、新兴工业化国家,还是发展中国家的区域外资政策,所针对的落后地区都是相对于该地区、该国家高度发达的城市化、工业化和市场化水平而言的。与这些国家或地区相比,我国的经济发展水平还比较落后,城乡差距十分明显,二元经济结构矛盾非常突出,城市化、工业化和市场化水平都很低,地区差距之大在世界上是罕见的,我国缩小地区差距的任务要复杂得多、繁重得多。

过去二十多年来中国引进外资的成果表明,外资对于中国经济建设确实起到了"加速器"的作用。截至2006年9月底,中国累计吸收外商直接投资超过6650亿美元,来华投资的国家和地区近200个,全球500强企业已有约480家来华投资兴业,中国已连续15年成为吸引外资最多的发展中国家。近年外商直接投资对GDP增长的贡献超过40%,毫无疑问,中国是需要FDI的。但不可否认,目前在国内,引资政策面临种种挑

战。而在国际上,目前中国吸引外资面临着两方面的竞争压力。一方面,发达国家仍占据世界大部分的资本,且大多在发达国家之间流动,这些资本何时能流出来,能流出多少到发展中国家,还是个未知数。另一方面,在流向亚洲的国际资本中,以跨国公司(跨国银行)的战略视野,资金投资对象不仅有中国,还有韩国、东盟各国、印度等,资本流向相当分散;东南亚国家经过金融危机后也在调整吸引外资的政策和改善投资环境,与中国一争高低。鉴于国际国内利用外资形势,国家及时调整引资政策和引资重点显得十分重要。现在,面对跨国公司的种种投资新趋势,中国的引资政策应该遵循以下原则:通过有效的政策,促进能够与跨国公司建立长期供货关系的关联企业的形成,然后进一步使这些企业聚集起来,形成一种集聚效应,这是适应跨国公司投资目标调整的背景而采取的引资对策。

随着我国经济不断发展,地区间的不平衡现象将长期存在并呈扩大趋势,借鉴日本、欧盟及其他国家制定区域政策的经验,有利于我国缩小地区差距,增强社会凝聚力。笔者认为,就中国开发西部而言,值得借鉴的有以下几点:

1. 在缩小地区差距方面,中央和地方政府要形成合理分工、协调运转的机制

日本、欧盟的经验表明,一国中央政府负有促进地区协调发展的主要责任。中央政府一般是通过制定总体开发原则和开发计划、提供资金支持以及进行适当干预,来行使好这种职责。同时,在国家投资有限的情况下,应充分发挥地方政府的主动性和积极性,鼓励地方政府根据相关地区的实际情况制定区域性政策吸引外国直接投资。中央政府应将落后地区的开发和援助纳入其总体规划,并制定阶段性目标;每一个具体开发计划的制定和组织实施,都经过先自下而上、再自上而下两道程序,以使开发计划既符合地方实际、具有针对性,又做到点面兼顾,综合发展。借鉴国外经验,中央政府可设立高层次的促进地区经济领导委员会以及专门的地方补偿基金和鼓励基金,将原属中央政府的部分权限分散到地方,由各个地区自主决定经济政策和发展模式,形成有特色、有活力的多样化经

济。我国各地区发展极不平衡,尤其是西部落后地区急需中央政府给予支持,同时各地区也要进一步发挥积极性,自主发展特色经济,将潜在的比较优势转化为现实的经济优势。在西部大开发战略实施过程中,要注意形成上下协调、重点突出的开发规划和政策,避免盲目开发、重复建设和资金浪费。

2. 在经济自由化和全球化日益加深的条件下,中央政府的地区政策应当以改善地区发展的基础条件为着力点

在 20 世纪六七十年代,西班牙主要以计划经济的调控方式缩小地区差距,例如通过财政补贴、优惠贷款和税收政策,对国有企业、私有企业和特定产业进行直接干预,曾经起到重要作用。加入欧盟后,由于欧盟禁止成员国用国有资金帮助某一地区或产业发展,以防破坏自由竞争原则,西班牙不得不对原有的干预方式进行调整。新型的地区发展政策的核心,主要是分散管理,通过中间机构,支持有利于地区经济结构调整的投资计划,为企业提供融资等服务,增强其竞争力。现在,欧盟以直接财政补贴为主的区域外资政策组合正在转向以维护公平竞争为主的政策组合。欧盟新的发展规划更多地强调改善基础设施条件、促进人力资源开发和保护生态环境等,显著减少对产业或企业的直接支持,并对财政补贴加强监督。WTO 规则要求一国政府着重创造良好的竞争环境,尽量采取普适性的一般性政策,而不采取部门倾斜性的产业政策。我国已加入 WTO,在促进落后地区发展和维护公平竞争方面,将面临新的情况和问题。政府宜将政策重点放在改善落后地区的基础设施、人力资源、生态环境和社会保障上,而不宜直接帮助落后地区的企业和产业。同时,也要尽量利用好WTO 过渡期和有关例外条款,为落后地区和落后产业的发展提供引导和服务。

3. 正确有效地发挥中央政府在促进区域经济发展中的作用

德国联邦政府认为,在区域开发中,国家的首要任务是创造宏观环境,以使得各地区能利用自己的力量来完成所面临的结构转换任务。在我国西部大开发中,政府的作用首先是改善制度环境,进一步转变政府职能,实行政企分开,减少审批事项,简化办事程序,强化服务意识,实行依

法行政,严肃执行经济法规,以保障各种市场主体参与西部开发的顺利实现和诱导资金、技术、人才向西部流动。西部大开发中,政府除了制定规则以及对市场失灵的领域进行干预以外,还应加强基础设施建设,为西部地区经济发展提供硬环境,强化生态建设和环境保护,鼓励生态建设;加强规划,协调省际利益关系,比如协调西电东送、西气东输工程中的省际利益矛盾。

4. 建立完善的区域外资政策法规和规划体系

日本振兴过疏地区的经验表明,为确保政府在区域协调发展中发挥应有的作用,必须制定相应完善的法规体系。要明确界定中央和各级地方政府所负有的确保区域协调发展、缩小地区间发展差距中的职责。进一步明确我国区域协调发展的具体目标、主要手段、操作程序以及各级政府的职责、"问题地区"的类型及界定标准等,为区域外资政策的实施打好基础。在适当时机制定特定地区开发或再开发的法律,如《西部开发法》、《西部吸引外国直接投资法》等。此外,我国有必要根据新的情况借鉴德国等西方国家的先进经验,进行新一轮区域规划的编制工作,以适应新的区域发展形势的要求。新一轮的区域规划应把重点放在基础设施和生态环境等主要由政府负责的方面来,对于产业布局只提出指导性意见。要特别重视"问题地区"的规划,并以此作为实施区域外资政策的直接依据。

5. 加强人力资源开发和实现人口流动,对于改变落后地区面貌具有重大意义

日本、欧盟的实践证明,人力资源是一个地区总体资源中最关键的因素,只有人口素质提高了,才能增强吸引和消化外来投资的能力,也才能适应发达地区就业岗位的需要,为落后地区带来汇款收入。人口从落后地区大量流向发达地区,也是改变落后地区面貌的重要因素。我国目前在人口流动特别是农村人口向非农产业转移方面,还存在不少障碍;落后地区急需的基础教育和职业教育也十分薄弱。今后,应当加快这些领域的改革和发展,以促进我国区域差距逐步缩小。

6. 尽快建立规范的转移支付体系

国外区域外资政策的经验表明,地区财政转移支付是区域外资政策的核心,是问题地区发展和振兴的重要保障。一些国家(如德国)无条件的财政性转移支付制度(区域财政平衡制度)和有条件的收入性转移支付制度(对问题地区的财政补贴制度)都有其合理性和特色,可以借鉴,特别是收入性转移支付制度应当优先加以借鉴。为增强西部开发的财政基础,应加大对西部地区财政转移支付的力度。在当前以基础设施建设、农业开发为主的初步开发时期,尤其要发挥中央财政的作用。目前按基数法转移支付的办法,不利于消除地区发展差距。应实行比较客观科学的、考虑地方差异的"因素法"决定中央政府对地方的转移支付办法。转移支付除用于基础设施建设外,还可以用于改善贫困地区生活水平、增加地方政府可支配财力等方面。

7. 加大政策扶持力度,为西部地区发展非国有经济创造条件

充分发挥财政补贴和税收政策在扩大投资中的诱导作用。目前西部大开发的优惠政策主要是所得税政策,支持力度还不大,对于投资项目诱导还不强。可以借鉴国外经验,对于具有重大影响、经济关联度大、有利于发挥地区比较优势的投资项目,实现包括税收减免、加速折旧、贴息贷款和投资补贴在内的投资促进政策,财政补贴标准可以按照投资性质、地区等级和就业人数来确定。

近年来,我国政府虽然采取了一系列政策措施来促进西部地区和落后地区的经济发展,但是尚未有效地改变我国地区经济发展不平衡和东西部、东中部发展差距扩大的现状。要加快西部地区的发展,改变这一地区的经济落后面貌,国家必须加大对西部地区的投资,特别是要加强基础设施建设和企业的技术改造,消除基础设施不足对经济发展的制约作用。"十一五"期间,国家应对西部地区进一步实行投资倾斜政策,优先考虑在这一地区安排重点建设项目,以加快西部地区的经济发展。但是,加快西部地区的发展、逐步缩小东西部发展的差距将是一个长期的过程。在目前国家财政状况困难、资金紧张的情况下,仅靠国家每年有限的财政预算难以满足西部地区基础设施建设对资金的长期大量需求,况且基础设施建设往往投资大、建设周期长,需要有持续的、可靠的资金来源。因此,

借鉴欧盟的做法和经验,设立国家地区发展援助基金不失为一种可供选择的良策。设立国家地区发展援助基金不仅可用于支持和资助西部地区的基础设施建设,而且可用于支持西部地区的中小企业的技术改造和发展,以及鼓励东南沿海地区的一些企业到西部发展。基础设施建设可以缓解交通、运输和通信设施不足对西部经济发展的"瓶颈"制约作用,奠定长期经济发展的基础。但是,要想扩大就业、活跃经济、逐步提高西部地区的人均收入水平,还必须同时大力扶持、发展中小企业。

8. 加强外资政策和区域政策的协调,引导外资向西部欠发达地区流动

鉴于我国目前地区差别较大的特点,外资政策应与区域政策协调并用,共同发挥作用。根据不同地区的不同特点做出相应的政策调整。

一是国内各地在相关引资政策调整时,首先要根据本地的比较优势对自己有一个准确的定位。跨国公司在制订对外投资战略时主要是基于生产基地、研发基地、营运中心三方面的安排,那么根据国际惯例来看,跨国公司总是将投资放在配套能力强而且具有外在规模经济效应的地方,这就要求国内各地在吸引投资时对自己要有一个准确的定位,分析跨国公司会把本地考虑成什么样的地位,进行相应的政策调整,用发展的思路来招商。

二是促进地方产业群的培育。研究表明,一国欲获得竞争优势,不能只靠本国的全球性大企业,更重要的是那些扎根于国土上的中小企业集群。国际上地方产业群的建设经验对我们有重要的启示。产业群在一切部门都可以发展,关键是发展具有竞争优势的特色产业。而产业群的发展势必大大增强跨国公司在国内的配套能力,能大大降低跨国公司的生产成本。

三是实行"法律环境优先"策略,即把加快建立市场经济法律体系,大力改善外商投资的法律环境,作为利用外资工作的要务。我国吸引外资的要素中,廉价生产要素和市场潜力居于前两位,尚未集中到投资环境综合竞争力上。近几年,外商对中国的投资环境的关注重点已逐步从优惠政策转到法律执行、产业导向、技术标准等方面,对中国进一步健全法

律制度,增强执法能力和水平,提高监管制度的透明度,改革行政管理体制,加快各项体制创新和机制创新等,提出了更高的要求。在面临国际资本流动更趋理性的趋势下,我们一方面应进一步完善吸收外商投资的法律体系,保持外商投资政策法律的稳定性、连续性、可预期性和可操作性,努力为外商投资创造统一、稳定、透明、可预见的法律环境和政策环境。另一方面,要增强法制观念,做到公开、公正、透明,努力建设廉洁、勤政、务实、高效的政府,为外商创造良好的法律执行环境。

四是推进"大力促进并购"策略,即把大力促进外资并购特别是跨国公司对国有企业的并购,作为重要的引资增长点。我国加入 WTO 以后,跨国并购、股权转让等新的投资方式应逐步成为外商投资的重要方式。为适应并购这一国际资本重要流动形式,有必要尽早制定相应法律与实施细则,跟上国际资本流动趋势,这不仅对新世纪我国扩大吸收外资规模和提高引资水平十分必要,更重要的是它将成为我国改组改造大中型国有企业的最佳途径之一。在实际操作中,要坚持"有进有退,有所为有所不为"的原则,区别国有经济在不同领域分布的实际情况,采取不同的方法,大力鼓励外商参与国有大中型企业的重组和改革。

五是实行"西部大优惠"策略,即推出以土地优惠、所得税优惠为核心内容的更加优惠的西部引资政策。虽然我国吸收外资的政策已逐步向产业导向倾斜,但是在对外开放中落伍的西部地区随着大开发战略的实施势必加大对外资的需求,对这一地区优惠政策的倾斜仍是不可缺少的。

参考资料

[1]UNCTAD(1996),*United Nations: Incentives and Foreign Direct Investment*.

[2] Gregor Van Der Beek and Larry Neal(2004),"the Dilemma of Enlargement for the European Union's Regional Policy",*Research Report*.

[3] Rudiger Dornbusch, Stanley Fischer , Richard Startz. McGraw (1998),*Macroeconomics*(Seventh Edition) - Hill Book Com. and Dongbei University of Finance & Economic Press .

［4］Pierre Kukawka(2001)，*L Europe par les Régions*，Presses Universitaires deGrenoble.

［5］European Commission(2000)，*Structural Actions* 2000~2006，Belgium.

［6］EEAG(2002)，"Report on the European Economy"，*Munich*.

［7］张可云：《区域经济政策——理论基础与欧盟国家实践》，中国轻工出版社 2001 年版。

［8］朱欣民、David Shaw：《欧美产业衰落区域的综合治理》，西南财经大学出版社 2001 年版。

［9］赴欧"区域外资政策"考察课题组：《欧盟地区政策考察报告》，国务院发展研究中心《调查研究报告》，2001 年第 42 号。

［10］中国驻西班牙大使馆：《欧盟对落后地区的发展政策及对我国启示》，2002 年 12 月。

［11］胡峰：《泰国外资政策调整的背景、内容及成效》，载《贵州财经学院学报》2001 年第 5 期。

［12］田贵明：《跨国公司对外直接投资与东道国激励政策竞争》，中国经济出版社 2002 年版。

［13］朱廷珺：《90 年代外资政策自由化的特点及问题》，载《兰州商学院学报》1996 年第 2 期。

［14］王一鸣：《高速增长时期区域经济和区域政策的国际比较》，载《经济研究参考》1997 年第 4 期。

［15］陆大道等：《中国区域发展报告》，商务印书馆 1997 年版。

［16］吴仕民：《我国西部发展中的投入问题》，载《求是》1996 年第 14 期。

［17］国家计委经济研究所课题组：《中国区域经济发展战略研究》，载《管理世界》1996 年第 4 期。

［18］曹扶生：《构筑东西部联动发展的新格局》，载《社会科学》1993 年第 3 期。

［19］曹扶生、宁越敏：《发达国家实施欠发达地区开发的经验与启

示》,载《世界地理研究》第 9 卷第 2 期,2000 年 6 月。

[20]田毅鹏:《20 世纪下半叶日本的"过疏对策"与地域协调发展》,载《当代亚太》2006 年第 10 期。

[21]日本国土厅编:《国土统计要览》,1999 年版。

[22]日本东洋经济新报社编:《地域经济总览》,2001 年版。

[23]金森久雄、香西泰编:《日本经济读本》,东洋经济新报社 1990 年版。

[24]浅子和美、筱原总一编:《日本经济入门》,1999 年版。

第十一章　西部地区吸引跨国公司直接投资的环境评价与优化对策

改革开放初期,中国东南沿海建立起来的经济特区被允许吸引 FDI,扮演着经济改革试验区的角色。随后,开放沿海城市政策允许 14 个沿海开放城市吸引 FDI。时至今日,FDI 已经被看做是中国经济发展的重要贡献者,但这种发展在空间上已经失衡。在中国大规模引进外商投资的20 多年中,在华设立的外资企业主要集中在经济较为发达的东部沿海省市,中西部地区尤其是西部地区外商直接投资则增长缓慢。2002 年全国外商直接投资 527.43 亿美元,其中东部地区占 86.1%,中部地区占9.5%,西部地区仅占 5.71%。西部地区人均利用外商直接投资 8.3 美元,而东部地区是 95.6 美元。① 从 1984~2003 年累计总量来分析,东部沿海地区占了总量的81.5%,东北地区为 6.5%,中部地区为 7.3%,西部为 4.6%。② 加入 WTO 后,外商在华投资并没有向中西部地区扩散,反而进一步向沿海地区集中。

当前,西部地区需要吸引更多的外资来推动经济发展,缩小与中东部地区在经济水平上的差距,这就要求西部地区必须创造良好的外商投资环境。投资环境是影响投资的一切外部因素的综合,这些因素分别影响投资主体与受资者在投资过程中的成本与收益。对于投资者来说,投资环境好有利于其利用当地资源,占领更多市场,降低经营成本,促进业务

---

① 吴海鹰:《日本跨国公司投资行为与投资趋向对西部地区吸引外资的影响》,载《宁夏社会科学》2006 年第 5 期。

② 易成栋:《区域政策与西部外商直接投资》,载《西部论丛》2006 年第 1 期。

发展;对于受资者来说,投资环境好有利于吸引更多外来投资,促进产业升级,促进经济发展和社会进步。

本章首先对来自不同经济体的 FDI 的特点进行了较为深入地分析;然后运用关键要素法、主成分分析等方法,利用 SPSS 等统计软件对统计数据进行处理,对我国西部 12 个省、自治区、直辖市的投资环境进行对比分析,对西部地区投资环境的区内差异进行了深入探讨,并全面分析了西部地区投资环境与中东部地区相比存在的差距;最后结合来自不同经济体的 FDI 的特点和西部投资环境的区内空间差异,提出了改善西部地区外商投资环境的对策措施,旨在为中国西部各省、自治区、直辖市改善投资环境和国外投资者进入西部投资决策提供科学依据。

第一节　国内外关于投资环境评价研究的综述

一、国外关于投资环境评价研究的综述

在古典经济理论中,亚当·斯密提出了绝对成本说,大卫·李嘉图在其基础上提出了相对成本学说,后来俄林又提出了资源禀赋论,都阐述了地域分工的概念,使得投资环境这一带有空间差异性的命题研究有了可能性和必要性。二战后,德、日等国家为实现跨越式发展,提出了“动态比较利益”学说的保护幼稚产业思想、非平衡发展理论和主导产业理论,从实践的角度验证了投资环境是在发展中的、可塑的动态概念,这一学说极大地丰富了投资环境研究的理论内涵。上述理论从宏观角度发展了投资环境的研究,而杜能、韦伯等提出的古典区位理论则从微观上阐明了具体投资项目的区位选择原则。韦伯在其区位理论中从劳动力费用、运输费、集聚与分散、市场等因素的分析中,探讨了最小生产成本对企业最优区位选择的条件,并由此决定了区域是否具有对工业配置的吸引力。

关于投资环境评价的研究始于 20 世纪 60 年代,具有影响的有彼得·班廷等人。这一时期的研究对象主要是东道国的投资环境,属于投资学的一个方面。随后,区域经济学、产业经济学和其他相关学科得到发展,并开始涉足这一领域。

西方发达国家在对外投资方面已有上百年的实践,有一套成型的评估投资环境的方法与理论。目前,比较知名的有美国经济学家伊西阿·利得弗克和彼得·班廷提出的冷热因素法、美国经济学家罗伯特·斯托伯提出的多因素评分分析法(或等级尺度法)和美国道氏公司提出的道氏评估法等、日本的标准评估法等。

二、国内关于投资环境评价研究的综述

投资环境研究在发展中国家也是一个很受关注的研究领域。近几年来我国学者在借鉴西方关于投资环境评价的理论与方法基础上,对我国投资环境也进行了大量研究,借鉴并提出了各种方法进行投资环境的评价研究。

王慧炯(1987)对中国的宏观投资环境进行了评价。香港中文大学闵建蜀(1987)提出了投资环境的多因素综合评价法,该方法扩展了等级尺度法的基本思想,设计出投资环境的十大要素,然后对各要素评分确定分值,进行定量分析,得出综合投资环境结果。中国社科院世界经济与政治研究所(1993)对中国投资环境进行了国际比较。刘洪明(1996)从中观上对我国各地区投资环境进行了综合评价和对比。鲁明泓(1997)根据外国直接投资区域分布,先后对中国不同地区投资环境进行了评估,并深入研究了国际直接投资的区位决定因素等。沈玉芳、马淑燕(1999)采用加权等级尺度法,在征求专家咨询意见的基础上,推举并筛选出综合经济实力、和上海产业结构的关联程度、基础设施、技术与管理水平、市场潜力和融资能力、人口与劳动力资源、区位与自然资源、对外开放度和环境容量九大评价指标46个因子组成评价指标体系,对长江沿江15个主要城市的投资环境进行了总体性评价和重点产业的适宜性评价。

郭盛芳于1999~2000年对全国有代表性的30个城市和地区的投资环境进行了综合评价,评价的定量指标主要包括经济总量、经济结构、经济效益、融资能力、技术资源、交通便捷性和邮电设施水平七大类。在定量分析的基础上,郭盛芳还进行了细致全面的定性分析研究,所分析的定性材料包括优势资源、基础条件、投资立项方面的情况、利用境内外资金

方面的政策、利用外资状况以及经济与社会发展规划。郭盛芳以全国、东部地区、中西部地区、西部地区的主要经济指标作为评价的比较基准,判断参评城市的投资环境的综合水平,同时还对各主要单项指标进行横向比较,以确定该城市的优势、潜在优势及有待改进之处。曲延芬(2001)考虑到区域投资环境在经济、政策、文化等诸多方面区别于国家投资环境的特殊性,提出了区域投资环境评价方法的 AHP—ROSCE 模型,运用"层次分析模型"和"相对最佳标准综合评价模型",将投资环境的一般性与区域投资环境的特殊性有机结合起来。文余源等(2002)针对应用不同方法评价投资环境时,往往出现评价结果不一致性的现象,提出了一种多方法综合应用的系统评价方法,克服了以往只用一种方法评价的片面性,提高了评价的精度和可靠性。并以我国 19 个副省级以上城市为例,对其投资环境进行了综合评价。文余源等(2003)又阐述了神经网络方法在投资环境评价领域中的应用模型及其操作算法,并给出了应用实例。

对于西部地区的投资环境,国内学者也进行了大量研究。李同升、程叶青(2002)运用因子分析方法,基于 SPSS10.0 对统计数据进行处理,对我国西部 32 个大中城市的投资环境进行综合评价。杨俭英(2003)利用层次分析法建立了投资环境模型,对甘肃环境进行评价、分析,并探讨了改善甘肃投资环境的具体策略。

王春燕等(2003)把甘肃省白银市和金昌市进行比较,评价了白银市投资环境的总体质量,进而提出了改善白银市投资环境的方法。王春燕等指出,投资环境是围绕着投资主体的各种风险因素的集合,这些因素体现在自然地理、社会文化传统、经济、政治和法律五个方面。在此基础上王春燕等根据白银市是矿产资源型城市的性质,依据评价因子选取的系统性原则,有针对性、启示性及简洁性,有反映、监测、预警的功能的原则,结合指标可收集度和可定量化等因素,在白银市投资环境综合质量评价中选取了自然区位、环境污染、人力资源、经济发展水平和基础设施五类因素共 17 项因子,并用层次分析法模型确定了各因素、因子的权重。由于王春燕等选取的指标均具有量纲,为了便于比较,根据各因素、因子的作用性质及表现形式,他们采用了两种标准化模型。对于年人均国内生总值、电话普及率等这类规模越大对投资吸引力越大的因子,采用极大值标准化计算 $I_{ij} = a_{ij}/\max\{a_{ij}\}$;对于职工工资、单位面积工业废水排放量、单位面积工业废气排放量及单位面积工业固体废物堆积量等这类指标值越小,对投资的吸引力越大的因子采用极小值标准化计算 $I_{ij} = 1 - a_{ij}/\max\{a_{ij}\}$。

胡安舜、牛永涛(2003)指出,影响西部投资的环境因素可分为两类:一是投资的硬环境因素,包括自然条件、环境状况、基础设施、经济结构和接近市场等;二是开放政策、政府效率、社会治安、金融、技术与管理、教育与人力资本、立法与司法状况等软环境因素。胡安舜和牛永涛通过比较与东部发达地区在上述影响因素的不同以及由此引起的经济绩效差距,对西部投资环境进行客观的评估分析,研究西部的投资环境问题。曾国平等(2003)以重庆市为研究对象,在指标体系构建的基础上,运用因子分析法和聚类分析法,对重庆市的投资环境进行了以定量分析为主的实证分析。

目前,国内外投资环境评价研究,多以区位理论、国际直接投资理论和国际贸易理论作为理论指导,研究者构筑了各种各样的评价体系,从不同角度和不同侧面分析了影响投资环境的因素及其影响方向和影响程度,对国家和区域的宏观经济政策的制订以及为企业选择合理的投资区域具有重要的指导意义。但也存在一些薄弱环节:一是很多指标体系反映不出区域投资环境的特征,其主要原因是较多地参照一般条件下的投资环境指标体系,而针对区域投资环境因素分析不足;二是忽视了区域内差异性研究,没有揭示出投资环境的空间衰变规律;三是难以摆脱评价过程中的随机性、主观不确定性和认识的模糊性;四是注重综合性评价而忽视了不同投资主体对投资环境的不同要求。而且,对于以跨国公司为投资主体,以中国西部地区为对象的投资环境评价,已有的研究思路和研究方法并非完全适合。

第二节　跨国公司对外投资动因及对投资环境的关注点分析

一、跨国公司对外投资动因分析

Braunerhjelm 和 Svensson(1996)指出,关于 FDI 的理论基础是片断性

的,包括经济学不同领域中解释跨国公司区位选择模式的一些零散的文章。海默(1960)将跨国公司看做市场供应的垄断者,FDI 被认为是以利润最大化为原则进行投资决策的公司面临世界范围内的竞争的结果。邓宁(1977)采用折中的方法和体系,综合了海默以来关于垄断优势理论研究的成果,又将俄林的要素禀赋与区位理论和巴克莱等人的内部化理论结合在一起,建立了国际生产折中理论,邓宁本人将这一理论称为"三优势范式",该理论是迄今为止解释力最强的国际直接投资理论之一。邓宁以为,尽管收益最大化是跨国公司对外直接投资的原始动力,但决定其具体投资行为的则是所有权优势、内部化优势和区位优势,见表 11.2。邓宁通过他的实证研究证明,企业只有同时具备这 3 项优势时,才可能进行国际直接投资,见表 11.1。

表 11.1　一国参与国际经济方式的选择

对外直接投资	所有权优势	内部化优势	区位优势
对外直接投资	有	有	有
对外贸易	有	有	无
对外技术转让	有	无	无

资料来源:Dunning J. H. , *International Production and the Multinational Enterprise*. Allen and Unwin,1981.

表 11.2　国际生产的类型:一些决定因素

国际生产的类型	O 所有权优势(跨国公司活动的原因)	L 区位优势(生产的地点)	I 内部化优势(包含的方式)	跨国公司战略目标	适合跨国公司的活动类型的描述
自然资源寻求型	资本,技术,接近市场;互补的资产;规模和谈判优势。	拥有自然资源和相关的交通、通讯基础设施;税收和其他优惠(激励)。	确保在公正的价格水平上供应的稳定;控制市场。	获得比竞争对手在资源获取方面更有特权。	(a)石油,铜,矾土,香蕉,可可豆,旅馆。(b)出口加工,劳动密集型产品或过程。

国际生产的类型	O 所有权优势（跨国公司活动的原因）	L 区位优势（生产的地点）	I 内部化优势（包含的方式）	跨国公司战略目标	适合跨国公司的活动类型的描述
市场寻求型	资本，技术，信息，管理和组织技能；过剩的技术研发和其他能力；经济规模；产生品牌忠诚的能力。	原材料和劳动力成本；市场规模和特征；政府政策（例如，关于规则和进口控制，投资激励，等等）。	希望减少交易或信息成本，对购买者的不了解，或不确定性，等等；保护财产权。	保护现有市场，对抗竞争者行为；在市场获取方面排除竞争者或潜在竞争者。	计算机，制药，机动车，香烟，加工食品，航空服务。
效率寻求型：（a）关于产品（b）关于过程	同上，再加上接近市场；范围经济，区域分布多样化和国际供应来源。	（a）产品专门化和集中化经济（产业集群等）。（b）低劳动力成本；东道国政府对本地生产的鼓励。	（a）第二类再加上获得公共管理经济。（b）垂直一体化或水平多元化经济。	作为地区或全球产品合理化（合乎经济原则）的一部分和/或为获得过程专门化的优势。	（a）机动车，电力设备，商业服务，一些研发。（b）电子消费品，纺织品和衣物，照相机，医药。
战略资产寻求型	以上三个中的任意一个都提供与现有资产协合机会。	以上三个中的任意一个都提供技术、市场和其他资产，在这些方面公司是缺乏的。	公共管理经济；提升竞争的或战略的优势；减少或分散风险。	加强全球革新或产品竞争力；获得新产品线或市场。	固定成本比重高的产业采用，提供实质的规模经济或协同经济。
贸易和配送型	市场通路；产品配送。	供应源和地方市场；需要接近消费者；需要售后服务等等。	需要保持进口产品质量；需要确保销路和避免低业绩或被外国代理商不实宣传。	作为进入新市场，或作为地区或全球市场战略的一部分。	各种各样的商品，尤其是必须与转包商和最终消费者接触的商品。

国际生产的类型	O 所有权优势（跨国公司活动的原因）	L 区位优势（生产的地点）	I 内部化优势（包含的方式）	跨国公司战略目标	适合跨国公司的活动类型的描述
支持服务型	在母国的客户经验。	市场的有效性，尤其是那些"领导型"客户。	各种各样的（见上面各类）。	作为地区或全球产品的一部分，或地理区域分布多样化。	（a）会计，广告，银行，生产资料。（b）空间联系至关重要的行业（例如，航空和海运）。

资料来源：John H. Dunning. *Multinational Enterprises and the Global Economy*. Addison-Wesley Publishing Company.

二、跨国公司对投资环境的关注点分析

美国曾对欧洲和地中海沿岸 23 个国家的 722 家企业就投资环境的问题进行过专项调查，结果表明外企认为理想的投资环境包括：发达的市场经济、先进的科技、健全的金融税收体制、稳定的汇率、完善的基础、良好的卫生和环境（医疗服务、教育水平、人的素质、生活质量、犯罪率等）。[1]

2003 年 3 月南京大学社会学系"世界 500 强投资中国各城市情况专项调查"课题组发表了《上海、南京、杭州外商投资环境的比较研究》的调查报告。报告显示：外商投资南京首先考虑的是市场前景，其次考虑的是投资收益（投资回报、劳动力成本），而区位优势、经济基础、政策环境等也是外商投资时考虑较多的因素；外商投资杭州首先考虑的也是市场前景，其次考虑的是投资收益（投资回报、劳动力成本），而经济基础、政策环境、区位优势等也是外商投资时考虑较多的因素；投资回报、市场前景、劳动力成本、政府支持（如赋税等）和科研能力是被调查者认为外商投资上海的前五位原因。

Gong（1995）的研究表明，那些具有良好电力供应、临近海港、水路交

---

① 　郝红梅：《谈我国的外商投资环境》，载《对外经贸实务》2000 年第 2 期。

通方便、通信便捷以及拥有特殊优惠政策的城市是外商进行投资的主要区域。肖政、维克特·盖斯特勒格(2001)将我国沿海与内陆的 FDI 地区性差异解释为人均 GDP 的地区性差异、基础设施、熟练劳动力和官僚主义等。魏后凯等(2001)通过对秦皇岛 135 家外商投资企业的研究发现,廉价的劳动力、便利的交通运输条件、邻近的目标市场是 FDI 区位选择时所考虑的重要因素。鲁明泓和潘镇(2002)采用因子分析方法评估了1990～2000 年我国各省、自治区、直辖市的投资环境,同时发现国内生产总值、第三产业比重、城市化程度、劳动力成本、对外资企业的进口限制、优惠政策等因素对外国直接投资的地区分布有着显著的影响。孙俊(2002)将影响外商在华投资地点选择的因素归纳为产业结构、政策优惠、开放水平、教育水平、市场化程度等。孙海鸣、赵晓雷(2003)将 FDI 区域差异归因于环境因素、政策性因素、结构因素和效率因素。①

世界银行在 2002～2003 年调查了中国 23 个大中城市的 4000 家企业,在此基础上于 2003 年 10 月发布了《改善投资环境,提高城市竞争力:中国 23 个城市排名》。世界银行评价区域投资环境,着重于在企业层面上考虑影响企业运营绩效的重要投资因素。报告将这些因素分为 10 个方面的指标:基础设施、国内的进入和退出限制、技能和技术存量、劳动力市场灵活度、国际一体化程度、私营部门参与程度、非正规付款、税收负担、司法效率和融资。

Broadman 和 Sun(1997)在关于 FDI 在中国的空间分布的计量经济分析中,发现中国至 1992 年底的 FDI 存量主要是由 GDP、基础设施发展、文化水平和沿海区位等决定的。Chen(1997)发现衡量效率工资的比率(名义工资除以平均生产率)与 FDI 流入呈显著负相关,FDI 流入与基础设施条件呈显著正相关。Chen(1997)还指出较大的经济总量比较小的经济总量对 FDI 更有吸引力,由于规模和溢出效应的外部经济使得一个较大的经济体能为产业和企业发展提供更多的机会。Coughlin 和 Segev

---

① 汪旭辉:《外商对华直接投资的区位变迁及影响因素分析》,载《国际贸易问题》2006 年第 4 期。

（2000）在他们的分析中发现 GNP、平均生产率和沿海区位等是决定 FDI 的积极因素,平均工资、文盲率等则是决定 FDI 的消极因素。不可避免地,这些研究的结论受到了他们使用的变量(因素)和分析方法的影响。

三、来自不同经济体的直接投资的区位与行业选择

尽管所有跨国公司对投资环境有一些共性的要求,但来自不同经济体、不同行业、不同规模和不同类型的公司对投资环境的要求又有其特殊性。

1. 日本跨国公司在中国大陆的区位与行业选择

在 20 世纪 80 年代,由于日本产品在出口市场上竞争力降低,日本对外直接投资迅速增长。最初,日本流向中国的 FDI 集中在经济特区和北京,随后,当沿海经济技术开发区向外国投资者开放时又进入沿海经济技术开发区(ETDZs)。至 1997 年,中国来自日本的 FDI 存量主要分布在沿海地区,上海最多,其次是广东、北京、江苏和辽宁。而且,日本 FDI 在提到的这些省市也是非均衡分布,主要集中在一些特定的区域集群:在广东的珠三角,尤其是深圳和广州,其次是东莞、中山和珠海;在毗邻上海的江苏南部的长三角,尤其是苏州和无锡,其次是昆山;在渤海湾地区的辽宁,主要集中在大连。来自日本的 FDI 涉足中国允许投资的所有部门,但最多的资本存量是在电子和电气部门。在北京,第三产业吸引的来自日本的 FDI 有显著增长,主要产业为宾馆饭店、贸易、交通和软件等。

Jaideep Anand 和 Andrew Delios(1996)[①]认为,中国来自日本的 FDI 是受到接近高生产率的资源的特定区位的激发,这些高生产率的资源包括高的技术水平、管理技能和组织化的知识传递。Jaideep Anand 和 Andrew Delios(1996)还认为,印度来自日本的 FDI 却是受到进入本地市场的愿望的激发。Guelle(2001)认为日本投资于中国的跨国公司主要不是"市场寻求型",而应该被看成是后工业化问题的必然结果。这与 Hatch

---

① Jaideep Anand and Andrew Delios. How Japanese MNCs have matched goalsand strategies in India and China. The Columbia Journal of World Business. 1996(fall).

和 Yamamura(1996)认为日本在运用东亚国家作为他们的商品输出地的说法是一致的。自1985年,日本本国的生产成本上升,因此中国便宜的要素价格吸引着日本公司到中国投资组织生产并最终用于出口。

表11.3 1998年日本对中国 FDI 在各省、区、市的分布状况①

	总资本存量 (百万日元)	占全国比重 (%)	项目数 (个)	占全国比重 (%)	每个项目平均规模 (百万日元)
上 海	621594	28.7	530	23.1	1173
广 东	282989	13.1	296	12.9	956
北 京	259020	12.0	250	10.9	1036
江 苏	238770	11.0	302	13.2	791
辽 宁	205799	9.5	252	11.0	817
天 津	131966	6.1	130	5.7	1015
山 东	82770	3.8	145	6.3	571
浙 江	79424	3.7	99	4.3	802
河 北	52681	2.4	42	1.8	1254
重 庆	46411	2.1	27	1.2	1719
福 建	46029	2.1	49	2.1	939
安 徽	32708	1.5	11	0.5	2973
湖 南	17592	0.8	12	0.5	1466
黑龙江	9649	0.4	11	0.5	877
陕 西	8948	0.4	23	1.0	389
湖 北	8602	0.4	15	0.7	573
吉 林	8484	0.4	17	0.7	499
河 南	8353	0.4	18	0.8	464
海 南	6743	0.3	9	0.4	749
四 川	6644	0.3	16	0.7	415
内蒙古	4779	0.2	8	0.3	597
广 西	2790	0.1	6	0.3	465
云 南	2666	0.1	3	0.1	889
江 西	1781	0.1	1	0.0	1781
山 西	1040	0.0	3	0.1	347
宁 夏	458	0.0	2	0.1	229

---

① John F. Cassidy, "Bernadette Andreosso-O' Callaghan. Spatial determinants of Japanese FDI in China". *Japan and the World Economy*(2005).

	总资本存量 （百万日元）	占全国比重 （%）	项目数 （个）	占全国比重 （%）	每个项目平均规模 （百万日元）
新　疆	263	0.0	5	0.2	53
贵　州	221	0.0	1	0.0	221
其　他	331	0.0	13	0.6	
合　计	2164718	100.0	2296	100.0	943

资料来源：Toyo Keizai dataset.

　　吴海鹰于2003年12月~2004年4月在日本名古屋大学担任客座研究员期间，以"投资行为与投资趋向"为调研主题，选择了4个在中国特别是在西部已经有投资的制造业大企业即丰田汽车株式会社、山崎马扎克株式会社、兄弟工业株式会社和则武株式会社作为调研对象，调研采用实地参观、问卷调查和座谈交流三种形式相结合。结果显示，这些公司选择投资区域时考虑的主要因素有：第一，较低的成本，包括劳动力成本和土地成本。第二，优惠的政策以及当地政府的支持。第三，交通便利。包括货物和人员流动的便利。第四，巨大的市场空间。调查发现，不同企业因其市场定位和产品的差异，在区域选择上考虑的侧重点有所不同。日资制造业投资区位的选择，需要有一个比较健全的外部配套条件，如较为完善的基础设施、与市场经济相适应的制度环境、较好的产业配套条件等。①

　　2. 韩国跨国公司的区位与行业选择

　　从20世纪80年代开始，韩国公司开始大量对外直接投资，而且这种投资还在快速增长。1999~2003年，韩国跨国公司新增国外分支机构是10448个，对外直接投资总额为200亿美元；其中，在中国的分支机构占50.2%，在中国的FDI占19.5%；而且来自韩国的FDI占中国吸收FDI的份额也在上升。韩国对中国的FDI的60%以上分布在东北部地区，包括山东、辽宁、天津和吉林等。

　　Sung Jin Kang 和 Hong Shik Lee（2006）通过使用广泛而独特的韩国

　　①　吴海鹰：《日本跨国公司投资行为与投资趋向对西部地区吸引外资的影响》，载《宁夏社会科学》2006年第5期。

对中国直接投资的公司层面的数据分析发现,韩国公司在中国的分布很不均匀,超过 60% 的分支机构坐落于东北部地区。他们运用 McFadden (1974)提出的条件逻辑估计,发现市场规模、政府政策①、劳动力质量和交通基础设施对韩国跨国公司在中国的区位选择起着正面的作用;而劳动力成本、与韩国的距离等因素则显示出显著的负面作用。

表 11.4　韩国对全球和对中国的 FDI 及项目数的产业分布发展趋势②

单位:%

		1989~1993		1994~1998		1999~2003	
		全球	中国	全球	中国	全球	中国
投资机构数	初级产业	5.8	3.1	3.0	1.7	1.7	1.3
	制造业	66.5	93.2	69.7	85.8	61.3	85.5
	服务业	27.7	3.7	27.3	12.5	37.0	13.2
	合计	100.0	100.0	100.0	100.0	100.0	100.0
投资总额	初级产业	15.9	1.3	4.7	0.7	4.0	0.7
	制造业	50.4	91.5	57.6	80.7	51.6	81.7
	服务业	33.7	7.2	37.3	18.6	44.4	17.6
	合计	100.0	100.0	100.0	100.0	100.0	100.0

资料来源:根据韩国进出口银行提供数据计算,其负责收集所有韩国 FDI 流出数据。

　　根据表 11.4 我们可以推断,韩国对中国的直接投资主要集中于制造业。从全球范围来看,1999~2003 年,韩国投资于制造业的机构数占 61.3%;从中国范围内看,1999~2003 年,韩国投资于制造业的机构数占 85.5%。从韩国对中国直接投资机构数的行业分布发展趋势看,投资于初级产业和制造业的比重呈现下降趋势,而投资于服务业的比重逐渐上升。

　　3. 港台公司在大陆投资的区位与行业选择

　　1979~2001 年累计港台直接投资占进入大陆 FDI 总额的份额为

---

　　①　Sung Jin Kang 和 Hong Shik Lee(2006)用各类经济区和开发区数量来表示政府的吸引外资政策强度,包括经济特区、沿海开放城市、经济技术开发区、高新技术开发区、保税区、边境贸易区、出口加工区和旅游度假区等的数量。

　　②　Sung Jin Kang, Hong Shik Lee, *the Determinants of Location Choice of South Korean FDI in China.*

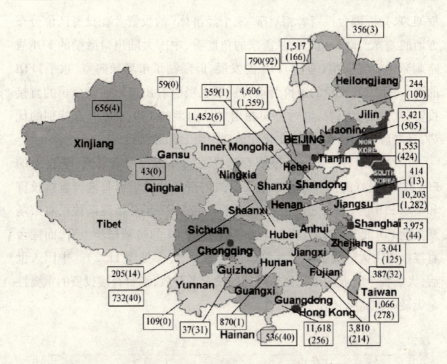

图 11.1　2002 年来自世界和来自韩国的 FDI 在中国的地理分布

注:(1)括号内数字为来自韩国 FDI;

　　(2)单位:百万美元。

资料来源:Sung Jin Kang,Hong Shik Lee,"the Determinants of Location Choice of South Korean FDI in China". *Japan and the World Economy*(2006).

56% ,而"三个经济体"[1]的份额仅为 25% 。从西部地区 FDI 来源地方面分析,港台直接投资同样占有巨大的份额。20 世纪六七十年代,由于经济的快速增长,港台制造业由于劳动力成本的提高而失去了竞争力,当大陆 1979 年开始向出口导向型的 FDI 开放,香港公司迅速通过建立装配线和加工项目将劳动力密集型出口工业向大陆(尤其是广东省)转移。为了促进出口导向型 FDI 的流入,中国政府提供了很多财政激励,如免税期和低的土地使用费。Kevin(2005)运用了一个"FDI 需求—供给"的分析

---

① 指欧盟、美国和日本。

框架,来分析港台投资者相对于"三个经济体"的投资者在投资区位分布方面的差异。Kevin 认为,从需求的角度看,中国大陆出口激励的 FDI 战略刺激出口导向型(垂直)FDI 的发展,但限制了市场导向型(水平)FDI 的流入,而大陆大量的廉价劳动力资源也吸引着出口导向型公司的直接投资;从供给方面看,港台公司在出口导向型的 FDI 方面具有特别的优势,且港台与大陆在语言、文化和地理距离上都最接近。

　　1992 年以后大陆市场逐渐有选择地向外国投资者开放,更自由的 FDI 政策、更好的投资环境和增长的国内市场共同吸引着港台直接投资和全球 FDI 的流入的迅速增长。随着大陆 1992 年开始逐渐放松对市场开拓型 FDI 的限制,来自"三个经济体"的 FDI 的份额稳步上升,而港台直接投资占大陆吸引 FDI 的份额则逐渐下降(参见图 11.2)。中国入世后,大陆各个行业的市场更加对外国投资者开放,港台直接投资的重要性毫无疑问在将来还要下降。

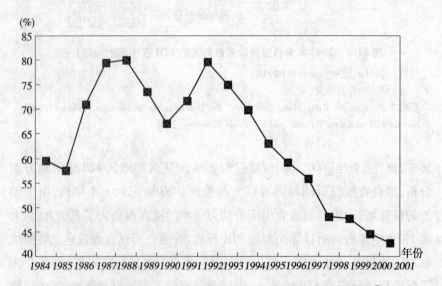

图 11.2　1984～2001 年港台直接投资占大陆吸引 FDI 的份额①

---

　　① 本图是根据 Kevin Hong Lin Zhang,"Why does so much FDI from Hong Kong and Taiwan go to Mainland China?" *China Economic Review*16(2005)293～307 提供数据绘制。

港台直接投资,与"三个经济体"FDI 的区别在于技术和项目规模。大多数港台直接投资项目规模较小或中等,且不包含研究与开发,尤其是劳动密集型项目。他们的竞争优势在于从制造和销售轻工消费品方面获得的管理和营销优势,这些优势是建立在价格上而不是差异化设计的基础上的(Wells,1993)。来自"三个经济体"的 FDI 通常是具有先进和复杂技术、高资本密集的。

从进入模式来看,港台公司多以"合作"方式进入,体现出短期性和出口导向型的特点;而"三个经济体"的 FDI 多选择"合资"方式进入,体现出长期性和本地市场开拓型的特点。港台公司所从事的多数产业,如纺织、服装、制鞋、玩具、塑料或橡胶制品等,大陆企业也有良好的基础,因此港台公司在这些产品上开拓大陆本土市场面临竞争压力大,再加上港台公司开拓国际市场经验丰富,比较适合走出口导向型道路。"三个经济体"的 FDI 在中国大陆从事的产业,如能源、医药、电子、机械制造和汽车等,大陆本土企业不具备较强的竞争优势,因此其开拓本地市场面临的竞争较弱,甚至在本地市场开拓方面有与本地企业共同合作的愿望。①

4. 德国公司在中国大陆投资的区位与行业选择

德国公司已经成为全球 FDI 流动的最积极的动力之一,尤其是在发展中国家的制造业领域具有独特的优势。过去十多年来,德国对中国 FDI 的发展是与两国贸易关系紧密联系在一起的。近年来,德国对中国的投资显著增长,尤其是在 1996 ~ 1998 年。图 11.3 比较了各年流入中国大陆的德国的 FDI 与各年流入中国大陆的 FDI 总额之间的增长趋势。

德国公司在中国大陆的投资主要集中在特定区域,具有高度的地理差异,例如上海占 39% ,北京占 26.47% ,江苏、浙江和山东东部沿海共占 13.5% (其中江苏占三省的 77.6%),广东、福建南部沿海共占 8.2% (其中广东占两省的 77.0%),以上共占 87.15% 。不像来自香港和亚洲其他

---

① 注:此处的分析与前文对日本 FDI 的类型分析不存在根本的冲突。一方面,日本离中国地理距离较近,其后工业化时期有大量的非优势产业需要向中国大陆转移来寻求低成本优势和在国际市场上的竞争力;另一方面,随着中国大陆市场的逐渐开放,日本同样有很多具有优势的产业需要到中国大陆来开拓世界上最具潜力的市场。

国家与地区的投资分布,德国公司投资并没有在南中国高度集聚,而是集中在上海市和一些东部省份,这些地区拥有大量的大型本地制造业公司。北京占有较高的比重主要是因为大量的德国公司在中国的代表处和控股公司坐落在那里。

（十亿美元）

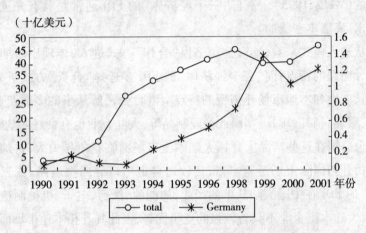

图 11.3　1990～2001 年中国 FDI 总量与来自德国的 FDI①

　　根据 GIC 提供的资料,德国公司进入中国主要投资于制造业和服务业。如果根据进入各行业的公司数量来分析,有 74.7% 的公司从事制造业,仅有 25.3% 的公司从事服务业。在制造业内部,重要的投资领域有化学(21.75%)和机械工业(74.7%)。在服务部门内部,贸易和金融占 35.6%,运输和仓储占 28.5%,会计和咨询占 15.7%,教育培训占 10.7%,设计、安装和维修占 4.2%,计算机软件占 2.9%,法律占 2.4%。

　　根据 Bu(2001)②对投资中国大陆的德国公司的调查,199 个被调查公司中,86.3% 的公司是在 1994～1996 年设立的。这些公司中,寿命最长的为 13 年,寿命最短的仅为 7 个月,平均寿命为 3.5 年。Xiangdong

　　①　Xiangdong Chen,Guido Reger,"the Role of Technology in the Investment of German Firms in China." *Technovation* 26(2006)407～415.

　　②　Bu,"German Companies' Investment in China and their Promoting Systems." *Shanghai Economic Research* 2001.

Chen 和 Guido Rege(2006)根据 GIC 提供的样本资料绘制图 11.4,大部分德国公司在 1993~1998 年进入中国大陆投资,73.4% 的德国公司是在 1992 年以后进入中国大陆的。很多德国公司在中国大陆开展业务是建立在长期愿景基础上,尤其是在 1992 年以后进入中国大陆的公司。然而,1998 年后德国公司对中国大陆的新增投资项目开始大幅下降,这主要是受到东南亚金融危机的影响。但是,近些年由大型跨国公司主导的大规模投资仍然在继续。

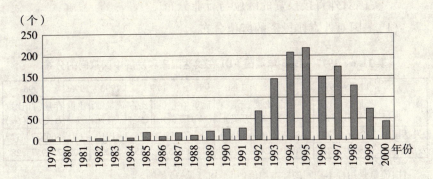

图 11.4　德国公司对中国投资项目数的变化趋势

表 11.5　德国公司在中国各省、区、市的投资分布及排名

典型省市	GIC 数据		问卷调查数据	
	投资分布(%)	排名	投资分布(%)	排名
北京市	26.47	2	11.00	4
上海市	39.00	1	31.00	1
江苏省	7.70	3	19.00	2
山东省	3.58	5	0.00	
浙江省	2.23	7	0.00	
广东省	6.55	4	11.40	3
福建省	1.62	8	0.00	
辽宁省	3.17	6	7.70	5
吉林省	1.28	10	0.00	
天津市	3.17	6	0.00	
四川省	1.35	9	7.70	5

典型省市	GIC 数据		问卷调查数据	
	投资分布(%)	排名	投资分布(%)	排名
湖北省	1.28	10	3.90	6
河北省	0.81	11	0.00	
安徽省	0.68	12	0.00	
其他省份	1.08		1.00	

资料来源:Xiangdong Chen,Guido Reger. The role of technology in the investment of German firms in China. *Technovation26*(2006)407~415.

5. 美国对外直接投资的区位与行业分布

(1)美国对外直接投资的区位分布

表 11.6　1977~1996 年美国 FDI 在发达国家和发展中国家间的分布

	1977~1979		1979		1980~1989		1989		1990~1996		1996	
	流量(百万美元)	比重(%)	存量(百万美元)	比重(%)	流量(百万美元)	比重(%)	存量(百万美元)	比重(%)	流量(百万美元)	比重(%)	存量(百万美元)	比重(%)
发达国家	12506	76	138668	76	13590	74	274564	75	41710	68	566537	72
发展中国家	3999	24	48092	24	4744	26	95527	25	19204	32	229957	28

注:流量是用样本期间的样本均值(年平均流量)衡量的。

资料来源:John H. Dunning,Zu Kweon Kim,Chul-InLee, "Restructuring the Regional Distribution of FDI: The Case of Japanese and US FDI." *Japan and the World Economy*19 (2007)26~47.

据表 11.6,1977~1996 年,美国 FDI 绝大部分分布在发达国家,但美国 FDI 对发展中国家年平均流量占对全球年平均流量的比重上升,由 1977~1979 年的 24%上升到 1990~1996 年的 32%;发展中国家来自美国 FDI 的存量占全球来自美国 FDI 存量的比重也在上升,由 1979 年的 24%上升到 1996 年的 28%,说明美国 FDI 开始更加关注发展中国家。

表 11.7　1975~1996 年美国制造业 FDI 的地区分布

单位:%

年份	北美	亚洲	非洲	欧洲	拉丁美洲	中东
1975~1979	24.7	9.9	1.5	48.1	15.3	0.3
1980~1989	22.1	12.2	1.2	48.5	15.6	0.4

年份	北美	亚洲	非洲	欧洲	拉丁美洲	中东
1990～1996	17.4	16.9	0.5	49.6	14.3	0.8

资料来源:Survey of Current Business published by the US Department of Commerce.

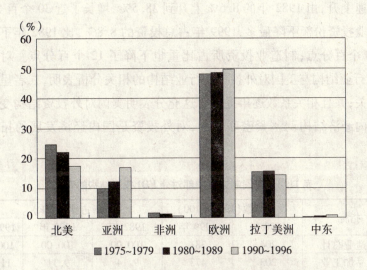

图 11.5　1975～1996 年美国制造业 FDI 的地区分布

　　美国制造业对外直接投资在空间分布上相对比较稳定,以对欧洲的投资为主,其次是对北美、拉丁美洲和亚洲的投资,而对非洲和中东地区的投资所占的比重很小。20 多年的统计结果表明,欧洲、亚洲和中东地区吸引美国制造业 FDI 占美国制造业对全球 FDI 的比重呈现上升的态势,而北美、非洲则呈现下降的趋势。

　　美国对亚太地区投资在总投资中所占的比重不大,投资主要集中在日本、澳大利亚等发达国家和"亚洲四小龙"地区。但自 20 世纪 90 年代以来,美国加大了对亚太地区投资的力度,特别是对发展中国家和地区的投资有明显的增长。亚太地区有着广阔的市场容量和市场潜力,同时很多国家正值产业结构调整和转换的关键时期,对美国的部分中高层次的生产技术有相当高的需求。

（2）美国对外直接投资的行业分布①

1982 年，美国对外投资中制造业投资占总投资的 40%；其次是石油业，占总投资的 28%；到 1999 年，对外投资中金融、保险和房地产业的投资迅速上升，由 1982 年的 8.6% 上升到 38.5%，增长了近 30 个百分点；石油业投资份额下降最多，1999 年占总投资的 8.8%，比 1982 年下降了近 20 个百分点；制造业投资所占比重也下降了 12 个百分点。对美国 GDP 行业结构与美国对外投资的行业结构的相关分析表明，二者呈显著正相关；并且相关系数逐年提高。这充分表明美国对外投资结构变化是与国内经济结构调整紧密联系的，对外投资是国内经济发展的拓展和补充。

表 11.8　美国制造业内部对外 FDI 投资结构的变化

指标	投资指数（1982 = 100）		所占比例（%）		
	1990 年	1999 年	1982 年	1990 年	1999 年
制造业总计	204	381	100.00	100.00	100.00
食品加工业	203	473	9.14	9.11	11.36
化学工业	207	453	21.89	22.32	26.02
钢铁工业	193	344	6.55	6.18	5.91
工业机械和设备	223	273	16.58	18.14	11.89
电气、电子行业	213	527	8.73	9.13	12.08
运输设备	196	328	13.14	12.64	11.32
其他行业	190	340	23.94	22.41	21.40

美国对外直接投资中的行业可以分为三类：第一类是传统行业部门，如钢铁工业、机械工业等。这类行业在美国已失去比较优势，所以企业就谋求具有比较优势的地区进行生产，以延长产品的生命周期，继续保持企业的所有权优势。但由于这些行业的生产技术已基本趋于成熟，企业要想谋求较高的经营利润就很困难，所以投资的增速变慢。从投资的地区分布来看，主要是向发展中国家和地区的投资为主，如东亚、东南亚、非洲

---

① 本部分引用了张晓平、陆大道：《近 20 年美国对外直接投资结构的变化及影响因素分析》，载《经济地理》2002 年第 9 期中的部分内容。

和拉美地区。第二类是以轻工为主的行业,如食品工业、洗涤化妆品行业,近年的投资增长较快。究其原因,一方面在于这些行业投资少,收益快;另一方面这些行业具有明显的地方化特征,企业要想满足不同地区顾客的多样化的需求,进行对外直接投资比出口更具优势。这类行业的投资在发达国家和发展中国家都占有一定的比重。第三类是电子、制药等高科技行业。由于这些行业是新兴的行业,具有较高的技术门槛,而美国却拥有较强的行业比较优势,所以对外投资增长较快。投资地区主要以发达国家和地区之间的相互投资为主,以充分利用对方的人才和技术优势,使产业向新的层次推进。

第三节　西部各省、自治区、直辖市外商投资环境比较

以上研究所显示的决定 FDI 区位选择的因素可以分成以下几类,即靠近市场因素、劳动力成本、交通等基础设施、政府政策、制造业(产业)密集程度、市场潜力、劳动力素质和金融环境等。结合以上研究结论及考虑数据的可得性,我们从下列几个因素,采用定性与定量相结合的方法,对中国西部 12 省、自治区、直辖市的吸引跨国公司直接投资的环境进行了对比分析,并得出了极具参考价值的结论。

一、西部地区外商投资环境关键因素比较

1. 中国西部地区城市与开发区发展状况

表 11.9　中国西部各省、自治区、直辖市大中型城市分布状况

	2003 年市辖区总人口在 100 万以上的城市个数	2004 年地区生产总值在 100 亿以上的城市的个数	备注
内蒙古	3	4	
广西	5	4	
重庆	1	1	直辖市
四川	11	8	有 1 个副省级城市
贵州	1	2	
云南	1	3	

	2003 年市辖区总人口在 100 万以上的城市个数	2004 年地区生产总值在 100 亿以上的城市的个数	备注
西藏	0	0	
陕西	1	3	有 1 个副省级城市
甘肃	2	1	
青海	1	1	
宁夏	0	1	
新疆	1	2	

资料来源:根据《中国城市年鉴》相关资料整理。

　　根据《中国城市年鉴》等提供的资料,很明显可以看出,外商直接投资在中国各省、自治区、直辖市分布的特点是一致的,即主要集中在大中城市和各类开发区。因此,各省、自治区、直辖市大中城市和各类开发区的发展状况在一定程度上影响着其吸引外资的能力和水平。据表 11.9可以看出,在西部地区,四川、广西大城市多;四川、陕西、广西和重庆各类开发区多,且开发区经济效益好;而青海、宁夏和西藏三省区则大城市少(甚至没有),各类开发区少,缺乏吸引跨国公司直接投资的重要载体。经济技术开发区、高新技术开发区的设立是集中于提升特定产业的竞争力和加强生产能力与技术研究的发展,也是沿海开放政策向内地延伸的重要手段。除此之外,保税区、边境贸易区和出口加工区等都是对外开放和吸引外国投资的重要窗口。Sung Jin Kang 和 Hong Shik Lee(2006)认为,一个地区拥有各级、各类开发区数量反映这一地区吸引外资政策的强度。据表 11.10 可以看出,陕西、四川和广西等省区吸引外资政策强度在西部地区最大,云南、内蒙古和新疆中等,甘肃和贵州偏低,宁夏、青海和西藏最低。

表 11.10　中国西部地区各级、各类开发区数量一览表

	国家级					省级
	高新区	经开区	边境经济合作区	出口加工区	旅游度假区	开发区
内蒙古	1	1	2	1	0	1
广西	2	1	1	1	1	3
重庆	1	1	0	1	0	1

	国家级					省级
	高新区	经开区	边境经济合作区	出口加工区	旅游度假区	开发区
四川	2	1	0	2	0	10
贵州	1	1	0	0	0	7
云南	1	1	3	1	1	3
西藏	0	1	0	0	0	0
陕西	3	1	0	0	0	1
甘肃	1	1	0	0	0	2
青海	0	1	0	0	0	0
宁夏	0	1	0	0	0	0
新疆	1	2	3	1	0	1

注:(1)本表是课题组根据中国开发区协会信息中心提供资料整理,表中数字为不完全统计数;

(2)表中"高新区"全称为"高新技术开发区";"经开区"全称为"经济技术开发区"。

2. 中国西部地区对外经济状况

表 11.11　中国西部地区 2005 年对外贸易与吸引外资状况

单位:亿美元

	全年进出口总额	出口	进口	实际外商直接投资
重庆	42.93	25.21	17.72	5.16
四川	79.00	47.00	32.00	11.00
贵州	14.04	8.59	5.45	1.08
云南	47.38	26.42	20.97	1.89
西藏	2.05	1.65	4.01	—
陕西	45.77	30.76	15.01	6.28
甘肃	26.33	10.91	15.42	0.20
青海	4.13	3.23	0.90	2.66
宁夏	9.67	6.87	2.80	1.41
新疆	79.42	50.40	29.02	0.47
内蒙古	51.62	20.65	30.97	11.86
广西	51.83	28.77	23.05	3.79

资料来源:根据中国西部各省、自治区、直辖市统计公报整理。

　　从对外贸易和吸引外资的规模方面看,四川、陕西、重庆、广西、新疆、内蒙古和云南较大;甘肃、贵州其次;宁夏、青海和西藏则较小。

　　近期国外学者研究有一项共同发现,即在其他地区化因素固定的情况下,那些有着相对更高外国投资存量的地区对外资有更高的吸引力水平。根据《中国统计年鉴》2001～2005 年的相关数据测算(如图 11.6),西部 11 省、自治区、直辖市中,1999～2003 年共 5 年间,人均累计外商直接投资最高的为广西,达到 48.68 美元;其次为陕西、重庆和四川,分别达到 42.49 美元、38.32 美元和 26.68 美元;贵州、新疆最低,人均累计在 5 美元以下。西部 11 省、自治区、直辖市中,1999～2003 年共 5 年间,每平方公里累计外商直接投资超过万美元的有重庆和广西,分别为 14589.88 美元、10070.93 美元;陕西、四川分列第三和第四;每平方公里累计外商直接投资在 1000 美元以下的有甘肃、内蒙古、青海和新疆。

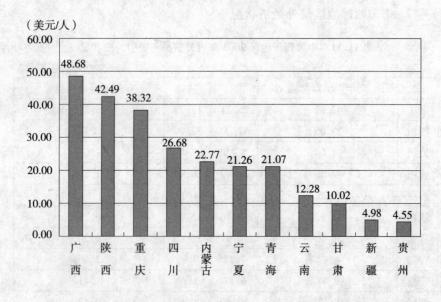

图 11.6　中国西部地区 1999～2003 年人均累计外商直接投资

　　3. 中国西部地区区位与交通条件

　　生产的自然特性就要求有充分的公路、铁路或港口的交通便利和其他为使生产运营更有效率的便利条件。高质量的基础设施、发达的交通

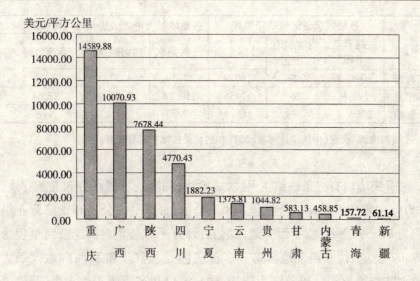

美元/平方公里

图 11.7　中国西部地区 1999 ~ 2003 年每平方公里累计外商直接投资

系统能降低企业生产经营活动的成本,良好的交通条件有益于吸引出口导向型跨国公司的直接投资。基础设施越完善,吸引外国直接投资的能力就越强,外国直接投资与基础设施呈正相关关系(胡涵钧、王纪亮,2005)。

表 11. 12　中国西部地区 2004 年交通运输线路状况

单位:公里

	各地区交通运输线路里程			各地区每万平方公里交通运输线路里程		
	铁路营业里程	内河航道里程	公路里程	铁路	内河航道	高速公路
内蒙古	6337.3	2403	75976	53. 57	20. 31	4. 15
广西	2737.6	5413	59704	115. 85	229. 07	48. 96
重庆	718. 2	4103	32344	87. 59	500. 37	87. 07
四川	2958.0	10720	113043	60. 61	219. 67	36. 02
贵州	1890.6	3323	46128	111. 21	195. 47	24. 29
云南	2328.1	2539	167050	59. 09	64. 44	32. 77
西藏	—	—	42203	—	—	—
陕西	3151.2	1066	52720	153. 72	52. 00	47. 61
甘肃	2295.5	860	40751	51. 01	19. 11	15. 27

	各地区交通运输线路里程			各地区每万平方公里交通运输线路里程		
	铁路营业里程	内河航道里程	公路里程	铁路	内河航道	高速公路
青海	1090.3	329	28059	15.14	4.57	2.38
宁夏	791.9	26	12456	119.26	3.92	82.68
新疆	2763.3	—	86824	17.27	—	2.69

资料来源:根据《中国统计年鉴》2005年的相关数据整理和计算。

重庆境内有三条铁路主干线(成渝线、湘渝线、川黔线)和五条支线。2004年,重庆有铁路营业里程718.2公里;每万平方公里有铁路营业里程为87.59公里,位于西部地区第五;每万平方公里有高速公路里程为87.07公里,位于西部地区第一。重庆港是长江上游和西南地区最大的水陆交通枢纽。以长江为依托,建有港口和客货码头数十个,开展了重庆经上海至海外的江海联运业务,千吨级轮船可终年通航。水上运输总里程已达4000公里以上。三峡工程建成后,万吨级船队可直达重庆。

四川省铁路已形成5条铁路干线(宝—成、襄渝—达成、成渝、成昆—南昆、内昆)、8条铁路支线和4条地方铁路组成的铁路网,铁路网在中东部地区聚集。2004年,四川铁路营业里程为2958公里,位于西部地区第三。四川省高速公路也主要集中在成都及其周边地区,四川第一条高速公路——成渝高速公路是四川省与重庆直辖市之间的公路交通大动脉。2004年,四川每万平方公里高速公路里程为36.02公里,位于西部地区第五。在内河航运条件方面,四川位于西部第三,但水运货物周转量和水运旅客周转量不大。成都双流国际机场已成为中国四大航空港之一,省内民用航空机场已发展到10个。

陕西居于黄河中游,地处中国内陆腹地,是中国大西北的门户,是连接中国东中部地区和西北、西南的交通枢纽。东起连云港,西至荷兰鹿特丹,跨亚欧的国际经济大通道"新亚欧大陆桥"横贯陕西中部。陕西现有13条铁路,西安火车站是西北最大的铁路交通枢纽之一。2004年,陕西铁路营业里程为3151.2公里,位于西部第二;每万平方公里铁路里程为 153.72 公里，位于西部第一。陕西全省公路以西安为中心向东西南北呈"米"字型辐射。西安航空港是国家一级机场，现开通国内外航线 280 条，与国内外 132 个城市通航。2004 年，陕西货运周转量为 963.5 亿吨公里，位于西部第三；旅客周转量为 450.3 亿人公里，位于西部第三；每万平方公里货物周转量为 47 亿吨公里，位于西部第二；每万平方公里旅客周转量为 21.97 亿人公里，位于西部第二。

广西铁路网东连广东，西连云南，北上贵州、四川、重庆、湖南等地。2004 年，广西铁路营业里程为 2737.6 公里，位于西部第五；每万平方公里有铁路营业里程 115.85 公里，位于西部第三；每万平方公里高速公路里程为 48.96 公里，位于西部第三。广西内河航道运输条件位于西部第二，同时拥有西部唯一的出海通道。在北部湾畔，防城港、钦州港、北海港等一批新兴港口群，是广西和大西南的海上门户。防城港是我国沿海 20 个主枢纽港之一，与全国及世界 70 多个国家和地区的 220 个港口通商通航。2006 年 9 月《中国沿海港口布局规划》出台，防城港被列为西南沿海地区的 3 个全国主要港口之一，全国沿海 24 个主要港口之一；北海港、钦州港被列为全国 25 个地区性重要港口。广西环北部湾港口将成为大西南货物进入东南亚市场主要出海通道。

表 11.13　中国西部地区 2004 年每万平方公里货运与旅客周转量

	货运周转量（亿吨公里）				旅客周转量（亿人公里）			
	合计	铁路	公路	水运	合计	铁路	公路	水运
内蒙古	11.09	8.81	2.28	—	2.17	0.85	1.31	—
广西	42.25	26.07	9.97	6.21	21.85	4.36	17.38	0.11
重庆	63.12	12.82	15.65	34.67	33.62	4.65	27.57	1.40
四川	17.16	11.96	4.73	0.47	13.13	3.49	9.58	0.06
贵州	35.94	30.63	4.96	0.35	16.36	7.41	8.87	0.09
云南	16.52	7.20	9.27	0.05	7.05	1.26	5.77	0.02
西藏	0.19	—	0.19	—	0.12		0.12	—
陕西	47.00	37.47	9.52	0.01	21.97	12.46	9.48	0.03

	货运周转量(亿吨公里)				旅客周转量(亿人公里)			
	合计	铁路	公路	水运	合计	铁路	公路	水运
甘肃	19.52	16.63	2.89	—	6.26	4.11	2.14	—
青海	1.91	1.28	0.63	—	0.58	0.26	0.32	—
宁夏	36.52	26.79	9.73	—	8.95	3.19	5.75	—
新疆	4.55	2.79	1.76	—	1.80	0.64	1.17	—

资料来源:根据《中国统计年鉴》2005 年的相关数据整理和计算。

内蒙古自治区位于中国北部边疆, 与蒙古国、俄罗斯接壤, 国境线长 4200 公里, 境内有国有铁路干线 14 条, 支线 12 条, 地方铁路 5 条, 营运里程达 6337.3 公里, 密度为 53.57 公里/万平方公里, 铁路密度西部排名第八。京通、京包、包兰铁路横贯东西, 是连接东北、华北、西北的纽带。满洲里和二连浩特是两个大型陆运口岸, 连接着俄罗斯和蒙古, 并可直达欧洲诸国。目前还未能通过内河航道实现货物和旅客的长距离周转。2004 年, 内蒙古每万平方公里高速公路里程为 4.15 公里, 位于西部第九; 每万平方公里货物周转量为 8.81 亿吨公里, 位于西部第八。

云南地处中国西南边陲, 西部与缅甸唇齿相依, 南部和东南部分别与老挝、越南接壤, 共有陆地边境线 4061 公里, 经铁路米轨线可从昆明直达越南河内。2004 年, 全省有 3 条准轨电气化铁路干线,6 条铁路支线; 铁路营业里程为 2328.1 公里, 位于西部第六。已基本形成以昆明市为中心(枢纽), 辐射全省, 边接四川、贵州、广西、西藏和周边国家缅甸、老挝、越南和泰国的公路交通网。2004 年, 云南省公路里程为 167050 公里, 位于西部第一; 每万平方公里高速公路里程为 32.77 公里, 位于西部第六。2004 年, 云南水运纳入国家统计的通航里程 2549 千米, 景洪港货物吞吐量 10 万吨, 金沙江货运码头年货物吞吐量 20 万吨。全省共有民用机场 10 个, 已拥有飞往国内 92 个大中城市的航线 200 余条, 通往曼谷、仰光、万象、香港等地区的航线 17 条, 规划建设的昆明浑水塘机场为中国西部最大的国际航空港之一。

表 11.14　中国西部地区 2004 年货运与旅客周转量

| | 货运周转量(亿吨公里) | | | 旅客周转量(亿人公里) | | | |
	合计	铁路	公路	水运	合计	铁路	公路	水运
内蒙古	1311.9	1042.1	269.8	—	256.4	101.1	155.3	—
广西	998.4	616.1	235.6	146.7	516.2	103.0	410.6	2.6
重庆	517.6	105.1	128.3	284.3	275.7	38.1	226.1	11.5
四川	837.3	583.6	230.9	22.9	640.6	170.1	467.7	2.8
贵州	610.9	520.7	84.3	5.9	278.2	125.9	150.8	1.6
云南	650.8	283.6	365.1	2.1	277.6	49.5	227.2	0.9
西藏	23.1	—	23.1	—	14.8	—	14.8	—
陕西	963.5	768.1	195.2	0.3	450.3	255.5	194.3	0.6
甘肃	878.3	748.3	130.0	0.1	281.5	185.0	96.3	0.2
青海	137.2	91.9	45.3	—	41.8	18.5	23.2	—
宁夏	242.5	177.9	64.6	—	59.4	21.1	38.2	—
新疆	727.8	446.3	281.5	—	288.7	101.7	187.0	—

资料来源:根据《中国统计年鉴》2005 年的相关数据整理和计算。

包兰铁路横穿宁夏的北部和中部,由沿海进入西北的第二条通道——中宝电气化铁路使宁夏成为"第二条亚欧大陆桥"上的重要成员。2004 年,宁夏每万平方公里铁路营业里程为 119.26 公里,位于西部第二;每万平方公里高速公路里程为 82.68 公里,位于西部第二;每万平方公里货运周转量为 36.52 亿吨公里,位于西部第四;每万平方公里旅客周转量为 8.95 亿人公里,位于西部第六。

甘肃地处中国西部内陆、黄河上游,东接陕西,东北与宁夏毗邻,西连青海、新疆,北邻内蒙古,并与蒙古人民共和国接壤。省会兰州是全国地理中心,兰新、包兰、陇海、兰青四条铁路干线在此交汇。由于甘肃行政区划为长条形,因此其各地离铁路主干线均不远。2004 年,甘肃铁路营运里程为 2295.5 公里,位于西部第七;每万平方公里铁路营运里程为 51.01 公里,位于西部第九;货物周转量为 878.3 亿吨公里,位于西部第四;旅客周转量为 281.5 亿人公里,位于西部第五;每万平方公里高速公路里程 15.27 公里,位于西部第八。

贵州地处西南地区的交通枢纽地段,既是进出云南的重要通道,又是四川、重庆等省市到达西南出海口的必经之地。黔桂、川黔、贵昆、湘黔、内昆五大铁路干线以贵阳为交汇点。2004 年,贵州有铁路营业里程 1890.6 公里,位于西部第八;每万平方公里有铁路营业里程 111.21 公里,位于西部第四;每万平方公里高速公路里程为 24.29 公里,位于西部第七。贵州内河航运条件位于西部第四,但水运货物周转量和水运旅客周转量很小。贵阳龙洞堡机场 2004 年旅客吞吐量达 272 万人,在全国 140 余个民用机场中名列第 23 位。

　　新疆地处亚欧大陆腹地,亚洲地理中心位于乌鲁木齐市近郊。其东北与蒙古,西与俄罗斯、哈萨克斯坦、吉尔吉斯斯坦、塔吉克斯坦接壤,西南和阿富汗、巴基斯坦、印度相邻,边界线长达 5600 公里,是我国边界线最长、对外开放口岸最多的省区。新疆、青海和西藏三省区的铁路和公路密度在西部地区最低,均无长距离水路运输条件。

　　4. 中国西部地区经济总量和三次产业状况

表 11.15　中国西部地区 2005 年三次产业增加值

单位:亿元

	第一产业增加值	第二产业增加值	第三产业增加值	地区生产总值
四川	1495.70	3052.70	2836.70	7385.10
广西	902.56	1505.04	1655.70	4063.30
内蒙古	600.09	1685.13	1537.55	3822.77
陕西	418.60	1848.97	1407.18	3674.75
云南	656.18	1449.71	1366.45	3472.34
重庆	463.42	1258.32	1347.36	3069.10
新疆	506.00	1195.00	908.00	2609.00
贵州	359.18	822.83	759.99	1942.00
甘肃	300.00	836.55	791.59	1928.14
宁夏	69.78	277.82	251.80	599.40
青海	62.79	264.61	215.80	543.20
西藏	47.87	59.45	143.28	250.60

　　资料来源:根据各省区市统计公报 2005 年的相关数据整理。

　　根据各省区市统计公报提供初步核算数据可以看出,从经济总量上

分析,四川在西部地区最大,其地区生产总值为西部第二大经济体——广
西的地区生产总值的近两倍;贵州和甘肃两省区的经济总量极为接近;宁
夏、青海和西藏经济总量小,三省区 2005 年地区生产总值不足 600 亿元,
其中西藏不足 300 亿元。

　　在西部地区,重庆和广西的三次产业结构为"三、二、一"型,西藏由
于第二产业基础极其薄弱也呈现出"三、二、一"型;其他 9 省区的三次产
业结构均为"二、三、一"型。

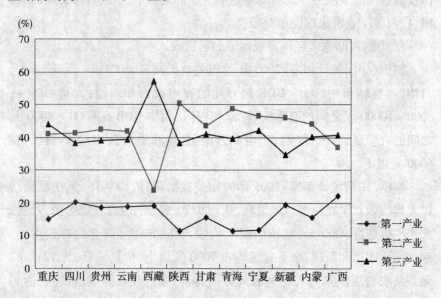

图 10.8　中国西部地区 2005 年三次产业结构

　　根据表 11.16,宁夏、内蒙、陕西、甘肃、重庆、贵州和云南的工业专门
化比率高于 1,工业集中程度高;西藏、重庆、青海、四川、陕西和广西第三
产业专门化比率高于 1,第三产业集中程度高;其中,重庆、陕西在工业专
业化比率和第三产业专门化比率都大于 1。

表 11.16　中国西部范围内各省区产业专门化比率

地区	工业	第三产业	地区	工业	第三产业	地区	工业	第三产业
内蒙古	1.08	0.89	贵州	1.05	0.94	甘肃	1.07	0.92
广西	0.91	1.02	云南	1.03	0.97	青海	0.99	1.07

地区	工业	第三产业	地区	工业	第三产业	地区	工业	第三产业
重庆	1.01	1.09	西藏	0.21	1.44	宁夏	1.17	0.93
四川	0.96	1.04	陕西	1.07	1.03	新疆	0.98	0.94

　　资料来源:根据《中国统计年鉴》2005 年的相关数据,将各省区作为研究区域,将西部12 省、自治区、直辖市作为高层次研究区域测算的。

　　一个有着更高制造业密集程度的省份可能吸引更多的 FDI,因为外国投资者可能要服务于现有的制造商。西部地区中,重庆、四川、陕西、云南、广西等工业密集程度相对较高。

　　5. 中国西部地区经济发展水平和居民收入水平

　　根据《中国统计年鉴》2005 年的相关数据测算,2004 年,西部 12 省、自治区、直辖市中,人均 GDP 超万元的有内蒙古和新疆;人均 GDP 在8000 ~ 10000 元之间的有重庆、青海和四川;人均 GDP 在 6000 ~ 8000 元之间的有宁夏、西藏、陕西、广西和云南;甘肃和贵州人均 GDP 最低,在6000 元以下。

　　根据《中国统计年鉴》2005 年的相关数据测算,2004 年,重庆城镇居民人均收入水平在西部地区最高,达到9220.96 元;西藏城镇居民人均收入水平也超过 9000 元;城镇居民人均收入在 7500 元以上的有云南、广西、内蒙、四川和新疆;余下省区均在 7000 元以上,宁夏最低,为7217.87元。从农村居民家庭人均纯收入方面看,内蒙古在西部地区最高,达到2606.37 元;在 2500 元以上的还有四川、重庆;在 2000 元以上的有广西、宁夏、新疆;余下省区均在 2000 元以下,贵州最低,为1721.55 元。从城乡居民收入差距方面看,西藏最大,达到7244.76 元;其次有云南、重庆和广西等;宁夏最小,为4897.82 元。

　　6. 中国西部地区市场规模

　　东道国或地市场规模及其周边区域的市场潜力越大,吸引本地市场开拓型跨国公司的能力越强。由图 11.11 很容易将西部地区根据本地市场规模分为四类:四川最大,2004 年的社会消费品零售总额接近 2500 亿元,为第一类;广西、陕西、重庆、内蒙古和云南 2004 年的社会消费品零售总额都接近 1000 亿元,为第二类;甘肃、贵州和新疆 2004 年的社会消费

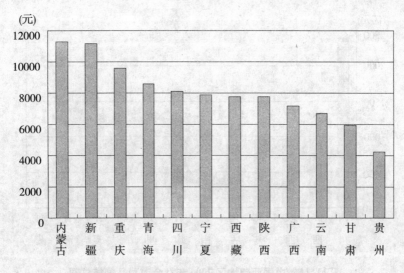

图 11.9　中国西部地区 2004 年人均 GDP

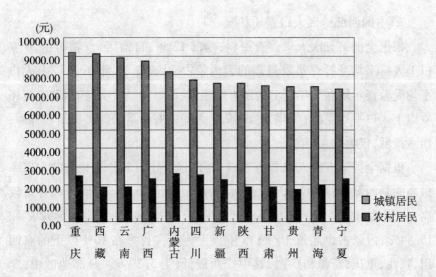

图 11.10　中国西部地区 2004 年居民人均收入

品零售总额均在 500 亿元上下,为第三类;宁夏、青海和西藏 2004 年的社会消费品零售总额均在 200 亿元以下,为第四类。另外,重庆、四川、陕西、内蒙古、贵州和宁夏等地的周边市场潜力较大。

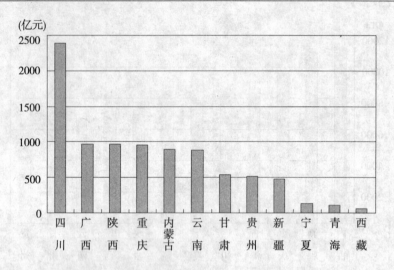

图 11.11　中国西部地区 2004 年社会消费品零售总额

7. 中国西部地区人口素质状况

根据全国第五次人口普查资料,西部 12 省、自治区、直辖市中,6 岁以上人口平均受教育年限最高的为内蒙古,达到 7.76 年;6 岁以上人口平均受教育年限在 7 年以上的还有新疆、陕西、广西、重庆、四川和宁夏;6 岁以上人口平均受教育年限在 6 ~ 7 年之间的有甘肃、云南、贵州和青海;西藏最低,仅为 3.43 年。

根据全国第五次人口普查资料,西部地区中,15 岁以上人口文盲率最高的是西藏,高达 47.25% ;其次是青海,高达 25.44% ;贵州和甘肃较高,分别为 19.85% 、19.68% ;宁夏和云南接近,分别是 15.72% 和 15.44% ;内蒙古也超过 10% ;15 岁以上人口文盲率在 10% 以下的有四川、陕西、重庆、新疆和广西,其中广西最低,为 5.30% 。西部地区中,专业技术人员数最多的四川省;其次有陕西、广西和云南;甘肃、贵州两省在总量上极为接近,均排西部后列;专业技术人员数占各种职业人员数比例最高的是新疆;而宁夏、青海虽专业技术人员数较小,但专业技术人员数占各种职业人员数比例位于西部前列。

综上可以得出初步结论,西部地区中,陕西、重庆、四川、广西、内蒙古

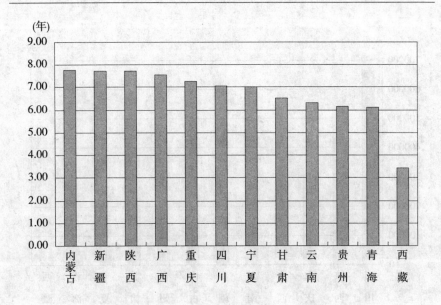

图 11. 12　中国西部地区 6 岁以上人口平均受教育年限

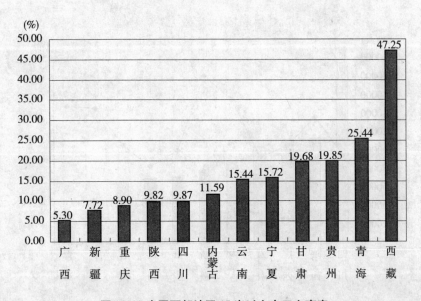

图 11. 13 中国西部地区 15 岁以上人口文盲率

和新疆人口整体素质较高;云南和宁夏居中;甘肃和贵州偏低;青海和西

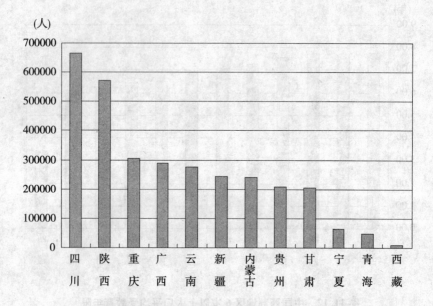

图 11.14　中国西部地区 6 岁以上人口中具有本科及以上学历人口数

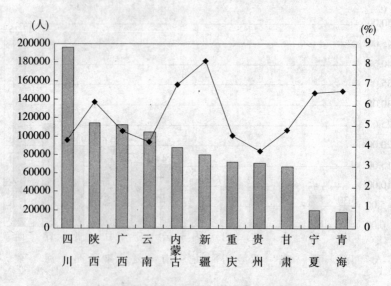

图 11.15　中国西部地区专业技术人员数及占各种职业人数比例

藏最低。

8. 中国西部地区技术环境

　　从 2004 年西部地区技术市场成交额看,重庆、云南、四川、陕西位于前列,尤为需要关注的是广西在技术市场成交额上处于西部地区落后水平,贵州、宁夏和青海等省区技术市场成交额极小,在 6. 10 亿元以下。从高新技术开发区的数量及开发区内企业效益情况看,陕西、重庆、四川和广西位于西部前列,而宁夏、青海、西藏等省区至今还未设立高新技术开发区。

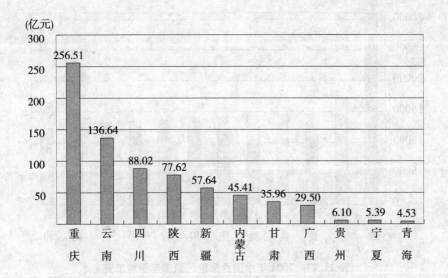

图 11. 16　中国西部地区 1998 ~ 2004 年技术市场累计成交额

　　全国科技进步统计监测及综合评价课题组在《2005 全国科技进步统计监测报告》中,根据综合科技进步水平指数,将全国 31 个地区的科技进步水平划分为六类,陕西和重庆属第三类,四川、新疆、甘肃和内蒙古属第四类,青海、广西、宁夏、贵州和云南属于第五类,西藏属第六类;在科技进步环境指数的排序中,陕西排在前 10 位,高于全国平均水平;在科技活动投入指数的排序中,陕西排在前 8 位,高于全国平均水平;在科技活动产出指数的排序中,重庆排在前 4 位,高于全国平均水平。

9. 中国西部地区劳动力成本

根据《中国统计年鉴》2005 年的相关资料,西部 12 省、自治区、直辖市中,2004 年职工平均工资最高的是西藏,超过 3 万元;其次是青海,达到 17229 元;宁夏、云南、新疆、重庆和成都等地区 2004 年职工平均工资在 14000 元以上;余下省区在 14000 元以下,其中贵州仅为 12431 元。考虑到劳动力素质和劳动生产率等因素,陕西、重庆、四川、广西、内蒙古、甘肃和贵州在西部地区具有相对的劳动力成本优势。

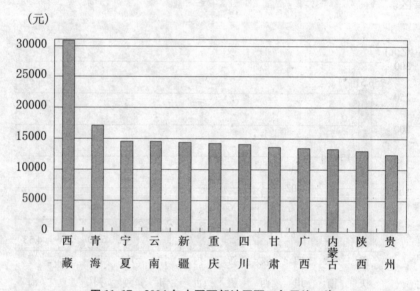

图 11. 17　2004 年中国西部地区职工年平均工资

10. 中国西部地区金融市场状况

20 世纪 90 年代,随着跨国公司投资规模不断扩大,产生了跨国公司对外投资的外部融资需求,即从母公司和子公司所在国的金融市场以及国际资本市场获取投资资金,因此东道国或地区金融市场状况也是吸引跨国公司直接投资的重要影响因素。由表 11. 17 可以看出,四川、陕西、重庆、云南和广西等地区金融业发展状况位于西部前列;新疆、内蒙古、甘肃和贵州次之;宁夏、青海和西藏金融业发展水平低。

表 11.17　中国西部地区金融业发展状况

单位:亿元

	金融保险业增加值	金融机构各项存款余额	年末城乡居民储蓄存款余额
四川	262.31	9905.30	5902.70
陕西	41.76	6446.48	3533.97
云南	94.02	5140.50	2430.28
重庆	93.45	4727.72	2545.85
广西	66.43	4202.84	2561.34
新疆	70.87	3427.48	2518.00
内蒙古	30.57	3298.15	1973.60
甘肃	65.26	2895.86	1586.66
贵州	49.87	2777.50	1350.90
宁夏	17.00	993.74	514.11
青海	17.71	733.05	352.76
西藏	15.62	456.30	123.88

资料来源:表中金融保险业增加值摘自《中国统计年鉴》2005 年的相关数据;金融机构各项存款余额、年末城乡居民储蓄存款余额摘自各省区市 2005 年统计公报。

二、西部地区外商投资环境的主成分分析

为了多角度地分析中国西部地区在投资环境方面的差异,我们在以上定性分析的基础上,运用主成分分析进一步从定量角度来分析西部地区在投资环境方面的主要差异。

1. 选取指标

在对中国西部地区的外商投资环境进行定量分析时,我们前期对全国 30 个省、自治区、直辖市在有关年份的 FDI 与各种相关变量的初步回归分析中发现,对各省、自治区、直辖市吸引 FDI 总量有显著影响的因素有经济规模、基础设施密度、人口素质、城市化水平等,因此我们选取了以下反映这些因素的 12 个指标,见表 11.18。

表 11.18   中国西部地区外商投资环境主成分分析原始数据

	GDP（亿元）	人口密度（人/平方公里）	城市化水平（%）	固定资本形成总额（亿元）	大专人口占6岁以上人口比重（%）	第三产业就业人员比例（%）
内蒙古	2712.08	20.15	47.20	1809.26	6.63	30.59
广西	3320.10	206.90	33.62	1296.55	5.18	31.34
重庆	2665.39	380.73	45.20	1552.99	3.64	32.33
四川	6556.01	178.79	33.00	2587.14	3.62	29.63
贵州	1591.90	229.65	26.90	878.85	4.47	30.60
云南	2959.48	112.06	29.50	1352.78	3.84	19.62
西藏	211.54	2.25	18.93	168.45	0.94	26.88
陕西	2883.51	180.73	37.23	1649.28	7.23	31.53
甘肃	1558.93	58.20	30.02	639.82	5.67	27.71
青海	465.73	7.49	39.25	319.02	4.51	32.31
宁夏	460.35	88.55	38.00	379.72	7.16	28.69
新疆	2200.15	12.27	37.20	1239.50	9.89	32.60

资料来源:本表中 GDP 指标为当年价,根据《中国统计年鉴》2005 年的相关数据计算;人口密度是根据《中国统计年鉴》2005 年的年底人口数除以各省区市行政区划面积得出;城市化水平是根据各省区市 2005 统计公报提供数据计算;固定资本形成总额根据《中国统计年鉴》2005 年的相关数据计算;大专人口占 6 岁以上人口比重、第三产业就业人员比例根据《中国统计年鉴》2005 年的相关数据计算。

续表 11.18   中国西部地区外商投资环境主成分分析原始数据

	财政收入（亿元）	财政支出（亿元）	城乡居民人民币储蓄总额（亿元）	城镇居民人均可支配收入（元）	城市建成区面积占行政区划面积比（%）	社会消费品零售总额（亿元）
内蒙古	196.76	564.11	1355.51	8122.99	0.00591	891.96
广西	237.77	507.47	1971.67	8689.99	0.03003	973.41
重庆	200.62	395.72	1896.56	9220.96	0.06272	955.01
四川	385.78	895.25	4333.82	7709.87	0.02856	2383.95
贵州	149.29	418.42	912.83	7322.05	0.01954	517.56
云南	263.36	663.64	1766.50	8870.88	0.01087	884.87
西藏	10.02	133.83	91.90	9106.07	0.00059	63.70
陕西	214.96	516.31	2519.94	7492.47	0.02640	966.49

	财政收入（亿元）	财政支出（亿元）	城乡居民人民币储蓄总额（亿元）	城镇居民人均可支配收入（元）	城市建成区面积占行政区划面积比（%）	社会消费品零售总额（亿元）
甘肃	104.16	356.94	1217.38	7376.74	0.01101	535.84
青海	27.00	137.34	260.50	7319.67	0.00143	115.60
宁夏	37.47	123.02	377.70	7217.87	0.03560	137.76
新疆	155.70	421.04	1371.83	7503.42	0.00366	482.07

资料来源:本表中城乡居民人民币储蓄总额为 2003 年数据,根据《中国统计年鉴》2005 年的相关数据计算;财政收入、财政支出、社会消费品零售总额等是根据《中国统计年鉴》2005 年的相关数据计算;城市建成区面积占行政区划面积比是根据《中国统计年鉴》2005 年城市建成区面积除以各省区市行政区划面积计算。

2. 对指标进行无量纲化处理

采用标准化处理,所用公式如下:

$$x_{ij'} = \frac{x_{ij} - \bar{x}_j}{\sigma_j} \text{ 若 } \sigma_j = 0, \text{令 } x_{ij'} = 0$$

处理结果见表 11.19。

表 11.19　中国西部地区外商投资环境主成分分析标准化数据

	GDP	人口密度	城市化水平	固定资本形成总额	大专人口占 6 岁以上人口比重	第三产业就业人员比例
内蒙古	0.25	-0.93	1.67	0.96	0.64	0.32
广西	0.62	0.76	-0.14	0.21	-0.02	0.54
重庆	0.22	2.32	1.41	0.58	-0.72	0.82
四川	2.59	0.50	-0.22	2.10	-0.73	0.04
贵州	-0.43	0.96	-1.04	-0.41	-0.35	0.32
云南	0.40	-0.10	-0.69	0.29	-0.63	-2.85
西藏	-1.27	-1.09	-2.10	-1.45	-1.95	-0.75
陕西	0.36	0.52	0.34	0.72	0.91	0.59
甘肃	-0.45	-0.59	-0.62	-0.76	0.20	-0.51
青海	-1.12	-1.04	0.61	-1.23	-0.33	0.82
宁夏	-1.12	-0.31	0.44	-1.14	0.88	-0.23
新疆	-0.06	-1.00	0.34	0.12	2.12	0.90

续表 11.19 中国西部地区外商投资环境主成分分析标准化数据

	财政收入	财政支出	城乡居民人民币储蓄总额	城镇居民人均可支配收入	城市建成区面积占行政区划面积比	社会消费品零售总额
内蒙古	0.30	0.62	-0.14	0.17	-0.79218	0.25
广西	0.69	0.36	0.42	0.94	0.59411	0.39
重庆	0.34	-0.15	0.35	1.67	2.47253	0.36
四川	2.10	2.13	2.55	-0.39	0.50973	2.75
贵州	-0.15	-0.04	-0.54	-0.92	-0.00868	-0.38
云南	0.94	1.08	0.23	1.19	-0.50707	0.24
西藏	-1.48	-1.34	-1.28	1.51	-1.09779	-1.14
陕西	0.47	0.40	0.91	-0.69	0.38559	0.38
甘肃	-0.58	-0.32	-0.26	-0.84	-0.49911	-0.35
青海	-1.32	-1.32	-1.12	-0.92	-1.04948	-1.05
宁夏	-1.22	-1.39	-1.02	-1.06	0.91396	-1.01
新疆	-0.09	-0.03	-0.12	-0.67	-0.92162	-0.44

3. 进行主成分分析

将标准化数据输入 SPSS 软件运算,计算结果见表 11.20。

表 11.20 主成分计算结果表

主成分	主成分特征根的值	方差贡献率	累计方差贡献率
1	6.22	51.84	51.84
2	2.28	19.00	70.84
3	1.81	15.10	85.95
4	0.70	5.83	91.78
5	0.53	4.42	96.20
6	0.27	2.22	98.42
7	0.14	1.14	99.56
8	0.03	51.84	99.78
9	0.02	0.19	99.97
10	0.00	0.02	99.99
11	0.00	0.01	100.00
12	0.00	0.00	100.00

由表 11.20 可知,第一主成分的特征根值为 6.22,方差贡献率为

51.84%,前五个主成分累计方差贡献率为96.20%,表明前五个主成分的数值变化代表前述12个原始变量的变化程度达到96.20%。

通过 SPSS 软件运算,同时求得主成分载荷矩阵见表11.21。

表11.21 主成分载荷矩阵

编号	指标	主成分1	主成分2	主成分3	主成分4	主成分5
1	GDP	0.992	0.061	− 0.010	0.015	0.040
2	人口密度	0.375	0.884	− 0.040	0.145	0.087
3	城市化水平	0.166	0.178	0.892	− 0.026	0.264
4	固定资本形成总额	0.956	0.069	0.233	0.046	0.071
5	大专人口比重	0.016	− 0.117	0.672	− 0.667	− 0.002
6	第三产业从业人员比例	− 0.030	0.183	0.307	− 0.235	0.890
7	财政收入	0.975	0.122	0.048	0.046	− 0.111
8	财政支出	0.973	− 0.056	0.008	0.005	− 0.163
9	城乡居民储蓄总额	0.967	0.151	− 0.038	− 0.068	0.056
10	城镇居民人均可支配收入	0.091	0.164	− 0.029	0.933	− 0.186
11	城市建成区面积占区划比	0.247	0.930	0.163	0.092	0.077
12	消费品零售总额	0.976	0.109	− 0.071	0.030	0.077

从表11.21可以看出:主成分1可以解释为经济规模因素,GDP、固定资本形成总额、财政收入、财政支出、城乡居民储蓄总额、消费品零售总额等指标在其中承担较大的载荷。主成分2解释为人口与城市密度因素,人口密度、城市建成区面积占区划比等指标在其中承担较大的载荷。主成分3解释为人口构成因素,城市化水平、大专人口占6岁以上人口比重在其中承担较大的载荷。主成分4为城镇居民收入水平因素,城镇居民人均可支配收入在其中承担较大的载荷。主成分5为产业发展水平因素,第三产业从业人员比例在其中承担较大的载荷。

4. 确定各主成分的权重

$$W_i = \frac{\lambda_i}{\sum\limits_{i=1}^{5} \lambda_i}$$ 其中:W_i 为第 i 个主成分的权重

λ_i 为第 i 个主成分的特征值

计算结果见表11.22。

表 11.22　主成分权重计算结果

主成分	主成分特征根的值	方差贡献率	累计方差贡献率	权重
1	6.22	51.84	51.84	0.54
2	2.28	19.00	70.84	0.20
3	1.81	15.10	85.95	0.16
4	0.70	5.83	91.78	0.06
5	0.53	4.42	96.20	0.05

5. 计算中国西部各省区市外商投资环境主成分综合评分值

计算结果如表 11.23。

表 11.23　中国西部地区外商投资环境主成分综合评分

地区	主成分1得分	主成分2得分	主成分3得分	主成分4得分	主成分5得分	综合得分
四川	2.38	-0.20	-1.08	-0.31	0.65	1.09
重庆	0.07	2.21	0.89	1.49	0.56	0.73
广西	0.40	0.46	-0.04	0.55	0.39	0.35
陕西	0.51	0.39	0.26	-0.90	0.20	0.34
内蒙古	0.42	-1.31	1.73	0.71	0.30	0.29
云南	0.53	-0.35	-0.06	0.78	-2.72	0.13
新疆	-0.05	-0.99	1.06	-0.92	0.26	-0.10
贵州	-0.32	0.74	-1.26	-0.95	0.24	-0.27
甘肃	-0.40	-0.23	-0.54	-0.87	-0.50	-0.42
宁夏	-1.22	0.95	0.57	-1.14	-0.82	-0.49
青海	-1.10	-0.81	0.10	-0.04	1.21	-0.68
西藏	-1.22	-0.86	-1.62	1.62	0.24	-0.97

三、西部地区外商投资环境的分类综述

综合以上的定量与定性分析、静态与动态分析,结合对有关专家的意见调查,我们将中国西部地区分为五类外商投资环境区,每类区域内部投资环境具有明显的相似性,区域之间投资环境具有较大的差异性。

1. 第一类投资环境区

第一类投资环境区包括川渝地区(四川、重庆)、关中平原(陕西)和泛北部湾地区(广西),所属省区经济综合实力强,经济规模、经济效益、

经济发展水平等居西部前列,经济发展前景好;科研实力、科技创新能力强;基础设施、政策法规完善;本地市场容量大;城市建成区面积占总面积比重大,城市化水平高,特大城市和大城市较多,城市辐射范围广;区位条件优越,区际联系紧密;劳动力素质较高;因此,对外资的吸引能力大。适合高技术企业、市场寻求型、效率寻求型等跨国公司进行直接投资。

2. 第二类投资环境区

第二类投资环境区包括滇池周边地区(云南)、包头—呼市周边地区(内蒙古)、北疆铁路沿线地区(新疆),这类区域投资环境的特点表现在:(1)所属省区地域辽阔,边境线长,是我国西部发展对外贸易的地缘优势所在,也是外商企业投资发展自我的地缘优势所在。这一区域在吸引周边国家直接投资方面优势明显,但与此同时,这一区域在吸引跨国公司直接投资方面又受到周边国家带来的强烈竞争。(2)能源和特色资源丰富,有待进一步开发,适合资源寻求型跨国公司进行直接投资。(3)区域"空间格局不经济"表现明显,除滇池周边地区、北疆铁路沿线地区、包头—呼市周边等人口密度较高以外,其余地区人口聚落分散,除了几个大城市以外,次一级的城市发育不健全,城市规模经济不能得到有效发挥。(4)经济规模、市场规模在西部地区较大,但开拓次级市场成本、费用较高。

3. 第三类投资环境区

第三类投资环境区包括甘肃、贵州两省,虽处在西部交通枢纽地段,但自然、地理环境较差,经济总量和经济发展水平偏低,居民收入水平低,本地居民购买力有限;人口整体素质在西部地区属偏低水平。

4. 第四类投资环境区

第四类投资环境区包括宁夏,其投资环境特点有:经济总量小,经济发展水平在西部地区属中等,按人均和每平方公里计算的吸引外商直接投资水平属西部中等;没有大城市,且城市基础设施条件差;人口密度较低,城镇居民收入水平低,本地居民购买力有限,本地市场狭小;产业配套能力弱;但铁路和公路交通基础好,具有一定的区位条件,具备潜在的市场辐射能力。

5. 第五类投资环境区

第五类投资环境区包括青海和西藏二省区,这一区域的投资环境特点综合表现为:经济总量小,经济发展水平低;大城市少(甚至没有),城市基础设施条件差;气候条件差;人口密度低,人口整体素质水平为西部地区最低;本地市场狭小,市场辐射能力小;交通不便,产品和原材料运输成本高;产业配套能力在西部地区最弱。

第四节　西部地区外商投资环境与中、东部地区相比存在的差距与问题

在我国区域经济发展中,东西部不同地区经济发展水平、区位、资源禀赋、人文环境的差异,以及市场化改革在不同地区推进的非均衡,客观上在东西部之间形成了优劣程度不同的投资环境。近年来,西部十分重视投资环境建设,使西部投资环境整体状况趋于优化,城市面貌发生了巨大变化,综合服务功能得到显著增强,招商引资成果显著。但是,西部在投资环境方面与中东部地区仍然存在不少的差距。

一、自然环境

1. 严重破坏的生态环境

2000 年 4 月,国家环保总局、中科院、国家测绘局、西部 12 个省、自治区、直辖市及有关科研部门开展了"西部生态环境现状调查"活动。2001 年 12 月 29 日,这些部门发布的调查报告,向公众展示了目前令人堪忧的西部生态环境现状。调查报告分析,西部地区生态系统目前呈现由"结构性破坏"向"功能性紊乱"演变的发展态势。水资源开发不合理、导致河流断流、绿洲萎缩、地下水位下降。此外还出现冰川退缩、雪线上升,天然湿地萎缩、湖泊盐碱化甚至干涸等现象;西部地区(不包括西藏)水土流失面积为 10436.9 万公顷,占全国水土流失总面积的 62.5%;西部地区沙化土地总面积为 16255.6 万公顷(内蒙古、甘肃、宁夏、陕西、西藏和新疆等省区的统计数据),占全国沙化土地总面积的 90% 以上;川、渝、滇、黔、桂地区沙漠化土地总面积为 729.5 万公顷,且分布集中,危害

严重,是西南地区最突出的生态环境问题之一。此外,由于生态破坏,沙尘暴、旱灾在 20 世纪 90 年代起明显回升,洪涝灾害发生率 20 世纪 90 年代比 80 年代增长了近 50%。

2. 资源丰富,但综合开发、利用程度低

西部地区的自然资源特别丰富,具有资源优势。其水能蕴藏总量占全国的 82.5%,已开发水能资源占全国的 77%,但开发利用尚不足 1%。其矿产资源的储量也十分可观,依据已探明储量,西部地区的煤炭占全国的 36%,石油占 12%,天然气占 53%。全国已探明的 140 多种矿产资源中,西部地区就有 120 多种,一些稀有金属的储量名列全国乃至世界的前茅。

二、政治法律环境

1. 法律制度环境

迄今为止,我国出台了一系列涉外法律和法规,保护外商的合法权益,包括《中外合资经营企业法》、《中外合作经营企业法》、《外资企业法》及其实施条例等法律、规章。但这种制度安排也存在一定的缺陷:一是中央和地方立法权限不明确,各地方立法差异较大。二是国家的区域税收优惠政策存在差异。从 2001 年起,国家开始调整部分税收政策和收入分配政策,但西部地区技术开发区和边境技术合作区享有的优惠政策也被列入清理、取消清单。取消西部地区的优惠政策,只能削弱其引资的优势。三是对内资与外资分别立法的"双轨制"立法模式,与市场经济的市场主体平等原则明显相悖。四是西部开发至今还无专门法可依。[①]

2. 政府行政管理

西部地区政府行政管理普遍存在体制性障碍。一是政府行政干预较多,项目审批环节繁琐,依法行政的意识和环境还没有形成。二是职能部门较多,职能划分模糊,导致经常出现相互推诿与扯皮的现象。三是管理人员缺乏按国际惯例管理企业的经验。四是服务跟不上外资企业的发展

---

① 窦玲:《外资入陕的制度环境因素》,载《郑州航空工业管理学院学报》2006 年第 6 期。

需求。经济管理部门明显带有管理功能强,协调性、服务性差的特征。①

　　西部各地政府已经下大力气整顿执法秩序,并取得了一定成效。但与沿海城市相比,西部部分干部思想封闭、狭隘,在执法当中只顾眼前利益和部门利益,为企业办事设置关卡,乱收费、乱摊派、乱罚款,造成很坏的影响,严重损害了执法部门的形象,直接威胁到西部的投资环境。

三、经济环境

1. 经济结构调整缓慢

　　西部总体上所有制结构调整和产业结构调整进展缓慢。国有经济至今在整个经济中占有较大的份额, 而非国有和非公有经济发展迟缓。产业结构高级化水平较低, 劳动者结构调整缓慢, 整个经济靠传统产业支撑。升级面临的主要问题是新的主导产业形成受到了多重障碍, 有体制的、政策的以及存量结构本身的障碍。具体表现为产业集中度严重偏低, 资源配置分散化, 社会资源难以向主导产业集中, 导致新兴产业的技术创新能力低下, 产品缺乏竞争力。第三产业主要是建立在商业、饮食服务业、交通运输业等传统产业的基础上, 直接为第一、二产业服务的科技推广服务、咨询业、教育等发展严重不足, 金融证券市场不发达, 影响了经济发展的后劲。这些情况严重影响了外资的进入。从各地区高技术产业发展的比较来看, 西部地区在航空航天制造业略具优势, 在电子及通信设备制造业、医药制造业等产业与东中部差距相对较小。

表 11.24　西部地区 2004 年国民经济和社会发展主要指标

指标	全国总计(亿元)	西部 12 省、区、市(亿元)	占全国比重(%)
国内(地区)生产总值	136875.9	27585.2	16.9
第一产业	20768.1	5368.8	25.7
第二产业	72387.2	12230.0	14.8

---

① 　窦玲:《外资入陕的制度环境因素》,载《郑州航空工业管理学院学报》2006 年第 6 期。

指标	全国总计(亿元)	西部 12 省、区、市(亿元)	占全国比重(%)
#工业	62815.1	9527.6	13.5
第三产业	43720.6	9986.4	16.7

资料来源:根据《中国统计年鉴》2005 年的相关数据计算。

2. 市场体系处在初步形成阶段

市场因素主要包括市场规模与经济发展水平。市场规模越大,经济发展水平越高,对 FDI 的吸引力也就越大。目前,西部地区市场规模小,市场机制不健全的问题更为突出,一些地区市场经济的权威还没有树起来,市场经济的游戏规则还没有得到充分的尊重,缺乏市场的连续性,市场条块分割现象严重,难以形成市场规模效益。另外,西部地区市场环境差异较大,"二元经济"特征更为显著。

表 11.25　2004 年中国西部地区亿元以上商品交易市场基本情况

年份	市场数量	摊位数	营业面积	成交额	批发	零售
	(个)	(个)	(万平方米)	(亿元)	(亿元)	(亿元)
西部地区合计	394	281531	1821.8	1980	1582.5	397.2
西部地区占全国比重(%)	11.7	12.6	14.6	7.5	7.5	8.0

注:本表中西部地区合计数不包括西藏数据。
资料来源:根据《中国统计年鉴》2005 年的相关数据计算。

根据国际经验,判定收入和商品消费之间关系常用产品价格和人均地区生产总值,我们称之为价收比。其计算公式是:

$$价收比 = 某类商品的平均单价 / 人均地区生产总值$$

一般来讲,产品进入的价收比为 3 左右,而产品普遍消费的价收比门槛为 1.5。侯景新、尹卫红[1]借此数据确定了我国不同区域人均收入和商品消费的对应关系,见表 11.26。

---

[1]　侯景新、尹卫红:《区域经济分析方法》,商务印书馆 2004 年版。

表 11.26　人均地区生产总值与商品消费的对应关系

阶段	人均地区生产总值(元)	消费层次	备注
1	小于500	贫困阶段	吃
2	500～1500	温饱阶段	吃、穿
3	1500～1700	普通耐用消费品消费阶段	电视、电扇等
4	7000～20000	高级耐用消费品消费阶段	电脑、摄像机等
5	20000～100000	汽车消费阶段	交通工具变化
6	100000～500000	精神享受及房产投资阶段	别墅、旅游
7	大于500000	超财富阶段	社会名望、慈善捐赠

据此,我们分析判定中国西部地区的消费阶段,得表 11.27。

表 11.27　中国西部地区消费阶段分析

	人均地区生产总值(元)	按价收比修正的数值(元)	消费阶段
贵州	4215	6323	3
甘肃	5970	8955	4
云南	6733	10100	4
广西	7196	10794	4
陕西	7757	11636	4
西藏	7779	11669	4
宁夏	7880	11820	4
四川	8113	12170	4
青海	8606	12909	4
重庆	9608	14412	4
新疆	11199	16799	4
内蒙古	11305	16958	4

资料来源:人均地区生产总值数据来源于《中国统计年鉴》2005 年的相关数据。

另以 2004 年人均地区生产总值为基础分析,全国 31 个省、自治区、直辖市中已有 10 个省区进入第 5 个消费阶段,而西部地区还未有 1 个省区进入第 5 个消费阶段。

3. 基础设施落后

由于地理位置和历史因素的制约,西部的环境建设一直比较落后。复杂的地貌地形及气候条件,使得交通条件差,铁路覆盖率低,公路等级低,加上山高路远,造成运输困难、运价高。城市基础设施落后,辐射带动功能不强。信息仍然很闭塞,要及时了解掌握国际、国内一些情况还比较困难,目前的信息资源环境不能满足投资者的需要。这些因素直接影响跨国公司的生产、运输、通信和产品销售等活动,不利于西部地区引进跨国公司直接投资。落后的基础设施大大提高了交易成本,虽然西部劳动力成本相对较低,但昂贵的交易成本仍可能使西部地区的产品成本高于东部地区。

表 11.28 西部地区 2004 年交通和通信状况

指标	全国总计	西部 12 省(区、市)	占全国比重(%)
铁路营业里程(公里)	74408	27062	36.4
公路里程(公里)	1870661	757258	40.5
#高速公路	34288	8638	25.2
内河航道里程(公里)	123337	30782	25.0
旅客周转量(亿人公里)	16309.1	3381.2	23.3
货物周转量(亿吨公里)	69445.0	7899.3	12.7
邮电业务总量(亿元)	9712.3	1843.4	19.0

资料来源:根据《中国统计年鉴》2005 年的相关数据计算。

4. 融资渠道不畅

融资渠道不畅主要体现在三个方面:一是直接融资渠道少、难度大、资本市场不健全;二是银行存款总量少,资产质量差,限制了金融支持力度;三是金融企业结构不合理,制约了资金来源。

5. 成本因素

(1)劳动力成本

由于缺乏熟练劳动力及外向型、复合型专业人才,外资企业所需要的高素质人才难以满足,而且这些人才在西部地区的获取成本明显高于东部地区,使得实际上的西部地区劳动力成本优势并不存在。

(2)土地成本

土地作为重要的生产要素,在厂商投资中占有重要地位,特别是我国目前土地出让多是一次性收缴有偿使用费,这笔费用对厂商投资决策影响较大。总体上西部与东部单位土地有偿使用费差距并不明显。

（3）税率

根据2003年12月世界银行研究局发表的题为《改善投资环境,提高城市竞争力:中国23城市投资环境排名》的调研报告,中国18城市的有效税率情况如表11.29。

表11.29　中国18城市的有效税率情况

东部		中部		西部	
城市	税率(%)	城市	税率(%)	城市	税率(%)
深圳	3.9	郑州	6.0	重庆	6.7
江门	5.6	武汉	6.7	昆明	7.9
杭州	5.8	长沙	6.9	西安	8.3
温州	7.5	南昌	7.1	南宁	9.7
大连	8.0	长春	7.5	兰州	10.2
本溪	10.3	哈尔滨	8.6	贵阳	10.6

从表11.29可以看出,中国西部城市的有效税率普遍高于东中部地区。南宁市的有效税率是深圳的2.49倍,兰州市的有效税率是深圳的2.62倍,贵阳市的有效税率是深圳的2.72倍。

（4）交易成本

西部投资环境的一个重要特征是交易成本偏高。相对于东部地区,西部地区审批事项仍然较多,所需时间较长,加大了投资者的成本费用或投资风险。西部市场经济秩序还不规范,往往形成对外来投资所获利润的侵蚀。例如,违约现象较为严重,纠纷无法得到及时处理;对知识产权保护不力,侵权行为屡屡发生等。受各种因素的制约,西部地区交易成本相对较高,投资和经营失败的风险也比东部更大,在一定程度上抵消了西部在劳动力、土地成本和资源价格上的微弱的比较优势。

6. 经济外向性

西部地区经济外向型程度低。2004年,西部地区按经营单位所在地分商品进出口总额占全国的比重仅为3.18%;按境内目的地和货源地分商品进出口总额占全国的比重仅为3.48%;西部外商投资企业商品进出口总额占全国外商投资企业商品进出口总额的比重仅为0.93%,说明西部地区外商投资企业的经济外向性比全国水平低。

表 11.30　中国西部地区按经营单位所在地分商品进出口总额及其占全国比重

	2000 年			2003 年			2004 年		
	进出口	出口	进口	进出口	出口	进口	进出口	出口	进口
西部合计 （万美元）	1716629	992660	723969	2793013	1624287	1168726	3670162	2058619	1611543
西部占全国 比重（%）	3.62	3.98	3.22	3.28	3.71	2.83	3.18	3.47	2.87

资料来源：根据《中国统计年鉴》2005 年的相关数据计算。

表 11.31　中国西部地区按境内目的地和货源地分商品进出口总额及其占全国比重

	2000 年			2003 年			2004 年		
	进出口	出口	进口	进出口	出口	进口	进出口	出口	进口
西部合计 （万美元）	1861315	1031472	829843	2999637	1599413	1400225	4022353	2075133	1947221
西部占全国 比重（%）	3.92	4.14	3.69	3.52	3.65	3.39	3.48	3.50	3.47

资料来源：根据《中国统计年鉴》2005 年的相关数据计算。

表 11.32　中国西部地区外商投资企业商品进出口总额及其占全国比重

	2000 年			2003 年			2004 年		
	进出口	出口	进口	进出口	出口	进口	进出口	出口	进口
西部合计 （万美元）	253088	123666	129422	432284	181907	250377	616339	238030	378308
西部占全国 比重（%）	1.07	1.04	1.10	0.92	0.76	1.08	0.93	0.70	1.17

资料来源：根据《中国统计年鉴》2005 年的相关数据计算。

四、人才环境

西部地区人才匮乏，尤其是缺乏高级技术、管理人才和企业家队伍。西部人才开发面临着诸多问题和困难，制约了西部的经济、科技和社会发展，一是人才队伍结构失衡，分布不合理，为数不多的高层次人才主要分布在中心城市的院校、科研院所、大型企业,县及县以下人才数量偏少。专业人才中,高级人才也相对较少。高级管理人才和优秀企业家流失比较严重。二是人口受教育的程度远远低于东部,文盲半文盲人口占总人口的比例较多,大专院校和在校学生人数也相对较低。另外,还存在着大学毕业生"回乡率"低的问题。三是人才管理体制不完善。人才短缺和相对闲置的问题并存,现有人才作用发挥不够充分。四是思想观念有一定的差距,现有领导干部队伍无论从素质还是从发挥最佳效能方面,远远不能适应开发西部的需要。

五、技术环境

西部地区技术相对落后,技术市场成交额偏低,1998～2004年中国西部地区技术市场成交额占全国的比重一直在13%上下波动,见表11.33。根据我国高技术产业发展统计数据(《高技术产业工作动态》第9期)可知,2004年,西部地区高技术产业完成总产值1390.04亿元,占全国的5.11%;新产品产值423.65亿元,占全国的8.24%;实现产品销售收入1334.51亿元,占全国的4.92%;出口交货值133.5亿元,占全国的0.96%。

表11.33　中国西部地区技术市场成交额及其占全国比重

	1998	1999	2000	2001	2002	2003	2004
西部地区合计(万元)	576665	839181	858677	979709	1110306	1464976	1603682
西部地区占全国比重(%)	13.23	16.03	13.20	12.52	12.56	13.51	12.02

资料来源:根据《中国统计年鉴》2005年的相关数据计算。

表11.34　中国西部地区高技术产业主要经济指标与全国的对比

指标 地区	总产值(亿元)	新产品产值(亿元)	产品销售收入(亿元)	出口交货值(亿元)
西部地区	1390.04	423.65	1334.51	133.50
全国	27185.55	5138.38	27145.99	13929.14

资料来源:根据《中国统计年鉴》2005年的相关数据计算。

第五节　优化西部地区外商投资环境的对策

在影响西部地区投资环境的诸多因素中,有些因素如区位条件、经济基础、与东部地区的分工关系等,短期内难以改变。但是多数因素,特别是体制、法律保障等方面的因素,经过努力在不长的时期内是可以改变的。现阶段改善西部投资环境应软硬并重,在继续加强交通、通信、供水等基础设施建设和人力资源开发的同时,应着力治理和改善体制、法律保障等软环境。另外,各级政府应结合西部地区的优势和特点,做好促进西部地区经济发展的长远规划。

一、促进经济增长

经济规模和经济发展水平是吸引跨国公司(尤其是市场开拓型跨国公司)直接投资的重要因素。促进经济增长是推动西部地区投资环境改善的最重要的途径。根据前面的分析,西部地区外商投资企业的经济外向性比全国水平低,西部地区外资企业以本地市场开拓型为主。而西部地区经济总量小,经济基础薄弱,经济发展潜力有待进一步挖掘,招商引资能力有限。因此,各级政府要有长远眼光,充分结合西部地区的特点和优势,制定促进西部地区经济发展的长远规划,并切实执行,确保西部地区经济稳健、可持续增长。

二、实施"西向开放"战略

中国过去 30 年的对外开放,基本上是面向"大洋"的开放,是"东向"开放。在这种开放格局下,东部沿海地区具有明显的国际竞争优势,并在过去 30 年的改革开放中获益很多。西部地区由于远离大洋,在开放的区位布局上处于明显劣势,严重影响西部地区外向型经济发展。从空间布局的角度分析,西部地区对外开放的区位优势在于"西向开放",在西部大开发的过程中推动沿边大开放,调整全国对外开放的整体格局,加强西部地区与邻国之间的经济联系,通过"双向"开放,形成西部地区对外开放的基本方式和特色。①

　　中央要采取措施支持西部地区积极参与各种周边地区区域合作，吸引周边国家直接投资。很多跨国公司倾向于选择离母国较近的区域作为其投资地。根据前面的研究发现，投资于中国的韩国跨国公司中有近60%坐落于东北部离韩国较近的山东、辽宁、天津和吉林等省份；投资于中国的日本跨国公司主要坐落于东北沿海等离日本较近的省份。另外，将云南省 FDI 按来源国分类分析也发现，云南省来自亚洲国家（地区）的直接投资中，就有近20%来源于周边的东南亚国家。可以说，吸引周边国家（地区）的直接投资应成为西部地区吸引跨国公司直接投资的重要措施。因此，中央政府应积极采取措施，支持西部地区积极参与各种周边地区区域合作，如 GMS 合作、中亚合作、印中缅孟合作、中国—东盟自由贸易区和上海合作组织框架下的经济合作等。

　　西部地区要结合中国加入 WTO 的总体要求和本地的现实状况，进一步向跨国公司开放投资市场。对于已经试点或具备条件的领域，如商业、外贸、旅游资源开发、金融、保险等要积极推行对外开放。对教育、卫生、城建、咨询服务、建筑等领域如何引入外资要认真进行研究、探索。在农业、环保、电力、石油、天然气、公路、城市基础设施等方面要积极鼓励并引导外商投资。西部吸引和利用外资应由被动的全面吸纳逐步变为有选择、有重点的吸收，即以弥补"资金缺口"为主转向弥补"技术缺口"为主，通过吸引和利用外资，将国外的先进技术、设备及管理转移过来，以推动西部的产业升级与技术进步。允许外商投资项目开展包括人民币在内的项目融资，支持西部属于国家鼓励和允许类产业的企业通过转让经营权、出让股权、兼并重组等方式吸引外资，探索以中外合资产业基金、风险投资基金方式引入外资，鼓励合资企业到西部地区再投资。

---

　　① 《改善西部地区投资环境国际研讨会论文集》第 140 页，2004 年 8 月 5 ~ 6 日，中国昆明。

三、加强基础设施和中心城市建设,加快城市化进程

城市发展水平的高低已经成为衡量投资环境优劣的重要标志。西部地区人口密度较低,基础设施落后,小城镇建设基础薄弱。因此,要加快西部地区的城市化进程,就必须以大中城市为中心,充分发挥中心城市的集聚和辐射作用。打造中心城市,要注重以下三点。第一,完善基础设施,形成发达的交通信息网络。基础设施差已成为西部经济发展的"瓶颈"。改变西部地区基础设施落后的现状,一方面需要中央政府、地方政府加大对西部地区基础设施的投资力度,另一方面应鼓励私人资本投资和经营公用设施,提高基础设施存量和运营效率,以改善西部地区经济发展环境。加快基础设施建设,要从战略眼光出发,以公路建设为重点,全面加强铁路、机场、内河航运、天然气管道干线建设,加强通信、广播电视和城市基础设施等建设。第二,突出产业跟进。产业是城市的基础,没有产业的支撑,城市也就失去了生存的基础。随着西部大开发的纵深推进,西部经济关系正在进行新的重组和整合,如果城市产业跟不上,基础建设的改造只会导致资金的流失和资源的浪费,中心城市也将面临被边缘化的危险。第三,提升城市形象,提高投资者关注西部的兴趣。

四、培育特色和优势产业,推动产业技术升级

1. 培育特色和优势产业

培植优势产业是吸引外商直接投资的基础,外商投资都是以一定的产业为载体。西部地区应根据本地区优势,依靠科技进步,发展特色产业,完善和建设特色、优势产业配套体系。西部地区的地方政府应该准确定位自身的比较优势产业,并进行必要的政策与资金倾斜予以扶持,充分发挥资源优势,形成一些产业链较长、产业关联度较高的优势行业,形成产业集群,以吸引外国直接投资。

西部地区在吸引跨国公司投资时,应首先鼓励其投资于水能开发、矿藏资源深加工、生物资源等具有绝对或相对比较优势的自然资源开

发领域，培育有竞争力的资源加工体系。同时，更应鼓励跨国公司投资于农业项目和环境保护项目，促进西部地区形成特色农业和强化生态环境保护。此外，旅游产业也应是西部地区鼓励外资进入的重点产业。

2. 推动产业技术升级

大力发展科技教育，使西部的科学技术就地消化，就地安家。应充分利用西部高等院校、科研院所和高新技术开发区，使这些科研院校以西部地区的开发与建设为主战场，积极探索科学技术转化为生产力的新路子。以自主创新与模仿创新互动，增强企业技术创新能力，大幅增加自主知识产权和技术标准拥有量。

五、不断优化投资软环境

1. 创新法制环境，坚持依法行政①

首先，要学习好、落实好、宣传好国家有关法律法规，增强各级干部的法治观念和依法行政能力，建立和发展法律中介服务组织，不断提高西部开发的法治保障水平；其次，抓紧建立健全各省地方性法规体系，把改善投资环境纳入法制化轨道；再次，努力做到有法必依、执法必严、违法必究，切实保护投资者的合法权益；最后，加强西部开发的立法工作，总结实践经验，逐步将西部大开发的重点任务和有效做法以法律形式确定下来，并严肃执行经济法规和涉外经济法规，从法律制度上切实保障投资者和经营者的合法权益。建立健全仲裁机制，及时受理经济纠纷案件。

2. 优化外商投资的市场环境

规范市场秩序，维护公开、公正、公平的市场竞争，打击假冒伪劣产品，保护知识产权。规范信用秩序，尽快建立和完善企业和个人诚信系统，对违反合同和契约的行为加强法律制裁。加强教育，树立遵守承诺、信誉第一、公平竞争的经营观念和社会风尚，形成适应市场经济体制的职

---

① 孙玉贤：《改善西部地区投资环境的基本方略》，载《社科纵横》2006年第11期。

业道德和信用准则。培育和发展西部地区商品和要素市场,健全市场体系。

3. 优化外商投资的服务环境

西部地区各级政府,要在符合法律、规章的前提下,加快职能转变,为企业、市场和社会提供优质、高效的行政服务。包括减少行政审批事项,简化和规范办事程序,认真处理外来投资者的投诉,强化服务意识等。

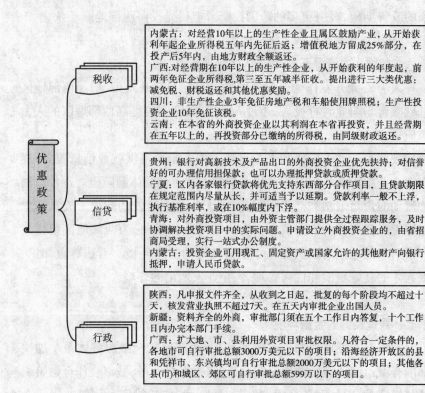

图 11.18　西部部分省区主要优惠政策①

4. 创新、营造良好的人文社会环境

---

① 资料来源于 IUD 中国政务景气监测中心。

良好的人文社会环境应该是热情、诚信、和谐、开放、文明、道德。西部人要大胆解放思想,破除封闭保守的旧观念,树立人人都是投资环境、改善投资环境就是发展生产力的新观念。最大限度地降低人文社会环境成本。

5. 建立西部投资环境评价指标体系,作为软环境管理和评估的依据

建立西部投资环境评价指标体系,定期对西部地区投资环境中的各项因素进行定性和定量分析与评价,定期公布该地区投资环境的现状及未来的改善期望,吸引更多的跨国投资者把目光投向西部地区。

六、加强人力资源开发,促进人才合理流动

将人力资源开发作为最优先的发展目标和核心政策,增加西部地区的基础教育与职业教育投入,通过人才培养,全方位提高西部地区的人力资源质量。

积极培育劳动力市场和人才市场。为求职者提供就业信息服务,逐步实现企业招聘人员信息公开化。清除人才流动的体制障碍。逐步取消人才流动的户籍限制和部门限制,实施人才西流的鼓励政策。放宽知识产权等无形资产作为人力资本出资入股的比例限制,为西部地区留住人才和吸引东部地区乃至国外人才创造良好的法律环境。营造尊重知识、尊重人才的良好氛围和优秀管理者、企业家辈出的环境。

七、营造良好的金融环境

大力培育和发展西部资本市场,完善西部地区金融服务体系。加快西部国有城市商业银行的股份制改造;完善发展农村、城市合作金融组织以及包括证券公司、财务公司、融资租赁公司、信托投资公司等非银行金融机构。拓宽西部企业融资的市场空间,对西部开发的重大项目和重点企业扩大企业债券融资,扩大发行西部地区铁路、干线公路、电力等建设的专项债券,建立有利于西部企业资本形成的市场机制。

积极引进和培育能服务于跨国公司的金融机构和资本市场,为外资企业提供更便利的金融支持和服务。要进一步完善跨国并购的相关政

策,扩大外商进行收购、兼并的试点范围,加快制定与跨国并购相关的法律法规,出台操作性强的实施细则,建立与国际惯例接轨的国有资产评估体系和跨国并购审查制度。积极发展产业投资基金、风险投资基金,完善地方产权交易市场,以盘活资产存量,实现存量带动增量的良性互动。

八、重视地区营销和招商引资工作

首先,西部地区地方政府,应重视加强对整个地区的营销,通过对区域的整体形象进行策划宣传,让跨国公司全面了解西部地区的相关情况,重点了解西部地区的特色、相对优势和尚待开发的潜在市场,吸引跨国公司直接投资。其次,要关注外商投资兴趣点,提升推介项目质量,办好相关投资贸易洽谈会。西部大开发以来,西部各地区已经举办了各种类型的投资贸易洽谈会。然而在贸洽会上所推出的好多项目都不成熟,项目分析没有说服力,无法令投资商感兴趣。一个好的投资项目,必须具备两个方面的因素:一是项目必须是市场所需要的,西部地区不能再按照以往的思路,认为自己有什么资源优势就向投资者介绍什么,而应从市场出发,市场需要什么西部才提供什么,项目的推介必须从资源导向转向市场导向;二是项目决策必须科学化、专业化,项目必须有令人信服的投资回报计算,在生产要素成本相对稳定的前提下,一个地区项目的好坏决定投资者是否愿意在当地发展。开发西部,必须重视项目问题,有一批有市场需求的好项目,才能吸引外来投资者。[1]

九、有针对性地改善外商投资环境

西部地区政府应对不同类型的 FDI 在投资环境需求方面的特点进行深入分析,并以此为基础,结合西部投资环境的区内空间差异,有针对性地改善外商投资环境。

一类区域改善投资环境的关键在于建立西部现代金融中心,西部深度开发,需要培育分别以成渝和关中为中心的西南、西北经济增长极,走

---

[1]　谢承华:《西部投资软环境如何改善》,载《商界》2006 年第 2 期。

工业跨越式发展之路。成渝地区资源丰富、工业体系较为完整、科技实力雄厚,因此,可以通过传统产业、资源型产业、高新技术产业的共同发展,促进工业化进程;关中地区历史文化悠久,科研实力雄厚,因此,可大力发展高新技术产业、旅游业等促进其工业化进程。泛北部湾地区应充分发挥其地处西南出海大通道的重要区位优势,大力发展物流等现代服务业和出口加工工业。

二类区域改善投资环境的关键在于采用差异性策略促进经济快速发展。新疆、云南、内蒙古三省区需要坚持"以开放促开发"的发展战略。因为三省区均为边疆地区,与周边多个国家接壤,在发展边境贸易方面有地缘优势。因此,三省区要以开放为突破口,以开放促开发,以开发促发展,以发展促边贸,通过大力引进外资形成多元化投资体系,加速产业结构优化,从而改善投资环境。

甘肃、贵州、宁夏、青海和西藏五省区改善投资环境需要经历一个长期的过程,在此过程中需要政府推动。国家要在公共基础设施方面投入大资金,促进其投资环境的改善,为其经济发展打下良好的基础。

参考资料

[1]Qian Sun, Wilson Tong, Qiao Yu(2002). " Determinants of foreign direct investment across China". *Journal of International Money and Finance*. 21.

[2]John F. Cassidy , Bernadette Andreosso-O'Callaghan(2005). " Spatial determinants of Japanese FDI in China". *Japan and the World Economy*.

[3]Kevin HongLin Zhang(2005). "Why does so much FDI from Hong Kong and Taiwan go to Mainland China?" *China Economic Review* 16.

[4]Sung Jin Kang, Hong Shik Lee(2006). " The determinants of location choice of South Korean FDI in China". *Japan and the World Economy*.

[5]John H. Dunning, Zu Kweon Kim, Chul-In Lee(2007). " Restructuring the regional distribution of FDI: The case of Japanese and US FDI". *Japan and the World Economy* 19.

［6］Xiangdong Chen，Guido Reger（2006）．" The role of technology in the investment of German firms in China"．*Technovation* 26 ．

［7］厉以宁：《区域发展新思路——中国社会化发展不平衡对现代化进程的影响与对策》，经济日报出版社 2000 年版。

［8］鲁明泓：《外国直接投资区域分布与中国投资环境评估》，载《经济研究》1997 年第 12 期。

［9］鲁明泓：《制度因素与国际直接投资区位分布：一项实证研究》，载《经济研究》1999 年第 7 期。

［10］吴丰：《外商直接投资与聚集效应》，载《经济学动态》2001 年第 6 期。

［11］刘伟等：《江苏省城市投资环境分等与评价》，载《经济地理》1999 年第 2 期。

［12］陈泽明、芮明杰：《基于区域三维空间的投资环境优化研究》，载《经济体制改革》2006 年第 1 期。

［13］鲁明泓、潘镇：《中国各地区投资环境评估与比较》，载《管理世界》2002 年第 11 期。

［14］王尉东、薛国琴：《地区投资环境评价体系探讨》，载《绍兴文理学院学报》2003 年第 6 期。

［15］胡安舜、牛永涛：《对改善西部投资环境的思考》，载《青海金融》2003 年第 9 期。

［16］李春丽：《对西部投资环境的认识和改善投资环境的建议》，载《中国物价》2002 年第 11 期。

［17］陆春华、孙华：《论改善西部投资环境》，载《广西经贸》2003 年第 9 期。

［18］程惠芳、潘信路、杜群阳、赵毅：《浙江与上海外商投资环境比较及对策》，载《浙江社会科学》2003 年第 2 期。

［19］梁云：《重庆拿什么吸引外资——析重庆外商投资环境的完善》，载《经贸世界》2001 年第 8 期。

［20］肖政：《影响外商直接投资的因素：兼论中国沿海与西部地区差

别》,载《世界经济》2002 年第 3 期。

[21]陈友良:《对西方跨国公司全球扩张的几点思考》,载《世界经济与政治》2003 年第 5 期。

[22]吕峰:《论跨国公司投资对我国西部大开发的重要性》,载《商场现代化》2006 年 5 期。

[23]吴海鹰:《日本跨国公司投资行为与投资趋向对西部地区吸引外资的影响》,载《宁夏社会科学》2006 年第 5 期。

[24]汪旭辉:《外商对华直接投资的区位变迁及影响因素分析》,载《国际贸易问题》2006 年第 4 期。

[25]朱少杰:《基于 FDI 产业聚集的西部引资策略分析》,载《改革与战略》2006 年第 7 期。

[26]侯景新、尹卫红:《区域经济分析方法》,商务印书馆 2004 年版。

第十二章　关于国际直接投资与
经济发展关系的研究

　　早在 20 世纪 70 年代初期,我国著名经济学家滕维藻、陈荫枋教授等人就开始研究跨国公司问题。改革开放以来,我国学者开始关注 FDI 与经济发展的内在关系,形成了大量的研究成果。随着我国开放经济的发展,我国学者对这一问题的研究也日益深入。本章述评了我国学者 2002 年以后对 FDI 研究成果中的主要观点,涉及 FDI 与中国经济增长、FDI 与市场结构、FDI 与中国技术发展、FDI 与中国的产业升级、FDI 与中国的制度改进、FDI 与国家安全、FDI 与国际贸易、FDI 与人力资本等方面问题,以供读者参考。

第一节　FDI 对中国经济增长影响研究的最新进展

　　国内学者研究 FDI 对东道国经济增长的影响,主要从 FDI 对中国经济增长产生什么样的影响及影响程度到底如何、决定 FDI 影响中国经济增长的主要因素是什么、对比 FDI 与国内投资促进经济增长有什么不同之处、FDI 对中国经济增长影响与其他国家相比有什么差异、FDI 对中国各区域经济增长的影响情况如何等方面进行。

一、FDI 对中国经济增长影响的总体判断

　　近期研究 FDI 对中国经济增长影响的大部分学者从不同的角度或利用不同的方法都认为 FDI 已成为影响我国经济增长的一个重要经济变量,FDI 有效地促进了中国经济增长。胡祖六(2004)认为 FDI 是解释二

十年来中国经济增长奇迹的重要因素之一。杜江(2002)从 FDI 推动消费需求、资本形成和对外贸易这些有效需求的经济理论出发,建立一个 FDI 影响中国宏观经济的计量联立方程模型,认为 FDI 推动了中国经济的发展,对中国宏观经济产生了积极影响。陈浪南、陈景煌(2002)从总供给的角度出发,分析认为 FDI 的存量增长率与 GDP 增长率存在线性关系,1982~1991 年 FDI 对中国经济增长率的年均贡献度较低;1992 年以后,年均贡献度较以前增加了 3~5 倍。萧政、沈艳(2002)在假定 FDI 与 GDP 之间的互动关系,并在实证了这一假定的基础上认为,从长期来看 FDI 使 GDP 增长的速度更快。田梦飞(2005)使用 OLS 法进行 FDI 对中国经济增长的影响分析,在进行数据平稳性检验的基础上,运用科克伦—奥克特方法纠正了可能存在的虚假回归现象,分析结果认为 FDI 对中国经济增长产生了积极的影响。任永菊(2003)、杨海燕(2005)、薄文广(2005)、王晶、余为政(2006)等采用协整分析和 Granger 因果关系检验进行实证研究,认为 FDI 与中国经济增长之间存在稳定的正向均衡效应以及单向因果关系,FDI 的增长是 GDP 增长的 Granger 原因,即 FDI 对中国经济增长产生了积极的影响。

二、FDI 对中国经济增长的实证影响程度

国内学者在通过实证方法分析 FDI 对中国经济增长的影响时,所选择的实证资料都比较集中在改革开放后的 30 年里,所使用的方法有所差异,实证所得到的具体影响程度有较大差异,最高的接近 20% ,最低只有 2% (如表 12.1 所示)。

表 12.1 国内部分学者实证 FDI 对中国经济增长影响的程度

研究学者及时间	研究方法及资料对象	研究学者影响程度描述
杜江 (2002)	根据中国国民收入水平的恒等式设计联立方程计量模型,利用 1984 年至 1998 年的全国数据资料。	FDI 每增加 1 美元,中国 GDP 增加约 67. 355 元人民币,消费可以增加约 33. 476 元人民币。

研究学者及时间	研究方法及资料对象	研究学者影响程度描述
萧政、沈艳 (2002)	假定 FDI 与 GDP 之间的互动关系，建立循环式模型结构，运用三阶段最小二乘法，利用 1979 年至 2000 年的全国数据资料。	FDI 每增加一个百分点会使 GDP 在当年增加 0.0485 个百分点，但从长期看，最终将导致 GDP 增长 5.4479 个百分点。相应地，GDP 每增加一个百分点会使 FDI 短期增加 2.117 个百分点，10 年后将使 FDI 增长 34.4497 个百分点。
余永定 (2004)	——	在 20 世纪 90 年代 FDI 通过全要素生产率的提高对中国 GDP 增长贡献占到了 2~2.5 个百分点。
王兰 (2004)	采用变形的 Solow-Swan 生产函数建立计量模型，利用 1991 年至 2002 年的全国数据。	外国直接投资对中国经济增长的贡献率平均为 6%。
江锦凡 (2004)	根据 Solow 增长模型，考虑长期使要素生产率增加的外部因素，利用中国 1978 年至 1999 年的统计数据。	中国 GDP 每增长一个百分点，就有 19.3% 是由外国直接投资贡献的。
张天顶 (2005)	根据 Borro 和 Sala-I-Martin(1995) 关于物质资本和人力资本且规模报酬不变生产函数建立计量模型，利用 28 个省区市 1984 年至 2002 年的数据资料。	FDI 对中国经济增长的弹性系数约为 0.02~0.03，即 FDI 每增长 1% 则带来经济增长约 0.02%~0.03%。
张桂香 (2005)	根据协整理论，建立误差修正模型，利用 1985 年至 2003 年的全国数据资料。	FDI 增长 1%，将相应地推动中国国内生产总值增长 0.0921%。
王晶、余为政 (2006)	根据协整检验和因果关系检验等方法，建立计量模型，利用我国 1983 年至 2004 年 FDI 与 GDP 数据。	在其他条件不变的情况下，FDI 每增加 1%，就推动 GDP 增长 0.14%。

三、FDI 影响中国经济增长的决定因素

这一研究主要围绕着古典增长模型和新增长模型中所涉及的增长要素而进行。

沿着古典经济增长理论的模型,利用 FDI 对经济增长的影响首先在于 FDI 是资本积累的重要来源之一,而 FDI 对东道国资本结累的效果取决于 FDI 是否对国内投资形成挤出效应。国内学者采用不同的方法,研究的结论在挤出效应方面大致相同,而在挤入效应方面大相径庭。王志鹏、李子奈(2004)在修正相对挤入挤出模型存在不严谨之处的基础上,构建了 FDI 对国内投资的绝对挤入挤出模型,认为在全国范围内,FDI 对国内投资的挤入挤出效应都不显著,即 FDI 增加了中国的资本结累,也就促进了中国经济增长。张天顶(2005)根据总量生产函数,采用 Panel Data 模型,利用中国 28 个省区市 1984 年至 2002 年的资料,实证研究认为 FDI 与中国国内资本形成之间存在互补性,FDI 每增长 1%,会带动约 0.204% 的中国国内资本形成的增加,FDI 没有挤出中国国内资本的形成。

沿着新增长理论,FDI 对东道国经济增长的影响取决于 FDI 各方面的溢出效应。学者们研究所得到的结论比较一致,FDI 各方面的溢出效应有效地促进了中国经济的增长。程惠芳(2002)根据内生经济增长理论分析认为,FDI 流入增长对我国经济增长和全要素生产率增长具有明显促进作用,其原因与 FDI 流入规模和我国的人力资本水平有关。王成岐等(2002)运用计量模型考察了影响中国引入 FDI 与经济增长之间相关关系的诸多因素,认为在经济发达地区,FDI 对经济增长的影响更强烈;企业间的竞争最为激烈时,FDI 对于经济增长的作用能够得到最大程度的实现。余永定(2004)认为 FDI 通过资本积累和全要素生产率对经济增长产生影响,而对于中国资本积累的贡献是有限的,全要素生产率的贡献是比较高的,即 FDI 快速提高了中国的全要素生产率而有效促进了中国经济增长。王志鹏、李子奈(2004)构建了考虑 FDI 外溢效应的准内生经济增长模型,根据我国 1982 年至 2001 年 29 个省份的经验数据实证

研究表明东道国的长期经济增长取决于 FDI 与国内资本的比例以及人力资本的最低门槛。谢兴龙等（2005）在对比分析的基础上认为只有培养出卓越的人力资本，增加吸收能力，提高科学技术的创新能力，才能充分利用 FDI 的外部性和溢出效应，促进经济的可持续发展。赵福厚（2006）认为 FDI 对东道国的经济增长具有做出贡献的能力，这一能力因投资国与东道国或经济区域生产函数的不同而贡献的程度不同。李新安（2006）通过构建 FDI 集聚效应的内生生产函数模型，表明 FDI 的集聚效应不仅通过要素投入数量的集聚，而且通过要素质量和效率增进强烈地影响经济增长，在经济发达地区，FDI 的集聚效应对经济增长的影响更为强烈。

四、FDI 与国内投资促进经济增长的比较

基于 FDI 是"综合的要素"，能形成对增长要素的一系列外溢作用，有效促进东道国经济增长，因此在比较 FDI 与国内投资促进经济增长的研究中基本都认为在促进经济增长方面 FDI 比国内投资更有效。

胡祖六（2004）指出中国引进 FDI 相对于国内总投资而言，绝对额不是那样出色，却起到了"四两拨千斤"的作用。赖明勇等（2002）运用协整分析和误差修正模型研究了 FDI 和国内投资的效应，在研究表明 FDI 和国内投资都具有显著经济增长效应的基础上，认为两者促进经济增长的作用机理却不同，FDI 主要通过技术进步效应来促进我国经济增长，而国内投资主要通过资本积累效应促进我国经济增长。张桂香（2005）通过实证分析也有相似的结论，认为虽然整体上看中国 FDI 推动经济增长的作用比总体投资的推动作用要小很多，但 FDI 对经济增长的推动作用是高效的。

五、FDI 对中国经济增长的影响与其他国家比较

在研究 FDI 对中国经济增长影响的横向比较中，主要集中在与印度的比较研究上，研究结论主要认为中国通过吸收 FDI 促进经济增长的模式不如印度的模式更有利于经济增长，印度吸收的 FDI 促进经济增长的

效率更高。

谢兴龙等(2005)采用线性及线性变换回归模型,考察了中国、印度和巴西3个经济转型国家的 FDI 对经济增长的作用,认为 FDI 对经济增长的作用和影响从大到小的顺序是中国、印度和巴西,而在单位 FDI 对经济增长作用的排序中是印度、中国和巴西。王菲、李庆利(2005)通过比较中国与印度吸收 FDI 的经济增长路径,认为中国经济高速增长的背后遵循着"FDI——出口增长——经济增长"这样一条非持续发展的逻辑主线,而"印度模式"注重自生能力的方式,更加有利于经济稳定、持续发展。李大伟等(2006)从规模、结构等多个角度对中国和印度利用 FDI 的绩效进行比较分析,认为虽然 FDI 对中国经济增长的拉动作用高于印度,但印度的 FDI 利用效率高于中国。尹翔和王英(2006)利用计量经济学的基本方法分析中国与印度 FDI 和 GDP 之间的关系也得到了相似的结论,认为尽管中国规模巨大的 FDI(印度的10倍以上)对于中国经济增长的推动有积极作用,但是印度数量极少的 FDI 也能高效地作用于印度经济增长。

六、FDI 对中国各区域经济增长的影响

以国内不同经济区域为背景的 FDI 对经济增长影响的研究主要是基于 FDI 的区域分布与区域经济增长水平的关系,集中研究了 FDI 对国内区域经济增长差异的影响以及 FDI 对区域经济增长影响程度的差异,所得到的研究结果基本都认为 FDI 是造成中国区域经济发展不平衡的重要原因,且 FDI 对区域经济增长的影响程度存在较大差异。

钟昌标(2000)选用30个省份1988年至1998年的数据,研究 FDI 对 GDP 的贡献,认为外资对 GDP 增长率的贡献从沿海地区到中、西部地区由强转弱。李萍、李未无(2002)根据柯布—道格拉斯生产函数,利用1984年至1996年东、西部各省的存量数据,分析认为中国区域经济增长与 FDI 有着很强的正相关关系,东部地区外资对经济增长的直接贡献率为25.1%,西部地区外资对经济增长的贡献率为12.6%。魏后凯(2002)以国内区域经济发展呈现出的典型二元结构与外商投资分布的不平衡为

基础,研究认为两者之间存在密切相关,东部地区与西部地区之间 GDP
增长率的差异大约有 90% 是由外商投资引起的。李具恒(2004)根据武
剑(2002)的各地区 FDI 投资效率的不同,分析认为 FDI 对中国经济增长
的贡献呈"东高西低"的基本格局。杜江等(2004)建立以东中西地区的
FDI 为解释变量和以各区域 GDP 为被解释变量的计量经济模型,实证分
析认为每 1 元的 FDI 可以使东部、中部和西部地区的 GDP 分别增加
13.44 元、52.72 元、57.03 元,并从 FDI 的产出弹性中认为东部的 FDI 每
增加 1%,东部的国内生产总值就会增加 0.54%,而中西部的 FDI 每增加
1%,对应的国内生产总值仅仅分别增加 0.379% 和 0.366%。

第二节　FDI 与中国市场结构理论的最新研究进展

随着外商直接投资在我国的增多,跨国公司在中国大量投资,是否会
产生垄断,从而损害国内生产者和国内消费者的利益这一问题引起了学
者的关注。前期研究主要是关于跨国公司进入和民族产业安全的。近年
来,随着新产业组织理论、计量经济学、企业能力理论等的发展,我国学者
对该问题的研究角度也日益丰富起来。

一、采用博弈论的方法进行研究

采用博弈论的方法,引入新的变量或运用博弈模型分析跨国公司和
国内企业之间的竞争。如蒋殿春引入沉没成本这一变量,认为跨国公司
在东道国的资产的沉没成本性质决定了它在当地市场特定的竞争态势,
后者又影响潜在竞争对手的利润期望——由此决定了当地市场进入壁垒
的高低;还论证了沉没成本的存在,使它在 t = 1 时段保持一种竞争态势,
不轻易改变现有产量,使跨国公司具有一种"先行者优势"。国内学者邱
立成、洪涌(2003)和臧旭恒、张宏(2005)运用完全信息静态条件的一阶
段古诺模型分析了跨国公司和国内企业之间的产量竞争对我国市场结构
的影响。易小佳等(2006)从市场集中度的角度,运用斯坦尔伯格(Stack-
elberg)动态博弈模型,分析跨国公司与国内企业的产量竞争对我国市场

结构的影响以及我国市场结构的动态演变,结果表明:跨国公司与国内企业的市场竞争将提高我国的市场集中度,导致原来集中度较低的市场形成寡头垄断的市场结构,原来集中度较高的市场形成完全垄断的市场结构。博弈论方法的运用能使对市场结构的分析进入动态框架,进一步解决前面所提到的时间转折点和稳定态势的问题。

二、对市场结构的具体因素展开分析

实证已经表明,在不同的东道国,外国直接投资的市场结构效应存在差异。要分析这种差异产生的原因,就必须关注外国直接投资对东道国市场结构影响的因素。姜睿(2006)就投资方与东道国因素进行了分析,其中投资方因素包括外国直接投资的产业特点、进入方式以及进入阶段,东道国因素包括东道国的初始市场结构和市场容量大小。认为如果外国直接投资区域化产业,相对来说,外国直接投资对东道国市场结构的影响不大,因为在区域化产业或者说本土化产业中,东道国企业拥有更多信息和更便利的政策与条件;而如果外国直接投资的是国际化的产业,外资企业无论是在管理方面还是在资源配置、技术水平方面都具有绝对优势,一旦外资企业进入这些产业,很容易在东道国市场上占据重要地位,对东道国市场结构产生影响,在东道国形成"主导厂商型的寡占市场结构"和"二元经济结构"。而在市场需求规模有限的一些国家,因为东道国市场容量还不足以支撑一个达到规模经济的外国直接投资企业,这将极大地限制外资企业竞争优势的发挥,从而减缓市场集中度提高的速度。还有学者将进入壁垒进行细分,分析了直接投资进入情况下结构性壁垒中的绝对成本差异壁垒、规模经济壁垒、产品差异壁垒、资本需要壁垒和行为性壁垒中的阻止进入定价、过度生产能力安排、产品扩散、广告等在理论上的意义和变化。认为跨国公司在进入时不进行交叉补贴,拥有的特定优势(产品差异、质量差异、营销方式差异)也完全能抵消跨国公司进入后仍可能存在的成本劣势。因素分析法能够突出影响的重要方面,并且还能为各因素的进一步量化分析奠定基础;而对产业市场集中度则以双向因果关系的研究居多。

三、扩展传统 FDI 与市场结构中的主体关系

一直以来,研究跨国公司和当地企业之间的关系为最多。金莹(2005)将传统的关系扩展到跨国公司、国内企业、东道国政府三个主题以及它们之间的五种关系(跨国公司和当地企业之间的关系;本国企业与东道国政府之间的关系;跨国公司与东道国政府的相互抉择;跨国公司之间内部的竞争与合作;本国企业内部之间的竞争与合作)来分析市场结构的影响。除了跨国公司和本国企业的关系之外,国家在选择不同的跨国公司,跨过公司也同样选择不同的国家。不同的跨国公司有独立的利益,在中国市场上主要是竞争而不是合作关系,因而有多国跨国公司存在的行业是竞争性市场而非垄断性市场。至于本国企业之间,难以避免形成竞争关系,而又由于面对共同的对手,因而也存在合作关系。这一方法使得相互影响关系更为清晰,尤其是将政府纳入分析框架(过去仅从政策壁垒进行分析),较符合当前发展中国家的现实,在 FDI 的引入中,政府的政策导向意义重大。在该分析思路下,郑迎飞、陈宏民(2006)通过一个开放经济条件下的 NashCournot 模型,研究了企业个体愿望与政府意志产生分歧的范围,在这一范围内,短期政府可以在审批程序中实施否决权来规制外资并购行为,申请以及调整关税来直接或间接甄选外资并购。短期,政府通过审批程序干预外资并购。结论表明,当整合的两家企业效率差别较大或固定成本比重高时,一家跨国公司同时并购多家国内企业,并将所并购企业整合的动机更强,而促进国内政府支持这种更为集中的市场结构的条件包括低效率企业的市场份额小于国内企业的平均市场份额;固定成本比重高;本国在该行业为净出口国。在长期政府可以通过调整贸易政策来进行干预,以提高外资并购之后的本国社会福利。还研究了早期进入的跨国公司继续并购国内企业和首次进入国内市场的跨国公司并购国内企业的效果区别,从而为国内政府如何以国内社会福利最大化为标准甄选外资提供思路。

四、从新的市场效率角度进行分析

一是从有效竞争来理解市场竞争问题。对于跨国公司进入而引起的与国内企业之间的竞争,国内有两种典型的看法,一种认为随着跨国公司之间和跨国公司与我国企业之间竞争的加剧,我国形成了竞争性的市场结构。虽然外商投资企业总体上占有较高份额,但若这个份额是由多家来自不同母公司的企业分享,就应该视为竞争性的市场而不是垄断性的市场(江小涓,2002)。另一种认为这种竞争是建立在高度市场集中基础上的寡头竞争(张纪康,1999)。而近来的研究不是单纯地看竞争的程度,而是将有效竞争作为我国市场结构优化模式的思想。这为引进外资提出了新的问题:如何将反对垄断与发展规模经济结合起来;如何将促进竞争与防止竞争过度结合起来。二是把结构内生性理论和 SCP 范式相结合。李伟(2005)把结构内生性理论和 SCP 范式相结合作为基本分析框架,从基于效率效应的结构效应的角度分析了跨国公司进入对中国产业组织的影响,这弥补了前面所提到的产业组织理论市场结构外生性的缺陷。作者从该角度得出跨国公司的并购对目前的中国市场具有很高的效率效应的结论。

五、从社会福利效应角度看 FDI 对市场结构的影响

张亚斌、黄苹(2006)基于威廉姆森福利权衡利弊模型,运用数理分析方法证明:在跨国并购条件下(税率既定),如果跨国公司给东道国产业带来先进技术,其边际成本低于一定的"临界点",那么所产生的福利效应能弥补社会福利的损失。反之,会导致社会福利损失。在边际成本既定时,政府的税率具有调节福利效应的作用。郑迎飞、陈宏民(2006)则论证了政府可以通过调整贸易政策来进行干预,以提高外资并购之后的本国社会福利。结论表明,当国内企业在数量和市场份额上都占有绝对优势,以及低效率企业市场份额较小时,小幅度提高贸易成本可以增加整合情况下的国内社会福利,而小幅度降低贸易成本可以增加分开情况下的国内社会福利。如果大幅度调整贸易政策,可能改变企业的并购策

略。当高效率企业具有明显的效率优势,降低税率可能阻止企业整合;高效率企业不具有明显的效率优势,降低税率将促进企业整合。

六、从不同的行业、地区和所有制进行分析

实证中倾向于从不同的行业、地区和所有制进行分析,更具具体性、可操作性。跨国公司对中国国内企业的影响主要是通过溢出效应和竞争效应,可以提高东道国的技术和生产效率水平。张海洋和刘海运通过研究(2004)认为外资对不同所有制企业的溢出效应和竞争效应是不同的。对国有企业,外资有不显著的正向溢出效应和显著的负向竞争效应;对国有控股企业,外资有不显著的正向溢出效应和显著的正向竞争效应;对集体企业,外资有显著的正的溢出效应和不显著的负的竞争效应;民营企业有显著的正的溢出效应和竞争效应。而在对行业所进行的分析中,主要集中在汽车业、零售业、日化产品、银行业等,因为这几个行业规模效应显著,分析结果较为明显,在这些行业外资占有率较高,而且在外资进入后通常都提高了这些行业的进入壁垒。在理论使用上主要也是从市场集中度、进入壁垒、规模效应这几个产业组织理论中常见的指标进行分析。在地区上主要是从行政区域角度进行的,其中以东部沿海地区居多,这是因为这些地区所吸引的 FDI 较多,能够较为全面地进行研究。杨玲雅在《外商直接投资对福建省市场结构的影响分析》(2005)一文中,分析得出跨国公司进入后凭借其强大的实力,迅速成为行业中的"主导厂商",抢占绝大部分的市场份额,部分行业的市场集中度呈现中快速提高的趋势,产品差别化程度不断加大,进入壁垒迅速提高,从而在外商投资较多的行业中形成"二元市场结构"。

第三节 我国学者关于 FDI 与国家经济安全的前沿研究

在研究方法上,早期研究以定性研究和统计分析为主,随着我国学者对前沿理论和前沿方法日益熟练的理解和掌握,近年来的研究成果越来

越多地采用了建立模型进行计量分析的实证研究方法,对经济变量之间的因果分析越来越深入,得出的结论也更为深刻。例如,评价经济安全的指标体系更为系统和全面,分层细化的各级指标更具可操作性(朱钟棣、孙瑞华,2006)。又如前文提到的资本外逃问题,新的经验检验结果表明"中国资本外逃未显示出对 GDP 实际增长指数显著的负作用"(贺力平、张艳花,2004),一个作为"过渡性资本外逃理论框架的一个雏形"的博弈模型对过渡性资本外逃的机制进行分析,"从理论上演绎了我国企业在国内投资和过渡性资本外逃之间以及政府对于内外资税率进行最优选择的决策机制"(牛晓健、郑祖玄,2005)。下面将对 FDI 与宏观经济安全及产业安全等方面的最新研究进展和发展方向进行综述。

一、FDI 与宏观经济安全

评价 FDI 对宏观经济的影响应当以分析 FDI 是否促进了我国的经济增长为基础。FDI 对发展中国家经济增长的作用微妙而复杂,具体地,就"FDI 通过什么样的机制和渠道促进发展中国家的经济增长和技术进步"这一问题,国际和国内学者的研究尚未能够得出一个明确的结论(代谦、别朝霞,2006)。目前从各个角度展开的计量分析获得了一些有价值的实证结果。从人力资本角度研究 FDI 增长效应的结果表明发展中国家的人力资本积累、自身技术能力或竞争能力的提升是获得 FDI 的正面效应的必要条件(代谦、别朝霞,2006),该研究的创新之处是在吸收国外理论的基础之上建立了一个内生增长模型的理论分析框架。

FDI 的正的溢出效应反过来也能够促进东道国的人力资本积累,但最终能否促进东道国经济增长需要确定 FDI 是否对国内资本具有挤出效应,FDI 挤出效应主要发生在某些产业或行业内。采用 VAR 模型的分析结果表明我国"在特定时间某些产业内存在相对挤出的可能","而这种挤出效应是否具有趋势性还有待进一步分析"(王永齐,2005)。以实证方法检验行业增长因素对 FDI 溢出效应影响的研究表明,在我国企业出口水平较高的行业中,FDI 的不断进入已经开始产生挤出效应,但不能简单地认为应该限制 FDI 的进入,需要做进一步的政策研究(陈涛涛、陈娇,2006)。借助博弈模型的微观研究分析了在内资企业面临融资约束的前提下,FDI对国内投资挤出效应的发生机制(袁锦,2006)。

FDI对我国国际收支的不利影响日益突出。FDI首先形成资本项目顺差,随后形成加工贸易顺差,将会一直累积人民币升值压力,可能造成对中国经济发展甚至"无法估量"的破坏力(王允贵,2003)。"按照1997年到2002年的FDI流动、利润回流以及进出口等行为,FDI对中国国际收支的净效应将一直为顺差,并且顺差规模会越来越大"(姚枝仲、何帆,2004)。中国在资本项目和经常项目同时出现顺差的不平衡现象自1990年开始已有13年,被称为"双顺差"现象。"双顺差的国际收支格局是不合理的",因为资本项目的顺差应当用于购买外国的资本品、技术和管理经验,从而转化为经常项目的逆差,但中国充足的国内储蓄否定了这一过程,持续的双顺差造成了外汇储备的持续增长,"中国经济将受到美国经济调整的严重冲击"(余永定,2006b)。双顺差对中国的负面影响,在长期主要是一个资源配置不当的问题,中国的FDI和出口导向战略因而显现为一种不可持续的不平衡发展战略(余永定,2004)。中国的双顺差是中国的结构性失衡,不是宏观经济政策所能解决的,目前的全球经济的不平衡状态给了中国进行调整的机会和时间(余永定,2006a)

二、FDI与产业安全

《财经界》发表于2006年第9期的一组文章探讨我国产业安全问题,主要担心FDI引起的地区失衡和产业失衡,集中于国际分工价值链低端的FDI投向不利于长期的产业发展安全。纺织产业的出口产品中外资品牌控制率为98%(李孟刚,2006)。大规模的外资涌入对包括装备制造业、汽车制造业、商业流通行业在内的支柱产业形成了全面的资本和技术控制的格局,这很可能引起我国对核心产业和效应的核心技术丧失控制力,近来出现的跨国公司恶意收购"导致了大量的产业安全事件",但我们要以动态发展的态度来解决产业安全问题,要防止新闭关锁国论(纪宝成,2006)。尽管中国现在的产业安全形势并不严重,但中国各个层面对待外资兼并的欢迎态度表明"中国基本上没有构建产业安全的屏障"

（金碚,2006）。中国尚处于世界产业的"外围"地位就已开始出现"技术空心化"的风险,在华跨国公司的国际一体化战略还在不断强化这一风险,必须尽早扭转这种关系中国产业未来命运的不利局面(蒋志敏、李孟刚,2006)。

对具体产业安全的实证研究结果存在一定差异。汽车产业中国内企业对跨国公司的依附程度在加深(宋泓等,2004),采用 DEA 模型的估算表明入世冲击将使汽车产业在 2006 年处于危机状态,但 2007 年就可调整恢复并于 2008 年及以后稳步发展,进入长期的安全状态(何维达、刘满凤,2005)。对机械工业的研究结果与汽车产业类似,略微的区别在于机械工业 2008 年及以后处于一个基本安全的状态,仍然是良性的稳定发展(何维达、陈雁云,2005)。对外资零售企业的大规模进入是否威胁国家经济安全的问题还没有达成共识,一种观点认为"目前我国零售业对外开放度处于安全警戒线之内,并且还有较大的进一步开放的空间"(李飞、汪旭晖,2006),另一种研究认为外资进入已经影响到我国零售业的整体安全性(王俊,2006)。可以看出学术界还缺乏一致认可的理论框架和研究方法。

三、FDI 与技术安全和环境安全

FDI 对技术安全的不利影响与跨国公司的技术转移战略有关,只要市场不被一家跨国公司所控制,激烈的市场竞争就会迫使跨国子公司越来越多地采用较为先进的技术,关键在于东道国需要加强技术吸收能力。关于 FDI 的技术溢出效应方面的研究一直都是热点问题,普遍的研究认为 FDI 对我国的技术溢出效应是正向的,即外资活动促进了技术进步,还没有 FDI 在技术层次威胁经济安全的实证结果。值得注意的计量分析表明,FDI 技术外溢效果在我国中西部地区还不显著,中西部地区在引进外资方面应该结合当地的经济发展水平进行有选择的引进(冼国明、严兵,2005),而且,中西部地区提高技术吸收能力的关键是增强经济开放度(赖明勇等,2005)。

FDI 对环境影响的研究已开始受到更多关注,不应该忽视 FDI 对我

国环境恶化的"贡献",通过改造模型和数据分析找出 FDI 与环境恶化的关系应当是进一步的研究方向(王军,2005)。采用面板数据分析方法对外商直接投资的环境效应进行的实证分析表明,外商直接投资对我国生态环境具有明显的负面效应,并且呈现出明显的东高西低的梯度特征(沙文兵、石涛,2006)。

第四节　国内关于 FDI 对我国技术进步影响的研究前沿

20 世纪 80 年代中后期,我国提出了"以市场换技术"的战略,开始大量引进外资。同时,外商直接投资对我国技术进步的影响成为学者比较关注的问题。我国学者早期的研究侧重于从理论上探讨外商直接投资对我国技术进步的影响。由于这段时期外资进入规模不大,中外合资和合作企业较大,学术界大多肯定外商直接投资对我国技术进步的作用。进入 90 年代中后期,随着外资规模的不断扩大,形式日益多样化,我国学者对 FDI 的技术效应进行了很多实证研究和分析,然而实证研究的结果存在很大争议,难以得出令人满意的结论。这种情况促使我国学者的研究进一步深化,特别是 2000 年以后,对 FDI 对我国技术进步影响的研究向更深、更细的方向发展,近期的研究主要从以下几个方面展开:

一、对我国 FDI 技术效应的进一步评估

针对过去研究出现的争议,近期的研究又对我国 FDI 的技术效应进行了进一步的评估。这些研究和过去的研究相比,充分借鉴了国内外研究的经验,在定量分析方面取得了很大的进步。同时由于这些研究比过去的研究有更长时期的数据序列,因此研究结果更能反映 FDI 长期的技术效应,并能对其进行动态的考察。在研究方法上,除了对产业数据的分析外,有的研究利用对企业的抽样调查,从微观层面获取第一手资料进行研究。研究的范围也从我国工业企业整体扩展到特定类型的产业或者特定地区的产业。

　　从外商投资企业引进技术的先进性的角度,江小涓、李蕊(2002)考察了外商投资企业对中国工业技术进步的贡献。通过对一个大样本的外商投资企业的调研,发现绝大多数跨国公司提供了母公司的先进和比较先进的技术,而且相当一部分跨国公司提供了填补国内空白的技术。但是这项研究是针对外商投资企业进行的,只能说明外商投资企业对在华子公司存在明显的技术转移效应,难以说明外商投资企业是否对我国本土企业也具有明显的技术转移效应。对我国来说,外商投资企业对本土企业的技术溢出效应更为重要。

　　关于技术溢出,近期的研究倾向于支持外商投资企业对我国本土企业有明显技术溢出效应。何洁(2000)认为外资企业对内资工业部门的总体正向外溢效应是现实存在的,而且这个正的效应还随我国对外开放步伐的扩大,引进 FDI 速度的加快有不断加强的趋势。在此基础上,后续的研究也倾向于肯定外资企业的技术溢出效应。徐涛(2003)认为现阶段 FDI 与我国国内资本有明显的非同质性,FDI 有很强的技术外溢效应,促进了我国的技术进步。喻世友、史卫、林敏(2005)对 37 个工业部门的外商直接投资对国内企业技术效率的溢出效应的测算表明外资企业对内资企业技术效率具有显著的促进作用。但是也有不同的观点,包群、赖明勇(2002)的研究表明外资企业对国内企业的技术外溢并不像普遍认为的那样显著,并且外资企业在我国的技术进步效应还存在较大的波动性,并不是一条稳定的技术来源渠道。

　　上述研究表明外商投资企业对我国企业的技术进步有积极影响,存在的争议主要是针对影响的大小。由于不同类型的产业或企业与外商投资企业形成的经济技术联系的差异,技术溢出效应在我国不同的产业部门和不同类型的企业存在比较大的差别。黄烨菁(2006)对我国四大高新技术产业医药制造业、电子与通信设备制造业、电子计算机及办公设备制造业和医疗设备及仪器仪表制造业的研究表明外商投资企业对这些产业存在技术溢出效应。冼国明、薄文广(2006)发现国有企业和其他类型企业与外资企业的技术创新模式有很大不同,从地区层面看,外资企业技术创新能力提高会对国有大中型企业技术创新产生显著的抑制作用,对其他类型的大中型工业企业的技术创新产生明显的促进作用。蒋殿春、夏良科(2005)运用面板数据模型分析了外商直接投资对国内高技术行业企业技术创新能力的影响及其作用的途径。主要结论是 FDI 的竞争效应不利于国内企业创新能力的成长,但会通过示范效应和科技人员的流动等促进国内企业的研发活动。

二、对我国 FDI 技术溢出效应的影响因素的研究

近期研究的另一个主要扩展是改变了过去以对 FDI 技术溢出效应评估为主的局面,出现了大量针对我国 FDI 技术溢出效应的影响因素的研究。这些研究有助于我们深入认识影响我国 FDI 技术溢出的因素,寻求提高技术溢出效应的途径。根据不同的影响因素,这些研究大致可以分为两类:第一类,研究国家或地区吸收能力与技术溢出效应的关系;第二类,研究内资企业和外资企业技术差距与技术溢出效应的关系。

理论上企业对外来技术的吸收、学习和模仿能力越强,那么企业就拥有更强的技术能力去吸收外部的技术扩散。对于国家或地区来说,整体的技术吸收能力越强,那么就越有可能获得更大的技术溢出效应。对国家或地区吸收能力与技术溢出效应的关系的研究主要是对影响吸收能力的因素——人力资本、研发水平、贸易开放度和金融市场效率等对技术溢出效应的影响。实证研究的结果表明吸收能力对我国 FDI 技术溢出效应有积极的影响。赖明勇、包群、彭水军、张新(2005)利用我国 1996~2002 年 30 个省市的面板数据进行估计的结果证实了技术吸收能力对技术外溢效果的决定作用。在影响 FDI 技术外溢的诸因素中,人力资本、对外开放度和基础设施是主要的因素(包群、赖明勇,2003),其中人力资本是最重要的因素(赖明勇、包群、阳小晓,2002;王艳丽、刘传哲,2006)。从东西部吸收能力的差别看,东部地区人力资本投资相对滞后制约了技术吸收能力,而中西部地区提高技术吸收能力的关键是增强经济开放度(赖明勇、包群、彭水军、张新,2005)。

关于我国内资企业和外资企业技术差距与技术溢出效应的关系,喻世友、史卫、林敏(2005)发现高技术差距渠道、高竞争程度渠道与高前向

产业关联渠道的影响力度较为明显。欧阳志刚(2006)分别对 1995 ~ 1997,2000 ~ 2003 年期间,中国工业 36 个行业的研究发现,在 1995 ~ 1997 年期间,技术差距较小、劳动密集型行业获得较大的技术外溢。在 2000 ~ 2003 年期间,技术差距较大、资本密集型工业行业获得较大的技术外溢。严兵(2006)对外商直接投资行业内溢出效应及其影响因素进行实证分析的结果证明,内外资企业之间的技术水平差距以及外资企业类型对外资溢出效应有较大影响,在技术水平差距较大的行业以及外资企业外向型程度较低的行业中,外资产生的溢出效应更为显著。周燕、齐中英(2005)比较区分了产业内和产业间的溢出效应,并对影响外商直接投资溢出效应的行业特征因素进行了分析,发现当内外资企业差距较小或中等,且外资企业相应能力水平较高时,溢出效应才易于发生。

三、对我国利用外资及外资政策的思考

外商直接投资对我国技术进步的影响在一定程度上体现了改革开放以来我国利用外资的成效。而目前对我国 FDI 技术溢出效应的研究还不能证明"以市场换技术"战略取得了很大的成效。因此部分学者针对我国引进外资的现实,对我国利用外资和外资政策进行了思考,这些思考大都强调自主创新能力的建设以及调整外资政策,提高引进外资的质量。张小蒂、徐旻(2005)认为尽管跨国公司的技术转让和技术溢出效应对我国技术进步产生了积极作用,但是,由于跨国公司追求利益的本质以及技术转让和溢出的局限性,关键领域的技术无法获得。因此对于我国引进外资来说,重要的是如何处理好引进与创新的关系,充分利用外部资源增强自主创新能力。于津平(2004)认为在技术外溢效应形成之前的短期内,优惠政策会造成短期福利水平下降。外资对经济发展的影响程度关键取决于外资企业对内资企业技术进步的外溢效应;技术外溢效应越明显,东道国经济发展速度越快,东道国鼓励外资高新技术行业投资的意义越明显。外资企业技术水平对本国经济发展的影响同样取决于技术外溢程度。当外资企业的技术能够对内资企业技术水平的提高产生显著作用时,引导高技术外资企业有利于本国福利水平的提高。但是,

如果本国企业对于高技术外资企业的技术模仿能力较弱，那么内资企业在与外资企业的竞争中难以获得收益，本国的福利水平会因外资企业技术水平的提高而下降。所以，结合高新技术行业的特征和我国内资企业在该行业技术吸收能力的潜力，有选择地制定外资优惠政策才更具有意义。

第五节　FDI与国际贸易关系最新研究进展

资料显示，进入 21 世纪后，全球 FDI 流量大幅度下降，但是中国的 FDI 流入稳步增长，在 2002 年成为当年全球第一大东道国，以后虽有所变化，但一直保持较高的水平。随着外资企业的发展，中国的出口贸易增长迅速，标有"中国制造"的商品在全球市场的份额日益扩大。中国产品出口与 FDI 流入关系是什么？中国加入 WTO 后，随着关税的降低，商品流动会不会替代外资流动？FDI 对我国的贸易增长、结构优化究竟影响程度如何？为了回答这些现实的回答，国内学者主要就下面四个问题进行了研究。

一、有关 FDI 与国际贸易互补性和替代性的相关研究

外商直接投资与对外贸易之间的关系，一直是理论界争议较大的一个议题。从实证研究来看，支持互补性关系、替代性关系及关系存在多样性的研究都已出现，并各有自己的论据，国内学者也对中国引进外资和推动出口之间的关系展开了理论和实证方面的分析。如杨全发（1999）通过对广东利用外资与当地出口增长的实证分析发现，广东总的出口贸易和一般出口贸易与外资的关系并不显著；杨迤（2000）利用 1980～1997 年间的数据进行分析后指出，利用外资对中国外贸尤其是工业制成品的出口意义重大；施敏颖（2001）则认为，FDI 与我国进出口总额之间的关系非常密切，但对进口的贡献大于对出口的贡献；谢冰（2000）依据 1980～1997 年间的数据，采用多元回归模型进行实证分析后得出，FDI 对我国出口的增长作用显著。总而言之，国内理论界对 FDI 与我国出口关系问题

的研究还很多,观点也存在多样化。①

　　王洪亮和徐霞(2003)运用格兰杰因果关系检验法对中国与日本双边贸易和投资的关系进行了检验,结果显示日本对华投资和中日贸易之间存在着长期的互补关系,FDI 和制成品的出口具有双向的因果关系,但 FDI 对进口水平仅有单向的因果关系,同时还发现 FDI 和进口贸易在短期存在替代效应。王迎新(2003)的研究表明,由于投资行业的特点和投资区域的不同,海外直接投资对我国对外贸易的影响要视具体的投资行业和投资区位而定。一些学者还从贸易政策的变化分析 FDI 的效应。李平、高峰(2003)在理论上重构东道国的贸易自由化对 FDI 流入影响的分析框架,并对中国改革开放以来的贸易与 FDI 流入的关系进行了实证检验。计量分析的结果表明,中国的贸易自由化与 FDI 的流入存在着一定的因果关系。冼国明、严兵、张岸元(2003)运用单位根检验、向量误差修正模型(VEC)、格兰杰因果检验等方法,证明了外资与我国出口贸易之间存在着长期的均衡关系,出口的增加反过来对我国吸收 FDI 具有很强的促进作用。这些结论与稍早的研究如杨逸(2000)、奚君羊和刘卫江(2001)等人的结论基本一致。② 向铁梅分别从总体趋势和分阶段情况对我国出口贸易和外国直接投资的关系进行了实证分析,发现总体上呈相互促进的互补关系。③

　　张谊浩、王胜英利用我国的相关数据,利用 Granger 非因果检验法研究了我国对外贸易和外商直接投资之间的关系。实证研究表明:我国的对外贸易和外商直接投资之间存在互为因果的反馈关系。④

二、有关 FDI 对东道国贸易条件影响的相关研究

　　根据理论假设,随着国际投资与国际贸易的日益融合,作为国际投资

---

　　① 陈波:《FDI 与中国对外贸易的实证分析》,载《财经论丛》2006 年第 1 期。

　　② 朱廷珺:《外国直接投资的贸易效应:文献述评》,载《兰州商学院学报》2004 年第 1 期。

　　③ 龚艳萍、周维:《我国出口贸易结构与外国直接投资的相关分析》,载《国际贸易问题》2005 年第 9 期。

　　④ 张谊浩、王胜英:《国际贸易与对外直接投资相互关系的实证分析——基于我国数据的 Granger 非因果检验》,载《国际贸易问题》2004 年第 1 期。

主要形式的外商直接投资对国际贸易产生了重大影响:FDI 流入推动了一国进出口贸易的迅速发展,同时又改变着一国的资本存量,影响一国的资源禀赋状况,进而又影响一国的贸易模式和贸易条件。

中国改革开放以来,尤其是 20 世纪 90 年代以来,流入的 FDI 逐年增长,每年实际吸引的 FDI 从 1990 年的 34.87 亿美元增加到 2005 年的 500 亿美元左右,从 1990 年到 2005 年 11 月,实际利用 FDI 累计超过 5600 亿美元。可以说,中国的资本存量较过去有了很大的改善,按照国际收入转移的贸易条件效应的一般原理,即收入转出国的贸易条件将趋于恶化,收入转入国的贸易条件将趋于改善,那么中国贸易条件应该趋于改善。但是,20 世纪 90 年代以来,中国的贸易条件总体趋向恶化却成了共识。根据赵玉敏(2002)等人的研究,1993 年到 2000 年中国的总体贸易条件下降 13%,同期制成品贸易条件下降了 14%;王允贵(2004),方文等(2004)对 2001 年以来贸易条件的分析得出的结论也是不断恶化。另据联合国贸发会议《统计手册 2003》的资料,1995 年至 2002 年中国贸易条件下降了 22%,其中 2000 年至 2002 年下降了 6%。可见,FDI 的净流入并没有带来中国贸易条件的改善,这显然是与国际收入转移将改善转入国的贸易条件的基本原理相悖的。①

黄晓玲认为外国直接投资为回避自身劣势,借助东道国比较优势扩大国际市场占有率,而从我国的角度看,外国直接投资的进入,使得我国的比较优势得到更大限度的发挥,从而取得更大的贸易利益。但从中长期看,劳动密集型产品出口的大幅度增加,具有使我国的贸易条件恶化的趋向,尤其当东道国是中国这样一个超大型国家时,更易出现贸易条件的恶化,我国近年来出口价格指数的下降可一定程度上以此得到解释。②

---

① 李惠中、黄平:《中国 FDI 净流入与贸易条件恶化:悖论及解释》,载《国际经济评论》2006 年第 3 期。
② 黄晓玲:《外国直接投资与对外贸易的相互关系及其对工业化演进的影响——理论分析与对中国的实证考察》,载《财贸经济》2001 年第 9 期。

三、有关 FDI 对东道国贸易结构的影响的研究

自改革开放以来,以工业制成品出口额与初级产品出口额之比表示的我国出口商品结构连年提升表明我国出口商品结构在不断得以优化,与此同时我国吸引的外商直接投资从 1980 年的 1.6 亿美元增长到 2002 年的 527.4 亿美元,年均增幅达 36.77%。外商直接投资额的不断增加与我国出口商品结构的不断优化两者之间是否存在着必然的联系?外商直接投资是否不断地优化我国出口商品结构?国内已有不少学者对此进行了专门的相关研究。金紫汇、杨臻黛(1998)利用外资企业商品出口额在全国商品出口额中所占的比重说明了外资企业在我国出口商品结构中的决定作用日趋明显。刘传(1999)通过回归分析指出外商直接投资对我国出口商品结构的优化产生了积极的影响,使我国出口商品结构实现了从初级产品为主向以工业制成品为主的根本转变。杨迤(2000)、许和连和赖明勇(2001)、丁文丽(2001)分别使用相关系数检验、协整分析技术和误差修正模型、回归分析方法分析了外商直接投资对我国出口贸易的影响,均指出外商直接投资对我国工业制成品出口的影响要显著大于对初级产品出口的影响,外商直接投资改善了我国的出口商品结构。刘重力(2000)比较研究了中国出口商品结构与国外出口商品结构,发现外商直接投资促进了我国机电产品出口的增长。江小涓(2002)采用出口金额比重分析方法考察了外商直接投资对中国出口商品结构变化的贡献,得出外商直接投资对机电产品和高新技术产品的贡献尤为显著的结论。奚君羊、刘卫江(2002)就外商直接投资对我国出口额进行了回归分析,指出外商直接投资对出口商品结构的改善具有一定滞后性,且出口额与当年外商直接投资相关性高于其与历年累积的外商直接投资。①

付朝阳认为 1985 年以来,我国出口保持着快速的增长。在出口快速增长的同时,我国出口商品的构成也发生了很大的变化:从以初级产品和低技术制成品的出口为主演变成以低、中、高技术制成品的出口为主。在

---

① 刘舜佳:《外商直接投资与我国出口商品结构优化》,载《财经科学》2004 年第 2 期。

我国出口快速增长、出口商品构成演变的同时,外国直接投资(FDI)也大量流入我国。FDI 对我国出口增长和出口商品结构的演变产生了很大的作用。[①]

四、有关 FDI 对东道国对外贸易竞争力影响的研究

20 世纪 80 年代中期以来,中国吸引跨国公司直接投资取得了显著成就,流入中国的 FDI 从 1985 年的 20 亿美元增加到 2001 年的 468 亿美元,2002 年 1 月至 6 月,中国吸引外商直接投资 245.8 亿美元,比上年同期增长 18.7%。伴随着大量的 FDI 流入,中国的出口量也显著增长,从 1985 年的 260 亿美元上升到 2001 年的 2662 亿美元,年均增长 6.8%。中国强劲的出口增长,表明了中国在世界出口市场上的竞争力明显增强。中国占世界出口市场的份额,1985 年不足 2%,至 2000 年,提高到 6% 以上。特别是技术密集型产品,增加的幅度更为明显。中国的出口产品结构也发生了巨大变化。1985 年,初级产品和资源密集型制成品的出口占出口总量的 49%,至 2000 年,这一比例下降到 12%,而非资源密集型制成品的出口比例上升到 87%。高技术产品的出口比例也从 1985 年的 3%,提高到 2000 年的 22%。2000 年国内出口的 10 种主要产品,都是当今世界贸易中举足轻重的产品。其中,三种高技术产品如通讯设备、自动化数据处理设备和计算机零部件的出口比例占 13%(UNCTAD,2002)。[②]

在这种出口结构的动态变化过程中,外商投资企业发挥了关键作用。改革开放初期,外商投资企业在中国经济发展中的作用并不突出,1981 年出口额仅占中国出口总额的 0.1%。到 1990 年,外商投资企业出口比重达 12.6%。进入 20 世纪 90 年代,随着外商来华投资的迅猛增加,大批外商投资企业进入了经营期,其进出口额随之大幅度增加,占中国对外贸易的份额逐年上升,在中国对外贸易发展中的作用显著增强。到 1998

[①]　付朝阳:《外国直接投资对我国出口增长和出口商品结构的影响》,载《国际贸易问题》2003 年第 11 期。

[②]　詹晓宁、葛顺奇:《出口竞争力与跨国公司 FDI 的作用》,载《世界经济》2002 年第 11 期。

年,外商投资企业出口额达809.6亿美元,占出口总额的比重达44.1%。至2001年,这一比例上升到48%。2002年1月至6月,外资企业出口734.5亿美元。增长17.9%,拉动整体出口增长8.9个百分点,占总体出口的51.7%(UNCTAD,2002)。①

杨丹辉利用相关数据分析认为,外商投资对我国出口竞争力的提高具有积极作用,外资进入一定程度上带动了我国出口规模扩张、出口结构优化以及出口竞争优势的增强。但外商投资也产生了一些负面影响。外商投资企业并未彻底扭转我国工业品出口低水平扩张的局面,而且在部分行业,随着外商投资企业出口的增加,内资企业的出口竞争力还出现了不同程度的弱化。②

总之,随着我国改革开放的不断深入,我国经济不断地与世界经济相融合,外国直接投资数量与国际贸易额不断增加,二者之间的关系显得越来越重要,同时不断出现新情况、新问题,推动着理论研究的不断进展。

第六节　人力资本与 FDI 的最新研究进展

国内经济学家对人力资本与 FDI 之间关系的最新研究主要集中在以下三个方面:一是人力资本在吸引 FDI 中的作用;二是 FDI 对当地人力资本形成的影响;三是人力资本与 FDI 的溢出效应(包括经济增长和技术进步)。

一、人力资本在 FDI 区位选择中的作用

由于传统的区位理论(新古典理论)不能圆满解释国际直接投资的区域分布。这主要因为边际报酬递减规律的作用,当地区吸引的资本增加时,其资本的边际报酬递减,因此,根据新古典理论,FDI 应当流向我国的中西部地区。但实际情况是,FDI 高度集中在东部地区。这主要的原因之一是人力资本产生了报酬递增。国内外的许多研究表明,人力资本

---

① 詹晓宁、葛顺奇:《出口竞争力与跨国公司 FDI 的作用》,载《世界经济》2002 年第 11 期。
② 杨丹辉:《外商投资对中国出口竞争力的影响:实证分析》,载《改革》2004 年第 3 期。

不论是存量还是流量对 FDI 的流入都表现出显著的正效应。

国内学者沈坤荣、耿强(2001)通过实证分析发现人力资本变量与 FDI 之间相关性不显著,而 FDI 占各地区国民生产总值的比重与人力资本变量的乘积在统计上与 FDI 成显著的正向关系。2002 年又从实证的角度证实了人力资本存量是影响 FDI 区域性选择的重要性因素,丰富的人力资本将有助于吸引更多的 FDI;规模大的 FDI 投资项目倾向于选择人力资本存量水平较高的地区。赵江林(2004)通过对 1990 年至 2000 年我国整体教育水平和西部地区的教育水平进行实证检验,发现我国教育水平的提高极大地促进了我国引资规模和引资结构的升级。他认为,中国目前 FDI 流入的规模、质量结构和效果在很大程度上取决于我国人力资源开发政策的调整,如果要提高外资的附加价值含量,必须提高人口的受教育水平并积极与跨国公司合作共同致力于我国人力资源的开发。马衍军、柳成洋、马艳萍(2004)对人力资本在我国吸引 FDI 作用中的计量分析表明,人力资本的影响十分显著,其中高素质人才的培养以及基础教育的普及推动了劳动力素质的普遍提高,在很大程度上促进了我国 FDI 的流入,提高人力资本水平是构建我国持续吸引 FDI 的比较优势和提高 FDI 利用效率的必要条件。因此,人力资本水平和类型决定了 FDI 流入的水平和类型。郭英、陈飞翔(2005)认为东道国的人力资本水平是吸收 FDI 规模和质量的决定因素。因此,发展中应当适当推行人力资本开发政策,调整教育投资分配方向和结构,把教育计划和 FDI 的需要相结合。赖明勇、包群、阳小晓(2006)通过实证研究表明在影响我国外商直接投资的诸多因素中人力资本存量起到至关重要的作用。因此,加强教育投资,注重人力资本积累是增强我国对外商直接投资吸收能力的关键。由于目前我国人力资本存量仍然处于相对较低的水平,现阶段较低的人力资本水平能够较好地吸收劳动密集型 FDI,但今后 FDI 产业结构的提升必然要求较高的人力资本水平。

二、FDI 对当地人力资本形成的作用

FDI 流入通过多种渠道对当地人力资本的形成具有重要的影响。人

力资本理论认为,人们在作出教育决策时,通常是把受教育后未来收入的现值和进行人力资本投资的现值进行比较的基础上作出选择的,而 FDI 的流入会提高人们接受教育以后预期收入的增加,从而促进人力资本的形成。

曹伟(2005)利用我国 1981 年至 2004 年的数据通过实证分析表明:FDI 对提升我国人力资本的作用有限,进而影响了经济增长。主要原因是外商进入中国的主要动机是利用我国廉价的劳动力获得高额利润,因而本生缺乏提升人力资本水平的动力。同时从人力资本水平来看,目前我国的人力资本供给与 FDI 对人力资本的需求存在结构性矛盾。郭英、陈飞翔(2005)指出,FDI 不仅弥补当地的资金缺口,而且提升了当地的人力资本水平。而 FDI 对当地人力资本的发展起到重要作用,主要通过影响当地的正规教育和在职培训提升当地的人力资本水平。周春应、王波(2005)认为 FDI 对人力资本、产业结构升级的促进作用较小,FDI 是以利润最大化为目的的,与我国的宏观经济政策目标不一定一致,从而外溢效应较弱。马衍军(2005)指出 FDI 对当地人力资本形成的主要途径有三条:首先是工资信号机制,当 FDI 进入后,引起劳动力市场上对高/低劳动力的需求变化以及相对工资的变化。通常,FDI 不仅自身需要高技能的劳动者,而且也会促使当地企业改变其生产方式的技术密集程度。这将会引起对高技能劳动力需求的增加,而短期内高技能劳动力的供给是刚性的,从而导致高技能劳动力的相对于低技能劳动力的短缺。因此,高技能劳动力的相对工资会上升,而低技能劳动力的相对工资会下降,高/低技能劳动力的工资差距进一步拉大。这样将会提高人们接受教育以后预期收入的增加而进行人力资本投资,从而有利于人力资本的形成。其次是投资引致的经济增长,FDI 的进入意味着经济中的投资水平提高,也就标志着未来更快的经济增长和人力资本偏向型的技术进步。因此,对人力资本的形成作用更强。若这种作用可以改变许多个人成本—收益的比较基础,那么将在很大程度上提高整个国民的受教育水平而促进当地人力资本的形成。再次是跨国公司对当地员工进行培训所产生的溢出效应,当跨国公司对其雇员进行培训,以及向其配套的当地企业提供技术咨询和培训时,就会提升当地的人力资本水平。这种培训的溢出效应是跨国公司进行技术转移的重要渠道,对当地的技术创新和管理创新具有重要作用。任志成等(2006)以"长三角"为例,从人力资本存量和人力资本水平两个角度,分析了 FDI 对我国人力资本成长的影响,认为"长三角"地区 FDI 从市场需求的角度对以实际工资水平为代表的人力资本存量水平有显著影响。

三、人力资本与 FDI 的溢出效应

跨国公司在生产经营的本土化过程中,FDI 是否将对东道国的经济增长、技术进步和技术转移产生溢出效应。对于这一问题,国内外许多学者试图从不同的角度来说明 FDI 必将对东道国的经济增长和技术进步产生溢出效应。但是,他们同时指出,这种溢出效应的产生和扩散是存在一定前提条件的,而东道国的人力资本积累水平就是其中重要的因素之一。

中国学者对这一问题的研究也取得了丰硕的成果。沈坤荣、耿强(2001)对 1987~1998 年间 FDI 对我国 29 个省份经济增长的实践进行了经验检验。虽然没有发现人力资本门槛存在的证据,但是,作者也指出导致这一结论的原因是我国仍处在人力资本水平较低的初级发展阶段,进入我国的大部分跨国公司属于资源寻求型和市场寻求型,人力资本并没有成为促进 FDI 溢出效应的主要因素。赖明勇、包群、阳小晓(2002)通过实证研究发现,在影响 FDI 的诸多因素中,人力资本存量起到了至关重要的作用。因此我国人力资本的丰裕度决定了我国对 FDI 技术扩散的吸收程度,从而最终影响到经济增长。赖明勇、包群、彭水军、张新(2005)利用我国 30 个省区市 1996~2002 年的面板数据进行分析表明:东部地区人力资本投资相对滞后制约了对 FDI 的技术吸收能力。最近由王志鹏和李子奈(2004)进行的研究则以考虑 FDI 溢出效应的准(quasi)内生经济增长模型为基础,利用我国 1982~2001 年间 29 个省份的数据重新审视中国的经济增长实践。结果发现,FDI 对中国各区域经济增长的技术溢出效应具有鲜明的人力资本特征,各地区必须跨越一定的人力资本门槛(threshold)才能从 FDI 中获益。张斌盛、唐海燕(2006)通过选取 4 项人力资本代理指标,利用中国 1995~2003 年的统计数据,通过实证分析

得出:提高我国技术吸收能力的途径从人力资本角度而言,在于增加教育投入、提高人力资本存量。代谦、别朝霞(2006)从人力资本的角度在内生经济增长模型中研究了发达国家 FDI 产业选择与发展中国家经济增长和技术进步问题。通过分析表明:FDI 能否给发展中国家带来技术进步和经济增长依赖于发展中国家的人力资本积累。若发展中国家想通过 FDI 来促进本国的技术进步和经济增长,发展中国家必须有相应的人力资本水平。如果缺乏相应的人力资本积累,FDI 将无法给发展中国家带来技术进步和经济增长。人力资本水平高,发展中国家将有能力吸收 FDI 所带来的新技术,促进本国技术进步与经济增长;如果缺乏相应的人力资本,发展中国家将无法从 FDI 中获得实质性的好处。王艳丽、王传哲(2006)通过构建理论模型,并以 1983~2003 年时间序列为样本,研究表明:人力资本的丰裕程度决定了 FDI 技术溢出的大小;FDI 能够通过资本积累效应和技术溢出效应促进中国的经济增长。FDI 与人力资本相结合的技术溢出效应要远远大于资本积累效应,而且与 FDI 结合的劳动者更多的是指具有高中水平的劳动者,而不是具有大学学历的劳动者。赵伟、汪全立(2006)认为进口贸易作为技术溢出的主要渠道,对促进我国全要素生产率的提高具有重要作用。而人力资本是影响技术溢出效果的决定性因素,在考虑人力资本作为技术吸收能力的情况下,国外研发溢出与人力资本的结合对全要素生产率具有非常显著的影响。因此,进一步加大对教育等的投资,提高我国的人力资本水平,更好地利用吸收发达国家技术外溢应当是我国技术进步的重要途径。

第七节 FDI 对中国产业升级影响理论研究进展

随着国外直接投资在中国的稳步增长,学者就 FDI 与中国产业升级关系开展了多角度研究,这些研究可划分为以下三类。

一、FDI 对中国产业升级是否具有推动效应(正向效应)的研究

这一类研究也是该领域国内外研究最主要的争议焦点。持肯定观点

的研究者认为,FDI 对中国产业升级的促进作用至少表现在:FDI 使中国
迅速建立起自身没有能力发展的产业,FDI 推动了中国原有产业的升级
换代,FDI 促进了中国产业向比较优势产业的转换,因此应该通过吸收
FDI 推动中国以及各地区的产业升级。这类研究进一步以 FDI 对中国或
地区产业升级具有推动效应为前提,开展了中国长江三角洲地区、西部地
区、各省(市)如何利用外资促进地区产业升级的研究。Edward. K. Y.
Chen 认为,20 世纪 90 年代初,香港地区资本在内地开始投资以家用电器
为主的耐用消费品,随后是信息技术、电子和石化产品,后来这些产业都
已经成为广东省重要的新兴工业,外商直接投资尤其是港资在广东省产
业升级上起了重要作用①。江小涓等人指出,在近年来中国生产能力和
资金过剩的情况下,内资之所以不能替代外资的原因就在于 FDI 对中国
经济能起到改善资产质量、带动配套产业、促进技术进步、推动产业升级
的效应。

　　主张 FDI 对中国产业升级具有局限性或负面效应的研究者认为,
FDI 对中国产业升级的负面效应至少表现为:一是 FDI 和技术的引入使
中国产生了依赖性,使自主创新精神受到抑制,自主知识产权和自主品牌
的增加不很明显;二是中国在吸收 FDI 过程中对引进技术的消化吸收不
理想,尽管中国已成为世界彩电、计算机、手机、DVD 等产品的第一生产
大国,但中国并不拥有这些产品生产的核心技术,中国实际上仅是世界的
一个"加工车间",无法享受到更多的经济利益。② 技术进步是影响产业
升级的重要变量,同时技术变化速度决定着产业升级的速度,因此 FDI 如
果没有带来中国产业技术能力的同步提升,FDI 对中国产业升级的效果
将大打折扣;三是 FDI 在工业上的结构倾斜加快了中国工业结构的高度
化,也助长了中国消费品工业的过度扩展。因此 FDI 对中国产业升级的
影响不及在扩大中国产业规模上的效应那么明显。部分学者进一步指

　　① 　许罗丹:《外商直接投资的特点与对东道国的贡献——评 Dr. Edward. K. Y. Chen〈香港
地区资本对中国内地的影响〉》,载《世界经济》2005 年第 5 期。
　　② 　裴长洪:《吸收外商直接投资与产业结构优化升级》,载《中国工业经济》2006 年第 1
期。

出,利用外国直接投资促进东道国产业升级存在理论局限和前提条件,外国直接投资只是发展中国家实现产业升级可以利用的手段之一;①东道国应该对外国直接投资进行有效的、规范的监管以及对其产业结构升级作出整体的战略规划,并创造相应的条件。黄静波等人的实证研究表明,从总体上看,FDI 对广东省技术进步的促进作用不明显,进一步从直接效应和溢出效应分析,来自港澳台的 FDI 对广东省全要素生产率的影响是负面的,但来自西方 7 国的 FDI 对广东省全要素生产率有正向的影响,投资于资本密集型的 FDI 比投资于劳动密集型产业的 FDI 有着更强的溢出效应。② 蒋殿春以一个二阶段博弈模型为基础的研究也认为,在大多数情况下,外商直接投资带来的竞争效应会弱化中国企业的 R&D 动机和能力。③

二、FDI 推动中国产业升级的条件和实现路径的研究

这类研究从早期 FDI 对产业升级影响理论和中国国情出发,指出 FDI 对中国产业升级的正向效应需要从投资国和东道国两方面形成一定的环境与条件,这些条件包括投资国产业具有较强的产业升级换代能力、东道国具有较强的产业转移的接受能力。因此有些研究提出,中国需要有适时调整的对外经贸战略、有利于形成产业关联效应的外资政策、有效的产业资源配置条件以及环境、体制和政策(ESP)的协调。④ FDI 主要通过资源补缺效应、产业关联效应、出口示范效应、传统产业优化效应、就业效应等直接或间接地推动了中国产业的升级。⑤ 有些研究从全球价值链理论视角提出,中国企业应积极参与全球分工与合作,为跨国公司代工和

---

① 崔新健:《外国直接投资下的产业结构升级》,载《当代财经》2002 年第 10 期。

② 黄静波、付建:《FDI 与广东技术进步的实证研究》,载《管理世界》2004 年第 9 期。

③ 蒋殿春:《跨国公司对我国企业研发能力的影响:一个模型分析》,载《南开经济研究》2004 年第 4 期。

④ 杨先明、伏润明:《国际直接投资与我国产业升级问题的思考》,载《云南大学学报》2002 年第 2 期。

⑤ 杨刚:《FDI 促进我国产业结构升级的传导机制研究》,载《科技创业月刊》2005 年第 7 期。

配套,大力发展 OEM(Original Equipment Manufacturing),不断积蓄力量向 ODM(Original Design Manufacturing)和 OBM(Original Brand Manufacturing)模式升级。[1]

三、FDI 对中国产业升级的影响的定量研究

研究包括 FDI 与地区产业升级关系的定量研究;利用 More 测定法和产业结构年均变动值测定产业升级的速率,用产业结构超前系数测定产业升级的方向。[2] 国内学者沈坤荣利用 1996 年 26 个省(自治区、直辖市)的外商直接投资总量与各省的全要素生产率的相关分析,得出了 FDI 占 GDP 的比重每增加 1 个百分点,全要素生产率提高 0.37 个单位的结论。王飞(2003)采用索罗增长函数方程对跨省数据进行了回归,结果发现,总体上外资并没有产生明显的溢出效应。潘文卿(2003)的研究表明,中国西部地区还未跨越促使外资产生正向溢出效应的发展门槛,外资在该地区甚至产生了不太明显的负向溢出效应。冼国明通过面板数据就 FDI 对中国东、中、西部地区创新能力溢出效应的研究认为,FDI 溢出效应呈现东部最强,西部次之,中部最弱的格局,总体看,FDI 对中部和西部地区的研究与开发活动未产生明显的促进作用,而在东部地区的这种溢出效应较为明显。[3] 赵果庆基于要素密集型产业划分,建立了 FDI 对密集型产业的贡献指标体系,测度 FDI 对产业升级的影响,得到 FDI 主要通过进入中国技术密集型工业群提升中国工业结构层次的结论。[4]

研究不足的表现:一是基础理论研究不足。现有 FDI 对中国产业升级影响的基础理论研究总体上仍十分薄弱,缺乏原创性基础理论成果,已有研究更多的是将国外相关理论研究成果直接应用于 FDI 与中国产业升级问题的研究。二是研究重点集中在 FDI 对中国工业特别是制造业升级

---

[1] 刘志彪:《全球化背景下中国制造业升级的路径与品牌战略》,载《财经问题研究》2005年第 5 期。

[2] 高燕:《产业升级的测定及制约因素分析》,载《统计研究》2006 年第 4 期。

[3] 冼国明、严斌:《FDI 对中国创新能力的溢出效应》,载《世界经济》2005 年第 10 期。

[4] 赵果庆:《跨国公司对我国工业升级的影响》,载《国际贸易问题》2006 年第 8 期。

上,对服务业的关注不足。三是已有研究视中国为投资接受国研究 FDI
对中国产业升级的影响,鲜有视中国为投资国视角的 FDI 对中国产业升
级影响的研究。四是研究方法有待改进。已有研究以描述性分析、定性
分析较多,定量分析、实证分析不足,也缺乏规范先进的经济学分析方法
和工具。

第八节　制度因素与 FDI 关系的理论述评:
中国学者的研究

各地区投资环境的差异是造成外商直接投资在我国地区差异性分布
的主要原因。应该说,正式制度和非正式制度包含的所有内容都是影响
国际直接投资区位选择的因素,因而也是一国投资环境的构成因素。正
式制度因素通常以一定的规则和政策形式表现出来,一系列实证研究发
现,法律完善程度、贸易壁垒、民众对外资的态度、金融管理制度、企业运
行状况、政策优惠等都影响着国际直接投资在国家间和一个国家内部各
地区间的分布。但相对而言,社会文化因素、法律法规因素及政策因素对
国际直接投资区位选择的影响更为明显和重要。从制度层面来看,制度
环境和 FDI 的区位选择之间存在着什么关系? 学术界对此问题的研究动
态如何? 本部分将就此对中国学者进行的研究进行评述。

一、制度因素与 FDI 关系的研究领域

FDI 的地域分布有其内在的规律性,对这种规律性的探讨使得 FDI
的区位选择问题成为近年来国际学术界研究的重要课题,它吸收了区位
理论、外商投资理论、跨国公司投资理论和产业组织理论等相关学科的研
究成果。正如一些学者所指出的,要解决外商投资的区位选择问题,需要
国际贸易理论、产业组织理论和区位理论的结合。尽管有大量的文献讨
论过这个问题,但到目前为止,还没有解释 FDI 区位分布的一般性理论,
只是散见于工业区位理论、产业组织理论、国际贸易理论等流派之中。如
较具有代表性的是国际生产折中理论(OIL 范式),它是英国经济学家邓

宁(Dunning,1980,1993)综合了海默的垄断优势理论、巴克利和卡森的内部化理论等,同时引入了外部区位理论,对 FDI 的目的、条件和能力综合加以分析形成的, 该理论认为,是否进行对外直接投资的选择主要取决于三种优势:所有权优势、内部化优势和区位优势。其中所有权优势是基础,内部化优势是实现所有权优势的载体,区位优势是 FDI 的充分条件,三个基本要素的组合状态及发展变化,决定着跨国公司国际生产的方式。在邓宁的理论中,区位优势理论较为成熟。他认为不同地区区位优势的大小决定了国际直接投资的流向,区位优势变量包括自然禀赋和人造资源以及市场的空间分布,投入品的价格、质量和生产率,国际运输和通讯成本,投资鼓励及阻碍,产品贸易中的人为障碍,社会和基础设施条件,跨国间的意识形态、语言、文化、商业和政治等方面的差异,R&D 生产和营销集中的经济性,经济体制和政府政策。Howells(1984)等学者拓展了区位优势的内涵,指出区位优势应是对一国总体吸引力的评价,不仅包括低廉的要素禀赋、税收和政策刺激等有形因素,还包括长期的政治、社会和经济稳定性及有助于生产经营活动的总体环境。可见,影响 FDI 区位选择的因素是一个多元要素复合体,涉及自然、经济、社会、人力、生态、制度等多维层次系统,这一多维层次系统的系统耦合决定了外商投资时的抉择,尽管各系统间的比例关系在不同地区存在差异。因此,一国为了进一步引进 FDI,应该全方位创造良好的投资环境,任何一方都不能偏废。这也是 FDI 区位流向的决定因素综合化的必然趋势要求。

从现有的研究成果来看,近二三十年来,学术界对 FDI 区位的研究,形成了三条主线:一是在 FDI 理论中增加区位因素的分析,探讨国家区位特征对 FDI 国别选择的影响;二是采用公司实地调查的方法,探讨 FDI 区位选择的决策过程、影响因素及其空间组织行为;三是根据现代区位理论的基本原理,并采用经济计量方法,探讨国内 FDI 区位差异或区位选择的决定因素。在这些研究中制度因素对 FDI 的区位选择发挥着重要的作用,如果把影响区位选择的因素分为非制度因素和制度因素,则非制度因素和制度因素共同决定了一国(地区)的区位优势。

2002 年以前中国学者对制度因素与 FDI 关系的研究倾向于研究正

式制度因素对 FDI 的区位选择的影响。这类研究分为两类:一类是专门研究正式制度因素对 FDI 的影响;另一类是在研究影响 FDI 的区位因素中包含对正式制度因素的分析。前一类研究较少,多数研究属后一类。而且在这些研究中制度因素是以一定的政策形式表现出来的。在国内学者的研究中,分析正式制度因素对 FDI 的国际区位分布的影响,以鲁明泓的研究最为典型。鲁明泓(1999)在他的关于制度因素与国际投资区位分布的一项实证研究中构建了制度框架,用全世界 110 多个国家或地区的数据实证分析制度因素在决定国际直接投资区位分布中的作用,验证了四大类十多个制度因素对国际直接投资流入的影响。

二、新的研究进展

2002 年以后,国内有关制度因素对 FDI 区位选择的影响的研究逐渐趋于淡化,而中国学者开始关注其他有关制度因素的一些领域,使得研究的视角更为广阔,如研究非正式制度——文化因素对一国 FDI 引进的影响、微观企业层面的因素对 FDI 引进的影响、FDI 对中国管理制度的溢出效应和市场结构的影响、FDI 与中国制度环境的互动机制以及 FDI 投资模式的变动趋势及动因。

1. 东道国文化因素对 FDI 引进的影响

近年来,外商直接投资在珠三角和长三角的游离变化引起了世人的关注。多数学者企图从经济角度作出合理的解释,而张立建、陈忠暖、周春山、吴玉琴(2003)认为在外商直接投资经济动因的背后各种文化之间的冲突与融合起着相当重要的作用。因为不同的投资主体、投资客体、投资产业、投资规模和投资目的具有不同的文化选择性。理解这一点可以帮助珠三角调整引资战略,继续保持火车头和急先锋的光荣称号。

孙焱林、胡松(2004)评估了文化和区位因素对中国外商直接投资的影响。他们采用 OECD(经济合作与发展组织)和世界银行的数据估计 FDI 来源国与东道国的双向 Gravity 模型,然后运用1997 年的数据估计中国与其 FDI 的主要来源国(28 个 OECD 国家和5 个非 OECD 的亚洲国家和地区)之间的 Gravity 模型。Gravity 模型预测到中国的 FDI 中有 80%

来自亚洲国家和地区,由于文化关系,来自中国香港、中国台湾和新加坡的 FDI 占中国 FDI 的近 60%;假设中国的经济中心位于印度新德里,其 FDI 值将减少 45%;进一步假设中国的经济中心位于新德里而且没有文化关系,其 FDI 值将减少 70%。这说明文化和地理是影响中国外商直接投资的重要因素。显然,如果没有文化关系和地理位置的自然优势,中国吸收的 FDI 不可能达到当前的水平。

吕贤俊、朱玉杰(2005)考察了 2001 年中国外商直接投资来源结构,选取了前 20 个最大的外资来源国(地区),利用统计回归的方法,分析了影响 FDI 母国对中国进行直接投资的相关性因素,并得出了一个简单的数学模型。研究结果表明,在东道国投资环境既定的条件下,FDI 母国的先进技术、稳定的汇率体系以及母国与中国之间的进出口贸易能促进外商对华直接投资,而母国与中国的文化差异及地理距离对 FDI 有较强的阻碍作用。

李志军、王峰虎(2005)的研究认为,近年来,中国吸收外商直接投资呈现出逐年增长趋势,而全球的吸收 FDI 呈现先增长后下降再增长的趋势。分析对比其特征,发现中国吸收 FDI 在投资演进、方式、规模、领域、企业属性、制度、中介机构发育程度、文化等八个方面与全球的 FDI 存在着一定的不协调性。通过上述八个方面不协调性的对比,可以发现中国在吸收 FDI 中存在的问题和不足,这也正是中国政府和企业今后应致力于改进的方向。中国只有积极融入世界经济的潮流中,顺应全球 FDI 的发展潮流和演变趋势,积极扩大吸引外资,不断提高利用外资水平,才能更好更快地推动经济社会全面发展。就文化方面来看,表现为投资文化的不协调。中国对外开放的时间较晚,吸引外商投资只有二十多年的历史,加之受几千年的传统文化影响,实际上中国人的思想比较保守,在接纳外国企业进入本国时,某种程度上存在着一种排斥思想。即使是与外国企业合资合作,也存在着较大的企业间文化冲突,导致一些外国企业的对华投资失败或不很成功,这与投资国和东道国间文化的不协调、不融合关系极大。

李广明(2006)则认为,我国招商引资工作中必须考虑内部资源、能力、外部环境等，从"招商引资战略"和"招商文化"的概念，可以了解到无形资源（如招商品牌、招商文化、招商引资人员素质、组织的管理能力等）是形成招商引资的核心竞争力与竞争优势的主要因素，招商文化是各地区招商引资组织通过长期的学习、积累，在特定历史条件下形成的无形资源，不容易为竞争者所理解、模仿或替代，可以形成独特的、可持续的招商引资竞争优势。我国目前招商引资应采用差异化战略为主、成本导向战略为辅的做法，才能有效地避免各地区之间的恶性竞争。

招商引资组织在早期形成的独特的有价值的组织文化可能是其他组织在不同的时期无法模拟的，组织文化将成员凝聚在一起、激励成员，又是成员日常工作的方式，根植于成员的心灵深处，成为成员自愿的行为准则。当招商引资组织成员为他们所共有的理念凝聚在一起时，组织文化就是竞争优势的源泉。组织专有的知识、经理或非经理人之间的可信任工作关系、组织在供应商和客户中的名气，都是难以识别和替代的组织文化资源。因此，根据各地区招商引资的独特历史背景，在招商引资职能组织中建立、提炼独特的组织文化，或者说招商文化，建立工作人员共享的价值观、理念（例如，"为投资者创造价值优于 FDI 引入量"，"FDI 促进经济健康稳定发展优于一切"，"客户关系创造价值"，等等）、行为准则，形成凝聚力，从文化层次上规范人员的行为，设计相匹配的视觉形象识别系统（标准色、LOGO、标准字、工卡等），形成对投资者的传播机制，并将这些经过反复提炼的文化拟意于为投资者提供的服务中，同时，在组织内部形成目标一致、分工协作、相互信任、投资者至上的良好氛围，有利于提高组织的效率，也有助于招商品牌的建设。恰恰是这些资源或能力优势，是竞争者所难以复制或替代的，往往可以形成强大的招商引资竞争优势。

招商文化的制度层包含招商执行部门的领导体制、组织结构和管理制度。作为将面对竞争环境的外经贸主管部门，组织结构可以考虑扁平化的学习型组织。管理制度可分为内外制度，内部制度是本部门的绩效考核等规章制度，规范和激励成员行为；外部制度是国家、省、市的一系列政策、文献、规定等。招商文化的行为层包含招商引资职能内部的教育宣传、人际关系、文娱体育活动、工作模范、激励机制等，涉及一系列内部培训。招商文化的物质层是招商引资职能部门的工作环境、建筑物风格、招商广告、招商引资服务的包装与设计、名称、象征物、各种培训班、文化中心、各种旅游活动等。该层次主要表现为组织的形象识别系统（CIS），如色彩、标准字、标识（LOGO）、服饰、标准用语等。

潘镇（2006）利用 2000～2003 年间 69 个投资国和地区的国别资料，分析了制度上的差异与作为东道国的中国吸引外商直接投资之间的关系。研究结果表明：文化制度差异越大，投资国在中国的直接投资越少；包括法律完善程度和私有财产保护程度在内的法律制度差异越大，投资国在中国的直接投资越少；贸易政策、货币政策、金融管制政策等宏观经济制度差异越大，投资国在中国的直接投资越少；政府干预程度、工资控制程度和市场规范程度等微观经济制度差异越大，投资国在中国的直接投资越少。

2. 东道国企业治理结构对引进 FDI 的影响

随着国际环境的不断变化，传统的市场、自然资源和廉价劳动力因素对跨国公司的吸引力正在减弱，不断演变的公司战略和政策的放宽、技术进步一起正成为影响跨国公司的三大主要作用因素。

屈韬（2004）认为，跨国并购有利于改善外商直接投资的质量，完善公司治理结构。随着资本市场的逐步开放，我国传统的公司治理结构下所暴露出来的代理风险和国有资产流失问题日渐突出，治理观念和外部环境均难以满足跨国并购所需要的基本条件。在资产评估、组织形式、项目审批、股份转让上我们采用的仍是传统的合资管理模式，"一股独大"、内部人控制等问题使行政干预强于市场规则，许多上市公司股东大会、董事会形同虚设，弱化了国家为吸引外资所作的种种政策上的努力，加大了并购的操作成本，而且资本市场的运作也亟待规范，缺乏产权交易的软环境。这些都阻碍了跨国并购在华的进一步发展。国内企业只有通过资产重组，改善公司治理结构，完善治理环境，才能创造更大的竞争优势，在跨国并购潮流中掌握谈判的主动权。改革中只有将改善国有上市公司治理结构与吸引跨国并购结合起来，才能真正降低并购成本，实现国际资本融合。并提出了相应的解决对策:一是完善治理环境,尤其是要完善外部配套条件;二是从机构设置、董事会结构、经理人报酬机制等方面着眼改善上市公司治理结构。

谷克鉴(2005)综合经济学和管理学双重视角的实证描述和相关研究显示,FDI作为一种独特生产要素流动和利用形式,其功能形成及其变化同其置身的经济和制度环境有着高度的互动性。在当今新一轮全球化浪潮的冲击下,企业微观结构层面的各种因素越来越突出地构成FDI的环境要素。尤其是进入新世纪和加入WTO以来,中国FDI实践及其影响中的企业因素更加突出,而这些因素发挥作用的重要环境是全球化的新形式和新特点的显现,决不是传统意义上的企业治理结构的变化和企业经营方略的调整,典型的是全球化日益深入和广泛地分解企业价值链,它构成了中国未来FDI战略调整和新选择的重要时代背景。

3. FDI对中国的影响

(1)管理知识的溢出效应

袁诚、陆挺(2005)从民营企业家的角度对FDI管理知识溢出效应的存在性进行了实证研究。他们运用中国1997、2000、2002年三次全国民营企业抽样调查数据,通过回归分析、Treatment Effect方法和有限因变量模型,研究了中国民营企业家在"三资"企业工作的经历对其企业的经营业绩和管理方法的影响。本文所得到的经验结果显示,在企业业绩的最终表现上,FDI对中国企业家有一定的培训效果,但效果不十分显著;同时在"三资"企业的工作经历会带给民营企业家某些、而不是全面的先进管理理念。我们认为要获得更加显著的FDI溢出效应,政府应当着眼于制定政策来扶持本地企业,通过公平竞争缩小他们与先进企业的距离,促使FDI在激烈的市场竞争中带来真正先进的管理经验和知识;并通过教育培训投入,提高本地管理者对外来的先进管理方法的学习能力。

祝波、赵玉贞(2006)对零售业溢出效应进行了研究,他们认为,吸收创新机制不是简单地重复竞争对手的管理方法与经营模式,而是根据东道国自身的基本素质和条件,把外资对手先进的方面与本土文化和经济环境结合起来,创造性地建立中国式的零售业的经营管理模式。在制定战略发展规划时,将外资竞争对手的经验融会贯通,重新打造自己的管理经营方案,在吸收创新机制下的溢出效应是创造性溢出,不但打破示范效应的低水平模仿,还克服了竞争效应的被动局面,而且开创了 FDI 向东道国产生溢出效应的新的机制领域。

(2)对中国市场结构的影响

中国已成为吸引外国直接投资最多的国家。FDI 对中国经济发展的重要性在不断加强成为了不争的事实。这一现象也引起了人们对 FDI 对中国经济发展影响的争论。其中有些人担心在资金、技术、管理等方面有巨大优势的外资企业会不会在其进入的行业内形成垄断,从而控制中国的产业,向消费者提供垄断高价。袁鹏(2005)分析了跨国公司投资进入对我国市场结构的影响以及在市场结构变迁过程中跨国公司的竞争行为变化。一是我国市场结构的变迁。跨国公司进入中国后,推动了我国的市场结构的改变。在外资进入之前,中国市场是高度分散的竞争性市场。企业数量众多、规模小、行业集中度低。而在跨国公司进入的初期,由于其具有竞争优势,在其进入的行业一度垄断市场,甚至独占了市场。但随着竞争对手的大量出现,市场竞争也越来越激烈。少数几家跨国公司垄断市场的局面被逐步打破,市场成为相对分散的竞争性市场。二是跨国公司竞争行为的变化。表现为从价格垄断到价格下调;从技术锁定到加快技术转移。

谷克鉴(2005)对中国利用 FDI 的长期实践的观察和计量研究表明,吸引外资对于促进中国国内竞争的制度效应也已呈现;随着世界经济科技的新发展和投入要素结构的新变化,外资流入在持续显示其对中国区域经济发展重要作用的同时,开始构造新的影响区域经济发展的功能机制;FDI 活动对中国贸易流向和贸易关系变化的影响也在不断加深。面对全球化在微观层面不断深入、广泛地分解企业价值链和国际分工模式向"波谱模式"转变的重要契机,重新审视和调整中国利用外资的政策和战略,要求以提高科技含量和产业结构升级为中心,多样化利用外资;对中国过去行之有效的外资政策实施科学评估并加以必要的改进;建立起地区间利用外资的政策协调机制。

(3)制度与 FDI 的互动机制

集群战略日益广泛地被运用于招商引资,旨在增强地区对外资的吸引力与粘合力,从而促进地方持续发展。朱华晟(2004)对浙江嘉善木业集群的经验研究表明,外资的确能够成为地方产业集群的重要主体。然而,外资能否具有持续的推动力,除了受地方制度成本以及集群外部效益的影响,还更取决于外资企业与民营企业之间的融合方式与程度。外资企业并不必然增强与投资地的产业联系。在学习能力较强且企业家特质比较浓厚的地区,民营企业在外资企业的示范带动和竞争压力下,能够通过持续的知识积累和自主创新,增强并突出自身的优势与能力。届时,外资企业不但能获得纯经济外部性,更重要的是还能获得知识与信息的外部性,并受此驱动与民营企业在竞合博弈中实现有效融合。当然,对于诸如木业制造之类的劳动密集型产业来说,由于其制造技术简单,进入门槛和经营风险低,因此,比较容易在外商投资的诱发下,通过地方内在力量催生集群效应,从而在与外资企业的交易中实现双方利益最大化。相比之下,技术密集型产业的情形则有所不同。尤其对于经济技术不发达的地区来说,多数民营资本鲜有能力进入外商投资的高科技领域,要在较短的时间内积累足够的人力资本,其难度更大。结果,在一定的时期内,地方在这类产业集群中就会显得比较被动。当前,尤其在落后地区,地方政府在大力引进外资的同时,还要尽力激励地方企业家精神,削弱本地创业创新的制度障碍,为增强地方学习能力和创新能力提供服务,通过促进民营企业与外资企业形成适宜的互动关系,从而增强地方的自我发展能力。此外,随着市场机制的健全,地方政府应该让位于企业,使之成为招商引资的主体。

在宏观上制度环境既可以降低跨国企业海外直接投资的不确定性和交易成本,也可以增加这种不确定性和交易成本,关键取决于该地区制度环境的有效性。徐俊武(2005)认为制度环境的有效性取决于正规规则、非正规规则、政治市场的效率和经济市场的结构与效率等四个方面。FDI 与制度和制度环境之间不是单向作用,而是相互推动、相互影响的。中西部地区唯有进行制度创新,在制度环境的某些方面寻找突破点,打破被锁定的路径吸引 FDI，然后以 FDI 带动制度变迁，进而提升制度环境整体水平，这样才能实现我国区域经济的均衡发展。

4.外商企业投资模式的变化

近年来，外商对华直接投资中独资企业比重大幅上升，外商并购中外合资企业中方资产、转化为外商独资企业或外商控股企业的案例迅速增加，外商对华投资的独资化渐成趋势。桑百川、李玉梅（2006）认为外商为了获得高利润，基于制度变迁、资源依赖程度、企业的控制力、交易成本等方面的考虑，选择独资化的投资方式，既与中国的外资政策调整直接相关，包含着中国的主动选择，也包含着中国企业无奈的被动接受，必然对中国产生双重的经济影响。为此，中国既需要在外商投资政策上全盘筹划，又要主动加入跨国公司的产业链条。

徐峰（2006）认为，近年来，我国在引进 FDI 的过程中，跨国公司通过中外合资企业公司治理结构的设计、技术和品牌控制、合资企业数量控制以及销售区域控制等手段的共同使用，基本上能够实现在控制权不完整条件下对合资企业的实质性控制。除资本产权与管理技能外，技术资源优势也是控制权的一个重要来源，并且可能架空资本产权权利。因此也决定了外商独资企业将逐渐成为我国引进 FDI 的主要形式，合资企业正在不可避免地融入国外跨国公司所建立的全球生产体系之中。这一趋势对我国现行的政策体系构成了严峻挑战。

李维安、李宝权（2003）考察了 20 多年来跨国公司在华企业的股权结构变动趋势，发现其独资倾向日益明显。他们在借鉴国内外学者关于跨国公司股权结构战略的研究成果基础上，在东道国为新兴市场经济国家前提下，提出了一个跨国公司股权结构战略两阶段演进模型，揭示了跨国公司在华独资倾向增强的深层原因，是追求股权结构战略改进的预期收益。

沈磊、蒋士成、颜光华（2005）从资产专有性理论出发，通过构建合资双方的合作博弈模型，分析了近年来跨国公司在华合资企业独资倾向的成因。他们认为，由于东道国的政策管制，合资企业股权与合资双方的实际控制权并不一致；合资企业的控制权分配取决于在既定市场条件下合资双方拥有资产的专有性,而控制权的分配又决定了合资双方对合资企业创造的组织租金的分配比例。当合资企业的股权结构和控制权结构相背离时,由于存在转移成本,合资双方有内在的动力使它们趋于一致。近年来跨国公司在华合资企业股权结构的变动是在我国开放程度不断扩大的环境下,跨国企业资产专有性相对提高和中方企业资产专有性相对减弱的必然结果。

三、有待进一步研究的领域

近年来,外商对华直接投资的方式和外商投资企业的经营策略发生了明显的变化,研究和把握上述变化的动因以及分析当前形势下吸引和利用外资的有效对策,对于深化区域经济国际化的进程具有十分重大的意义。一是要顺应跨国公司以独资方式对华进行战略性系统投资的新趋势,认识企业经营策略的变革动向,努力提升投资环境的竞争力并审时度势地调整自身的促进政策,是目前推进利用外资新局面的重要举措。二是在跨国公司独资倾向不断增强的情况下,如何更好地实现东道国的利益(如在中国;如何引导跨国公司积极参与国企改制以及支持西部大开发等),应该成为中国学者必须尽快找出应对措施的严峻课题。

参考资料

[1]菲利普·阿吉欧,彼得·霍伊特:《内生经济增长理论》,北京大学出版社2004年版。

[2]李忠民:《人力资本:一个理论框架及其对中国一些问题的解释》,经济科学出版社1999年版。

[3]沈利生、朱运发:《人力资本与经济增长分析》,社会科学文献出版社1999年版。

[4]魏后凯、贺灿飞、王新:《中国外商直接投资区位决策与公共政策》,商务印书馆2002年版。

[5]杨先明:《发展阶段与国际直接投资》,商务印书馆2000年版。

[6]赵果庆:《中国西部国际直接投资吸收能力研究》,中国社会科学

出版社 2004 年版。

[7] Alcacer, J. The Human Capital in Foreign Investment. *Transition*, 2000, May-August.

[8] Amirahmadi, Hooshang & Weiping Wu. Foreign Direct Investment Developing Countries. *The Jounal of Developing Areas*, 1994, 28: 167~190.

[9] Archanun Kohpaiboom. Foreign Direct Investment and Technology Spillover: A Cross-Industry Analysis of Thai Manufacturing. *World Development*, 2006, 34(3): 541~556.

[10] Balasubramanyam, Salisu & Sapsford. Foreign Direct Investment and Growth: New Hypothesis and Evidence *Working Paper EC7/96.*, Department of Economics, Lancaster University, 1996.

[11] Bende Nabende A & JR Slater. Long-Run Determinants of Private Capital Formation in Development Countries. Birmingham: University of Birmingham Business Enterprise Institute, 2000.

[12] Blanca Schez-Robles & Marta Bengoa Calvo. Foreign Direct Investment, Economic Freedom and Growth: New Evidence from Latin-America. Universidad de Cantabria, *Economics Working Paper*, 2002, 4/03.

[13] Borenztein, De Gregorio, & JW Lee. How does Foreign Investment Affect Economic Growth?. *Journal of International Economics*, 1998, 45: 115~135.

[14] Laura Alfaro. Foreign Direct Investment and Growth: Does the Sector Matter?. Harvard Business School, *Working Papers*, April 2003, 14.

[15] Mihir, Desai, Foley, James & Hines. Foreign Direct Investment and Domestic Economic Activity. *NBER Working Paper*, 2005, (11717).

[16] Ping Lin & Kamal Saggi. Multinational Firms, Exclusivity, and the Degree of Backward Linkages. Photocopy. Hong Kong: Lingnan University, Dallas: Southern Methodist University, 2004.

[17] Romer, P M. Endogenous Technology Change. *Journal of Political Economy*, 1990, 98(5).

[18]Samuel Mulenga Bwalya. Foreign Direct Investment and Technology Spillovers: Evidence From Panel Data Analysis of Manufacturing Firms In Zambia, *Journal of Development Economics*, 2006, 81: 514 ~ 526.

[19]Xiaoying Li & Xiaming Liu. Foreign Direct Investment and Economic Growth: An Increasingly Endogenous Relationship. *World Development*, 2005, 33(3).

后　记

　　本书缘起于杨先明教授主持的教育部人文社会科学基金项目"中国西部引进跨国公司直接投资研究"结题报告,与此同时在杨先明教授主持的国家社会科学基金重大招标项目"我国西部地区发展失衡、预警机制与社会稳定"课题研究过程中,也涉及我国西部发展与外资的关系的研究,并形成相应的一些研究成果,因此本书也是"我国西部地区发展失衡、预警机制与社会稳定"阶段性成果之一。本书提出了研究西部 FDI 问题的缺口假说,采用了结构主义的方法,并把空间经济学等有关理论应用于 FDI 区域分布问题研究,试图解释 FDI 为什么不聚集西部这一问题,得出了一些重要的结论。课题的研究和相关成果的出版,将有助于西部寻找和发现更为有效发展外向型经济路径。

　　本书是一项集体研究成果。杨先明教授负责主持课题和本书的写作,并由杨先明教授和赵果庆博士提出全书的研究思路和基本框架,各章的分工具体如下:第一章,杨先明;第二章,赵果庆;第三章,杨永华;第四章,张建民、赵鸿娟、陈瑛;第五章,袁帆;第六章,李娅;第七章,李亚玲;第八章,黄宁;第九章,张正华;第十章,曹荣光;第十一章,陶小龙;第十二章,杨先明、黄宁、梁萍、李亚玲、张锦、袁帆、张正华、杨志刚、曹荣光。最后由张建民和黄宁统稿,杨先明教授进行全书的总纂和定稿。

　　在研究和写作过程中,我们将引用的文献和观点按学术规范标注出中外作者的相关信息。在付梓之际,除了对这些学者的学术精神和学术贡献深表敬意外,本书作者期望读者能够对书中的不妥之处给以批评指正。

　　还有一些年轻的研究生以不同的方式对课题研究和本书出版做出了

贡献,他们是刘岩、杨怡爽、钱斯亮、朱丹、巫佳易、周丽盛、杨怡丹等同学。

　　感谢云南省哲学社会科学办公室和理论经济学学科建设项目对本书出版的资助。在本书的出版过程中,人民出版社陈光耀编辑付出了辛勤的劳动,在此表示衷心的感谢。

作　者

2008 年 3 月

策划编辑:陈光耀
责任编辑:沈宪贞
装帧设计:肖　辉

图书在版编目(CIP)数据

中国西部外资问题研究/杨先明等　著. -北京:人民出版社,2008.8
ISBN 978 - 7 - 01 - 007305 - 7

Ⅰ. 中…　Ⅱ. 杨…　Ⅲ.①外资引进-研究-西北地区②外资引进-研究-
西南地区　Ⅳ. F832.7

中国版本图书馆 CIP 数据核字(2008)第 141826 号

中国西部外资问题研究
ZHONGGUO XIBU WAIZI WENTI YANJIU

杨先明等　著

人民出版社 出版发行
(100706　北京朝阳门内大街 166 号)

北京瑞古冠中印刷厂印刷　新华书店经销

2008 年 8 月第 1 版　2008 年 8 月北京第 1 次印刷
开本:710 毫米×1000 毫米 1/16　印张:30.5
字数:436 千字

ISBN 978 - 7 - 01 - 007305 - 7　定价:52.00 元

邮购地址 100706　北京朝阳门内大街 166 号
人民东方图书销售中心　电话 (010)65250042　65289539